Christa Randzio-Plath (Hrsg.)

# Wege aus der Krise

Plädoyer für eine Europäische Wachstums-
und Investitionsoffensive

Mit Beiträgen von:

Peter Bofinger
Udo Bullmann
Stefan Collignon
Anna Diamantopoulou
Hans Eichel
Robert Goebbels
António Guterres
Gustav-Adolf Horn
Patrick Lepercq
Christa Randzio-Plath
Maria João Rodrigues
Wolfgang Roth

Hermann Scheer
Pedro Solbes Mira
Michael Sommer
Jean-Claude Trichet
Günter Verheugen
Lynette Warren

Nomos Verlagsgesellschaft
Baden-Baden

Bibliografische Information Der Deutschen Bibliothek

Die Deutsche Bibliothek verzeichnet diese Publikation in
der Deutschen Nationalbibliografie; detaillierte bibliografische
Daten sind im Internet über http://dnb.ddb.de abrufbar.

ISBN 3-8329-0674-6

1. Auflage 2004
© Nomos Verlagsgesellschaft, Baden-Baden 2004. Printed in Germany. Alle Rechte, auch die des Nachdrucks von Auszügen, der photomechanischen Wiedergabe und der Übersetzung, vorbehalten. Gedruckt auf alterungsbeständigem Papier.

# Inhaltsverzeichnis

EINLEITUNG
*Christa Randzio-Plath* ............................................................................ 7

1. ANTWORTEN AUF DIE HERAUSFORDERUNGEN DER GLOBALISIERUNG: DIE STRATEGIE VON LISSABON

*António Guterres und Maria João Rodrigues*
Perspektiven des Lissabon-Prozesses ..................................................... 13

*Jean-Claude Trichet*
Zur Rolle der EZB im Lissabon-Prozess ................................................ 27

*Günter Verheugen*
Die EU-Erweiterung als Chance ............................................................ 43

*Robert Goebbels*
Europa in Bewegung, doch was ist das Ziel? ........................................ 53

*Peter Bofinger*
Politikkoordinierung nützt Europas Zukunft ......................................... 63

2. NACHHALTIGKEIT DES WACHSTUMS ORGANISIEREN

*Anna Diamantopoulou*
Vollbeschäftigung und soziale Integration als Teil einer neuen europäischen Wachstumsstrategie ............................................................................. 77

*Michael Sommer*
Mehr Beschäftigung in Europa .............................................................. 95

*Hermann Scheer*
Eine ökologische „New Deal"-Politik als Perspektive ......................... 107

*Udo Bullmann*
EU-Frühjahrsgipfel als Hoffnungsträger ............................................. 115

Gustav Horn
Lissabon und die Geldpolitik 133


3. NICHT AUF DIE WELTWIRTSCHAFTLICHE ERHOLUNG WARTEN –
   EUROPÄISCHE EIGENANSTRENGUNGEN WERDEN GEBRAUCHT

*Pedro Solbes*
Zur Notwendigkeit einer europäischen Antwort auf die Lage der öffentlichen Finanzen 149

*Hans Eichel*
„Agenda 2010" als deutscher Beitrag zur Lissabon-Strategie 165

*Patrick Lepercq*
Leistungsfähigkeit und Verantwortung 177

*Lynette Warren*
Regionale Antworten auf die Lissabon-Strategie 183

*Christa Randzio-Plath*
Investitions- und Wachstumsinitiativen auf dem Prüfstand 187

*Wolfgang Roth*
Die Europäische Investitionsbank zwischen Aktionen und Hoffnungen 203

4. WIRTSCHAFTSPOLITIK IN EUROPA DEMOKRATISCH LEGITIMIEREN

*Stefan Collignon*
Europa am Ende? – Wirtschaftsverfassung und demokratisches Defizit 219

*Christa Randzio-Plath*
Auf dem Weg zu einer europäischen Wirtschaftsverfassung 233

ANHANG
Auszug Schlussfolgerungen Europäischer Rat von Lissabon 243

AUTORENVERZEICHNIS 255

Christa Randzio-Plath
# Einleitung

Lange schon ist den Akteuren in der Europäischen Union klar, dass ihre Antworten auf die Herausforderungen der Globalisierung, d.h. der durch grenzüberschreitenden Austausch immer stärkeren Integration der Märkte, die das 21. Jahrhundert noch stärker kennzeichnen werden, für Europa nicht ausreichen. Dies gilt nicht nur für Fragen im Zusammenhang mit Europas Verantwortung für die Welt, ohne selbst Weltmacht zu sein, sondern eben auch für die ökonomische Integration und die Entwicklung eines europäischen Binnenmarkts. So wurde Europa wirtschaftlich ein Riese und damit zugleich Konkurrent und Partner der anderen Weltregionen, ohne dass es zu einer stärkeren Integration der politischen Entscheidungsprozesse und damit zur Ablösung eines nationalstaatlichen Handels von begrenzter Wirkung kam. Die Einführung des Euro stellte zwar einen Impuls dar, der eine Intensivierung der wirtschaftlichen Koordinierung sowohl begünstigte als auch erforderte. Dennoch kam es zu keinem – von vielen erhofften – Quantensprung in der europäischen Integrationsgeschichte. Das Scheitern der Regierungskonferenz zu dem Entwurf einer Europäischen Verfassung hat viel damit zu tun, dass immer noch nicht eingesehen wird, dass die Abgabe von nationaler Souveränität auf die europäische Ebene zu einem Souveränitätsgewinn für alle führen kann.

Dieser Koordinierungs- und Kooperationsbedarf wird besonders ersichtlich, wenn man sich die Lage der europäischen Volkswirtschaften vor Augen führt. Diese ist seit mehr oder weniger einem Jahrzehnt durch sehr mäßiges Wachstum und einen damit verbundenen Aufbau von Massenarbeitslosigkeit sowie eines unerträglich hohen Niveaus an Armut gekennzeichnet. Das Schaffen der Voraussetzungen für Zukunftfähigkeit in unser zunehmend interdependenten Region, deren größter Reichtum ihre Menschen sind, ist nur europäisch denkbar. Das heißt auf die Ausschöpfung aller Potenziale setzen. Dies wird nur möglich sein, wenn sich die Beschäftigungschancen verbessern und damit zur Stimulierung einer robusten Binnennachfrage beitragen. Erst dann ist es denkbar, dass Strukturreformen greifen, dass Investitionen den Grundstein für künftige Wertschöpfung legen und dass der Standort Europa an Gewicht gewinnt. Innovation wird Europa in allen Bereichen abverlangt. Alle Akteure sind gefordert, die Regierungen und Parlamente, die Sozialpartner und die Unternehmen. Aber: revolutionäre Erfindungen und Entdeckungen haben Europas Geschichte geprägt. Warum sollte der Atem der Geschichte Europas nicht auch in die richtige Richtung der Zukunftsfähigkeit führen?

Der Binnenmarkt und die Wirtschafts- und Währungsunion waren richtige und rechtzeitig gelungene Versuche einer Antwort. Europa sollte allerdings in das Gelingen verliebt bleiben und neue Strategien, Instrumente und Ziele vereinbaren wie sie bereits im Weißbuch des ehemaligen Kommissionspräsidenten Jacques Delors „Wachstum, Wettbewerbsfähigkeit und mehr Beschäftigung"[1] und in der Lissabon-Strategie des EU-Gipfels zu „Wirtschaftsreformen, Vollbeschäftigung und soziale Eingliederung"[2] präsentiert wurden. Vollmundig haben die EU-Staats- und Regierungschefs auf Wettbewerbs- und Zukunftsfähigkeit gesetzt, sie aber noch nicht organisiert und umgesetzt. Die heutige wirtschaftliche Stagnation, die steigende Arbeitslosigkeit, die wachsende Ungleichheit und Armut führen dazu, dass das Vertrauen in die Kompetenz der Wirtschafts- und Beschäftigungspolitik schwindet. Die wirtschaftliche, soziale und politische Realität demonstriert eher Kleinmut und an nationalen Stimmungen ausgerichtete Entscheidungen. Das Delors-Weißbuch wurde nur spärlich umgesetzt. Die Impulse der Lissabon-Strategie, die genau betrachtet viele der Delors-Weißbuch-Analyse- und Politikansätze aufgenommen hat, warten auf ein Echo bei den handelnden Akteure. Dabei ist diese Strategie zur Zukunfts- und Wettbewerbsfähigkeit die überzeugende und qualitativ hochwertige Antwort auf Europas Probleme, weil sie auf nachhaltiges Wachstum, Wirtschaftsreformen, Arbeitsplätze für alle und ein reformiertes und damit nachhaltiges europäisches Sozialmodell ohne Ausgrenzungen setzt und alle Politikbereiche und Akteursebenen verbindet. Die Europäische Union muss diese Potenziale für sich mobilisieren. Dazu bedarf es mehr Kohäsion und Kohärenz. Dies ist vor allem dann erreichbar, wenn über europäische Initiativen sichtbarer Mehrwert organisiert werden kann.

Die in die Lissabon-Strategie eingepasste Investitions- und Wachstumsinitiative will trotz der vergleichsweise bescheidenen finanziellen Anstrengungen die relativ zu den USA ausgeprägte Investitionsschwäche eindämmen. Der anhaltende Rückgang der öffentlichen wie auch der privaten Investitionen gefährdet nämlich Produktivität, Wettbewerbsfähigkeit und die wirtschaftliche sowie soziale Stabilität Europas. Dies gilt auch für Risikokapital wie für Forschung und Entwicklung, für die Finanzmittel zur Verfügung gestellt werden. Dabei setzt die Initiative auf eine Partnerschaft zwischen der öffentlichen Hand und dem privaten Sektor. Sie kann zu einer Wiederbelebung des Lissabon-Prozesses führen, wenn alle nationalen Parlamente ihre Regierungen zwingen, Maßnahmen zu ergreifen, damit die Union und ihre Mitgliedstaaten tatsächlich bis zum Jahr 2010 auf der Grundlage einer wissensbasierten Gesellschaft ihre Zukunftsfähigkeit durch öffentliche und private Investitionen im Verhältnis zu anderen Weltregionen unter Beweis stellt.

All diese Fragen bedürfen der kritischen öffentlichen Reflektion. Sie erfordern vor allem die Bereitschaft zum Engagement und die Anstrengung aller. Die Beiträge in diesem Buch stimmen nachdenklich, bewerten aus der Sicht der jeweiligen Verantwortungsbereiche und mit Blick auf die mit der Lissabon-Strategie vernetzten Politiken

---

1  Europäische Kommission, Wachstum, Wettbewerbsfähigkeit, Beschäftigung, Weißbuch vom 5.12.1993, KOM(93) 700 endg.
2  Schlussfolgerungen des Europäischen Rates von Lissabon, 23. - 24. März 2000, siehe Anhang.

Fortschritte, Mängel und Schwächen und benennen Handlungsfelder und Entscheidungsnotwendigkeiten. Sie laden zu einer europaweiten öffentlichen Debatte ein, die immer noch fehlt, weil es außer dem Europäischen Parlament keine europäische Öffentlichkeit in diesem Zusammenhang gibt. Damit werden Wirtschafts-, Währungs-, Finanz-, Beschäftigungs- und Sozialpolitik aus der Ausschließlichkeit der sicherlich notwendigen und äußerst hilfreichen Expertenbefassung gelöst und Menschen die Angst vor Wandel, Reformen und Innovation genommen. Es ist nämlich die öffentliche Diskussion, die Wandel mit Sicherheit, Innovation mit sozialer Gerechtigkeit und Zukunftsfähigkeit ohne digitale Kluft einfordert. Von daher ist das Buch in aller erster Linie ein Plädoyer für eine stärkere demokratische Legitimation der EU-Politiken, auch im Bereich von Wirtschaft, Umwelt, Binnenmarkt, Beschäftigung und Soziales, und zwar über den vorliegenden Entwurf einer Europäischen Verfassung hinaus.

Natürlich vermag Europa die Bedingungen für Wohlstand seiner Bürgerinnen und Bürger zu schaffen. Beispiele dafür sind in diesem Buch an vielen Stellen zu finden, insbesondere, wenn es um die Politikkoordinierung geht. Dieser Weg ist sichtbar lohnend. Er kann in vielen weiteren Politikfeldern eingeschlagen werden. Den AutorInnen der Beiträge gilt mein Dank, ebenso der Mitarbeit von Viola Nispel und Ute Müller.

# 1. ANTWORTEN AUF DIE HERAUSFORDERUNGEN DER GLOBALISIERUNG: DIE STRATEGIE VON LISSABON

António Guterres und Maria João Rodrigues
# Perspektiven des Lissabon-Prozesses

Die Lissabon-Strategie entstand aus dem vom portugiesischen EU-Ratsvorsitz vorgeschlagenen Ziel, das Jahr 2000 langfristigen Überlegungen und entsprechenden Entscheidungen zu widmen. Die europäischen Staats- und Regierungschefs, die vom 23.-24. März 2000 zur Sondertagung des Europäischen Rates in Lissabon zusammenkamen, legten eine wirtschaftliche und soziale Strategie sowie ein neues Ziel fest. Seitdem steht die Fähigkeit der Union auf dem Prüfstand, ein solches Ziel in die Tat umzusetzen. Jede Frühjahrstagung des Europäischen Rates setzt neue Impulse.

Das Ziel bestand darin, zur Festlegung einer wirtschaftlichen und sozialen Entwicklungsstrategie beizutragen, die auf die neuen Herausforderungen von Globalisierung, technologischem Wandel und demographischen Entwicklungen positiv reagieren kann. Diese Antwort sollte der europäischen Wertordnung entsprechen. Deswegen wurden die Politiken des Wirtschaftswachstums, des sozialen Zusammenhalts und der Achtung der kulturellen Vielfalt miteinander verbunden. Neubelebt werden sollte die Hoffnung auf das Ziel der Vollbeschäftigung und die Anpassungsprozesse an die Alternativen sollten gefördert werden, die Männern und Frauen in Europa heute offen stehen. Schließlich sollte das europäische Entwicklungsmodell gestaltet und zu einem wichtigen Zeitpunkt gestärkt werden, den der Übergang zur einheitlichen Währung, die Erweiterung und der Umbruch der internationalen Ordnung charakterisieren.

Es wurde ein neues strategisches Ziel gesetzt: Die Union sollte innerhalb von zehn Jahren zur wettbewerbsfähigsten und dynamischsten wissensbasierten Gesellschaft in der Welt werden, die mit mehr und besseren Arbeitsplätzen sowie sozialem Zusammenhalt nachhaltiges Wachstum schaffen kann. Der europäische Weg für eine „neue Wirtschaft" wurde definiert.

Der anhaltende Paradigmenwechsel hat diese Vorschläge beeinflusst. Wissen entwickelt sich zum größten Reichtum der Staaten, kann jedoch auch ein bedeutender Faktor für soziales Ungleichgewicht sein. Zur Erhöhung der Wettbewerbsfähigkeit muss Europa den Übergang zu einer wissensbasierten Wirtschaft beschleunigen. Dabei darf der soziale Zusammenhalt nicht vernachlässigt werden. Dazu musste eine Neuausrichtung der Strategien erfolgen, und zwar durch:
- Einführung eines anspruchsvollen Programms für die Informationsgesellschaft, das die Demokratisierung des Zugangs zum Internet und neue Inhalte zum Ziel hat, um die Bedürfnisse der Bürger in den Bereichen, Bildung, Gesundheit, Umwelt und Verkehr zu befriedigen und gleichzeitig zu verhindern, dass Menschen von der Teilhabe an der Informationsgesellschaft ausgeschlossen werden;

- Koordinierung der nationalen Forschungspolitiken mit dem Ziel, einen europäischen Forschungs- und Entwicklungsraum aufzubauen und auszuweiten;
- Belebung von Wirtschaftsreformen im Hinblick auf eine Erhöhung des Wachstums- und Innovationspotenzials der europäischen Wirtschaft;
- Überwindung der Grenzen herkömmlicher Reformen der Aus- und Weiterbildungssysteme mit dem Ziel, eine Wissensgesellschaft mit vielfältigen Chancen für lebenslanges Lernen und Weiterbildung zu schaffen;
- Reformen des europäischen Sozialmodells durch Investitionen in Menschen, Aktivierung des Wohlfahrtstaates und eine stärkere Bekämpfung der sozialen Ausgrenzung in ihren alten und neuen Formen;
- Aufnahme der Nachhaltigkeit in das soziale Schutzsystem durch Erhöhung der Beschäftigungsquote, zu der eine verbesserte Vermittelbarkeit, Chancengleichheit und flexiblere Regelungen zum Eintritt in den Ruhestand gehören;
- Einführung neuartiger Unternehmenspolitiken, die sich auf Innovation, Unternehmertum und insbesondere eine Europäische Charta für Kleinunternehmen konzentrieren;
- Stärkung des Beitrags der Steuer- und Finanzpolitik als Antriebskräfte des strukturellen Wandels im Rahmen eines nachhaltigen nicht-inflationären Wachstums. Wenn auch bei den Anstrengungen zur Begrenzung des Haushaltsdefizits keine Abstriche gemacht werden dürfen, müssen Investitionen in den Bereichen Forschung und Entwicklung, Innovation, Bildung, Weiterbildung und soziale Dienstleistungen eine höhere Priorität eingeräumt werden.

Diese neuen politischen Leitlinien führten zu zahlreichen konkreten Maßnahmen und einem Zeitplan für seine Umsetzung. Die Agenda stützt sich auf die Impulse der Frühjahrsgipfel des Europäischen Rates, das ausgeprägte Engagement der Europäischen Kommission, die aktive Beteiligung des Europäischen Parlaments und die Aktivierung der Entscheidungen des EU-Rates in den Formationen des Wirtschafts- und Finanzministerrates, des Rates für Beschäftigung und soziale Angelegenheiten, des Industrierates, des Binnenmarktrates sowie des Bildungs- und Forschungsrates.

Es gibt auch einige politisch und methodisch innovative Ansätze zur Förderung dieser Agenda:
- die Frühjahrstagung des Europäischen Rates als Gelegenheit, eine Jahresbilanz dieser Strategie zu ziehen und ihr neuen Antrieb zu geben;
- die Definition einer Strategie über die Grundzüge der Wirtschaftspolitik durch diesen Europäischen Rat;
- die Festlegung der so genannten „offenen Methode der Koordinierung" und ihre Ausweitung auf verschiedene Politikbereiche als Ergänzung der vorhandenen Instrumente;

- die Stärkung der Rolle der Europäischen Kommission als Katalysator und der Beteiligung des Europäischen Parlaments;
- die Förderung der Rolle des sozialen Dialogs und anderer Formen von Partnerschaften im Prozess des Wandels.

Diese institutionellen Veränderungen, d.h. die Annahme der offenen Methode der Koordinierung, sollten im Rahmen der aktuellen Diskussionen über die institutionellen Reformen in der Regierungskonferenz gefestigt werden. Die Umsetzung der Lissabon-Strategie bringt neue Lösungen zur Verbesserung des europäischen Regierens. So werden die strategischen Fähigkeiten der Union gestärkt. Die Effizienz und die Rechtmäßigkeit der Politikgestaltung können verbessert werden. Es gibt neue Chancen zur Verbindung von Kohärenz und Subsidiarität.

Der im Rahmen der Lissabon-Strategie gefundene politische Konsens sollte aufrechterhalten werden, indem in den Bereichen Soziales, Wirtschaft und nachhaltige Entwicklung gut ausgewogene Fortschritte möglich werden, wie sie der Europäische Rat in Stockholm im März 2001 bekräftigt hat und die noch eine große Rolle spielen werden.

Die neuen Maßnahmen werden in nationale Politiken der Mitgliedstaaten umgesetzt. Zugangsmöglichkeiten zum Internet werden in Schulen, bei öffentlichen Dienstleistungen und im Handel rapide ausgebaut. Forschungs- und Entwicklungseinrichtungen stärken ihre europäischen Netze. Wirtschaftsreformen und Förderungsmaßnahmen für innovative Unternehmen nehmen zu. Es wurden nationale Pläne zur Bekämpfung der sozialen Ausgrenzung auf den Weg gebracht. Doch viele Probleme bestehen weiter, und es ist noch viel zu tun, insbesondere in Bezug auf das langsame Wachstum und die unzureichende Schaffung von Arbeitsplätzen. Hier muss rasch Abhilfe geschaffen werden.

Auch in Portugal werden die nationalen Politiken der Lissabon-Strategie und dem 3. Gemeinschaftlichen Förderkonzept angepasst, um zu realer Konvergenz beizutragen. Die für die Überwachung der Lissabon-Strategie gefundenen strukturellen Indikatoren in den Bereichen Beschäftigung, sozialer Zusammenhalt, Wirtschaftsreformen und Innovation zeigen Schwachstellen, aber auch Stärken. Damit wird klar, dass noch viel zu tun ist. Die offene Methode der Koordinierung ist hervorragend geeignet, um zu einem Austausch von Erfahrungen und besten Praktiken zwischen den Mitgliedstaaten zu kommen. Dies ist eine gute Grundlage zur Verbesserung des systematischen Informations- und Handlungsaustauschs auf den unterschiedlichen Ebenen der öffentlichen Verwaltung und der Zivilgesellschaft.

Die Lissabon-Strategie umfasst ein umfangreiches Aktionsprogramm für die wirtschaftliche und soziale Modernisierung. Seine Verwirklichung und sein Erfolg sind nicht nur vom Engagement der europäischen und nationalen politischen Institutionen abhängig, sondern auch von der Beteiligung der Zivilgesellschaft sowie der Bürgerinnen und Bürger. Deswegen ist es so wichtig, die Diskussion über die Umsetzung der Lissabon-Strategie auf alle Ebenen auszuweiten und dabei alle Erfahrungen und Überlegungen einzubeziehen. In die öffentliche Diskussion und die politischen Entscheidungen sollte auch das Paradigma der Wissensgesellschaft aufgenommen werden. Wichtig ist eine vielfältige Diskussion.

## I. Zur Umsetzung der Lissabon-Strategie

Die Lissabon-Strategie war richtungsweisend für die Entwicklung und Reformen der europäischen Wirtschafts- und Sozialpolitiken. Diese Strategie hat die Europäische Kommission systematisch in ihre Arbeitsprogramme einbezogen und Vorschläge unterbreitet, die im Einklang mit der politischen Agenda und den Leitlinien von Lissabon stehen. Die offene Methode der Koordinierung, die im Rahmen der Lissabon-Strategie für die Vertiefung der Europäischen Union vorgeschlagen wurde, wurde auf andere Politiken ausgedehnt, wie z.B. die Förderung der Informationsgesellschaft, die Unternehmenspolitik, Forschung und Innovation, Bildung, Bekämpfung der sozialen Ausgrenzung und der soziale Schutz. Die jeweiligen Fachministerräte, insbesondere der Rat für Wettbewerbsfähigkeit, der Rat für Beschäftigung und Soziales, der Bildungsrat, der Umweltrat sowie der Rat für Wirtschaft und Finanzen, arbeiten schrittweise diese Agenda auf der Grundlage dieser Vorschläge ab. Ein Teil der Leitlinien werden von den Mitgliedstaaten auf nationaler Ebene durchgesetzt, selbst wenn die nationalen Politiken häufig nicht ausdrücklich auf die europäischen Grundzüge der Wirtschafts-, Beschäftigungs- und Sozialpolitik Rücksicht nehmen. Hervorzuheben sind folgende wichtige Fortschritte:
- Besonders erfolgreich ist die Umsetzung des Programms für die Informationsgesellschaft eEurope auf europäischer wie auf nationaler Ebene. Die Neuauflage des Programms für 2003-2005 ist bereits erfolgt.
- Das Mehrjahresprogramm für Unternehmen von 2001 und die Europäische Charta für kleine und mittlere Unternehmen (KMU) sind Grundlage zu Eckwerten (Benchmarking) für eine erfolgreiche Unternehmenspolitik.
- Die nationalen Berichte und der Syntheseberichte der Europäischen Kommission zu den Wirtschaftsreformen im Rahmen des Cardiff-Prozesses sowie das Arbeitsprogramm zur Vollendung des Binnenmarktes nehmen inzwischen auch auf die Lissabon-Strategie Bezug. Große Fortschritte wurden mit der Annahme des Statuts einer europäischen Aktiengesellschaft, mit der Mitteilung zu den Dienstleistungen der öffentlichen Daseinsvorsorge, mit der Rückführung staatlicher Beihilfen und der Liberalisierung des Telekommunikations- und des Energiesektors erreicht.

- Die Reform und die Integration der Finanzmärkte auf der Grundlage des Finanzaktionsplans ist nahezu erreicht. 37 von 42 Maßnahmen des Finanzaktionsplans wurden bereits umgesetzt.
- Die Initiative Innovation 2000 der Europäischen Investitionsbank fördert Entwicklungsprogramme in den Mitgliedstaaten.
- Die Leitlinien und Instrumente zum Aufbau eines Europäischen Forschungsraums sind mit dem 6. Rahmenprogramm für Forschung und Entwicklung (2002-2006) auf den Weg gebracht.
- Die Konzentration auf die Wissensgesellschaft als wesentlicher Erfolgsfaktor der Strategie wurde durch die Entscheidung zur Annahme eines Gemeinschaftsrahmens zur Innovationsförderung sowie eines Aktionsplans für Investitionen in die Forschung unterstützt. Dazu gehören folgende vier Schwerpunkte:
  – Entwicklung der offenen Methode der Koordinierung zwischen den Mitgliedstaaten, Bildung einer Europäischen Technologieplattform für Schlüsseltechnologien und Schaffung kohärenter Politikinstrumente;
  – Verbesserung der öffentlichen Unterstützung von Forschung und Innovation, einschließlich der Humanressourcen;
  – Neuausrichtung der öffentlichen Ausgaben im Hinblick auf Forschung und Innovation, einschließlich öffentlicher Auftragsvergabe und staatlicher Beihilfen;
  – Verbesserung der Rahmenbedingungen für private Investitionen in Forschung, einschließlich Schutz des geistigen Eigentums, Wettbewerbsregeln, Finanzmärkte und Steuerpolitik.

  Diese neue Ausrichtung auf die Wissensgesellschaft hat auch Auswirkungen auf die EU-Industriepolitik sowie die Unternehmenspolitik, die die wichtige Rolle des Unternehmertums unterstreicht. Die Bedeutung dieser Ausrichtung auf die Bildungspolitik werden in der Erklärung des Europäischen Gipfels in Kopenhagen hervorgehoben sowie in der Debatte über die Rolle der Universitäten in einem wissensbasierten Europa.
- Im Bereich der Bildungspolitik wurden durch die offene Methode der Koordinierung wichtige neue Impulse gesetzt, weitreichende gemeinsame Vorstellungen und Ziele für das Konzept des lebenslangen Lernens wurden festgelegt.
- Das Beschäftigungspaket des Luxemburg-Prozesses nimmt neue Elemente auf der Grundlage der Lissabon-Strategie in seine Leitlinien auf. Nach einer Halbzeitbilanz wurden auch die Beschäftigungspolitischen Leitlinien an die Vorgaben der Lissabon-Strategie angepasst. Ausgehend von den drei zentralen Zielen – „mehr Arbeitsplätze, bessere Arbeitsplätze und soziale Inklusion" – werden folgende Prioritäten betont: aktive und vorbeugende Maßnahmen für Arbeitslose und Nichterwerbstätige, Förderung von Unternehmertum und Schaffung von Arbeitsplätzen, Prozesse zur Förderung der Anpassungsfähigkeit im Wandel, mehr und bessere Investitionen in das Humankapital und Strategien für lebenslanges Lernen, Verbesserung des Angebots an Arbeitskräften und Förderung des aktiven Alterns, Gleichstellung von

Frauen und Männern, Kampf gegen Diskriminierungen und Förderung der Integration in den Arbeitsmarkt, Förderung von Beschäftigung durch Anreize zur Verbesserung der Attraktivität von Arbeit, Bekämpfung von Schwarzarbeit, Förderung der beruflichen und geografischen Mobilität der Arbeitnehmer und Verbesserung der Arbeitsvermittlung.

- Zur Verbesserung des sozialen Schutzes in der Gemeinschaft entwickeln die Europäische Kommission, eine hochrangige Gruppe zum Sozialschutz und der Wirtschaftspolitische Ausschuss wichtige Reformstrategien und setzen sie durch.
- Im Bereich der Bekämpfung von sozialer Ausgrenzung sind die größten Fortschritte zu verzeichnen, da die vom Rat verabschiedete Liste der Ziele in nationale Pläne zur Bekämpfung sozialer Ausgrenzung bereits 2001 umgesetzt wurde. Eine zweite Generation der nationalen Pläne ist jetzt auf den Weg gebracht.
- Nach umfangreichen Diskussionen wurde die Europäische Sozialagenda auf dem Europäischen Rat von Nizza angenommen, die die Prioritäten der Sozialagenda für die nächsten fünf Jahre festlegt.
- Die Dimension des Umweltschutzes wurde auf dem Europäischen Gipfel in Stockholm 2001 zur wirtschaftlichen und sozialen Dimension mit einer umfassenden Strategie für nachhaltige Entwicklung hinzugefügt.
- Schließlich beginnen die Wirtschaftspolitischen Leitlinien, unter Berücksichtigung des Stabilitätspakts erste Antworten auf die Forderungen der Lissabon-Strategie zu geben. Die Empfehlungen der Europäischen Kommission legen den Schwerpunkt auf die makroökonomische Stabilität und unterstreichen die Notwendigkeit, einen nahezu ausgeglichenen Haushalt oder einen Überschuss im Rahmen eines Wirtschaftszyklus zu halten und prozyklische Politiken zu vermeiden. Die nominale Lohnentwicklung sollte mit der Preisstabilität im Einklang stehen. Die Nachhaltigkeit, die den Umweltschutz, die soziale Nachhaltigkeit und die Nachhaltigkeit der öffentlichen Finanzen umfasst, ist ein weiteres wichtiges Anliegen. Dies gilt vor allem im Hinblick auf die Zunahme der älteren Bevölkerung und die damit verbundenen Auswirkungen auf die Systeme der Alterssicherung. Schließlich liegt ein weiterer Schwerpunkt auf Wachstumsförderung durch Beschleunigung der Strukturreformen. Neben der Verbesserung des regulatorischen Umfelds der Arbeitsmärkte z.B. zur Verhinderung von Arbeitslosigkeit und Armutsfallen, der Umsetzung des Riskokapital-Aktionsplans und der Vereinfachung des Unternehmensbesteuerungssystems wird Bezug genommen auf eine Neuorientierung der öffentlichen Ausgaben unter Beachtung der allgemeinen haushaltspolitischen Vorgaben. Wachstumsfördernde Investitionen in Infrastrukturmaßnahmen und den Menschen gehören ebenso dazu wie ein Rahmen für öffentlich-private Partnerschaften.

Andere wichtige Neuerungen betreffen die Verfahren zur Koordinierung der Wirtschaftspolitischen Leitlinien und der Binnenmarktagenda. Sie wurden synchronisiert.

Dies bedeutet, dass mehr Kohärenz zwischen Wirtschafts-, Finanz-, Beschäftigungs- und Sozialpolitiken geschaffen wird.

Trotz aller Fortschritte wird der Erfolg der Lissabon-Strategie daran zu messen sein, ob und inwieweit die Umsetzung der Lissabon-Ziele auf nationaler Ebene organisiert wird. Die Lissabon-Strategie wird auch in den kommenden Jahren weiterhin relevant sein, weil sie auf mittelfristige Strukturreformen auch als Antwort auf die Herausforderungen der Globalisierung setzt. Ihre Effizienz hängt aber auch von den institutionellen Reformen der Union ab, die mit der Erweiterung und der neuen Rolle Europas in den Weltordnungsstrukturen zusammenhängt. Eine weitere Bedingung für den Erfolg ist eine besser informierte und partizipative Zivilgesellschaft und öffentliche Meinung.

## II. Die Auswirkungen der Lissabon-Strategie auf die institutionellen Reformen der Europäischen Union

Die Lissabon-Strategie hat auch Auswirkungen auf die institutionellen Reformen der Europäischen Union. Wenn man den Verfassungsentwurf des Europäischen Konvents betrachtet, geht es vor allem um folgende Reformschritte:
- Im Hinblick auf die Ziele der Union sind das Gleichgewicht zwischen den drei für die nachhaltige Entwicklung relevanten Faktoren Wirtschafts-, Sozial- und Umweltpolitik, die Förderung von Vollbeschäftigung und die stärkere europäische Kohärenz unter Berücksichtigung des Subsidiaritätsprinzips von Bedeutung.
- Bei der Europäischen Staatsbürgerschaft können die Politiken der Lissabon-Strategie dazu beitragen, den in der Europäischen Grundrechtscharta festgelegten Rechten einen konkreten Inhalt zu geben.
- Zu den Kompetenzen und Aktivitäten der Union verlangt die Lissabon-Strategie einen mehrstufigen Entscheidungsprozess zwischen den nationalen Regierungen und einer europäischen Regierung, die mit mehr Kompetenzen ausgestattet ist. Dabei kommt es vor allem darauf an, dass die europäische, nationale und kommunale Ebene positiv und effizient auf den verschiedenen Handlungsebenen zusammenwirken. Von daher bedarf es der klaren Abgrenzung zwischen den ausschließlichen Kompetenzen der Union, vor allem in den Bereichen der Handels-, Wettbewerbs- und der Währungspolitik, den geteilten Kompetenzen, vor allem in der Steuer-, Umwelt-, Forschungs-, und Beschäftigungspolitik sowie den ergänzenden und unterstützenden Kompetenzen der Union bei der Förderung und Koordinierung der nationalen Politikbereiche, z.B. in den Bereichen Bildung, Innovation, Sozialschutz und soziale Integration.
- Zwischen den Institutionen der Union sollte eine klare Arbeitsteilung herrschen. So sollte eine künftige Europäische Regierung eine stärkere Synergie zwischen Kommission und Rat herstellen. Das Initiativrecht sollte auch weiterhin ausschließlich

der Kommission zustehen. Dies muss auch bei dem Frühjahrsbericht und den aus diesem resultierenden Richtlinien deutlich werden. Der Europäische Rat hat die Rolle der strategischen Führung zu übernehmen und damit die allgemeine Koordinierung der verschiedenen Politiken und deren Durchsetzung auf nationaler Ebene. Ihm obliegt auch die Durchsetzung der Lissabon-Strategie über die Koordinierung der jährlichen Zyklen der Wirtschafts- und Sozialpolitik. Deswegen ist es wichtig, dass die Fachministerräte nicht isoliert tagen, sondern sich abstimmen. Dies gilt vor allem für die Bereiche Wirtschaft und Finanzen, die Beschäftigungs- und Sozialpolitik, Wettbewerb, Umwelt, Bildung, Transport und Telekommunikation. Eine Unterscheidung zwischen dem legislativ und dem exekutiv agierenden Rat kann von Nutzen sein. Es ist insbesondere wichtig, einen Rat für allgemeine Angelegenheiten zusammenzusetzen, der Regierungschefs vertritt und in der Lage ist, die verschiedenen Politikbereiche zu koordinieren sowie Folgevereinbarungen der Europäischen Ratstreffen vorzubereiten und durchzuführen. Das Europäische Parlament wie auch die nationalen Parlamente müssen systematischer in die Umsetzung der Lissabon-Strategie einbezogen werden. Auch dies setzt eine bessere Koordinierung der verschiedenen Ausschüsse voraus.

- Zur Umsetzung der unterschiedlichen Kompetenzen und Verfahren der Union sollten alle Instrumente wie legislative und nichtlegislative Maßnahmen, d.h. Gesetze oder Rahmengesetze sowie Umsetzungsakte, unterstützende Instrumente zur Koordinierung der nationalen Politiken wie z.B. die offene Methode der Koordinierung, eingesetzt werden. Der Grundsatz der Abstimmung mit qualifizierter Mehrheit sollte auf fast alle legislativen Bereiche ausgedehnt werden. Die Koordinierung sollte sich auf einen abgestimmten Zeitplan zur Abstimmung, Umsetzung und Bewertung stützen. Die offene Methode der Koordinierung sollte stärker in den Vertrag einbezogen sein. Die Hauptbestandteile dieser Methode im Vertragsentwurf bestehen aus einheitlichen Leitlinien oder Zielen, die auf europäischer Ebene vereinbart worden sind, ihrer Einpassung in die nationalen und regionalen Politiken, einer Überwachung durch Experten, die sich auf die Indikatoren und die Identifizierung der besten Praktiken stützen, dem Initiativrecht der Europäischen Kommission und der Gesetzgebung durch Rat und Europäisches Parlament sowie der Einbindung der Sozialpartner und weiterer Interessenvertreter der Zivilgesellschaft in das Verfahren.
- Die offene Methode der Koordinierung erweitern die Grundsätze der partizipativen Demokratie, der Partnerschaft und der geteilten Verantwortung zwischen den unterschiedlichen Ebenen. Dabei müssen der zivile Dialog und der soziale Dialog hinzukommen und ein Gremium für drittelpartizipatorische Konzertierungsverfahren eingerichtet werden.
- Auch der EU-Haushalt könnte mit der Koordinierung der nationalen Politiken einen Mehrfacheffekt erzielen. Wichtig wäre es, dass der Europäische Haushalt mehr

Mittel zur Unterstützung der Umsetzung des Lissabon-Prozesses zur Verfügung stellt.
- Auch für die außenpolitischen Aktivitäten der Union ist eine bessere Koordinierung im Sinne der Lissabon-Strategie von Bedeutung, weil sie als proaktive Antwort auf die Herausforderungen der Globalisierung zu verstehen ist.

Die Instrumente zur Umsetzung des Lissabon-Prozesses in den einzelnen Politikbereichen sind nicht festgelegt und müssen fortentwickelt werden, auch im Zusammenhang mit einem möglichen Verfassungsvertrag. Dabei kommt es vor allem auf das Zusammenspiel zwischen den Entwicklungen der einzelnen Politikbereiche und auf die institutionellen Reformen an. Auch wenn der Verfassungsvertrag noch nicht verabschiedet ist, ist festzustellen, dass er die wichtigsten Elemente des Lissabon-Prozesses berücksichtigt.

### III. Perspektiven der Lissabon-Strategie

Die Bemühungen um eine Synthese waren notwendig, um die Lissabon-Strategie vorzubereiten. Mehr Anstrengungen sind jedoch Jahr für Jahr notwendig, um auf dem jeweiligen Frühjahrsgipfel des Europäischen Rates Fortschritte zu erzielen.

(1) Zu beginnen wäre mit der Informationsgesellschaft, die eines der besten Beispiele für die konkreten Fortschritte in Europa ist. Ein innovativer Ansatz zur Entwicklung einer Informationsgesellschaft wurde vorgelegt, der sie auf die erweiterte Nutzung des Internets in seinen unterschiedlichen Formen und auf die Vorbereitung von Menschen, Unternehmen und den öffentlichen Dienst stützt. Der eEurope-Aktionsplan hat auf nationaler Ebene zu vielen Programmen und einer besseren Nutzung der Informationstechnologien geführt. Auch sind die Bewertungsmaßstäbe (Benchmarking) in diesem Bereich in einem guten Entwicklungsprozess. Ein zweiter europäischer Plan für die nächsten drei Jahre ist bereits präsentiert worden. Eine Wissensgesellschaft ist allerdings mehr als nur eine Informationsgesellschaft. Es gibt durchaus noch viele Bereiche, in denen Europa hinter den USA zurückliegt. Informationstechnologien müssen mit organisatorischen Veränderungen verbunden werden, um eine effektive Modernisierung von öffentlicher Verwaltung und Unternehmen zu bewirken. Dabei muss allen sozialen Gruppen generell der Zugang zu den neuen Technologien ermöglicht werden. Es ist wichtig, in neue Technologien wie Breitband und digitales Fernsehen zu investieren, um die digitale Kluft in Europa zu überwinden.

(2) Im Bereich der Forschungspolitik besteht bereits das 6. Rahmenprogramm. Sein Ziel besteht im Aufbau eines europäischen Forschungsraums durch Netzwerkex-

zellenzen und eine verbesserte Koordinierung der nationalen Programme. Auf dem Gipfel von Barcelona wurde ein hochgestecktes Ziel gesetzt: bis 2010 soll durchschnittlich 3 % des Bruttoinlandsprodukts (BIP) in Forschung und Entwicklung bei Ansatz von öffentlichen und privaten Investitionen investiert werden. Im Anschluss daran wurde ein Aktionsplan zur Umsetzung dieses Zieles ausgearbeitet. Hier zeigen sich die Schwierigkeiten. Wenn man das Ziel erreichen will, muss man eine sehr ambitionierte Strategie für eine wissensbasierte Gesellschaft von europäischer Dimension entwickeln. Dies ist nicht nur wichtig für Forschung und Entwicklung, sondern auch für Unternehmen.

(3) Deswegen sind politische Maßnahmen zugunsten von Innovationen und einer europäischen Unternehmenskultur von Bedeutung. Es geht darum, Hindernisse abzubauen, Unternehmertum zu fördern, Qualifizierungslücken zu schließen und die Verbindungen zwischen Forschung und Entwicklung einerseits sowie den Unternehmen andererseits zu stärken. Die offene Methode der Koordinierung kann diesen Prozess beschleunigen, weil Fortschritte organisiert werden können: es geht darum, nationale Pläne für Unternehmertum und Innovation zu entwickeln, die die auf europäischer Ebene entwickelten Leitlinien umsetzen. So kann Europas Wettbewerbsfähigkeit entscheidende Impulse erhalten.

(4) Auch die Entscheidung zum Galileo-Projekt ist Ausdruck des europäischen Ehrgeizes, führende Technologievorhaben mit einem deutlichem Spill-Over-Effekt auf andere Bereiche zu organisieren. Demgegenüber stehen allerdings auch andere Diskussionen wie z.B. über das Gemeinschaftspatent. Immer noch dominieren zu häufig nationale Interessen. Durch die Öffnung der Märkte, die Integration der Finanzmärkte und die Bereitstellung von Risikokapital auf europäischer Ebene kann auch das Forschungsumfeld deutlich verbessert werden. Deswegen ist der Beschluss des Europäischen Rates von Barcelona, die Energiemärkte zu öffnen und den Lamfalussy-Bericht über die Finanzmärkte umzusetzen, von so besonderer Bedeutung. Die Entscheidung des Europäischen Rates hat auch gezeigt, dass Liberalisierung und Öffentliche Daseinsvorsorge zu vereinbaren sind. Der Telekommunikationssektor zeigt bereits erste Vorteile, aber eine vertiefte Auseinandersetzung für konkrete Lösungen in jedem einzelnen Sektor ist notwendig. Der Binnenmarkt für Dienstleistungen sollte als nächstes angegangen werden.

(5) Die Arbeitsmarktpolitiken werden aktualisiert, um nicht nur eine Lösung für jeden Arbeitslosen zu finden, sondern auch um die Nachhaltigkeit der Sicherung der Sozialsysteme zu verbessern. Sie sollten reformiert werden, um Mobilität in einem Lebenszyklus zwischen Arbeit, Familie und Weiterbildung zu erleichtern. Die Entwicklung eines breiten Dienstleistungssektors zur Unterstützung von Familien ist auch eine Vorbedingung für Chancengleichheit.

(6) Im sozialen Bereich sind ebenfalls Fortschritte zu verzeichnen. Nach den Erfahrungen mit der Beschäftigungspolitik wird die offene Methode der Koordinierung jetzt auch im Bereich der sozialen Inklusion angewendet: alle Mitgliedstaaten haben nationale Pläne zur Bekämpfung von sozialer Ausgrenzung in ihrer alten und neuen Form wie das Risiko der sozialen Kluft. Der gleiche Prozess wurde für den Bereich des Sozialschutzes entwickelt, trotz der Unterschiedlichkeit der nationalen Regelungen in diesem Bereich, um die Rentensysteme vor dem Hintergrund der Alterungsentwicklung anzupassen. Dennoch müssen die komplexen Probleme der Nachhaltigkeit weiter angegangen werden. Die europäische Sozialagenda muss sich der sehr unterschiedlichen Probleme im Zusammenhang mit den Reformen des europäischen Sozialmodells annehmen.

(7) Selbst im Bereich der Bildungspolitik, ein klassischer Bereich nationaler Kompetenz, wurde anerkannt, dass die Mitgliedstaaten vor gemeinsamen Problemen unterschiedlicher Tragweite stehen, die die Definition einer Reihe gemeinsamer Ziele hinsichtlich der Qualität, des Zugangs zu Bildung und Ausbildung, der Basisqualifikationen und des lebenslangen Lernens rechtfertigen. Die Mitgliedstaaten haben sich verpflichtet, im Rahmen der offenen Methode der Koordinierung regelmäßig über die Fortschritte in diesen Bereichen zu berichten. Die Sozialpartner stehen mit ihrem kürzlich verabschiedeten Handlungsrahmen zum lebenslangen Lernen mit diesen Bemühungen im Einklang. Immer noch bestehen jedoch Schwierigkeiten beim Aufbau einer so genannten Lerngesellschaft: Wie sollen die Investitionskosten aufgeteilt werden? Wie sollte das soziale Zeitmanagement weiterentwickelt werden? Wie können Schulen zu Lernzentren werden? Die Bildungs- und Weiterbildungssysteme sind gefordert, Lernmöglichkeiten für einen neuen Adressatenkreis, der die Multimedia-Instrumenten nutzt, zur Verfügung zu stellen und offene Lernzentren zu schaffen. Dabei muss vereinbart werden, wie die Kosten lebenslangen Lernens zwischen dem Staat, den Unternehmen und den Individuen aufgeteilt werden, um allen gleiche Chancen zu geben.

Abschließend müssen einige zentrale Fragen zur Zukunft der Lissabon-Strategie noch deutlicher akzentuiert werden. Eine stärkere Zusammenarbeit zwischen Politik und Wissenschaft ist dabei eine wichtige Voraussetzung.

Es geht auch um die Auswirkungen der Erweiterung. Die Lissabon-Strategie sollte von den Beitrittsländern als eine Gelegenheit zum Aufholen gesehen werden anstatt als zusätzliche Schwierigkeit für die Integration. Deswegen ist die offene Methode der Koordinierung, gestützt auf gemeinsame Prioritäten und Indikatoren, von Vorteil, weil sie die Konkretisierung der Zieldefinitionen den Mitgliedstaaten überlässt, so dass ihre unterschiedlichen Ausgangssituationen berücksichtigt werden können. Insofern kann die Lissabon-Strategie die reale Konvergenz und die soziale Kohäsion fördern.

Makroökonomische Politiken, insbesondere Haushalts- und Steuerpolitiken sollten im Rahmen des Stabilitätspaktes stärker auf die Unterstützung des strukturellen Wandels ausgerichtet sein. Zum Beispiel sollten öffentliche Ausgaben und Steueranreize stärker auf die Förderung von Innovation und lebenslangem Lernen zielen. Ein weiteres Ziel der Lissabon-Strategie besteht darin, das Wachstumspotenzial und die Wachstumsraten auf nachhaltige Weise zu verbessern. Mit einem höheren nachhaltigen Wachstum wird es für alle leichter sein, die Stabilitätskriterien zu erfüllen. Wenn makroökonomische Politiken und Strukturreformen sich gegenseitig stärken sollen, muss ihr Zusammenwirken besser aufgeteilt sein. Neue Kriterien und Indikatoren sollten identifiziert werden, um die Qualität öffentlicher Finanzen und ihre Auswirkungen auf die Strukturreformen und das Wachstumspotenzial zu bestimmen. Diese Kriterien sollten bei der Untersuchung der nationalen Stabilitäts- und Wachstumsprogramme und der Struktur der öffentlichen Verschuldung und des öffentlichen Defizits herangezogen werden. Schließlich sollte die mögliche Bedeutung der Steuerpolitik bei der Erhöhung des Wachstumspotenzials nicht vernachlässigt werden, insbesondere durch Stimulierung und Belohnung der besonders innovativen KMU.

Schließlich muss eine kohärente Herangehensweise bei der Bildung einer wissensbasierten Wirtschaft und Gesellschaft gestärkt werden. Dies ist für den Erfolg der Lissabon-Strategie unabdingbar und kann zum Erfolg oder Misserfolg des Europäischen Weges beitragen. Wir brauchen neue Faktoren zur Förderung von Wettbewerbsfähigkeit, um Lebensqualität zu unterstützen. Wissen ist mehr als Information. Innovationspartnerschaften sollten gefördert und Wissensmanagementverfahren in den Unternehmen, in den Schulen, in den Forschungs- und Entwicklungsinstitutionen sowie in den öffentlichen Dienstleistungen verbessert werden. Unsere kulturelle Vielfalt ist ein Vorteil, weil sie uns in die Lage versetzt, andere Kulturen zu verstehen. Dies kann Europas Rolle in einer globalisierten Welt stärken.

Die neue Planung zur Lissabon-Strategie verlangt vor allem deren Umsetzung auf nationaler Ebene. Sie sollte in mehreren Phasen bis 2010 erfolgen:

Eine erste Phase der Umsetzung der Lissabon-Strategie ist weitestgehend vollendet. Sie konzentriert sich auf folgende Punkte:
- die Spezifizierung der Schlussfolgerungen des Gipfels von Lissabon in Politikinstrumente der EU wie Richtlinien, Gemeinschaftsprogramme, Aktionspläne, Empfehlungen;
- die Aufnahme der Umweltdimension und die nachhaltige Entwicklung;
- die Umsetzungen in den Mitgliedstaaten, die allerdings immer noch sehr unterschiedlich je nach Region und Mitgliedstaaten erfolgen;

- die Reorganisation der Arbeit der EU-Räte, die Einbeziehung des Europäischen Parlaments und anderer europäischen Institutionen, der Sozialpartner und der organisierten Zivilgesellschaft;
- die Verankerung der offenen Methode der Koordinierung im Verfassungsentwurf für die EU mit den dazugehörigen Instrumenten.

Für die Umsetzung des Lissabon-Prozesses, vor allem auf der Ebene der Mitgliedstaaten einschließlich der neuen Mitgliedstaaten, werden wirksamere Bindeglieder zwischen den europäischen und den nationalen Handlungsebenen gebraucht. So sollten die Regierungen aufgefordert werden, die Kohärenz und die Konsistenz zwischen den Instrumenten, die sie auf europäischer Ebene beschließen und denen, die sie auf nationaler Ebene umsetzen müssen, zu verbessern. Hierbei müssen sie die Zivilgesellschaft auch auf nationaler Ebene einbeziehen. Die Europäische Kommission sollte die interne Koordinierung und ihre direkte Zusammenarbeit mit den Mitgliedstaaten reformieren. Der Synthesebericht und der Europäische Frühjahrsgipfel sollten die zentralen Ausgangspunkte für jeden jährlichen Politikzyklus auf der europäischen und der nationalen Ebene sein. Das Europäische Parlament muss stärker als bisher mit den nationalen Parlament zusammenarbeiten, den Informationsaustausch verbessern und dabei zu effizienterem Handeln kommen. Dabei muss die organisierte Zivilgesellschaft, d.h. vor allem die Sozialpartner, eine gewichtigere Rolle einnehmen. Die Herstellung einer europäischen Öffentlichkeit ist von zentraler Bedeutung, damit die europäischen Bürgerinnen und Bürger über die Lissabon-Agenda und ihre Auswirkungen für ihre Lebens- und Arbeitswelt informiert werden.

Jean-Claude Trichet

# Zur Rolle der EZB im Lissabon-Prozess

Die Europäische Zentralbank (EZB) begrüßt und unterstützt entschieden den Impuls, den der Europäische Rat von Lissabon dem Prozess der Wirtschaftsreform gegeben hat. Gut geplante Strukturreformen an den Kapital-, Arbeits- und Gütermärkten, wie sie die Lissabon-Agenda vorsieht, werden die Flexibilität der Wirtschaft des Euroraums verbessern, ihre Widerstandsfähigkeit gegenüber Schocks erhöhen und letztlich zu dauerhaft höherem, langfristigem Wachstum führen. Die EZB leistet wichtige Beiträge zu diesem Prozess. Genauer gesagt trägt die EZB dazu bei, ein stabiles gesamtwirtschaftliches Umfeld im Euroraum zu schaffen, indem sie die Preisstabilität gewährleistet und die Finanzstabilität unterstützt. Makroökonomische Stabilität verbessert wiederum die Aussichten auf eine vollständige Umsetzung der Lissabon-Agenda.

## I. Preisstabilität und Finanzstabilität als Anker für den Lissabon-Prozess

Die EZB kann im Einklang mit ihrem in den europäischen Verträgen definierten Mandat einen eigenen Beitrag zum Erfolg der europäischen Wirtschaft insgesamt und insbesondere zum Erfolg des Lissabon-Prozesses leisten: erstens durch die Gewährleistung der Preisstabilität im Euroraum und zweitens durch ihre Rolle bei der Sicherung der Finanzstabilität. Allgemeiner ausgedrückt kann makroökonomische Stabilität die Durchführung von Strukturreformen an den Kapital-, Arbeits- und Gütermärkten erleichtern.

1. Die EZB und die Preisstabilität

Europas einheitliche Geldpolitik nahm nach mehreren Jahren sorgfältiger Vorbereitung im Januar 1999 ihren Anfang. Ein entscheidender Erfolgsfaktor für die Einführung des Euro und die Errichtung der EZB war der breite Konsens, dass Europa großen und dauerhaften Nutzen aus der Stärkung seiner Kultur der monetären Stabilität und des Vertrauens ziehen könne und dass die Wirtschafts- und Währungsunion (WWU) hierfür mit einem soliden institutionellen Rahmen ausgestattet werden müsse. Dieser Konsens wurzelte in den geldpolitischen Erfahrungen der vorangegangenen Jahrzehnte. Insbesondere der längere Zeitraum hoher Inflationsraten in den 70er Jahren ließ keinen Zweifel daran, dass eine Geldpolitik, die ohne angemessenen institutionellen Rahmen oder ohne angemessene Zielsetzungen operiert, langanhaltende negative Auswirkungen auf den wirtschaftlichen Wohlstand hat.

In den 90er Jahren hatte sich ein breiter Konsens über die Grundprinzipien konsolidiert, an denen die Geldpolitik sich ausrichten sollte. Zwei Elemente sind dabei hervorzuheben: Klarheit muss darüber hergestellt werden, was Geldpolitik vermag und was nicht; darüber hinaus muss die Kenntnis um den Wert der Preisstabilität vorhanden sein.

Das erste Element betrifft die bekannte Tatsache, dass geldpolitische Impulse nur vorübergehende realwirtschaftliche Effekte haben. Kurzfristig beeinflusst eine durch die Zentralbank herbeigeführte Veränderung der Geldmarktsätze ökonomische Variablen wie Produktion oder Preise. Langfristig, d.h. nachdem alle Anpassungen in der Volkswirtschaft vollzogen sind, spiegelt sich eine Veränderung der Geldmenge bei sonst gleich bleibenden Wirtschaftsbedingungen jedoch in einer Veränderung des allgemeinen Preisniveaus wider und bewirkt keine dauerhaften Veränderungen der realen Variablen. Dies impliziert, dass die Zentralbank das Wirtschaftswachstum durch eine Änderung der Geldmenge nicht auf lange Sicht beeinflussen kann. Hieran schließt sich die These an, dass Inflation letztendlich ein monetäres Phänomen ist.

Das zweite Element des Konsenses betrifft den Wert der Preisstabilität und impliziert, dass längere Phasen der Inflation wie auch der Deflation zu vermeiden sind. Die Gewährleistung von Preisstabilität trägt auf vielfache Weise zu einem wachstumsfördernden wirtschaftlichen Umfeld bei. Erstens erhält und fördert Preisstabilität die Kaufkraft der Verbraucher, was den privaten Konsum stützt. Zweitens begünstigt Preisstabilität eine effiziente Allokation der Ressourcen durch die Märkte, weil sie Veränderungen der relativen Preise leichter erkennbar macht. Drittens bringt Preisstabilität eine geringere Unsicherheit und niedrigere Risikoprämien an den Finanzmärkten mit sich, was Finanztransaktionen erleichtert und letztlich niedrigere mittel- und langfristige Zinssätze impliziert. Dies wiederum wirkt investitionsfördernd. Viertens bietet Preisstabilität den Märkten einen unverzichtbaren nominalen Anker für die Anpassung von Lohnveränderungen im Einklang mit dem Produktivitätswachstum und trägt somit zur Erhaltung der Wettbewerbsfähigkeit der Wirtschaft des Euroraums bei. Schließlich verhindert Preisstabilität die umfangreiche und willkürliche Umverteilung von Vermögen und Einkommen, die unter inflationären wie auch deflationären Bedingungen stattfindet, wo Preistendenzen unberechenbaren Veränderungen unterliegen wie zum Beispiel Umverteilungseffekte von Geldgebern zu Schuldnern. Derartige Umverteilungen sind wirtschaftlich und politisch unerwünscht. Die Gewährleistung der Preisstabilität trägt somit zur Herstellung bestmöglicher Bedingungen für ein nachhaltiges Wachstum, für die Schaffung von Arbeitsplätzen und für den sozialen Zusammenhalt bei. Untersuchungen aus Fachwelt und Wissenschaft bestätigen diese Schlussfolgerung durchgängig.

Die vorgenannten Grundsätze, die langfristige Neutralität der Geldmenge sowie der Wert der Preisstabilität als Grundvoraussetzung makroökonomischer Stabilität und gut funktionierender Märkte, erlauben die Klärung einer angemessenen Funktion der Geldpolitik in einer modernen Volkswirtschaft. Durch die Erfüllung ihres vorrangigen Ziels, die Gewährleistung der Preisstabilität, schaffen die Zentralbanken eine notwendige Grundvoraussetzung, damit die Wirtschaft umfassendere volkswirtschaftliche Ziele wie die Hebung des Lebensstandards, ein hohes Maß an wirtschaftlicher Aktivität und bessere Beschäftigungsaussichten umsetzen kann. Hierzu müssen die notwendigen Voraussetzungen erfüllt sein, damit die Zentralbanken ihre Ziele effektiv erreichen können. Dazu gehören insbesondere die Unabhängigkeit und ein angemessenes geldpolitisches Instrumentarium. Die Erfahrungen der Vergangenheit sowie umfangreiche empirische Belege verdeutlichen, dass die Unabhängigkeit der Zentralbanken ein unverzichtbares Element des institutionellen Rahmens ist, der es ihnen ermöglicht, das Ziel der Preisstabilität zu verwirklichen.

Nach diesen Grundsätzen ist auf der Grundlage des Maastrichter Vertrages eine unabhängige Zentralbank, die EZB, errichtet worden. Die EZB und die nationalen Zentralbanken (NZBen) der Länder, die den Euro eingeführt haben, bilden das Eurosystem, dessen vorrangiges Ziel die Gewährleistung der Preisstabilität ist. Darüber hinaus unterstützt das Eurosystem gemäß den Bestimmungen des Vertrages, „soweit dies ohne Beeinträchtigung des Zieles der Preisstabilität möglich ist, (...) die allgemeine Wirtschaftspolitik in der Gemeinschaft, um zur Verwirklichung der (...) Ziele der Gemeinschaft beizutragen", zu denen u.a. ein „hohes Beschäftigungsniveau" und „beständiges, nichtinflationäres Wachstum" zählen. Diese klare Zuweisung der Aufgaben spiegelt den oben angesprochenen Konsens wider, dass die Geldpolitik am meisten für die Verbesserung der Wirtschaftsaussichten und der Lebensstandards der Bürger leistet, wenn sie Preisstabilität dauerhaft gewährleistet.

Um sicherzustellen, dass das im Vertrag festgelegte Ziel der Preisstabilität erreicht wird, hat die EZB eine stabilitätsorientierte geldpolitische Strategie eingeführt. Diese Strategie umfasst und integriert diejenigen Elemente des geldpolitischen Rahmens der Mitgliedstaaten vor 1999, die sich bewährt haben. Dabei geht es um folgende Punkte:

Erstens hat die EZB im Hinblick auf ihr Ziel der Preisstabilität eine quantitative Definition von Preisstabilität bekannt gegeben: ein „Anstieg des harmonisierten Verbraucherpreisindex (HVPI) für das Euro-Währungsgebiet von unter 2 % gegenüber dem Vorjahr". Es wurde festgehalten, dass Preisstabilität auf mittlere Sicht gewährleistet werden muss. Zudem hat die EZB erklärt, dass sie beim Streben nach Preisstabilität darauf abzielen wird, eine Preissteigerungsrate unter, aber nahe 2 % beizubehalten. Mit ihrer klaren Definition des Ziels der Preisstabilität konnte die EZB einen festen Bezugspunkt für die Inflationserwartungen der Öffentlichkeit schaffen und somit die Durchführung der Geldpolitik erleichtern. Darüber hinaus erhöht die Bekanntgabe einer quantitativen Definition von Preisstabilität die Transparenz und die Überprüfbarkeit der EZB.

Zweitens macht die geldpolitische Strategie der EZB deutlich, dass die Preisstabilität auf mittlere Sicht gewährleistet werden muss. Die mittelfristige Orientierung der Geldpolitik stellt sicher, dass sich die Zentralbank überambitionierter Versuche enthält, kurzfristige Preistendenzen zu steuern.

Drittens betont die geldpolitische Strategie der EZB die Notwendigkeit eines robusten analytischen Rahmens zur Beurteilung der Risiken für die Preisstabilität. Die EZB legt besonderes Gewicht auf das Erfordernis, bei der Formulierung geldpolitischer Beschlüsse alle relevanten Informationen und Modelle zu berücksichtigen. Die wirtschaftliche Analyse kurz- bis mittelfristiger Preistendenzen basiert auf einem breiten Spektrum wirtschaftlicher und finanzieller Indikatoren. Zusätzlich bietet die monetäre Analyse die Möglichkeit, die Einschätzung der kurz- bis mittelfristigen Preistendenzen, die sich aus der wirtschaftlichen Analyse ergibt, aus mittel- bis langfristiger Perspektive zu überprüfen.

Während der letzten fünf Jahre hat die stabilitätsorientierte Geldpolitik der EZB zu niedrigen und stabilen Teuerungsraten geführt und bewirkt, dass die mittel- und langfristigen Inflationserwartungen einen festen Bezugspunkt hatten. Die Gewährleistung der Preisstabilität ist der wichtigste Beitrag, den die EZB und das Eurosystem für den Erfolg des Lissabon-Prozesses leisten können. Gleichzeitig leistet die EZB durch die Gewährleistung der Preisstabilität auch einen wichtigen, nicht zu unterschätzenden Beitrag zur Sicherung der Finanzstabilität im Euroraum.

2. Der Beitrag der EZB zur Finanzstabilität

Finanzstabilität lässt sich definieren als ein Zustand, in dem das Finanzsystem in der Lage ist, Schocks aufzufangen, ohne dass kumulative Prozesse einsetzen, welche die Bereitstellung von Ersparnissen für Anlagemöglichkeiten und den Ablauf von Zahlungsvorgängen in der Wirtschaft behindern. Ein gut entwickeltes, stabiles Finanzsystem verbessert die Effizienz von Finanzierungsentscheidungen, begünstigt eine bessere Allokation von Ressourcen und fördert damit das Wirtschaftswachstum. Dies erkannte der Europäische Rat auf seiner Tagung in Lissabon auch an, als er eine beschleunigte Vollendung des Binnenmarkts für Finanzdienstleistungen und die Ausschöpfung des sich durch den Euro hierfür bietenden Potenzials forderte. Finanzielle Instabilität hingegen kann nicht nur hohe unmittelbare Kosten, sondern auch gravierende externe Effekte für die übrige Wirtschaft mit sich bringen, beispielsweise in Form eines Konjunkturrückgangs oder negativer Auswirkungen auf den Staatshaushalt. Für die Verwirklichung des Ziels der Finanzstabilität ist Preisstabilität ein entscheidender Faktor. Wenn Preisstabilität erreicht ist, bedeutet dies allerdings nicht, dass eine Zentralbank mögliche weitere Risiken für die Finanzstabilität außer Acht lassen darf.

Zentralbanken haben eine gewichtige Rolle bei der Gewährleistung der Finanzstabilität, da sie allein zur Ausgabe gesetzlicher Zahlungsmittel berechtigt sind, unmittelbare Liquidität bereitstellen und als Kreditgeber der letzten Instanz fungieren. Sie müssen darüber hinaus die Solidität einzelner Banken und des gesamten Bankensystems kontrollieren, da Geschäftsbanken eine wichtige Rolle bei geldpolitischen Transaktionen spielen. Probleme bei einzelnen Banken können sich rasch durch Finanzmärkte und Zahlungsverkehrssysteme übertragen und zu einem Risiko für das Finanzsystem als Ganzes werden. Aufgrund der potenziellen Auswirkungen auf die Liquidität und angesichts ihrer Verantwortung für das reibungslose Funktionieren des Zahlungssystems haben Zentralbanken wiederum ein natürliches Interesse an der Stabilität des Finanzsektors.

Im Gegensatz zum Ziel der Preisstabilität lässt sich weder aus den europäischen Verträgen noch aus der Satzung des Europäischen Systems der Zentralbanken und der Europäischen Zentralbank ein generelles Ziel für die Finanzstabilität ableiten. Nichtsdestoweniger werden der EZB und dem Europäischen System der Zentralbanken (ESZB) in diesem Bereich spezifische Aufgaben zugewiesen. Das ESZB soll insbesondere „zur reibungslosen Durchführung der von den zuständigen Behörden auf dem Gebiet der (…) Stabilität des Finanzsystems ergriffenen Maßnahmen" beitragen; der EZB gibt die Satzung eine spezifische, beratende Funktion in Fragen der Rechtsvorschriften der Gemeinschaft in demselben Bereich.

Diese Aufgaben sind vor dem Hintergrund systemischer Entwicklungen zu sehen, die mit der Einführung des Euro zu tun haben. Dadurch haben sich die Art und der Umfang systemischer Risiken entscheidend verändert. Ein erster Schlüsselfaktor besteht in der zunehmenden Integration der europäischen Finanzmärkte, vor allem im Segment des Großkundengeschäfts. Ein zweiter wichtiger Faktor sind die Fusionen und Übernahmen, insbesondere im Bereich Investmentbanking. In diesem neuen Umfeld sind Finanzinstitute mehr und mehr in ein immer internationaleres Netz von Geschäftspartnern im Interbankenmarkt sowie über Zahlungs- und Abwicklungssysteme eingebunden. Aufgrund seiner Größe und Vielgestaltigkeit ist die Fähigkeit des Euroraums, wirtschaftliche Schocks aufzufangen, größer als die einzelner Länder. Andererseits könnte die hochgradige Integration auch das Risiko der grenzüberschreitenden Ansteckung erhöht haben. Infolgedessen muss Entwicklungen, die die Finanzstabilität des gesamten Euroraums betreffen, mehr Aufmerksamkeit gewidmet werden.

Das ESZB erfüllt seine Aufgaben vor allem in Form einer systematischen Überwachung der Finanzstabilität mit dem Ziel, potenzielle Schwachstellen im Finanzsystem des Euroraums bzw. der EU zu erkennen und seine Widerstandsfähigkeit gegenüber potenziellen Schocks zu prüfen. Obwohl das Finanzsystem als Ganzes Gegenstand der Überwachung ist, gilt das Augenmerk in erster Linie den Banken, da sie nach wie vor den Hauptbestandteil des Finanzsystems darstellen. Die Ergebnisse dieser Überwachung werden in internationale und europäische Diskussionen über Themen der Finanzstabilität eingebracht. Darüber hinaus veröffentlicht die EZB ad hoc sowie periodisch Zusammenfassungen ihrer Überprüfungen.

## 3. Makroökonomische Stabilität und die Durchführung von Strukturreformen

Strukturreformen sind generell mit Veränderungen des langfristigen Gleichgewichts zwischen Angebot und Nachfrage in einer Volkswirtschaft und mit Veränderungen der relativen Preise für Waren und Dienstleistungen verbunden. Vorausgesetzt, dass die Reformen gut durchdacht sind, sollten diese Veränderungen ein höheres nachhaltiges, langfristiges Wachstums- und Beschäftigungsniveau und eine größere Widerstandsfähigkeit der Volkswirtschaft gegenüber Schocks ermöglichen. Allerdings nimmt die Umstellung von den Bedingungen vor der Reform auf die Bedingungen nach der Reform gewöhnlich Zeit in Anspruch, und während dieser Zeit kann es unter Umständen in einigen Wirtschaftssektoren zu negativen Auswirkungen auf Produktion und Beschäftigung kommen. Eine strukturelle Reform ähnelt vom Konzept her einer Investition: Es entstehen unmittelbare Kosten, die die Voraussetzungen für eine bessere Zukunft schaffen. Bei stabilen wirtschaftlichen Rahmenbedingungen fällt es leichter, die optimale Entscheidung über Strukturreformen zu treffen, da ein solches Umfeld die beste Kapitalallokation im Investitionsbereich ermöglicht.

Ein stabiles makroökonomisches Umfeld dürfte die Durchführung von Strukturreformen auch im Hinblick auf den politischen und gesellschaftlichen Entscheidungsfindungsprozess erleichtern. Der Begriff „makroökonomische Stabilität" bezieht sich auf eine Situation, in der ein stabiles, nachhaltiges Produktions- und Beschäftigungswachstum mit geringer Teuerung, solider Fiskalpolitik und einer stabilen Finanzlage einhergeht. In einem solchen stabilen makroökonomischen Umfeld ist gewöhnlich das Vertrauen der Wirtschaftsakteure, sowohl der privaten Haushalte als auch der Unternehmen, groß und stabil. Ein solches Umfeld könnte es Politikern daher eher ermöglichen, einen Konsens zu bilden, da die Bevölkerung bereits von den mit einer erfolgreichen Umsetzung geld- und fiskalpolitischer Maßnahmen verbundenen positiven wirtschaftlichen Auswirkungen profitiert. Dies dürfte etwaige Skepsis, die mit Veränderungen des Status quo einherzugehen pflegt, dämpfen, und dies wiederum erleichtert die Kommunikation zwischen Politikern und Bürgern. Darüber hinaus dürfte die makroökonomische Stabilität den Wirtschaftsakteuren dazu verhelfen, ihr Augenmerk eher auf die mit einer Durchführung der Strukturreformen verbundenen langfristigen Vorteile als auf mögliche kurzfristige Kosten zu lenken. Ein stabiles makroökonomisches Umfeld dürfte daher politische Entscheidungsträger dabei unterstützen, die Umsetzung von Reformen an den Arbeits-, Güter- und Finanzmärkten voranzutreiben und damit die Voraussetzungen für ein höheres Maß an nachhaltigem, langfristigem Wachstum mit besseren Beschäftigungschancen zu schaffen.

## II. Vorrangige Bereiche für weitere Reformen

Wie in den Schlussfolgerungen des Europäischen Rates von Lissabon betont wird, besteht großer Handlungsbedarf in Europa, um den Prozess der Strukturreformen im Hinblick auf die Wettbewerbsfähigkeit des Euroraums zu forcieren und ein dauerhaft höheres, langfristiges Wirtschaftswachstum zu erzielen. Strukturreformen an Kapital-, Arbeits- und Gütermärkten sowie in den Sozialversicherungssystemen sind erforderlich, um eine flexiblere Allokation und Nutzung von Kapital und Humanressourcen zu ermöglichen, damit das Wachstumspotenzial des Euroraums erhöht und die Anpassung an wirtschaftliche Schocks erleichtert wird. Darüber hinaus ist es, auch wenn es nicht im Mittelpunkt des Lissabon-Prozesses steht, wichtig zu bedenken, dass auch die Fiskalpolitik über die Höhe und Zusammensetzung staatlicher Steuern und Ausgaben das Wachstum und die Beschäftigung fördern kann. Die Verringerung ineffizienter öffentlicher Ausgaben kann zum Beispiel zur Finanzierung von Steuersenkungen beitragen, und die öffentliche Hand kann vermehrt produktivitätssteigernde Sachanlagen und Humanressourcen finanzieren, statt im Niedergang befindliche Industrien zu subventionieren.

Das Funktionieren der Kapital-, Arbeits- und Gütermärkte hat auch Auswirkungen auf das wirtschaftliche Umfeld, in dem Geldpolitik durchgeführt wird. Ein ineffizienter Einsatz von Kapital und Arbeit wirkt sich negativ auf das Produktionspotenzial aus. Engpässe an bestimmten Märkten, die auf einen ungenügenden Ausgleichprozess von Angebot und Nachfrage zurückzuführen sind, können Inflationsdruck auslösen. Generell ist davon auszugehen, dass flexiblere Märkte das Risiko verringern, dass konjunkturelle Aufschwünge oder Umschichtungen in den Produktionsstrukturen der Volkswirtschaften des Euroraums zu Aufwärtsdruck auf Löhne und Teuerungsraten führen. Zudem dürfte die raschere Anpassung von Löhnen und Preisen an geldpolitische Maßnahmen die kurzfristigen Effekte der Geldpolitik auf die Realwirtschaft verringern. Diese verbesserte kurzfristige Wechselbeziehung zwischen Inflation und Wachstum würde die Durchführung der stabilitätsorientierten Geldpolitik der EZB erleichtern.

Die Reformprioritäten betreffen die Kapital-, Arbeits- und Gütermärkte des Euroraums. Sie sind allerdings sehr weit gefasst und müssen in vielen Fällen in konkrete politische Maßnahmen auf europäischer und/oder nationaler Ebene umgesetzt werden. Angesichts der relativ großen Heterogenität des Euroraums hinsichtlich der nationalen Strukturpolitiken und Strukturreformen, insbesondere an den Arbeits- und Gütermärkten, muss jedes Land die bei seiner Ausgangslage und seinem Entwicklungsweg individuell notwendigen Reformmaßnahmen ergreifen. Dabei sind aber auch EU-weite Prioritäten, wie sie zum Beispiel in der Lissabon-Agenda definiert sind, ausreichend zu berücksichtigen.

## 1. Kapitalmärkte

Strukturreformen auf Kapitalmärkten sind ein Bereich von besonders großem Interesse für die EZB, weil der Euro ein starkes Bindeglied innerhalb des europäischen Finanzsystems ist und wegen der Rolle der Kapitalmärkte bei der Durchführung und Transmission der Geldpolitik. Die Notwendigkeit weiterer Reformen im Bereich der Kapitalmärkte wurde übrigens in den Schlussfolgerungen des Gipfels von Lissabon vom März 2000 ausdrücklich unterstrichen. Dort heißt es, es sollten Schritte unternommen werden, um „effiziente und integrierte Finanzmärkte" zu schaffen.

Effizienz und Integration der Finanzmärkte tragen dazu bei, das Potenzial für inflationsfreies Wachstum in der EU zu erhöhen, da sich die Allokation von Ersparnissen stärker an den rentabelsten Anlagemöglichkeiten orientiert. Die intuitiv vermutete Kausalitätsbeziehung zwischen Entwicklung und Integration der Finanzmärkte einerseits und potenziellem Wachstum andererseits ist inzwischen durch eine umfangreiche theoretische und empirische Literatur belegt.

In den fünf Jahren seit der Einführung des Euro und sogar in ihrem Vorfeld war das Tempo der Reformen an den Kapitalmärkten beeindruckend. Zu ihnen zählen von der Europäischen Union initiierte Reformen wie der Aktionsplan für Finanzdienstleistungen, den die Europäische Kommission im Frühjahr 1999 ins Leben rief, oder die Entwicklung des rechtlichen Rahmens für die Emission von Pfandbriefen in den einzelnen Mitgliedstaaten. Doch es gab auch vom Markt initiierte Reformen wie die Entwicklung elektronischer Handelsplattformen oder die Konsolidierung der Infrastruktur für Clearing und Abrechnung. Es ist vielleicht eine Besonderheit des Finanzsystems, dass das Umfeld, in dem die Marktteilnehmer operieren, zum großen Teil durch die Aktivität des privaten Sektors gestaltet wird. Mikroökonomische Reformen am Kapitalmarkt wurden und werden auch künftig durch das kohärente, effektive Wechselspiel des freien Wettbewerbs, koordiniertes Handeln aller Marktteilnehmer und die Umsetzung politischer Maßnahmen durch Behörden vorangebracht.

Obwohl es beeindruckende Erfolge gibt, bleibt die Notwendigkeit bestehen, die begonnenen Reformen fortzuführen und zu vervollständigen. In zwei Bereichen, die sich gegenseitig verstärken, sollte vorrangig gehandelt werden. Der erste betrifft die Vervollständigung und insbesondere die Durchführung des Finanzdienstleistungsaktionsplans und der nachfolgenden Reformen. Da die in dem Plan enthaltenen Maßnahmen inzwischen entweder eingeführt sind oder kurz vor der Einführung stehen, muss nun das

Hauptaugenmerk ihrer Umsetzung und Durchsetzung gelten. Hier kommt es auf die Koordinierung zwischen den nationalen Behörden an, nicht nur bei der Umsetzung EU-weiter Rechtsvorschriften, sondern auch bei der Auslegung gemeinsam vereinbarter Grundsätze und Durchsetzungspraktiken der EU. Unter diesen Bedingungen sollte der Finanzdienstleistungsaktionsplan zur Entstehung eines echten gemeinschaftlichen Finanzrechts und Regelwerks für die Marktteilnehmer führen, ohne dass das Prinzip der Subsidiarität aufgegeben wird. Das sogenannte Lamfalussy-Verfahren ermöglicht bereits flexible technische Regeln auf EU-Ebene, ergänzt durch eine verstärkte Kooperation bei der Durchführung und Durchsetzung auf nationaler Ebene. Sein Geltungsbereich wird übrigens derzeit von Wertpapieren auf Banken, Versicherungen und Finanzkonglomerate erweitert. Das Lamfalussy-Verfahren stellt ein Instrument dar, mit dem – wenn es ambitioniert angewendet wird – ein echtes EU-Regelwerk entwickelt werden könnte, das Finanzinstitute für ihre grenzüberschreitenden Operationen direkt konsultieren könnten. Die Zeit nach dem Finanzdienstleistungsaktionsplan bietet daher auch die Chance, den derzeitigen aufsichtsrechtlichen Rahmen zu vereinfachen und die aus den Regulierungsbestimmungen resultierende Belastung der Finanzinstitute zu verringern.

Ein weiterer Bereich mikroökonomischer Strukturreformen an Kapitalmärkten sind die weitere Konsolidierung und Integration der Marktinfrastruktur sowie die weitere Harmonisierung der Standards und Konventionen, welche die Marktteilnehmer üblicherweise nutzen. Dies betrifft auch die Grundsätze der Rechnungslegung. Übereinkommen über Marktkonventionen können starke Netzwerkvorteile auslösen und tragen deshalb wirksam zur Integration der Märkte bei. Agieren hingegen zwei Gruppen von Marktteilnehmern nach unterschiedlichen Marktkonventionen, verstärkt dies die Marktsegmentierung. Ein einfaches, aber aufschlussreiches Beispiel der Vorteile, die kollektives Handeln hier bringen kann, ist die Entwicklung des EONIA, einer Messgröße für den effektiven umsatzgewichteten Tagesgeldsatz für den Euro, durch Marktteilnehmer innerhalb eines Fachverbands. Dieser Index ist zum allgemein akzeptierten Referenzwert am Markt für EONIA-Swaps geworden und hat die eindrucksvolle Entwicklung dieses speziellen Marktsegments erst ermöglicht. Auch in anderen Bereichen kann kollektives Handeln allen Beteiligten Vorteile bringen. Es kann für den Finanzsektor, der sich zu diesem Zweck in Fachverbänden und/oder Selbstkontrollorganen organisiert, von Nutzen sein, diese Bereiche systematischer zu untersuchen. Die EZB selbst hat solche Initiativen bisher unterstützt und ist bereit, dies auch künftig zu tun.

## 2. Arbeitsmärkte

In den vergangenen Jahren wurden einige Strukturreformen umgesetzt, und in mehreren Mitgliedstaaten wird noch an entsprechenden Reformen gearbeitet. Trotz unterschiedlicher Durchführung in den verschiedenen Ländern sind die positiven Auswirkungen der bisherigen Arbeitsmarktreformen in einigen Fällen inzwischen erkennbar. In einer Reihe von Volkswirtschaften im Eurogebiet war ein sehr großer Teil der gering qualifizierten Arbeitnehmer arbeitslos. In dem Maße, in dem diese Arbeitnehmer Beschäftigung fanden, wurde die Steigerung der Arbeitsproduktivität tendenziell mehr als ausgeglichen. Infolgedessen wurde das Produktionswachstum gegen Ende der 90er Jahre beschäftigungsintensiver. Insgesamt scheint die Produktionselastizität der Arbeit, d.h. der Anteil des Faktors Arbeit am Wachstum, während des vergangenen Jahrzehnts zugenommen zu haben. Im Zeitraum 2000 bis 2002 lag die durchschnittliche Beschäftigungswirksamkeit eines realen BIP-Wachstums von 1 % im Euroraum bei 0,8 %, gegenüber 0,5 % im Zeitraum 1995 bis 1999. Dieses vorübergehende Phänomen würde normalerweise mit dem zunehmenden Abbau der Massenarbeitslosigkeit im gering qualifizierten Sektor des Arbeitsmarktes verschwinden. Hohe Arbeitsproduktivitätsgewinne sind eine entscheidende Voraussetzung für wirtschaftliches Wachstum, und es sollte alles unternommen werden, damit jeder Sektor der europäischen Wirtschaft technologische Innovationen so rasch in den Produktionsprozess integriert, wie dies in den fortgeschrittensten Volkswirtschaften der Fall ist. Auch zeigen die Schätzungen der „natürlichen Arbeitslosigkeit" (NAIRU) im Euro-Währungsgebiet trotz der ihnen immanenten hohen Unsicherheit einen Rückgang der strukturellen Arbeitslosigkeit seit Mitte der 90er Jahre. Die Heterogenität der nationalen Entwicklungen ist allerdings noch beträchtlich.

Aus der Sicht der EZB hatten die Strukturreformen zur Senkung der Lohnnebenkosten, zur Verbesserung des Umfelds der Lohnbildung und zur Verringerung des Missverhältnisses zwischen Arbeitsangebot und -nachfrage („Mismatches") in einigen Ländern einen entscheidenden Einfluss auf diese Entwicklung. Insbesondere bei der Stellensuche benachteiligte Gruppen wie Frauen, Jugendliche, Ältere und die am wenigsten Qualifizierten haben von den Reformen offenbar profitiert. Zwischen 1995 und 2002 stieg die Erwerbsbeteiligung im Euroraum speziell bei Frauen und älteren Personen. Dies ist ein eindeutiger Fortschritt in Richtung der Lissabon-Ziele einer Beschäftigungsquote von 60 % bei Frauen und 50 % bei älteren Personen bis zum Jahr 2010. Dennoch deuten die nach wie vor hohe durchschnittliche Arbeitslosigkeit und die – etwa im Vergleich zu 75 % in den USA – relativ geringe durchschnittliche Beschäftigungsquote im Euroraum darauf hin, dass noch mehr getan werden muss. Die Liste der Maßnahmen, welche die EZB als vorrangig für weitere Reformen ansieht, ist daher in der Tat noch immer recht lang.

Arbeitsmarktreformen sollten darauf ausgerichtet sein, die Erwerbsbeteiligung und die Beschäftigungsquote weiter zu erhöhen sowie die Anpassungsfähigkeit der Arbeitsmärkte an sich wandelnde wirtschaftliche Bedingungen zu fördern. Spezifischer ausgedrückt sollten die Maßnahmen der Erfüllung folgender Ziele dienen:

- Verstärkte Beschäftigungsanreize. Sowohl das Angebot an als auch die Nachfrage nach Arbeitskräften werden in einigen Ländern des Euroraums durch die Steuer- und Sozialversicherungssysteme behindert. In vielen Fällen bieten diese Systeme Arbeitnehmern der Niedriglohngruppen und Personen höheren Alters derzeit nicht genügend Anreize, einer Erwerbstätigkeit nachzugehen, und hemmen die Nachfrage nach Arbeit durch hohe Lohnnebenkosten. Die Reformen sollten darauf abzielen, die Besteuerung des Arbeitseinkommens und die Lohnnebenkosten zu senken und die Verträglichkeit der Sozialleistungen mit den Beschäftigungsanreizen zu verbessern.
- Ermöglichung einer ausreichenden Lohndifferenzierung, damit die Löhne die Unterschiede im Produktivitätswachstum und in den Entwicklungen der Regionen und Sektoren widerspiegeln. Zentralisierte Tarifverhandlungen, Mindestlohnregelungen, Flächentarifverträge und Lohnindexierung gehen mit dem Risiko einher, die Arbeitsmärkte an einer flexiblen Anpassung an neue wirtschaftliche Bedingungen zu hindern. Neben sozialen Überlegungen muss die Politik sich bemühen, der wirtschaftlichen Effizienz innerhalb der Arbeitsmärkte mehr Gewicht zu verleihen.
- Effizientere Ausgleichsprozesse zwischen Arbeitssuchenden und Stellenangeboten. Engpässe aufgrund ineffizienter Ausgleichsprozesse am Arbeitsmarkt können zu allgemeinen Lohnsteigerungen führen, die über dem Anstieg der Arbeitsproduktivität liegen und somit preistreibend wirken. Effizientere Ausgleichsprozesse an den Arbeitsmärkten des Euro-Währungsgebiets und eine höhere Lohnflexibilität dürften auch die Anpassung von Löhnen und Preisen an geldpolitische Maßnahmen beschleunigen. Dies erfordert kontinuierliche Investitionen in Bildung, Ausbildung und lebenslanges Lernen, aber auch eine größere Effizienz der öffentlichen und privaten Arbeitsvermittlung.
- Verstärkung anderer Aspekte der Arbeitsmarktflexibilität, um den effizienten Einsatz von Arbeitskräften zu erleichtern. Hierzu zählen eine größere Mobilität der Arbeitnehmer im Euroraum im Hinblick auf Berufe, Wirtschaftszweige und Regionen und die Förderung eher atypischer Beschäftigungsformen wie der flexiblen Arbeitszeit, Teilzeitbeschäftigung und Selbstständigkeit. Darüber hinaus kann es in manchen Fällen erforderlich sein, die Kündigungsschutzgesetze zu überprüfen, um ein ausgewogenes Verhältnis zwischen Sicherheit und Flexibilität zu gewährleisten.

Die Notwendigkeit weiterer Arbeitsmarktreformen ist auch vor dem Hintergrund der demographischen Entwicklung zu sehen, die es künftig u.a. besonders erschweren wird, dauerhaft ausgeglichene Staatshaushalte zu erreichen. Höhere Ausgaben für Renten und für das Gesundheitswesen werden die Defizite erheblich vergrößern, wenn nichts zur Vorbeugung getan wird. Maßnahmen zur Erhöhung der Beschäftigungsquote und Reformen der Alterssicherungssysteme, die diese auf eine gesunde finanzielle Basis stellen, tragen zur Vorbereitung auf die volkswirtschaftlichen und haushaltspolitischen

Herausforderungen durch die Alterung der Bevölkerung ebenso bei wie ein beschleunigter Abbau der Verschuldung der öffentlichen Hand.

3. Gütermärkte

Bei den Strukturreformen an den Gütermärkten der EU sind große Fortschritte in der Integration der Warenmärkte zu verzeichnen. Dagegen ist die Integration der Märkte für Dienstleistungen aufgrund der noch immer erheblichen Handelshemmnisse weniger fortgeschritten. An den Warenmärkten wurde der Prozess weitgehend durch die Vollendung des Binnenmarkts in der EU vorangetrieben, die zu mehr Wettbewerb im verarbeitenden Gewerbe, stärkeren Handels- und Investitionsströmen sowie konvergierenden Preisen für handelbare Güter führte. Einige Verzögerungen und Ineffizienzen bestehen allerdings noch, wie der weiterhin zu beobachtende Rückstand bei der Umsetzung der Binnenmarktrichtlinien und die steigende Zahl von Verstößen bezeugen. In den Dienstleistungsbranchen behindern mehrere Faktoren, wie z.B. die gegenseitige Anerkennung von Zulassungen und Diplomen sowie andere sektorspezifische Marktzugangsprobleme, den Wettbewerb und die grenzüberschreitende Integration.

Wie etliche Untersuchungen gezeigt haben könnten die potenziellen Nutzeffekte wirklich integrierter europäischer Märkte mit hoher Wettbewerbsintensität sehr groß sein. Hierzu wären neben der EU-weiten Integration der Märkte weitere Fortschritte bei regulatorischen Reformen auf nationaler Ebene notwendig, um auch den inländischen Wettbewerb zu stärken. Weitere regulatorische Reformen der Gütermärkte dürften den Wettbewerb fördern, da sie den Marktzugang neuer Akteure erleichtern. Dies dürfte wiederum positive Auswirkungen in Form niedrigerer Preise, geringerer Erträge für marktbeherrschende Unternehmen, verstärkten Drucks, Ressourcen effizient einzusetzen, sowie verstärkter Innovation haben. Wie bei einigen Netzwerkindustrien, insbesondere der Telekommunikation, zu beobachten war, kann die Stärkung des Wettbewerbs erhebliche Preiseinbrüche zur Folge haben, die dem Wohlstand der Verbraucher und gesamtwirtschaftlich betrachtet der Produzenten zugute kommt. Zu einer wirksamen Förderung des Wettbewerbs müssen weitere Anstrengungen hinzukommen, die Wettbewerbspolitik sowohl auf EU-Ebene als auch auf nationaler Ebene zu straffen und zu stärken. Gut integrierte Märkte würden nicht nur Unternehmen und Verbrauchern in der EU gleiche Ausgangsbedingungen sichern, sondern auch die Anpassungskosten senken, die wirtschaftliche Schocks nach sich ziehen, und somit die Aufgaben der Fiskal- und Geldpolitik erleichtern. Im Einzelnen sieht die EZB besondere Möglichkeiten für Reformen in folgenden Bereichen:
- Weitere Anstrengungen zur vollständigen Einführung und Durchsetzung der bestehenden Binnenmarktvorschriften und zur Ausdehnung des Binnenmarkts auf Bereiche, die er bislang nicht oder nur teilweise abdeckt. Dies betrifft z.B. viele Dienst-

leistungsbranchen. Da Dienstleistungen rund 70 % des BIP und der Beschäftigung der EU, aber nur 20 % des grenzüberschreitenden Handels ausmachen, könnte eine beschleunigte Integration in diesem Sektor erhebliche Auswirkungen auf das Wachstumspotenzial, die Beschäftigung und die Wettbewerbsfähigkeit in der EU haben. Darüber hinaus müssen die Integration und Reformierung mehrerer Netzwerkindustrien wie z.b. Energie, Verkehr und Post fortgesetzt werden.

- Die Nutzeffekte der Integration der EU-Warenmärkte sind durch Gewährleistung eines wirksamen Wettbewerbs innerhalb der und zwischen den Mitgliedstaaten zu konsolidieren. Hierzu sind die Kompetenzen der Regulierungs- und Wettbewerbsbehörden auf der Ebene der Mitgliedstaaten wie auch der Gemeinschaft kontinuierlich zu überprüfen.
- Staatliche Beihilfen sind weiter zu verringern, insbesondere die volkswirtschaftlich besonders fragwürdigen staatlichen Ad-hoc- und branchenspezifischen Beihilfen. Statt notwendige Veränderungen in der Volkswirtschaft zu unterstützen, verlangsamen diese Formen der Beihilfe eher den Strukturwandel. Auch wenn sie häufig in der politisch und sozial verständlichen Absicht gewährt werden, den Strukturwandel zu erleichtern, sind sie gewöhnlich nicht das beste Mittel, um dies zu bewerkstelligen.
- Der rechtliche und regulatorische Rahmen der europäischen Volkswirtschaften sollte auf allen Regierungsebenen revidiert werden, um ein unternehmerfreundlicheres Umfeld zu schaffen. Möglichkeiten hierfür sind z.B. eine Vereinfachung des regulatorischen Umfelds, die Senkung von Steuerschranken sowie mehr Information und Transparenz bei der Auftragsvergabe der öffentlichen Hand.

## III. Schlussbemerkungen

In den vergangenen fünf Jahren hat die stabilitätsorientierte Geldpolitik der EZB zu niedrigen und stabilen Teuerungsraten geführt und gewährleistet, dass mittel- und langfristige Inflationserwartungen einen festen Bezugspunkt hatten. Dies ist der Beitrag der EZB und des Eurosystems zum Erfolg der europäischen Wirtschaft, zur Schaffung der Voraussetzungen für Wachstum und für einen Zuwachs an Arbeitsplätzen und somit zur Förderung des Lissabon-Prozesses. Vielleicht etwas weniger bekannt, doch ebenfalls wichtig ist der Beitrag der EZB und des ESZB zur Sicherung der Finanzstabilität im Euroraum und in der EU.

Eine solide Geldpolitik ist unerlässliche Voraussetzung für Wachstum und für die Schaffung von Arbeitsplätzen. Allerdings kann die Geldpolitik allein nicht ein kräftigeres langfristiges Wachstum, höheren Wohlstand und mehr Arbeitsplätze gewährleisten. Hierzu müssen weitere Bedingungen erfüllt werden, unter anderem in den Bereichen Haushaltspolitik und Strukturreformen.

Gesunde Staatsfinanzen stützen einen stabilen gesamtwirtschaftlichen Rahmen. Insbesondere fördert eine Haushaltspolitik, die nach Regeln konzipiert ist, die dann auch eingehalten werden, die makroökonomische Stabilität, da sie es den Wirtschaftsakteuren ermöglicht, ein berechenbares wirtschaftliches Umfeld zu erwarten. Dies baut Unsicherheiten ab und begünstigt längerfristige Entscheidungen – vor allem Investitionsentscheidungen – und wirtschaftliches Wachstum. Bei niedrigen Haushaltsdefiziten und niedriger Staatsverschuldung werden Preisstabilität und günstige Finanzierungsbedingungen erwartet, und dies unterstützt wiederum die Investitionstätigkeit und das Wachstum. Bei instabilen Staatsfinanzen hingegen werden Steuererhöhungen erwartet, so dass die Sparneigung der Wirtschaftsakteure steigt und der volkswirtschaftliche Impuls, den ein höheres Haushaltsdefizit bringt, zumindest teilweise neutralisiert wird.

Ein höheres langfristiges, nachhaltiges Wachstum im Euroraum lässt sich auf verschiedenen Wegen erreichen: durch eine Steigerung des Produktivitätswachstums, durch Maßnahmen zur Erleichterung der Schaffung von Arbeitsplätzen, durch größere Anreize, einer Erwerbstätigkeit nachzugehen, und durch längere Arbeitszeiten für Erwerbstätige, die dies wünschen. Reformen sollten so konzipiert sein, dass sie ein klares Signal für die Schaffung von Arbeitsplätzen setzen. Hier ist eine überzeugende Zusage vonnöten, dass Rigiditäten der Kapital-, Arbeits- und Gütermärkte in naher Zukunft, aber auch auf lange Sicht wesentlich geringer sein werden als heute. Dies ist ein entscheidendes Element für die Vertrauensbildung bei Arbeitnehmern wie Arbeitgebern, bei Verbrauchern und Investoren im In- und Ausland.

Viele Länder des Euroraums stehen heute an einem Scheideweg. Wenn sie die Lissabon-Agenda verfolgen und sie vollständig umsetzen, haben sie gute Chancen, wirtschaftlichen Wohlstand zu organisieren, ohne die Kernelemente der Solidarität und öffentlichen Daseinsfürsorge aufzugeben. Deshalb unterstützt die EZB mit Nachdruck die Regierungen und Sozialpartner, die diese Reformen beherzt in Angriff nehmen. Sie nicht durchzuführen würde nicht nur weniger neue Arbeitsplätze und geringere Realeinkommen bedeuten, sondern auch die Tragfähigkeit der Sozialversicherungssysteme ernsthaft gefährden. Es würde in der Zukunft weit tiefere Einschnitte in das soziale Netz erfordern, als heute notwendig sind. Schließlich sind die Reformen besonders für diejenigen notwendig, die arbeitslos sind, die am meisten von staatlicher Unterstützung abhängen und die unsere volle Solidarität verdienen.

Wenn Regierungen und Sozialpartner diese unumgänglichen Reformen durchführen, setzen sie eine positive Spirale in Gang, in der sich wachsendes Vertrauen und Erfolg im Reformprozess wechselseitig verstärken. Je glaubwürdiger die Reformen sind, desto mehr Vertrauen werden sie schaffen, und je mehr Vertrauen entsteht, desto eher werden wir positive Ergebnisse sehen. Vor diesem Hintergrund ist die Tatsache, dass sich der Europäische Rat jedes Jahr auf seiner Frühjahrstagung fast ausschließlich mit wirtschaftlichen und sozialen Fragen befasst, ein klares Zeichen für die Bedeutung, welche die Staats- und Regierungschefs einer Fortführung der Strukturreformen beimessen. Die EZB und das Eurosystem unterstützen die Umsetzung dieser notwendigen Reformen voll und ganz.

Günter Verheugen
# Die EU-Erweiterung als Chance

Die europäische Situation des Jahres 2004 ist verglichen mit der des Jahres 1989 bereits deutlich verbessert. Die Vorbereitungen auf die Erweiterung und die damit verbundene politische, wirtschaftliche und soziale Dynamik schufen mehr Sicherheit und mehr Stabilität und haben eine verlässliche Aufwärtsentwicklung in Mittel- und Osteuropa stimuliert. Die künftigen EU-Mitgliedstaaten entwickelten sich zu stabilen Demokratien. Sie achten die Menschen- und Minderheitenrechte und sehen ihren strategischen Platz an der Seite der europäischen Demokratien. Ihre Wirtschaften sind Wachstumsmärkte und befinden sich in einem steten Aufwärtstrend. Ganz zweifellos hat die Perspektive der Erweiterung den komplexen Transformationsprozess in den mittel- und osteuropäischen Staaten unterstützt. Sie hat ihm Rückhalt und Richtung gegeben und ein beispielloses politisches, wirtschaftliches und menschliches Engagement für sein Gelingen freigesetzt. Vielfältige Kontakte haben sich zwischen der Union und ihren künftigen Mitgliedstaaten entwickelt, allerdings mit klarem Schwerpunkt, was die gegenseitige wirtschaftliche Verflechtung betrifft.

Die Vorbeitrittsstrategie der Europäischen Union erwies sich somit insgesamt als effektiv und sogar als vergleichsweise kostengünstig und das nicht nur deshalb, weil die erreichte Friedensdividende einen kostbaren Wert darstellt. Die direkten finanziellen Kosten dieser Strategie betrugen für den Zeitraum 1990 bis 1999 im Durchschnitt jährlich nur 0,008 % gemessen am Bruttoinlandsprodukt (BIP) der EU des Jahres 1999. Rechnet man die Finanzaufwendungen für die Erweiterung zwischen den Jahren 2000 und 2006 hinzu, ergibt sich ein jährlicher Durchschnittswert von 0,05 %. Vergleichsweise sei auf die Leistungen des Marshall-Planes hingewiesen, der damals gut 2 % des US-amerikanischen BIP ausmachte.

Noch eindeutiger wird die Lage, wenn man die finanzielle Unterstützung der EU für die künftigen Mitgliedstaaten mit den Hilfsleistungen vergleicht, die die EU zur Stabilisierung der von Krisen geschüttelten Balkanregion aufzubringen hatte. Pro Kopf der dort lebenden Bevölkerung betrachtet, flossen 251 Euro aus der Kasse der EU in die Länder des westlichen Balkans, was 70 % über den Pro-Kopf-Hilfen der EU für die künftigen Mitgliedstaaten lag, die sich auf ganze 147 Euro beliefen. Nur letztere Gelder münzten sich direkt in ein Mehr an Zusammenarbeit, Wachstum und Wohlstand um.

Das Potenzial der erweiterten Union ist beträchtlich. Mehr als 100 Mio. Menschen werden zur Union hinzustoßen, wenn man den Beitritt Bulgariens und Rumäniens einrechnet. Die Union der 27 Mitgliedstaaten wird damit mehr Menschen vereinen, als die USA, Kanada und Mexiko zusammengenommen aufbringen. Mit der Erweiterung bündeln bald mehr als 25 Staaten ihre Kräfte. Sie stärken so die strategische Fähigkeit der Union, die politischen, wirtschaftlichen und sozialen Herausforderungen von Gegenwart und Zukunft zu meistern. Die größere Union hat es nun selbst in der Hand, dieses Potenzial zu nutzen, um Sicherheit, Wachstum und Beschäftigung zu fördern und ihrer Verantwortung für die internationalen Beziehungen gerecht zu werden. Entscheidend dafür sind nicht nur die Eigenanstrengungen der Mitgliedstaaten, sondern vor allem die weitere Vertiefung der europäischen Integration. Die größer werdende Gemeinschaft braucht zwingend eine Stärkung der sie verbindenden Elemente. Bei der Überprüfung und Anpassung der Gemeinschaftspolitiken und der institutionellen Reform geht es daher im Kern um die Zukunftsfähigkeit der erweiterten Union.

## I. Neuartige Herausforderungen

Die neuen Mitgliedstaaten bringen neuartige wirtschaftliche Herausforderungen in die Europäische Union ein. Im Allgemeinen liegt ihre Wirtschaftskraft deutlich unter dem Durchschnitt der heutigen Union. Der öffentliche Sektor und die Landwirtschaft spielen dort generell noch eine größere Rolle als in den derzeitigen EU-Staaten. Zudem sind die Industrien dieser Länder vergleichsweise stärker auf arbeitsintensive Produktionen spezialisiert und die technologische Ausstattung wie auch die Arbeitsproduktivität liegen unterhalb des Niveaus der heutigen EU-15. Aufgrund des niedrigeren Lebensstandards in den künftigen Mitgliedstaaten wird die Erweiterung deshalb zunächst die Einkommensunterschiede in der Union verstärken und ihr vollständiger Abbau wird nur sehr langfristig erreichbar sein.

Damit steht die erweiterte Union vor einer doppelten Herausforderung. Einerseits ringt sie mit ihrer Lissabon-Strategie um die Spitzenposition bei Wachstum, Innovation und Beschäftigung im globalen Wettbewerb. Andererseits verbindet sich diese strategische Zielsetzung in den neuen Mitgliedsländern mit dem allgemeinen Erfordernis einer nachholenden wirtschaftlichen und sozialen Entwicklung. Die Ausgangsbedingungen, diese Doppelbelastung zu meistern, sind jedoch keineswegs ungünstig. Bei der erfolgreichen Gestaltung einer kompletten Systemtransformation haben die künftigen EU-Mitgliedstaaten ihre Reformfähigkeit und eine breite öffentliche Bereitschaft zu weitreichenden Reformschritten unter Beweis gestellt, was nicht an der Schwelle zur EU endet. Sie bringen vielmehr frischen Wind in die Gemeinschaft, was der EU-Reformdebatte keinesfalls schaden kann. Zudem wurden in den künftigen Mitgliedstaaten, wenn auch eher notgedrungen, Reformlösungen gewählt, die insbesondere im Bereich der sozialen Sicherungssysteme den langfristigen demographischen Herausforderungen entsprechen. Dieser Erfahrungshintergrund kann sich für die erweiterte Union bei der Verwirklichung ihrer Lissabon-Strategie auszahlen und in einem Zugewinn an innovativen Lösungen münden, vorausgesetzt, dass die gegenwärtigen Mitgliedstaaten die Chance ergreifen und gefundene wirtschafts- und sozialpolitische Lösungen in den künftigen Mitgliedstaaten vorurteilslos prüfen und sich beste Erfahrungen zu eigen machen.

Das Fortschrittspotenzial in den neuen EU-Staaten ist groß. Zum Teil haben sie sogar bessere Voraussetzungen als heutige EU-Staaten, was den notwendigen Sprung in die Wissensgesellschaft angeht. Die neuen Mitglieder verzeichnen beispielsweise in der Berufsausbildung deutlich bessere Ergebnisse als die heutigen EU-Staaten und die Zahl der Abbrecher liegt weit unter der in der heutigen EU. Auch in einigen Bereichen des Bildungssystems schneiden künftige Mitgliedstaaten weit besser ab als viele EU-Staaten. Zudem sollte die Motivation, gerade der Jugend der Beitrittsländern nicht unterschätzt werden, da sich insbesondere für diesen Teil der Bevölkerung jeder Fortschritt des Landes in Verbesserungen der eigenen Lage ummünzen kann.

## II. Unmittelbare wirtschaftliche und soziale Erweiterungseffekte

Die unmittelbaren wirtschaftlichen und sozialen Effekte der Erweiterung werden bescheiden ausfallen. Das liegt zunächst am vergleichsweise geringen wirtschaftlichen Gewicht der künftigen Mitgliedstaaten. In derzeitigen Wechselkursen beläuft sich das Bruttoinlandsprodukt (BIP) der zehn beitretenden Länder auf gerade einmal 4,6 % des BIP der EU-15. Es liegt damit beispielsweise noch unter dem BIP der Niederlande, das 4,9 % des BIP der EU-15 beträgt. Schon deshalb gibt es weder Anlass, die wirtschaftlichen oder sozialen Wirkungen der Erweiterung zu dramatisieren oder allein aufgrund der Erweiterung auf eine schnelle wirtschaftliche und soziale Dynamik in der größer werdenden Union zu hoffen. In Prognosen wird mit einem gewissen zusätzlichen Wachstumsschub durch die Erweiterung von etwa 10 Mrd. Euro gerechnet, was etwa 0,2 % des BIP der EU-15 entspricht. Dagegen wird den künftigen Mitgliedstaaten ein zusätzlicher Wachstumsschub zwischen 2 % und 2,5 % ihres BIP vorhergesagt.

In den Beitrittsverhandlungen wurde überdies ein sehr pragmatischer Ansatz gewählt, um vorhersehbare politische, wirtschaftliche oder soziale Konflikte in der erweiterten Union zu begrenzen. Deshalb wurde überall dort, wo es eine Seite für zwingend erforderlich hielt, die Übernahme gemeinschaftlicher Besitzstandsregeln über den Beitrittszeitpunkt noch etwas hinausgeschoben und mit Übergangsregeln gearbeitet, soweit dadurch das Funktionieren der Europäischen Union nicht ernsthaft beeinträchtigt wurde. Aus diesem Grund behalten die gegenwärtigen EU-Mitgliedstaaten beispielsweise das Recht, bis zu 7 Jahre nach dem Beitritt den Zugang von Arbeitnehmerinnen und Arbeitnehmern zu ihren nationalen Arbeitsmärkten individuell regeln zu können. Umgekehrt wurde den künftigen Mitgliedstaaten eingeräumt, ebenfalls für eine Frist von 7 Jahren, im Falle Polens sogar von 12 Jahren, die Regeln zum Erwerb von landwirtschaftlichem Grund und Boden national festzulegen.

Übergangsvorschriften wurden in einer ganzen Reihe von Teilbereichen des gemeinschaftlichen Besitzstandes vereinbart, jeweils mit dem Ziel, die wirtschaftlichen, finanziellen oder sozialen Belastungen für alle Seiten vertretbar zu halten und insbesondere die künftigen Mitgliedstaaten nicht zu überfordern. Dieses vorsichtige Herangehen in den Verhandlungen könnte dazu führen, dass ein etwaiger Erweiterungsschock, wie er bei früheren Erweiterungen eingetreten ist, in dieser Runde eher schwächer ausfallen könnte.

Dagegen ist das Tempo, mit dem die künftigen Mitgliedstaaten in einigen sehr kostenträchtigen Bereichen wie etwa beim Umweltschutz oder im Bereich der Steuerpolitik in den kommenden Jahren den Aufschluss zum EU-Standard schaffen müssen, ungleich höher als das, mit dem derzeitige EU-Staaten die Erfüllung dieser Standards vorbereiten konnten. Dies wird in den Gesellschaften der künftigen Mitglieder der EU zu einem jahrelangen hohen Anpassungsdruck führen, nicht zuletzt, weil sie die Hauptlast für die Erreichung des EU-Niveaus selbst zu tragen haben.

Wesentliche wirtschaftliche und soziale Wirkungen der Erweiterung sind zudem bereits im Vorbeitrittszeitraum eingetreten, da sich, wie oben angesprochen, bereits in diesem Zeitraum eine äußerst intensive wirtschaftliche Verflechtung vollzogen hat. Dieser Prozess setzte bereits im Jahr 1989 ein. Er begann jedoch erst um die Jahre 1995/96 sichtbare Früchte zu tragen. Umfassende Zuflüsse an Direktinvestitionen und ein wachsender gegenseitiger Handel waren hierfür die hauptsächlichen Motoren. Das Fundament jedoch legten die mit künftigen Mitgliedstaaten geschlossenen Europaabkommen. Sie ermöglichten eine substantielle Marktöffnung und beförderten grenzüberschreitendes wirtschaftliches Engagement. Gleichermaßen animierend wirkten die rechtlichen und administrativen Vorbereitungen der beitretenden Länder auf die EU-Mitgliedschaft. So macht es gerade im Bereich strategischer Investitionen und wirtschaftlichen Engagements einen grundlegenden Unterschied, ob der Partner künftig Mitglied der Europäischen Union sein wird bzw. mit welchem Rechtsrahmen längerfristig verlässlich gerechnet werden kann.

Die Erweiterung stellt generelle Chancengleichheit für unternehmerisches Engagement wie auch im sozialen Bereich her. Die notwendige Übernahme von EU-Recht als zwingende Beitrittsvoraussetzung schließt jede Art von Dumping aus. Im Bereich des Umweltschutzes, bei der Sozialpolitik oder beim Wettbewerbsrecht müssen die künftigen Mitgliedstaaten die gleichen Normen und Standards erfüllen, wie sie auch in den heutigen Mitgliedstaaten gelten. Ein ruinöser Wettlauf um Subventionen oder um die Unterbietung von Standards ist deshalb nicht möglich. Stattdessen haben sich die künftigen Mitgliedstaaten auf das europäische Sozialmodell verpflichtet. Sozialer Dialog, die Teilnahme an der wirtschaftspolitischen Koordinierung und an der europäischen Beschäftigungsstrategie sowie ihre Beteiligung an den europäischen Programmen in den verschiedensten Feldern der Gemeinschaftstätigkeit wird mit der Erweiterung dieser Verpflichtung weiteren Rückhalt verleihen und den Beitrittstaaten helfen, ihre Gesellschaften weiter zu entwickeln. So werden sich auch bestehende Lohnkostenunterschiede mit Einkommenszuwächsen in den neuen Mitgliedstaaten sukzessive abbauen. Als langfristige Wachstumsmärkte werden die künftigen Mitgliedstaaten neben einer steigenden Binnennachfrage auch weiter einen hohen Importbedarf haben, nicht zuletzt, weil sie nur über moderne Hochtechnologien die weitere Modernisierung ihrer Wirtschaften vorantreiben können.

Es ist folglich unschwer vorherzusehen, dass sich die wirtschaftliche und wissenschaftlich-technische Zusammenarbeit durch die Erweiterung nicht verlangsamen wird, sondern im Gegenteil der Vollzug der Erweiterung neue Impulse freisetzt. Sie kann auch zu schärferem Wettbewerb in einigen Sektoren führen und somit Innovation und Nachfrage beschleunigen, was gesamtwirtschaftlich betrachtet positive Wirkungen auf Wachstum und Beschäftigung in der erweiterten Union hat.

Keine spezifische Folge der Erweiterung dagegen ist der sich seit 1989 verschärfende Wettbewerb vor allem in arbeitsintensiven Produktionen und bei bestimmten Dienstleistungen. Er ist vielmehr eine unmittelbare Folge der Grenzöffnung des Jahres 1989 und der damit verbundenen weiteren Beschleunigung der Globalisierung. Dieser global geführte Wettbewerb zwingt die Europäische Union, sich durch wissensintensive, hochtechnologische Produkte zu profilieren und nicht-zukunftsfähige Produktionen abzulösen. Die Stabilisierung in Mittel- und Osteuropa hat in diesem Zusammenhang jedoch insofern eine Rolle gespielt, als Produktionen aus der heutigen EU nicht nur auf andere Kontinente abwanderten, sondern auch Standorte in der Mitte und im Osten Europas in Betracht gezogen wurden, darunter in künftigen Mitgliedstaaten. Dabei handelt es sich jedoch nur um eine vorübergehende Ausnutzung dort vorhandener Standortvorzüge, die nichts an der Notwendigkeit für die künftigen EU-Mitglieder ändert, ebenso wie die heutigen EU-Mitgliedstaaten den Sprung in die Wissensgesellschaft zu vollziehen, um im globalen Wettbewerb an vorderster Stelle mithalten zu können.

### III. Wirtschaftlicher Verflechtungsgrad der EU mit ihren künftigen Mitgliedern

Die wirtschaftliche Verflechtung der gegenwärtigen EU mit ihren künftigen Mitgliedern ruht auf sehr soliden Grundlagen. Zur Zeit entfallen ca. 67 % der Exporte und 59 % der Importe der Beitrittstaaten auf die EU. Tatsächlich wurden sie damit zum zweitwichtigsten Handelspartner der EU, die ihrerseits rund 16 % ihrer Exporte in die künftigen Mitgliedstaaten sendet. Der Anteil dieser Länder an den Gesamtexporten der EU hat sich seit 1989 vervierfacht, eine Dynamik, die nirgendwo sonst erreicht werden konnte.

Seit 2001 importiert beispielsweise die Bundesrepublik Deutschland mehr aus den künftigen Mitgliedstaaten als aus den USA, die damit aus ihrer bisherigen Führungsposition verdrängt wurden. Diese günstige Handelsentwicklung seit Inkrafttreten der Europaabkommen hat französischen Berechnungen zufolge etwa 180.000 Arbeitsplätze in der EU geschaffen oder erhalten. Der Löwenanteil entfällt davon zweifellos auf die Bundesrepublik Deutschland, die rund ein Drittel des EU-Handelsbilanzüberschusses mit künftigen Mitgliedstaaten erwirtschaftet und eine dominierende Rolle im Außenhandel der EU mit diesen Ländern spielt. Alles spricht dafür, dass sich diese Entwicklung, nunmehr als Teil des Binnenhandels der EU, verstetigen wird.

Die gegenseitige wirtschaftliche Verflechtung wurde ebenfalls durch massive ausländische Direktinvestitionen in den künftigen Mitgliedstaaten getragen. Bis Ende 2002 sind bereits mehr als 150 Mrd. US-Dollar in deren Wirtschaften geflossen, die zur Zeit jährlich um die 20 Mrd. US-Dollar absorbieren. Hauptempfängerländer sind eindeutig Polen und Tschechien, in die allein im Jahr 2001 ungefähr 12 Mrd. US-Dollar investiert wurden. Pro Kopf und Jahr beträgt damit das Investitionsvolumen in den künftigen Mitgliedstaaten durchschnittlich ca. 200 US-Dollar bzw. 5 % des jährlichen BIP dieser Staaten. Zwei Drittel der ausländischen Direktinvestitionen in die Beitrittsstaaten kamen aus der EU, ein Fünftel davon allein aus der Bundesrepublik Deutschland. Dieser Zufluss von Direktinvestitionen war in der Vergangenheit aufs Engste mit dem Privatisierungsprozess verbunden. Deshalb gingen rund 50 % der Direktinvestitionen in das Bank- und Versicherungswesen, bzw. in Bereiche öffentlicher Dienstleistungen, wie etwa den Telekommunikationssektor. In einigen Ländern, wie Ungarn, dominierten dagegen Neuinvestitionen bzw. stellten rund die Hälfte aller Zuflüsse dar, wie etwa in Bulgarien. Nur ein Fünftel der ausländischen Direktinvestitionen, die in handelsbezogene Sektoren investiert wurden, entfiel demgegenüber auf eher arbeitsintensive Produktionen wie Textilien, elektrische Maschinen und Fahrzeuge. Dies unterstreicht nochmals, dass der Erweiterungsprozess nur in begrenztem Umfang mit einer Abwanderung vorhandener arbeitsintensiver Produktionen assoziiert werden kann. Gerade im Automobilbau kam es zum Aufbau neuer Produktionen, nicht zuletzt im Vertrauen auf die wachsende Inlandsnachfrage in künftigen EU-Mitgliedstaaten.

Für die Weiterführung des strukturellen Wandels wird der Zufluss von Direktinvestitionen auch in den kommenden Jahren von entscheidender Bedeutung sein. Deshalb wurde bereits im Vorbeitrittszeitraum sehr viel Wert auf die Stärkung des unternehmerischen Umfeldes und auf ein allgemein gutes Investitionsklima in den Beitrittsstaaten gelegt. Eine Schlüsselrolle spielt hierbei der entschlossene Kampf gegen Korruption. Langfristiges Unternehmervertrauen in einen Markt verlangt ebenfalls nach Rechtssicherheit und nach einer funktionstüchtigen öffentlichen Verwaltung. Die Europäische Kommission hat aus diesem Grund sehr eindringlich an die künftigen Mitgliedstaaten appelliert, den Kampf gegen Korruption als politische Priorität zu betrachten und mit größter Konsequenz auch nach ihrem EU-Beitritt weiterzuführen. Darüber hinaus werden die zehn Beitrittstaaten nach ihrem Beitritt bis zum Jahr 2006 zusätzliche EU-Hilfen zur Stärkung ihrer Verwaltungen erhalten, was zusätzliche positive Effekte für ihre Attraktivität als Wirtschaftsstandort haben dürfte.

## IV. Rolle von EU-Fördermitteln

Rückblickend wird erkennbar, dass die wirtschaftliche Verflechtung zwischen den heutigen und den künftigen Mitgliedstaaten im Lauf der 90er Jahre vor allem über Marktkräfte vorangetrieben wurde. Dagegen waren die Einflüsse der EU-Förderung aufgrund ihres vergleichsweise bescheidenen Niveaus eher gering. Erst ab dem Jahr 2000 stellte die EU den zehn mittel- und osteuropäischen Staaten jährlich 3,12 Mrd. Euro zur Verfügung, die über die Programme Phare, ISPA und SAPARD vergeben wurden. Im gleichen Jahr stimmte der EU-Ministerrat darüber hinaus einem Kreditrahmen der Europäischen Investitionsbank (EIB) von 8,68 Mrd. Euro für die Jahre 2000 bis 2006 zu. Zudem beschloss der Vorstand der EIB eine Ausweitung der EIB-Vorbeitrittsfazilität für Kredite im Volumen von 8,5 Mrd. Euro für den Zeitraum bis Mitte 2003. Hinzugefügt werden sollte, dass auch die drei übrigen Kandidatenstaaten, Malta, Zypern und die Türkei EU-Unterstützung erhielten und ebenfalls im Rahmen der EIB kreditwürdig sind.

Ein substantieller Betrag der EU-Hilfen diente der Unterstützung zur Erreichung der schwierigen Beitrittsvoraussetzungen. Vor allem durch das ISPA-Programm, das dem Kohäsionsfonds nachgebildet ist, wurden ab dem Jahr 2000 Investitionen in Umweltvorhaben und Infrastrukturprojekte unterstützt. Gleiches gilt für EIB-Kredite. So wurde mit Geldern der EIB z.B. der Ausbau der Telekommunikationsinfrastruktur in, aber auch zwischen den beitretenden Ländern und ihre Vernetzung mit der EU gefördert. Derartige Kredite kamen ebenfalls bei der Modernisierung bzw. beim Ausbau der Verkehrsinfrastruktur in diesen Ländern zum Einsatz.

Unbeschadet dieser solidarischen Anstrengungen, die die EU leistete, werden erstmals nach dem Beitritt wirklich substantielle EU-Fördermittel in die künftigen Mitgliedstaaten fließen. Aufgrund des Beitrittsvertrages erhalten sie zwischen 2004 und 2006 insgesamt 21,8 Mrd. Euro EU-Strukturfördermittel (in Preisen von 1999). Davon entfallen allein 7,6 Mrd. Euro auf den Kohäsionsfonds, der aufgrund seines projektbezogenen Ansatzes eine wichtige Rolle für die sehr zügige weitere Verbesserung der Standortbedingungen in diesen Ländern spielen kann. Im Ergebnis der Beitrittsverhandlungen erhält Polen rund die Hälfte aller obengenannten EU-Strukturmittel, was rund 2 % seines BIP entspricht. Im Falle Tschechiens und Ungarns liegen die entsprechenden Werte bei 1,2 % bzw. 0,8 % ihres jeweiligen BIP. Die Pro-Kopf-Hilfen der EU für die beitretenden Staaten fallen mit durchschnittlich 137 Euro bis 2006 jedoch deutlich geringer aus als die für die derzeitigen Kohäsionsländer, d.h. Griechenland, Irland, Portugal und Spanien, die im Durchschnitt 231 Euro betragen. Allein anhand dieser Daten lässt sich unschwer ablesen, wo eines der voraussichtlichen Konfliktfelder in der bevorstehenden Diskussion um die neue Finanzverfassung der EU nach dem Jahr 2006 liegen wird.

In diesem Zusammenhang muss gleichzeitig daran erinnert werden, dass die zur Verfügung gestellten EU-Gelder die beitretenden Länder vor eine sehr große Herausforderung stellen. Das gilt nicht nur für die Entwicklung und Auswahl zukunftsfähiger Projekte sondern vor allem auch für die national aufzubringenden Kofinanzierungsmittel, damit die EU-Gelder überhaupt abgerufen werden können. Wenn die künftigen Mitglieder diese Aufgabe meistern, steht jedoch einem zusätzlichen Boom ihrer Wirtschaften nichts mehr im Wege. Dann werden auch die Wirtschaften der heutigen EU-Staaten, vor allem der, die unmittelbar an die künftigen Beitrittsländer grenzen, von dem Nachfragesog, den die EU-Strukturmittel schaffen, profitieren können. Da nunmehr das öffentliche Auftragswesen in den künftigen Mitgliedstaaten europäischen Regeln unterliegen wird, hängt es ausschließlich vom jeweiligen Angebot des einzelnen Unternehmens ab, ob es den Zuschlag erhält oder nicht.

Durch die Hilfen aus dem Europäischen Sozialfonds werden die künftigen Mitgliedstaaten im Übrigen erstmals merkliche EU-Unterstützung zur Bewältigung ihrer arbeitsmarktpolitischen Probleme erhalten. Diese Gelder werden ihre beschäftigungspolitischen Anstrengungen verstärken und ihnen helfen, sich Problemen sozial benachteiligter Gruppierungen, wie etwa Jugendlicher oder Langzeitarbeitsloser intensiver als in der Vergangenheit zuzuwenden.

## V. Aussichten für die Zukunft

Die Zukunftsaussichten der künftigen Mitgliedstaaten sind allgemein günstig. Wirtschaftlich befinden sie sich auf stetem Wachstumskurs, wobei ihnen auch künftig ein starkes Wachstum der Produktivität bescheinigt wird. Damit dürfte sich der Trend der 90er Jahre fortsetzen, wonach die Beitrittsländer zwei- bis viermal so hohe Produktivitätszuwächse aufwiesen, wie die heutigen EU-Staaten und deshalb auch Wertsteigerungen ihrer Währungen verkrafteten, ohne an Wettbewerbsfähigkeit einzubüßen.

In wenigen Jahren, wahrscheinlich bis zum Jahr 2010, werden alle künftigen Mitgliedstaaten den Euro eingeführt haben. Selbstverständlich geht es bei diesem Schritt nicht primär um die Erfüllung von Zeitplänen, sondern um die Gewährleistung solider wirtschaftlicher und finanzpolitischer Rahmenbedingungen und um die Erfüllung der strikten Konvergenzkriterien. In diesem Zusammenhang ist jedoch nicht auszuschließen, dass – vor allem in den ersten Jahren – die Erfordernisse der vollständigen Übernahme des gemeinschaftlichen Besitzstandes in kostenträchtigen Bereichen, zu denen im Beitrittsvertrag Übergangsregelungen vereinbart wurden, dem Erfordernis der Haushaltskonsolidierung widersprechen könnten. Für einen gewissen Zeitraum könnte sich zudem ebenfalls in dem einen oder anderen Land die Beibehaltung einer gewissen Wechselkursflexibilität als sinnvoll erweisen, um den Konvergenzprozess nicht zu stören. Deshalb sollte auch zunächst die volle Erfüllung der Beitrittsvoraussetzungen Priorität behalten, bevor das ehrgeizige Ziel der Einführung der Gemeinschaftswährung mit voller Kraft anvisiert wird. Die künftigen Mitgliedstaaten setzen ihrerseits sehr entschieden auf die Teilnahme an der gemeinschaftlichen Währung, nicht zuletzt, weil sie wissen, dass sich dadurch ihre Attraktivität als Standort erhöht und dass sich dieser Schritt günstig auf ihre Bewertung durch die internationalen Kapitalmärkte auswirkt. Zudem ist die gegenwärtige Haushaltslage der meisten künftigen EU-Mitglieder keineswegs alarmierend. Einige unter ihnen erfüllen sogar schon jetzt die Mehrzahl der Konvergenzkriterien. Zudem müssen sie nicht erst durch den EU-Beitritt von der Notwendigkeit der Budgetkonsolidierung überzeugt werden, denn ihre knappen Haushalte sind seit Jahren drastischen Sparzwänge unterworfen.

Mit der Erweiterung stehen die Signale zur Schließung des dramatischen Wohlstandsgefälles zwischen „West" und „Ost", das 1989 offengelegt wurde, eindeutig auf Grün. Zudem bedeutet sie eine einzigartige Möglichkeit, die wachstums- und beschäftigungspolitischen Ziele der Europäischen Union in bald 25 und mehr Ländern zu erfüllen und den Bürgerinnen und Bürgern innerhalb der erweiterten Union gleiche Lebenschancen zu eröffnen.

Die Erweiterung garantiert in einem großen Teil Europas Frieden, Stabilität und gleiche Wohlstands- und Lebenschancen. Sie erfasst jedoch nicht den gesamten Kontinent. Sie ist deshalb auch noch keine hinreichende Antwort auf die strategischen Interessen der EU. Dies gilt um so mehr, wenn man bedenkt, dass die Wohlstandsunterschiede zu den künftigen östlichen Nachbarn der erweiterten EU weitaus dramatischer ausfallen als die, die zwischen derzeitigen und künftigen EU-Staaten klaffen. Strategisch muss unbedingt vermieden werden, dass sich innerhalb Europas neue Trennlinien zwischen Arm und Reich entwickeln und der Kontinent politisch, wirtschaftlich und sozial auseinander driftet. Deshalb hat die sich erweiternde EU ein klares Bedürfnis an der Entwicklung von Demokratie, Wachstum und Wohlstand jenseits ihrer östlichen Grenzen.

Gleichzeitig wäre es eine Illusion anzunehmen, eine nächste Erweiterung stünde deshalb vor der Tür. Auf Seiten der EU wird zunächst diese große Erweiterung zu verkraften sein. Die Mehrheit der Länder des Stabilitätspaktes, die ebenfalls eine Mitgliedschaftsperspektive haben, ist – mit Ausnahme Kroatiens – zudem noch weit von der Erfüllung der Beitrittsvoraussetzungen entfernt. Für andere mittel- und osteuropäische

Staaten, wie Russland, Ukraine, Weißrussland oder Moldau, ganz zu schweigen von den Ländern des Kaukasus, ist die Frage einer EU-Mitgliedschaft gegenwärtig rein theoretischer Natur. Damit steht die erweiterte Union vor der fundamentalen Herausforderung, ohne das Angebot einer unmittelbaren EU-Mitgliedschaftsperspektive die positiven Effekte der EU-Beitrittstrategie auf ihre künftigen direkten Nachbarn zu übertragen.

Aus diesem Grund wurde die sogenannte europäische Nachbarschaftspolitik entwickelt. Sie läuft darauf hinaus, den direkten östlichen und südlichen Nachbarn der erweiterten Union unterhalb der Mitgliedschaftsperspektive privilegierte Beziehungen anzubieten, deren Ausmaß und Tiefe allein von deren individueller Fähigkeit und Bereitschaft bestimmt sein sollen, demokratische Strukturen zu entwickeln und wirtschaftliche und soziale Reformprozesse durchzuführen. Die historisch gewachsenen, sehr engen Kontakte einiger Beitrittsländer zu ihren östlichen Nachbarn können in diesem Zusammenhang helfen, eine ambitionierte und gleichermaßen realistische Zusammenarbeit mit jedem einzelnen Nachbarn auf die Beine zu stellen, damit die Integration des europäischen Kontinents vollständig gelingt.

Robert Goebbels

# Europa in Bewegung, doch was ist das Ziel?

Die Europäische Union funktioniert nach dem Fahrrad-Prinzip. Sie muss sich immer vorwärts bewegen! Seit einem halben Jahrhundert konnte das europäische Fahrrad die Balance halten. Der Fahrweg war oft mühsam. Manchmal waren Schlenker notwendig, wurde ein Zick-Zack-Kurs verfolgt. Doch die Tretmaschine kam voran. Zu den sechs Gründerstaaten gesellten sich immer mehr Länder. Das Europa der neun, der zehn, der 12, der 15 und jetzt der 25 wurde Realität. Weitere Neuzugänge sind vorprogrammiert. Niemand wagt die Außengrenzen der Europäischen Union festzulegen.

Die Bewegung ist alles. Doch was ist das Ziel? Die Vereinigten Staaten von Europa, vom Atlantik über den Ural bis nach Wladiwostok, das Mittelmeer und das Schwarze Meer inbegriffen? Oder letztlich doch eine bloße Freihandelszone, dazu vielleicht etwas „verstärkte Zusammenarbeit" in einigen Bereichen, mit „Opt-in" und „Opt-out"-Möglichkeiten wie bei der Währungsunion?

## I. Ausbau ohne Konsolidierung

Die Geschichte der Europäischen Union, besser eigentlich der Europäischen Gemeinschaften, gleicht einem Hausbau ohne Architektenplan. Zumindest seit dem Beitritt Großbritanniens im Jahr 1973 wird im Haus Europa auf Grundlage des Prinzips „Hoffnung" gewerkt. Irgendwie sollen die permanenten Bastel- und Klempnerarbeiten doch zu einem funktionsfähigen Ganzen führen.

Von der Europäischen Einheitsakte von Luxemburg (1986), den Verträgen von Maastricht (1992) und Amsterdam (1997) bis hin zum Vertrag von Nizza (2001) gab es wiederholt Versuche, eine institutionelle Vertiefung zu erreichen. Doch selbst große Fortschritte – vor allem die Schaffung der gemeinsamen Währung für 12 Mitgliedstaaten – hinterlassen ein unvollständiges Gesamtbild. Nach der am 1. Mai 2004 vollzogenen Erweiterung wird der Euro für viele Jahre die gemeinsame Währung einer Minderheit der EU-Staaten sein, selbst wenn diese 12 Staaten rund 300 Mio. Menschen in einer Union von 450 Mio. Mitbürgern darstellen. Die europäische Wirtschafts- und Währungsunion bleibt ein Torso. Die notwendige Koordinierung der europäischen Wirtschaftspolitik geriet zum bürokratischen Ritual ohne große praktischen Folgen. In den vergangenen Jahren war der Drang zur Bewegung immer stärker als die Erkenntnis, dass ohne Konsolidierung definitive Fortschritte nicht zu sichern sind.

Bereits 1979 erfolgte die erste Direktwahl des Europäischen Parlaments, ohne dass vorher die Zuständigkeiten der europäischen Abgeordneten festgelegt wurden. Man schaffte es nicht einmal, den Abgeordneten ein einheitliches Statut zu geben. Seit einem Vierteljahrhundert sucht das Europäischen Parlament seinen Weg, mittels langatmigen Resolutionen und technokratischen Berichten zu allen erdenklichen – wichtigen und unwichtigen – Themen. Die Aktivität der Parlamentarier bleibt weitgehend unbemerkt von den nationalen Öffentlichkeiten. Mit dem Resultat, dass die Wahlen von 1999 in vielen Mitgliedstaaten zu einem Fiasko gerieten. Über die Hälfte der europäischen Wähler übten sich in Wahlabstinenz. Dabei hatten die Verträge von Maastricht und Amsterdam den europäischen Parlamentariern wenigstens in einigen politischen Bereichen echte Befugnisse zur Mitentscheidung gebracht. Dennoch wird das Europäische Parlament noch auf lange Jahre hin nicht jenes Basisrecht erhalten, für das Parlamente eigentlich geschaffen wurden: die alleinige Genehmigung und Kontrolle der Einnahmen und Ausgaben der Herrschenden, also das Recht, Steuern festzulegen.

## II. Erweiterung ohne Vertiefung

Die Bewegungsphilosophie stand ebenfalls Pate bei den verschiedenen Erweiterungen. Solange diese Erweiterungen schubweise und gewissermaßen in verdaulichen Portionen vollzogen wurden, konnten die Union und ihre Institutionen diese Zugänge ohne große Schwierigkeiten verkraften. Doch die Perspektive einer Erweiterung um zehn, 12 und mehr Staaten führte zur Erkenntnis, dass ohne Anpassung der Architektur des Hauses Europa eine solch massive Erweiterung nicht zu bewerkstelligen sei. Schon mit 15 Mitgliedstaaten geriet die Beschlussfassung sehr oft zu einem langwierigen Unterfangen. zehn, ja 15 und mehr Jahre Diskussion waren keine Seltenheit, ehe man sich beispielsweise über die Besteuerung von Zinserträgen, die Harmonisierung von Mehrwertsteuersätzen oder minimale gemeinsame Regeln im Fall von Betriebsübernahmen oder Fusionen einigen konnte. Allgemein wurde akzeptiert, dass mit 25, 27 und mehr Staaten am Tisch des Rates die permanente Blockade vorprogrammiert sei. Deshalb sollte es vor der Erweiterung zu einer Vertiefung der Union kommen, sollten neue Regeln für die gemeinsame Zusammenarbeit erstellt werden.

Eine im Februar 2000 feierlich eingeläutete Regierungskonferenz schleppte sich die Zeit einer Schwangerschaft hin, geprägt von großspurigen Reden mancher Staats- und Regierungschefs und kleinlichem Gefeilsche der Diplomaten hinter verschlossenen Türen. Der Vertrag von Nizza (Dezember 2000) wurde zwar als großer Erfolg gefeiert, führte aber in Wirklichkeit nicht zur gewünschten Klärung der Aufgaben der verschiedenen Institutionen, erlaubt keine zügigere, überschaubare Beschlussfassung in der Union. Dank des Drucks des Europäischen Parlaments ließen die Staats- und Regierungschefs sich auf dem Gipfel von Laeken im Dezember 2001 dazu hinreißen, einem „Europäischen Konvent", zusammengesetzt aus Regierungsvertretern, Kommissionsmitgliedern, Abgeordneten der nationalen Parlamente sowie des Europaparlaments, den Auftrag zu erteilen, ein neues Vertragswerk auszuarbeiten. Der Konvent legte im Juni 2003 einen umfangreichen Verfassungsentwurf vor. Doch die anschließende Regierungskonferenz unter dem Vorsitz Berlusconis geriet zum Fiasko. Nationale Eitelkeiten und Egoismen verhinderten auf dem Brüsseler Gipfel im Dezember 2003 jedwede Einigung, so dass die Union vorerst ohne Verfassung und vor allem ohne Regeln bleibt, die ein harmonisches Zusammenwirken erlauben würden. Sollte es in absehbarer Zukunft dennoch zu einer Verfassung kommen, darf bezweifelt werden, ob dieses Europa den Bürgern wirklich näher bringt. Für die Niederschrift der zehn Gebote waren 179 Wörter erforderlich. Die amerikanische Unabhängigkeitserklärung kam mit 300 Wörtern aus. Der Verfassungsentwurf des Konvents umfasst 67.780 Wörter!

## III. Flucht nach vorne

Trotz der während vieler Jahre hartnäckig wiederholten Maxime „Vertiefung vor Erweiterung", beschloss im Dezember 2002 der Gipfel von Kopenhagen die Erweiterung um gleich zehn neue Staaten, denen sich Bulgarien und Rumänien ab 2007 anschließen sollen. Selbst der Türkei wurden neue Hoffnungen auf Mitgliedschaft gemacht. Die Erweiterung ist wesentlich. Doch erfolgte sie ohne genügende Vorbereitung und unter Einsatz minimalistischer Solidarität.

Besonders die Osterweiterung der Union ist ein unumgängliches Friedensprojekt. Doch genügt es nicht, die eine Hand über den vormaligen Stacheldraht zu reichen, gleichzeitig mit der anderen Hand den Osteuropäern den Zugang zum EU-Geldbeutel zu verschließen. Dabei liegt der Lebensstandard der Osteuropäer bei rund einem Drittel des durchschnittlichen Standards der Bürger der Union! Für zehn, eigentlich 12 neue Mitgliedstaaten will die Union nunmehr weniger Geld ausgeben, als 1999 auf dem Gipfel in Berlin für sechs neue Staaten eingeplant wurde! Auf diesem Berliner Gipfel wurden im Rahmen der Finanzperspektiven für die Periode 2000 bis 2006 Beihilfen an die ersten sechs Kandidatenländer, die sogenannte „Luxemburg-Gruppe", in Höhe von 43 Mrd. Euro beschlossen. Das sieht sich als anständiger Batzen Geld an, ist aber in Wirklichkeit eine Mogelpackung. Zum Vergleich: die Bundesrepublik Deutschland transferiert seit über einem Jahrzehnt pro Jahr rund 75 Mrd. Euro als Beihilfen an die neuen Länder der ehemaligen DDR.

Doch je näher die Erweiterung rückte, desto mehr schmolzen die Kredite für die nach dem Gipfel in Helsinki auf 12 Länder angeschwollene Kandidatenschar. Es kam zu einer Kürzung der Mittel der Strukturfonds, die Landwirtschaftsbeihilfen wurden gesenkt. Noch perverser: zur Finanzierung der Transferzahlungen an die neuen Mitgliedstaaten müssen diese nach ihrer Aufnahme in die Union ihren Obolus errichten, rund 15 Mrd. Euro für 2004 bis 2006. In anderen Worten: um 40 Mrd. zu erhalten, müssen die zehn neuen Staaten davon über ein Drittel aus eigener Tasche finanzieren!

## IV. Zahlen muss man

Dieser „Mitgliedsbeitrag" ist mit Sicherheit fällig. Ob die Beihilfen fließen, steht jedoch in den Sternen. Theoretisch sollten die Kandidatenländer in den Jahren 2000, 2001 und 2002 insgesamt Beihilfen von mindestens 3 Mrd. Euro pro Jahr erhalten. In Wirklichkeit bleiben viele Kredite ungenutzt. Zu schwerfällige Prozeduren und mangelnde Eigenfinanzierung führten dazu, dass z.B. über 60 % der Phare-Kredite für Polen bislang nicht ausbezahlt wurden. Das gleiche gilt für andere Hilfsprogramme der Union. Im Jahre 2001 flossen genau 9,2 % der Sapard-Kredite. In den zwei ersten Jahren seit der Schaffung dieses Hilfsfonds für den Strukturwandel in der Landwirtschaft der Kandidatenländer flossen nur insgesamt 6,48 % aller Beihilfen. Von diesen lächerlichen Summen kassierten überdies ausländische „Experten" den Löwenanteil.

Niemand weiß genau, wie viel europäische Gelder in den vergangenen Jahren real bei den Beitrittskandidaten ankamen. Insgesamt handelt es sich um Beträge, die etwa dem Jahreshaushalt einer mittleren deutschen Stadt entsprechen. Nur, dass diese Kredite theoretisch die Lebensbedingungen von 100 Mio. Menschen verbessern sollten! Man kann sich folglich ausmalen, dass die Diskussion um die Festlegung der finanziellen Perspektiven für die Periode 2007-2012 sehr heiß werden, zumal diesmal die Polen, Ungarn, Tschechen, usw. stimmberechtigt mit am Tisch sitzen.

## V. Gebremste Hilfen

Auch in anderen Politikbereichen ist die Zahlungsmoral der Union zögerlich, zum Beispiel was europäische Entwicklungshilfe zugunsten der 77 Länder Afrikas, der Karibik und des Pazifiks (AKP) anbelangt, die über die AKP-Verträge mit der Union verbunden sind. Diese Beihilfen der Union laufen über den Europäischen Fonds für Entwicklungshilfe (EFE). Seit dem ersten EFE in 1959 wurden insgesamt 46,8 Mrd. Euro für die europäische Entwicklungshilfe bereit gestellt. Davon waren Mitte 2003 über 20 % noch nicht geflossen. Für den EFE, der sich von 2000-2005 erstreckt, sind Kredite in Höhe von 15,5 Mrd. Euro vorgesehen. Doch klaffen wiederum Welten zwischen Anspruch und Wirklichkeit. Obwohl die Bedürfnisse der AKP-Staaten enorm sind, fließt das Geld nur spärlich. Zur Zeit verfügt der EFE über einen Restbetrag von rund 10,8 Mrd. Euro. Gelder, die theoretisch vorhanden sind, aber nicht ausgegeben werden, weil entweder genehmigte Projekte nicht realisiert, oder identifizierte Projekte nicht genehmigt werden. In anderen Worten: Die Bedürfnisse sind so groß, dass man ihnen nur sehr behutsam begegnen kann!

Die Ursachen für diesen blamablen Zustand sind vielschichtig. Manche AKP-Staaten haben Probleme, die hohen Anforderungen zu erfüllen, die Europa mit der Nutzung dieser Gelder verbindet. Zwar müsste es eine Selbstverständlichkeit sein, dass europäische Steuergelder effektiv im Interesse der Bevölkerung der Entwicklungsländer ausgegeben werden und nicht in dunklen Kanälen versickern. Doch zusätzlich zu normalen Kontrollen versuchen die Europäer immer wieder den Entwicklungsländern ihre eignen politischen Prioritäten aufzudrängen wie z.B. Sozialstandards, Umweltnormen, Gleichberechtigung der Geschlechter, Kinderrechte, Tierschutz.

Dies soll nicht falsch verstanden werden. Obige Ziele sind wesentlich, und sollten auch von Entwicklungsländern angestrebt werden. Doch wie Jacques Diouf, Generaldirektor der Welternährungsbehörde FAO im Herbst 2003 vor dem AKP-EU-Parlament erklärte, sollte die erste Priorität der Entwicklungshilfe die Stärkung der Landwirtschaft und der Ernährungskapazität der Entwicklungsländer betreffen. Erst wenn alle Afrikaner sich ausreichend ernähren können, wird es möglich sein, Menschenrechte, Umweltschutz und Sozialstandards durchzusetzen. Diouf gab anschauliche Beispiele: Während in Asien 40 % der landwirtschaftlich genutzten Flächen künstlich bewässert werden, sind es in Afrika weniger als 7 %. Die „grüne Revolution" scheitert in Afrika nicht nur am Mangel an Bewässerungsanlagen. Es fehlt an Transportwegen für Düngemittel wie für den Absatz von Produkten. Selbst die europäische Hilfe für notleidende Bevölkerungen krankt am Mangel an Infrastrukturen. Laut Diouf stellen Transportkosten oft 50 % der Ernährungshilfe dar. Dennoch haben z.B. Straßenbau-Projekte und sogar Wasserspeicher im Europäischen Parlament einen schlechten Ruf. Nun kann aber z.B. im Falle Äthiopiens, ein Staat der größer ist als Frankreich und Deutschland zusammen, nicht von Zubetonierung des Landes geredet werden, wenn das gesamte äthiopische Straßennetz mit rund 5.000 Kilometern nur unwesentlich größer ist als dasjenige Luxemburgs.

Nicht nur, dass Europa den AKP-Partnern falsche Prioritäten aufdrängt. Viele Projekte scheitern an Unkenntnis der lokalen Verhältnisse. Der europäische Rechnungshof hat vor kurzem in einem Bericht festgehalten, dass viele Ausschreibungen auf mangelhaften und unrealistischen Studien basieren. Dabei tummeln sich Armeen von Experten und Studienbüros in den AKP-Staaten um im Auftrag internationaler Organisationen immer wieder Projekte zu bewerten und auf unterschiedliche Aspekte wie z.B. ihre Umweltverträglichkeit u.a. zu prüfen. Viele dieser Studien sind überflüssig, dienen eigentlich nur der politischen Absicherung derjenigen, die Entwicklungsprojekte zu steuern haben. Die Wahrheit ist, dass die Hälfte bis zwei Drittel aller Entwicklungsgelder in Form von Studienaufträgen und Materiallieferungen nach Europa zurückfließen.

## VI. Mehr Ideen als Geld

Auf vielen Gebieten ist die Europäische Union eine Veranstaltung mit mehr Ideen als Geld. An die 100 Mrd. Euro gibt die Brüsseler Kommission pro Jahr aus, nicht einmal einen Prozentpunkt des europäischen Sozialproduktes. 2003 wurden die genehmigten Budgetmittel bestenfalls in Höhe von 0,8-0,9 % des europäischen Sozialproduktes benutzt. Vorzeigepolitiken, wie die gemeinsame Forschungspolitik, ersticken an Prozeduren und mentalen Barrieren. Im Bereich der Biotechnologien hat Europa gerade mal 700 Mio. Euro Forschungskredite pro Jahr eingeplant. Die USA investieren auf diesem Gebiet jedes Jahr allein 25 Mrd. Dollar an öffentlichen Mitteln in die Grundlagenforschung. So ist es nicht verwunderlich, dass 400.000 europäische Forscher in den USA arbeiten.

Obwohl auf dem Gipfel in Lissabon die Staats- und Regierungschefs sich das ehrgeizige Ziel setzten, binnen zehn Jahren die Europäische Union zur wettbewerbsfähigsten Wissensgemeinschaft der Welt zu gestalten, sind vier Jahre später keine großen Fortschritte zu vermerken. Im Gegenteil. In vielen Zukunftsbereichen gerät die Union ins Hintertreffen. Drei wirtschaftliche Krisenjahre haben tiefe Einschnitte in den nationalen Haushalten bewirkt. Der Stabilitätspakt zwang zu Sparmaßnahmen, die in vielen Ländern auf Kosten von Infrastrukturausgaben erfolgten. Vor allem bewirkte die Verknappung der öffentlichen Mittel eine national-egoistische Reaktion. Geiz wird geil, gerade in Europa.

Dabei ist die Europäische Union eine „billige" Veranstaltung. Mit einem Haushalt von nicht einmal einem Prozentpunkt des gesamteuropäischen Sozialproduktes bestreitet die Union die weitaus geringste Umverteilung öffentlicher Mittel aller föderalen Strukturen der Welt. Der Bundeshaushalt der USA liegt bei 30 % des amerikanischen Sozialproduktes, derjenige der Schweiz bei 15 % des Sozialproduktes der Konföderation. Selbst wenn man die Aufgaben der Union nicht mit denjenigen des amerikanischen Bundesstaates vergleichen kann, sollte es doch zu denken geben, dass die USA sich im Haushaltsjahr 2003 ein Budgetdefizit von 5 % des US-Sozialproduktes leisten, rund 500 Mrd. Dollar. Allein dieses Defizit entspricht dem Gegenwert von fünf Jahreshaushalten der Union.

## VII. Aufstockung des EU-Haushalts?

Die EU wird, wenn sie verstärkt in neue Politiken, insbesondere in Forschung, investieren und gleichzeitig die transeuropäischen Infrastrukturen verbessern will, auch um die wirtschaftliche Integration der neuen Mitgliedstaaten schneller zu bewerkstelligen, nicht an einer Aufstockung ihrer Haushaltsmittel vorbeikommen. Für die Finanzierung der Union nach 2006 will die Prodi-Kommission eine Ausweitung der Einnahmen auf

1,24 % des Bruttoinlandsproduktes (BIP) erreichen. Das ist die Obergrenze, die per Protokoll derzeitig vertraglich möglich ist. Doch schon haben die Bundesrepublik, Frankreich, Großbritannien, die Niederlande, Schweden und Österreich in einem gemeinsamen Brief an den Präsidenten der Kommission energischen Widerstand angekündigt. Diese sechs Staaten, allesamt sogenannte Netto-Zahler, werden mit dieser Haltung eine totale Blockade der Union provozieren. Die nunmehr erfolgte Erweiterung ist nicht zum Null-Tarif zu vollenden. Angesichts des Nachholbedarfs der neuen Mitgliedstaaten, besonders Ost- und Mitteleuropas, bleibt echte Finanzsolidarität unumgänglich.

Als nach Ende des letzen Weltkrieges die USA den Europäern mit dem Marshall-Plan den Wiederaufbau ermöglichten, transferierten die Amerikaner während 5 Jahren jährlich einen Prozentpunkt ihres Bruttosozialproduktes nach Europa. Die Europäische Union will sich dagegen mit Finanztransfers an die neuen Mitglieder in der Höhe von 0,1 % der europäischen BSP begnügen. Die Hilfen an die AKP-Staaten belasten den europäischen Haushalt mit bloß 0,03 % der BSP.

## VIII. Mehr Solidarität ist notwendig

Die Union ist nach der Erweiterung einer Belastung ausgesetzt, die zum Zusammenbruch führen kann. Die Europäische Union riskiert ihre Integrationskraft zu verlieren und zur bloßen Freihandelszone zu verkümmern. Die Briten und einige Skandinavier hatten ohnehin nie ein anderes Ziel. Verschiedene Osteuropäer, allen voran die Polen, genießen ihre neugewonnene Unabhängigkeit in einem Maße, welches Zweifel an ihrem Willen zur Vertiefung der europäischen Integration erlaubt.

Zu einer solch kritischen Phase der Entwicklung der Europäischen Union können gerade die Kernländer, d.h. die Bundesrepublik, Frankreich, die Benelux-Staaten, keine Finanzblockade organisieren. Europas Haushalt muss wachsen. Die Union muss sich die Mittel zur Realisierung ihrer Ambitionen geben. Um aus der giftigen Diskussion über Netto-Zahler und Netto-Empfänger herauszukommen, müssen neue, direkte Einnahmequellen für den EU-Haushalt durchgesetzt werden. Es gibt in dieser Hinsicht viele interessante Ideen, deren Umsetzung nicht einmal zu einer nennenswerten Mehrbelastung der Bürger Europas führen würde.

Anstatt des bürokratischen Systems der Kontrollmitteilungen, das vom Europäischen Rat in Feira ausgetüftelt wurde, um eine nationale Besteuerung der Spareinkommen zu ermöglichen, könnte man eine europäische Abschlagsteuer auf die Zinseinkünfte aller Europäer durchsetzen. Die Amerikaner haben diesen Weg vorgezeichnet. Alle europäischen Banken, selbst in der Schweiz, in Liechtenstein, Andorra, u.a. fordern seit einigen

Jahren von ihren amerikanischen Bankkunden eine US-Steuer, die sie direkt an das amerikanische Finanzministerium abführen. Weshalb nicht eine ähnliche Steuer zur Finanzierung des Union-Haushaltes? Sie wäre gerecht, da kein Europäer sich ihr entziehen könnte. Sie würde sogar von den meisten Bürgern akzeptiert, wenn sie vernünftig wäre, z.B. um 20 % auf Zinserträgen, also eine Belastung der Ersparnisse in ähnlicher Höhe wie die Belastung des Konsums durch die Mehrwertsteuer, und falls es sich um eine definitive Besteuerung handeln würde.

Als Direkteinnahme für die Union käme ebenfalls eine $CO_2$-Steuer auf Energieprodukte in Frage, gleichzeitig ein Beitrag zur nachhaltigen Entwicklung. Eine europäische Steuer von einem einzigen Cent pro Liter Treibstoff, der in den Staaten der Union verbraucht wird, würde genügen, um über den EU-Haushalt einen wesentlichen Teil der transeuropäischen Infrastrukturen zu finanzieren. Dies würde der Wirtschaft dienen, den Binnenmarkt vollenden und könnte gleichzeitig die nationalen Haushalte entsprechend entlasten.

Europa muss sich entscheiden. Politik ohne Finanzmittel ist nur hilflose Gestikulation. Entweder gibt die Union sich die Mittel zur Vollendung ihrer historischen Mission oder die große Idee der Gründerväter verkümmert zur leeren Hülse. Zur Jahrtausendwende gab es auf dem Gipfel in Lissabon europäische Aufbruchstimmung. In zehn Jahren sollte die Union zur dynamischsten, produktivsten Wissensgesellschaft der Welt heranwachsen. Doch die guten Vorsätze der Staats- und Regierungschefs entpuppten sich als Tagträume. Die erlahmende Konjunktur wirkte ernüchternd. Die Umsetzung des Lissabon-Prozesses erfolgte auf nationaler Ebene nur zögerlich. Der jüngste Bericht der Brüsseler Kommission zum Frühjahrsgipfel 2004 liest sich wie ein Katalog verpasster Chancen.

## IX. Wirtschaftspolitische Koordinierung erforderlich

Die fehlende Koordinierung der europäischen Wirtschaftspolitik als notwendiges Pendant zur Währungspolitik stellt zur Zeit das gewichtigste Defizit Europas dar. Die Europäische Zentralbank, im Verbund mit dem System der europäischen Zentralbanken, hat seit der Einführung des Euros eine insgesamt positive Arbeit geleistet. Der Euro entwickelte sich zu einer stabilen Weltwährung. Die europäische Einheitswährung hat die D-Mark auf den Devisenmärkten und als Reservewährung mehr als ersetzt. Zwar wird der US-Dollar noch auf längere Zeit die Leitwährung der Weltfinanz bleiben, doch rückt der Euro als Klassenzweiter dem Primus Dollar immer dichter auf die Fersen. Da die EZB sich fast ausschließlich der Inflationsbekämpfung verschrieben hat und im Gegensatz zur amerikanischen Notenbank „Federal Reserve" andere makroökonomische Ziele wie die Steuerung des Wirtschaftswachstums und Vermeidung von zu hoher Arbeitslosigkeit geldpolitisch nicht begleiten will (Originalton Duisenberg: Inflationsbekämpfung ist der Beitrag der EZB zu Wirtschaftswachstum und Vollbeschäftigung), bleiben die Wirtschafts- und Finanzminister der EU gefordert. Die Euro-Gruppe, welche die 12 Finanzminister der Euro-Länder vereint, ist kaum mehr als ein höflicher Debattierklub. Mangels Entscheidungsgewalt bleibt er ohne reale Koordinierungsmöglichkeiten.

Als der damalige deutsche Bundesfinanzminister Oskar Lafontaine mit Unterstützung von Frankreichs Dominique Strauss-Kahn und Italiens Carlo Ciampi Anfang 1999 im Euro-Rat den Versuch unternahm, die EZB für eine abgestimmte makroökonomische Koordinierung zu gewinnen, wurde er von Präsident Duisenberg eiskalt gestoppt: Es werde nie eine ex-ante-Koordinierung der EZB mit den Ministern geben. Die Politik könne jedoch „ex post" auf die Entscheidungen der Währungspolitik reagieren.

Obwohl laut Vertrag die EU-Staaten ihre Wirtschaftspolitik als gemeinsames Anliegen gestalten sollten, fehlt es bislang an einer realen Koordinierung der nationalen Politiken. Die großen Wirtschaftspolitischen Leitlinien der Kommission führen kaum zu echten Debatten im Rat der Wirtschafts- und Finanzminister (ECOFIN). Zwar sollte der Stabilitätspakt eine größere Haushaltsdisziplin bewirken. Doch ist es bezeichnend, dass gerade die Initiatoren des Paktes, d.h. die Bundesrepublik und Frankreich, sich zur Zeit die größten Freiheiten mit den Bestimmungen des gemeinsamen Regelwerks nehmen.

Es kann keinen Zweifel geben an der Notwendigkeit einer stabilitätsorientierten Politik. Niemand, auch kein Staat, kann dauerhaft über seine Verhältnisse leben. Irgendwann engen Schulden jeden Handlungsspielraum ein, droht staatspolitischer Bankrott, d.h. letztlich galoppierende Inflation. Inflation ist Gift, besonders für die schwächsten Mitbürger jeder Gesellschaft. Deshalb sollte der Abbau öffentlicher Schuldenberge, und ihr Korollar, die Vermeidung von Haushaltsdefiziten, ein ernsthaftes Anliegen Europas sein. Doch ohne Wachstum wird es nie Stabilität geben. Stabilität und Wachstum sind die beiden Füße, die jede Gesellschaft im Gleichschritt voranbringen. Deshalb muss es zu einem echten Stabilitäts- und Wachstumspakt kommen, der die Realität wirtschaftlicher Zyklen anerkennt. So müsste in Zeiten guten Wachstums den europäischen Regierungen das Erwirtschaften von Haushaltsüberschüssen zur Auflage gemacht werden oder zumindest die Vermeidung jeglichen Defizits. Dagegen müssten die Regierungen in schlechten Zeiten genügend Flexibilität behalten, um gegebenenfalls mittels „deficit-spending" gegen eine Rezession anzukämpfen. In den USA haben hohe Staatsausgaben wie ein Budgetdefizit von 5 % des Bruttosozialprodukts in 2003, kombiniert mit einer äußerst liberalen Geldpolitik, z.B. einer Absenkung des Leitzinssatzes auf bloß 1 %, einen wirtschaftlichen Wiederaufschwung bewirkt. Europa dümpelt dagegen Anfang 2004 weiter vor sich hin.

Jeder einzelne Staat der Union hat gemessen am Verhältnis der Exporte plus Importe zum jeweiligen Bruttosozialprodukt eine zu große Auslandsöffnung, um auf sich allein gestellt eine Wiederbelebungs-Politik über den nationalen Haushalt zu gestalten. Doch die Europäische Union und insbesondere die Eurozone befindet sich nunmehr in einer ähnlichen Lage wie die USA. Rund neun Zehntel des Austauschs von Waren und Dienstleistungen findet im jeweils eigenen Binnenmarkt statt. In einem solchen Wirtschaftsraum macht keynesianische Politik wieder Sinn.

Europas Defizite sind bekannt. Zuviel Bürokratie wie z.B. 90.000 Seiten europäische Regelwerke, den sogenannten „acquis communautaire", dazu zu wenig Risikobereitschaft, zu starre Strukturen. Vor allem investiert Europa nicht genug in Wissenschaft und Forschung, in Universitäten und in permanente Weiterbildung. Große Defizite gibt es im infrastrukturellen Bereich. Es fehlt an Verkehrssträngen, sowohl für Eisenbahn wie für Automobil- und vor allem Güterverkehr. Die Liberalisierung der Energienetze scheitert vielerorts am Mangel von Verbindungen zwischen den nationalen Netzen. Kurz, die transeuropäischen Netzwerke kommen nicht aus den Startlöchern heraus.

Gemeinsame Anstrengungen auf all diesen Gebieten wären gewinnbringend für alle EU-Staaten. Um europäischen Mehrwert zu schaffen, bedarf es einer Straffung der Entscheidungsmechanismen, bedarf es einer wachstumsorientierten Politik, bedarf es mehr Investitionen in strukturierende Politiken. Bewegung ist nicht alles. Das Ziel muss stimmen.

Peter Bofinger
# Politikkoordinierung nützt Europas Zukunft

Im Rückblick zeigt sich, dass die Lissabon-Strategie zu einem Zeitpunkt formuliert wurde, der durch ungewöhnlich günstige makroökonomische Bedingungen gekennzeichnet war. In Euroland lag das reale Wachstum bei 3,7 %, die Inflationsrate entsprach mit 2,1 % nahezu dem Zielwert der Europäischen Zentralbank. In diesem ungewöhnlich günstigen Umfeld ist es verständlich, dass man in den Schlussfolgerungen des Rates vom 23. und 24. März 2000 äußerst optimistische Einschätzungen für die Umsetzung der Lissabon-Strategie findet: „Sofern die nachstehend aufgeführten Maßnahmen in einem gesunden makroökonomischen Kontext durchgeführt werden, dürfte die durchschnittliche wirtschaftliche Wachstumsrate von etwa 3 % eine realistische Aussicht für die kommenden Jahre darstellen."

Und bei dem damals sehr spannungsfreiem Nebeneinander von gemeinschaftlicher Geldpolitik mit den nationalen Fiskalpolitiken ist es auch nicht überraschend, dass die Frage des makroökonomischen Policy-Mix nicht sehr konkret diskutiert wurde. In den Schlussfolgerungen heißt es dazu lediglich: „Zur Erreichung dieses Ziels [die Union zum wettbewerbsfähigsten und dynamischsten wissensbasierten Wirtschaftsraum in der Welt zu machen] bedarf es einer globalen Strategie, in deren Rahmen [...] für anhaltend gute wirtschaftliche Perspektiven und günstige Wachstumsaussichten Sorge zu tragen ist, indem nach einem geeigneten makroökonomischen Policy-Mix verfahren wird."

## I. Die Realität der Jahre 2001 bis 2004

Die Erwartungen des Jahres 2000 erwiesen sich schon bald als viel zu optimistisch. Durch das Zusammentreffen stark steigender Ölpreise mit einem massiven Einbruch auf den internationalen Finanzmärkten kam es zu einer weltweiten wirtschaftlichen Abschwächung. Anders als in den Vereinigten Staaten gelang es den Mitgliedsländern der Währungsunion jedoch nicht, diesen Schock schnell in den Griff zu bekommen. Während die amerikanische Wirtschaft bereits im Jahr 2002 wieder auf einen kräftigen Wachstumspfad zurückkehren konnte, geriet der Euroraum immer mehr an den Rand der Stagnation. Für das Jahr 2004 wird erstmals wieder mit mehr Dynamik in der Währungsunion gerechnet, doch das reale Wachstum wird mit rund 1,5 % nicht nur weiterhin deutlich geringer ausfallen als in den Vereinigten Staaten, es liegt auch erheblich unter den Zielprojektionen der Lissabon-Strategie.

Wie ist diese unbefriedigende Entwicklung zu erklären? Für eine makroökonomische Analyse liegt es nahe, den Kurs der Geld- und Fiskalpolitik während dieser Phase zu vergleichen. Dabei zeigt sich ein sehr klarer Befund. Während die amerikanische Fiskalpolitik auf den Nachfrageschock mit einer kräftigen Ausweitung des strukturellen Defizits reagierte, welches im Jahr 2004 einen Wert von 5,1 % des Bruttoinlandsprodukts (BIP) erreichen wird, blieb die Fiskalpolitik im Euroraum weitgehend passiv. Nach den Berechnungen der OECD bewegte sich das strukturelle Defizit in den Jahren 2000 bis 2004 in einem recht engen Korridor von 1,5 % bis 2 %. In den Jahren 2003 und 2004 kam es sogar zu einer leichten Rückführung des strukturellen Defizits. Faktisch leistete die Fiskalpolitik im Euroraum keinen eigenständigen Beitrag zur Stabilisierung der gesamtwirtschaftlichen Nachfrage.

**Schaubild 1: Reales Wirtschaftswachstum: USA versus Euroland/Deutschland**
(Quelle: OECD, Economic Outlook, Dezember 2003)

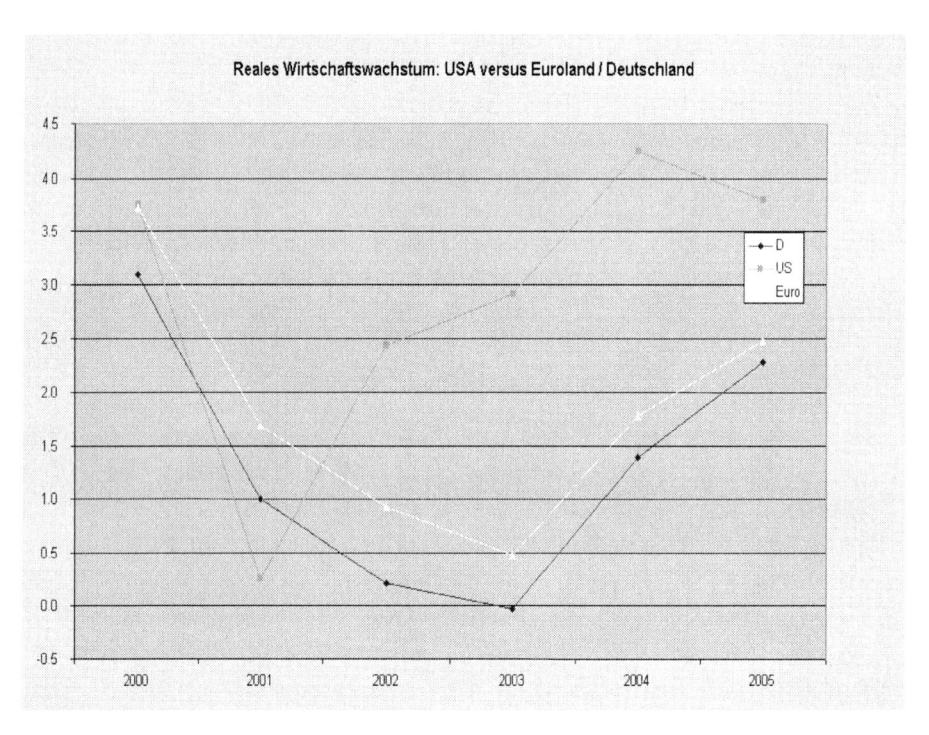

Bei dieser „Ladehemmung" der Fiskalpolitik hätte Euroland nun dringend einer Unterstützung durch die Zinspolitik bedurft. Wie das Schaubild verdeutlicht, war sich die Europäische Zentralbank (EZB) dieser Verantwortung durchaus bewusst. Im Vergleich zur amerikanischen Notenbank ließ sie sich jedoch sehr viel Zeit und es fehlte ihr an Mut, die Realzinsen, d.h. die um die Inflationsrate verminderten kurzfristigen Nominalzinsen unter die Null-Linie zu führen.

Bei dieser Betrachtungsweise wird auch die besondere Problematik der deutschen Wirtschaftsentwicklung deutlich. Während die EZB für den gesamten Euroraum identische kurzfristige Zinsen festlegt, sind die um die Inflationsrate bereinigten Realzinsen in Deutschland um rund einen Prozentpunkt höher als im Durchschnitt der Mitgliedsländer der Währungsunion. Rechnet man Deutschland aus diesem Durchschnitt heraus, betrug der Abstand in den Jahren 2002 und 2003 sogar 1,7 %.

**Schaubild 2: Fiskalpolitik: Strukturelle Defizite der USA versus Euroland/ Deutschland**
(Quelle: OECD, Economic Outlook, Dezember 2003)

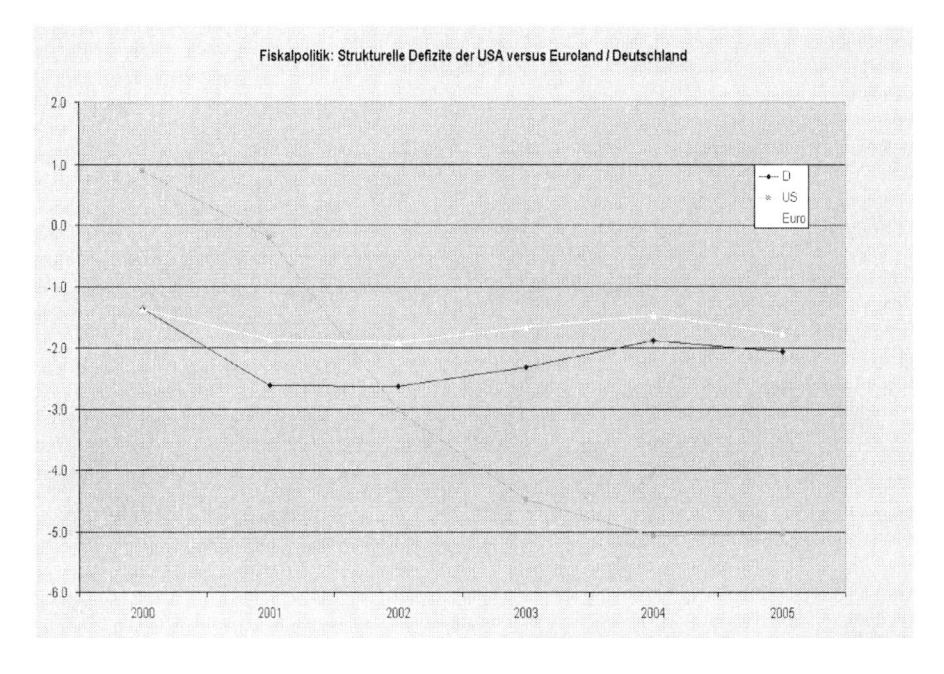

Schließlich wurde die amerikanische Wirtschaft auch durch die Entwicklung der Wechselkurse begünstigt, während Euroland mehr und mehr unter dem Druck des erstarkenden Euro zu leiden hatte. Bei dieser Entwicklung in den Jahren von 2000 bis heute handelt es sich natürlich vor allem um eine Korrektur einer davor eingetretenen Überreaktion der Devisenmärkte. Doch sie kam zur Unzeit und verschärfte so die Wachstumsschwäche in Euroland und natürlich auch in Deutschland. Die makroökonomische Koordinierung im Euroraum hat sich als wenig effektiv erwiesen. Das Zusammentreffen einer passiven Fiskalpolitik mit einer unzureichend flexiblen Geldpolitik hat 2004 zu einer Output-Lücke von fast 2,5 % geführt, während in den Vereinigten Staaten nahezu eine Vollauslastung der Kapazitäten zu konstatieren ist.

**Schaubild 3: Entwicklung der Realzinsen**
(Quelle: OECD, Economic Outlook, Dezember 2003)

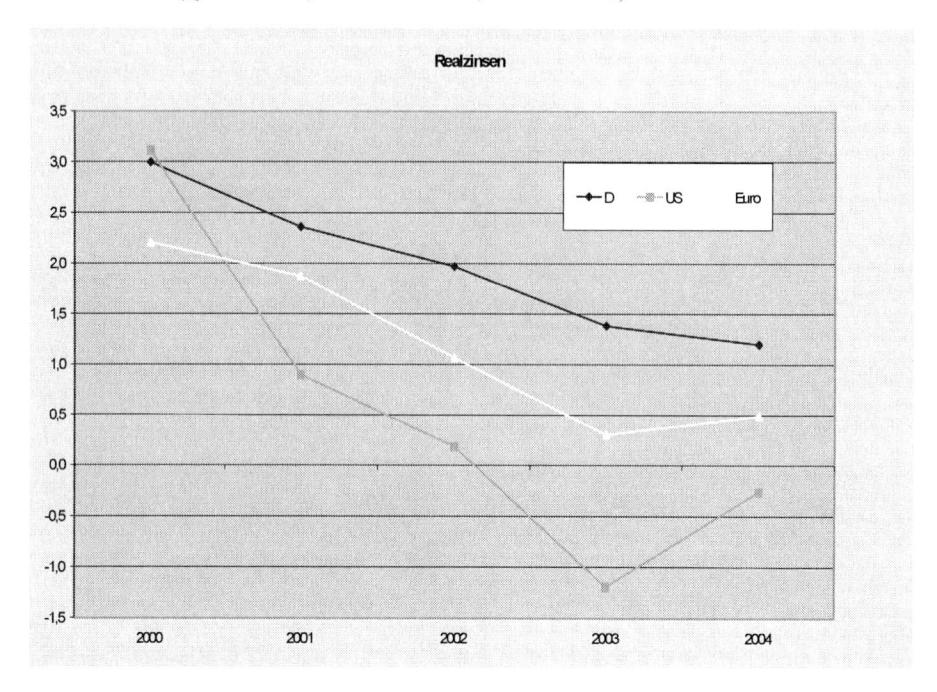

Natürlich ist beim Vergleich mit den Vereinigten Staaten einzuräumen, dass die dort verfolgte Strategie mit erheblichen Ungleichgewichten bei der Leistungsbilanz verbunden ist. Doch wäre für Euroland eine mittlere Linie zwischen dem dort umgesetzten Policy-Mix und dem vielleicht etwas hyperaktiven Politikstil der Vereinigten Staaten wünschenswert gewesen.

## II. Die Ursachen für die unzureichende makroökonomische Stimulierung

Im Rückblick lassen zwei wesentliche Ursachen für die mangelnde makroökonomische Reaktion auf den Nachfrageschock der Jahre 2000/2001 identifizieren. Die Zinssenkung durch die EZB war zu gering und die Fiskalpolitik ist als autonomer konjunkturpolitischer Stabilisator fast völlig ausgefallen. Die EZB kann ihre Politik in dieser Phase damit rechtfertigen, dass sie sich ausschließlich dem Ziel der Geldwertstabilität verpflichtet sieht, das sie mit einem Anstieg des Harmonisierten Verbraucherpreisindex von etwas unter 2 % definiert. Von 2000 bis heute lag die Inflationsrate geringfügig über dieser Schwelle, so dass es bei einer expansiveren Politik zu einer stärkeren Zielverfehlung gekommen wäre. In Anbetracht der massiven Wachstumsverluste, die in diesen Jahren in Euroland entstanden sind, stellt sich die Frage, ob die EZB eine sinnvolle Gewichtung von Zielverfehlungen vornimmt. Schließlich hat die EZB in ihrer geldpolitischen Strategie selbst darauf hingewiesen, dass sie das Ziel der Geldwertstabilität „mittelfristig" versteht, was für temporäre Abweichung Spielraum gibt, insbesondere dann, wenn sie – wie im Jahr 2001 – durch einen starken Anstieg der Ölpreise verursacht wurde.

Bei der primär am Ziel der Geldwertstabilität ausgerichteten Geldpolitik wäre es Aufgabe der Fiskalpolitik gewesen, durch eine Ausweitung der strukturellen Defizite für eine Kompensation des Nachfrageschocks zu sorgen. Woran liegt es, dass diese Reaktion unterblieben ist? Es ist offensichtlich, dass hier die starren Regeln des Stabilitäts- und Wachstumspakts eine zentrale Rolle spielen. So gerieten Deutschland und Frankreich, die zusammen 52 % des BIP von Euroland ausmachen, schon im Jahr 2001 in die Nähe der 3 %-Grenze des Stabilitäts- und Wachstumspaktes, was ihre Handlungsspielräume erheblich einschränkte. Bemerkenswert ist dabei auch, dass es trotz der Regelverletzung durch beide Länder in den Jahren 2002 und 2003 nicht zu einem aktiven Beitrag der Fiskalpolitik des Euroraums insgesamt gekommen ist. Bei diesem offensichtlichen Versagen der makroökonomischen Politikkoordinierung in Euroland liegt es nahe, das Regelwerk das Stabilitäts- und Wachstumspakts einer ausführlicheren Analyse zu unterziehen, um so Potenziale für eine Reform zu identifizieren, die eine bessere fiskalische Reaktion auf makroökonomische Schocks erlaubt.

## III. Die Ratio von fiskalischen Regeln in einer Währungsunion

Wenn man eine Revision des Paktes anstrebt, muss man sich zunächst fragen, wofür fiskalische Regeln in einer Währungsunion erforderlich sind. In einem zweiten Schritt ist dann zu diskutieren, warum der Pakt in seiner bisherigen Form gescheitert ist. Auf dieser Basis lassen sich schließlich die Grundlinien für ein reformiertes Regelwerk entwickeln.

Die meisten Ökonomen sind sich einig, dass man in einer Währungsunion nicht ohne verbindliche Regeln für die nationalen Fiskalpolitiken auskommt. Der wichtigste Grund dafür wird darin gesehen, dass es der gemeinsamen Notenbank nur bedingt möglich ist, ein einzelnes Land, das über eine zu expansive Fiskalpolitik inflationäre Spannungen auslöst, gezielt durch eine Hochzinspolitik zu sanktionieren. Dies gilt vor allem für kleinere Länder. Bei großen Teilnehmerstaaten ist die zinspolitische Disziplinierung eher möglich, hier ist sie jedoch mit negativen externen Effekten für die übrigen Mitgliedsländer verbunden. Die Notwendigkeit, inflationäre Impulse von Seiten der nationalen Fiskalpolitik zu vermeiden, stand auch für die Architekten des Stabilitäts- und Wachstumspaktes im Mittelpunkt. Dort heißt es: „Der Europäische Rat unterstreicht die Bedeutung der Gewährleistung gesunder Staatsfinanzen als Mittel zur Verbesserung der Voraussetzungen für Preisstabilität und für ein starkes, nachhaltiges und der Schaffung von Arbeitsplätzen förderliches Wachstum. Ferner ist sicherzustellen, dass die nationalen Haushaltspolitiken stabilitätsorientierte Geldpolitiken unterstützen."[1]

Der Stabilitäts- und Wachstumspakt versucht, diese Aufgabe dadurch zu lösen, dass er die Spielräume, die der Vertrag von Maastricht für die nationalen Fiskalpolitiken belassen hatte, erheblich einschränkt: Als mittelfristige Norm wird ein „nahezu ausgeglichener oder einen Überschuss aufweisender Haushalt" gefordert. Artikel 104 des EG-Vertrags lässt demgegenüber auch dauerhaft Defizite von bis zu 3 % zu. Dies führt implizit zu einem völlig anderen langfristigen Schuldenpfad. Der Vertrag von Maastricht war für die Stabilisierung eines Schuldenniveaus in Höhe von 60 % des BIP konzipiert worden, der Stabilitäts- und Wachstumspakt führt zu einem relativen Schuldenstand, der gegen 0 % konvergiert. Als kurzfristige Norm wurde vom Stabilitäts- und Wachstumspakt die Obergrenze von 3 % gesetzt, die nur im Fall einer schweren Rezession überschritten werden darf. Artikel 104 des Vertrags von Maastricht bietet hier deutlich mehr Spielraum, sofern „der Referenzwert nur ausnahmsweise oder vorübergehend überschritten wird und das Verhältnis in der Nähe des Referenzwerts bleibt." Die derzeitige und für 2004 geplante Neuverschuldung der Bundesrepublik ist mit diesem Artikel also durchaus zu vereinbaren. Während der Vertrag von Maastricht also asymmetrisch angelegt ist und eine relativ flexible Obergrenze für die Neuverschuldung vorgibt, wurde mit dem Pakt eine sehr enge Regelbindung für die nationalen Fiskalpolitiken geschaffen. Die gilt insbesondere für jene Länder, die noch keinen ausgeglichenen Haushalt erreicht haben und deshalb Jahr für Jahr zu einem strikten Stabilitätsprogramm verpflichtet werden.

In einer Währungsunion ist eine solche starre Regelbindung für die einzigen auf der nationalen Ebene noch verbleibenden makroökonomischen Akteure aus mehreren Gründen problematisch: So waren schon die Erfahrungen der Geldpolitik mit solchen „einfachen Regeln" sehr ernüchternd. Ähnlich wie die Bundesbank muss die Europäische Zentralbank seit Jahren ein massives Überschreiten ihres selbst gesetzten „Referenzwertes" für die Geldmenge M3 hinnehmen. Es ist deshalb nicht überraschend, dass die EZB die Regelbindung heute sehr skeptisch beurteilt und nicht einmal bereit ist, eine eigene Inflationsprognose zu veröffentlichen: „Einfache Regeln sind nicht geeignet, sämtliche von den Zentralbanken zu berücksichtigenden relevanten Informationen mit einzubeziehen und eine angemessene Richtschnur für die Stabilisierung der Wirtschaft in allen denkbaren Situationen zu bieten." Überraschend ist dabei allerdings, dass die EZB für die Fiskalpolitik eine völlig andere Sichtweise an den Tag legt: „Das Nichtbefolgen der im Stabilitäts- und Wachstumspakt vorgesehenen Regeln und Verfahren

---

[1] Entschließung des Rates über den Stabilitäts- und Wachstumspakt, Amsterdam 17. Juni 1997.

droht die Glaubwürdigkeit des institutionellen Rahmens und das Vertrauen in solide öffentliche Finanzen der Mitgliedstaaten des Euro-Währungsgebiets zu beeinträchtigen."[2]

Der vom Stabilitäts- und Wachstumspakt unterstellte Zusammenhang zwischen Budgetdefiziten und Inflationsraten gilt nur sehr eingeschränkt. Ein direkter Einfluss ist nur dann gegeben, wenn sich eine Regierung bei der Notenbank verschulden kann, so dass Staatsdefizite unmittelbar mit einer Ausweitung der Geldmenge einhergehen. Dies ist jedoch durch Artikel 101 des EG-Vertrags ausdrücklich ausgeschlossen. Besonders deutlich wird das am Beispiel Deutschlands, das im Jahr 2003 die höchste Neuverschuldung, zugleich aber die niedrigste Inflationsrate aller EU-Länder aufweist. Umgekehrt ist die Inflationsrate in Irland und Spanien überdurchschnittlich hoch, obwohl ihre Budgetpolitiken mit dem Pakt voll kompatibel sind.

Die mit dem Pakt vollzogene Verschärfung der Referenzwerte des Vertrags von Maastricht war völlig arbiträr. Dies gilt zum einen für die Forderung nach ausgeglichenen Haushalten, die sehr viel restriktiver ist als die „Goldene Regel" der Finanzpolitik. Nach dieser weithin anerkannten Richtschnur für die Budgetpolitik, die mit Artikel 104 durchaus vereinbar ist, sind Haushaltsdefizite in Höhe der öffentlichen Investitionen völlig unproblematisch. Willkürlich gewählt ist auch die starre kurzfristige Begrenzung der Neuverschuldung auf 3 %. Die durch den Pakt eingeführte zusätzliche Einschränkung des finanzpolitischen Handlungsspielraums steht zudem in einem deutlichen Widerspruch zu den Funktionsbedingungen einer Währungsunion. Negative Schocks, die auf ein einzelnes Land beschränkt sind, werden durch die einheitliche Zinspolitik verstärkt. Aufgrund der niedrigen Inflationsrate sind die Realzinsen in Deutschland heute höher als in allen anderen Teilnehmerländern der Währungsunion. Zum Ausgleich dieses destabilisierenden Effekts benötigt die nationale Fiskalpolitik in einer Währungsunion deshalb eine besonders hohe Flexibilität. Schließlich hat die Fixierung auf das Regelwerk des Stabilitäts- und Wachstumspakts in einigen kleineren Mitgliedsländern zu einer ausgeprägten prozyklischen Fiskalpolitik geführt. Dies ist die entscheidende Ursache dafür, dass es trotz der Regelverstöße von Frankreich und Deutschland im Euroraum insgesamt nicht zu einer antizyklischen Fiskalpolitik gekommen ist.

Der entscheidende Fehler des Stabilitäts- und Wachstumspaktes besteht darin, dass er weit über das hinausging, was er eigentlich anstrebte. Anstelle eines Mechanismus zur Begrenzung nationaler Inflationsprozesse wurde ein Regelwerk entwickelt, das weithin als Richtschnur für eine optimale Fiskalpolitik betrachtet wurde. Bei dieser Überfrachtung einer völlig ad-hoc zusammen gezimmerten „einfachen Regel" ist das jetzt eingetretene Scheitern des Paktes im Grunde nicht überraschend. Für eine Reform kommt es

---

[2] Erklärung des EZB-Rats zu den Schlussfolgerungen des ECOFIN-Rats bezüglich der Korrektur übermäßiger Defizite in Frankreich und Deutschland vom 25. November 2003.

deshalb darauf an, diese beiden Aspekte klar zu trennen und dafür separate Verfahren zu entwickeln.

## IV. Ansätze für eine Reform des Paktes

Für die Begrenzung inflationärer Prozesse auf nationaler Ebene wäre es sinnvoll, die im Pakt vorgesehenen Sanktionsmechanismen nur dann auszulösen, wenn ein Mitgliedsland tatsächlich unter einem überdurchschnittlichen Preisauftrieb leidet. Ein reformierter Pakt sollte also nur Länder ins Auge fassen, die eine Inflationsrate aufweisen, die um mehr als 1 % über dem 2 %-Inflationsziel der EZB liegen.[3] Bei diesen Ländern wäre dann zu prüfen, ob sie an einer konjunkturellen Überhitzung leiden, was an einer positiven Output-Lücke abgelesen werden kann. Ist dies der Fall, wäre zu untersuchen, ob hierfür die Fiskalpolitik verantwortlich zu machen ist. Ein wichtiger Indikator für eine inflationstreibende Fiskalpolitik wäre ein Rückgang eines strukturellen Überschusses bzw. der Anstieg eines strukturellen Defizits. Im Gegensatz zum Pakt in seiner bisherigen Form könnten damit auch jene Länder als Stabilitätssünder identifiziert werden, die aus der Situation eines Budget-Überschusses heraus eine expansive fiskalpolitische Linie einschlagen, die mit Nachteilen für die Geldwertstabilität verbunden ist.

Auf der Basis der jüngsten Zahlen der OECD würde man mit einem solchen „Inflation Monitoring" folgende „Stabilitätssünder" identifizieren:
- Griechenland im Jahr 2003,
- Irland im Jahr 2001,
- die Niederlande in den Jahren 2001 und 2002,
- Portugal im Jahr 2001 und
- Spanien im Jahr 2000.

Idealerweise würde ein solches Verfahren vorausschauend, d.h. auf der Basis von prognostizierten Werten durchgeführt. Das einzige Land, bei dem so für 2004 eine stabilitätsgefährdende Fiskalpolitik identifiziert werden kann, ist Griechenland. Ein in dieser Weise reformierter Pakt hätte den Vorteil, dass er im Vergleich zum derzeitigen Regelwerk über ein Diagnosesystem verfügt, das sich auszeichnet durch
- eine höhere Spezifität, d.h. als Sünder werden nur Länder identifiziert, die wirklich eine inflationäre Gefahr darstellen, und
- eine höhere Sensitivität, weil nur Länder als unproblematisch identifiziert werden, von denen tatsächliche keine Stabilitätsgefahr ausgeht.

---

3 Man könnte argumentieren, dass eine solche Grenze für die aufholenden Teilnehmerländer zu restriktiv sei, da diese wegen des Balassa-Samuelson-Effekts tendenziell eine überdurchschnittliche Inflationsrate benötigten. Das Beispiel Irlands zeigt jedoch, dass dieser Effekt weit überschätzt wird. In den Jahren von 1988 bis 1997 lag die irische Inflationsrate mit 2,6 % weit unter dem Euroland-Durchschnitt von 3,6 %.

Völlig verzichtet werden sollte auf die sehr viel ambitioniertere Zielsetzung, mittels des Pakts eine „einfache Regel" für die optimale Fiskalpolitik in den Mitgliedsländern der Eurozone zu bestimmen. Dem oben angeführten Zitat der EZB über Schwächen einfacher Regeln ist hier nichts hinzuzufügen. Aber auch hier sollte nicht ganz auf eine gemeinschaftliche Überwachung der nationalen Fiskalpolitiken verzichtet werden. Zu denken wäre an ein von der Kommission jährlich durchgeführtes „Benchmarking" wichtiger fiskalpolitischer Indikatoren. Man würde dabei schon an sehr einfachen Indikatoren erkennen, dass die EU-Länder mit Budgetüberschüssen, die heute weithin als „Musterschüler" betrachtet werden, keinesfalls eine Fiskalpolitik aufweisen, die man uneingeschränkt als optimal bezeichnen würde (Tabelle 1). In Belgien, Dänemark, Finnland und Schweden liegen die Abgabenquote und die Staatsquote deutlich über dem EU-Durchschnitt. Dies gilt auch für Österreich, das sich derzeit besonders über die deutsche Fiskalpolitik beklagt. Mit der Abgabenquote dieses Landes würde Deutschland derzeit sogar einen Budgetüberschuss aufweisen.

**Tabelle 1: Zentrale fiskalpolitische Indikatoren in den Ländern der Europäischen Gemeinschaft im Jahr 2003 (in % des BIP)**
(Quelle: OECD, Economic Outlook, Dezember 2003)

|  | Neuverschuldung | Steuern und Sozialabgaben | Staatsausgaben |
| --- | --- | --- | --- |
| Belgien | 0,2 | 49,9 | 49,7 |
| Dänemark | 0,8 | 57,4 | 56,6 |
| Deutschland | -4,1 | 45,3 | 49,4 |
| Finnland | 2,6 | 53,6 | 51,0 |
| Frankreich | -4,0 | 50,4 | 54,4 |
| Griechenland | -1,6 | 45,1 | 46,7 |
| Großbritannien | -2,9 | 39,9 | 42,8 |
| Irland | -1,0 | 34,2 | 35,2 |
| Italien | -2,7 | 45,8 | 48,5 |
| Luxemburg | -0,3 | 46,3 | 46,6 |
| Niederlande | -2,4 | 46,2 | 48,6 |
| Österreich | -1,3 | 50,4 | 51,6 |
| Portugal | -2,9 | 43,9 | 46,8 |
| Schweden | 0,2 | 59,3 | 59,0 |
| Spanien | 0,1 | 39,4 | 39,3 |
| Eurozone | -2,7 | 46,1 | 48,9 |
| Europäische Union | -2,7 | 45,8 | 48,4 |

Recht aufschlussreich wäre auch ein jährlicher internationaler Vergleich der Struktur der Staatseinnahmen, wie er in den „Revenue Statistics" der OECD vorgenommen wird (Tabelle 2). Man erkennt daran, dass die dem EU-Durchschnitt nahezu entsprechende Abgabenquote der deutschen Wirtschaft mit sehr unterschiedlichen Belastungen durch die einzelnen Steuerarten verbunden ist. Während die Belastung durch Sozialabgaben überdurchschnittlich hoch ist, liegt das Steueraufkommen durch die Einkommen- und Körperschaftsteuer, durch die Vermögensteuern und indirekte Steuern unter den vergleichbaren Werten in unseren europäischen Nachbarländern.

Tabelle 2: **Aufkommen einzelner Steuerarten in den EU-Ländern im Jahr 2001 (in % des Bruttoinlandsprodukts)**
(Quelle: OECD, Revenue Statistics 1965-2002)

|  | Einkommen und Gewinnsteuern | Sozialabgaben | Vermögenssteuern | Indirekte Steuern |
|---|---|---|---|---|
| Belgien | 18,1 | 14,4 | 1,5 | 11,3 |
| Dänemark | 29,4 | 2,2 | 1,7 | 16,0 |
| Deutschland | 10,8 | 14,6 | 0,8 | 10,6 |
| Finnland | 19,0 | 12,4 | 1,1 | 13,6 |
| Frankreich | 11,4 | 16,3 | 3,1 | 11,3 |
| Griechenland | 9,6 | 11,4 | 1,8 | 14,0 |
| Großbritannien | 14,8 | 6,3 | 4,3 | 11,7 |
| Irland | 12,5 | 4,4 | 1,7 | 11,2 |
| Italien | 14,4 | 12,2 | 2,0 | 10,8 |
| Luxemburg | 14,7 | 11,2 | 3,9 | 10,8 |
| Niederlande | 10,5 | 14,2 | 2,0 | 12,1 |
| Österreich | 14,3 | 14,9 | 0,6 | 12,3 |
| Portugal | 9,7 | 9,1 | 1,0 | 13,4 |
| Schweden | 19,3 | 15,3 | 1,6 | 12,9 |
| Spanien | 9,9 | 12,6 | 2,2 | 10,3 |
| Europäische Union | 14,6 | 11,4 | 2,0 | 12,2 |

Es mag hier offen bleiben, welche Konsequenzen mit einem solchen Benchmarking verbunden sein sollten. Für die politische Diskussion innerhalb der EU-Mitgliedsländer dürfte es jedoch hilfreich sein, wenn die Kommission jährlich eine solche vergleichende Beurteilung der nationalen Fiskalpolitiken vornehmen würde. Es gibt dabei sicherlich eine Fülle von Indikatoren, die man für eine solche Evaluierung heranziehen könnte, wie z.B. Investitionsquoten der öffentlichen Hand, Schuldenstand, Ratings durch den Markt, Anteil der Zinsaufwendungen am Haushalt, prozyklische Ausrichtung der Fiskalpolitik. Die genaue Ausgestaltung müsste daher sehr sorgfältig diskutiert werden. Für das wichtige Ziel, fiskalpolitische Fehlentwicklungen in einzelnen Mitgliedsländern der

EU zu identifizieren, wäre ein solches Vorgehen jedoch sehr viel zielführender als die eindimensionale Betrachtungsweise des Stabilitäts- und Wachstumspaktes, der bis heute die wirtschaftspolitische Diskussion in Europa dominiert.

## V. Zusammenfassung

Insgesamt zeigt sich, dass die Lissabon-Strategie von einem „Prinzip Hoffnung" in Bezug auf die makroökonomische Politikkoordinierung in Europa geprägt gewesen, dass sich im Rückblick als völlig illusorisch erwiesen hat. Während damals ein Wachstumspfad von 3 % als „realistische Aussicht" formuliert wurde, erhöhte sich das reale Bruttoinlandsprodukt in den Jahren 2001 bis 2003 nur um 1 % jährlich. Insbesondere der Vergleich mit den Vereinigten Staaten zeigt, dass in Euroland erhebliche Defizite im makroökonomischen Policy-Mix bestehen. Dies betrifft zum einen das Zusammenspiel von Geld- und Fiskalpolitik insgesamt, es gilt aber auch für die Koordinierung zwischen den nationalen Fiskalpolitiken.

Eine wichtige Ursache für diese unbefriedigende Entwicklung ist im Stabilitäts- und Wachstumspakt zu sehen. Er hat zum einen die Handlungsspielräume der beiden größten Volkswirtschaften des Euroraums erheblich eingeschränkt. Zum anderen hat der Stabilitäts- und Wachstumspakt in einer Reihe der kleineren Ländern zu einer eindimensional auf das Ziel der Budgetkonsolidierung fixierten Haushaltspolitik geführt. Somit ist es in Euroland, trotz der Verletzung der 3 %-Grenze durch Frankreich und Deutschland, zu einer passiven und im Jahr 2003 sogar prozyklischen Fiskalpolitik gekommen.

Das Scheitern des Stabilitäts- und Wachstumspakts sollte daher durchaus als eine Chance angesehen werden, ein überfrachtetes und ad-hoc konzipiertes Regelwerk durch zweckmäßigere Mechanismen zu ersetzen. Für die wichtige stabilitätspolitische Aufgabe, nationale Inflationsprozesse möglichst frühzeitig einzudämmen, wäre der Pakt in einen Sanktionsmechanismus für Länder mit überdurchschnittlichen Inflationsraten umzuwandeln. Für Länder mit einer ansonsten zu expansiven Fiskalpolitik wären die im Vertrag enthaltenen Bestimmungen des Artikels 104 völlig ausreichend. Sie lassen ein temporäres Überschreiten der 3 %-Grenze zu und erfordern daher auch keinen auf mittlere Sicht ausgeglichenen Haushalt. Für die ebenso bedeutsame Funktion, wachstumsfreundliche finanzpolitische Rahmenbedingungen zu identifizieren, wäre ein neues Verfahren zu entwickeln, dass aus einem von der Kommission durchgeführten Benchmarking zentraler finanzpolitischer Parameter bestehen sollte.

Die Erfahrung der vergangenen Jahre zeigt, dass es für die Wachstumsdynamik in Europa zwar wichtig sein wird,

- die Investitionen in Netze und Wissen auszuweiten und dabei verstärkt in die allgemeine und die berufliche Bildung zu investieren,
- die Wettbewerbsfähigkeit der europäischen Wirtschaft zu steigern sowie
- ein aktives Altern zu fördern und die Modernisierung der Gesundheitssysteme in Angriff zu nehmen.[4]

Doch ohne eine ausreichende Nachfragedynamik greifen diese angebotsseitigen Verbesserungen zu kurz. Niemand hat das so deutlich beschrieben wie Ludwig Erhard in seinem Klassiker „Wohlstand für alle": „Der Zustand einer optimal ausgelasteten Wirtschaft, die zugleich auch die Wachstumskräfte lebendig halten und im Fortschritt bleiben will, setzt eine dynamische und im Grunde konsumfreudige Bevölkerung voraus. Erst dieser von mir oft angeschnittene Wille zum Verbrauch gestattet es, dass sich die Produktion ohne Störungen fortentwickeln kann."[5] Nur mit einem verbesserten makroökonomischen Policy-Mix wird es möglich sein, dass diese nachfrageseitige Dimension des Wachstumsprozesses in Zukunft besser abgesichert ist als in den ersten fünf Jahren der Europäischen Währungsunion.

---

4 So die von der Kommission am 21. Januar 2004 gesetzten Prioritäten bei der Umsetzung der Lissabon-Strategie, (IP/04/74).
5 Ludwig Erhard, Wohlstand für Alle, Düsseldorf und Wien 1957, S. 222.

# 2. NACHHALTIGKEIT DES WACHSTUMS ORGANISIEREN

Anna Diamantopoulou

# Vollbeschäftigung und soziale Integration als Teil einer neuen europäischen Wachstumsstrategie

Anfang der 90er Jahre sahen sich die Mitgliedstaaten der Europäischen Union mit einer Wirtschaftskrise konfrontiert, die unter anderem zu massiv steigender Arbeitslosigkeit führte. Von Vollbeschäftigung war damals keine Rede. Auch heute befindet sich die EU wieder in einer schwierigen wirtschaftlichen Phase, die aber diesmal die Beschäftigung bislang bei weitem nicht in dem Umfang in Mitleidenschaft gezogen hat wie damals. Und von Vollbeschäftigung ist sehr wohl die Rede. Was ist in der Zwischenzeit geschehen? Vielerlei, aber vor allem zweierlei: zum einen hat die Europäische Beschäftigungsstrategie seit 1997 dazu beigetragen, die Funktionsfähigkeit der Arbeitsmärkte zu verbessern und Beschäftigungspolitiken effektiver werden zu lassen. Zum anderen hat die Lissabon-Strategie seit 2000 Europa auf einen Weg gebracht, auf dem viele Fachpolitiken einem gemeinsamen Ziel verpflichtet wurden: wirtschaftliche Entwicklung, Vollbeschäftigung und soziale Integration. Dieses Ziel behält Gültigkeit, seine Realisierung bleibt möglich, erfordert aber hartnäckige politische Anstrengungen.

## I. Ein Blick zurück – wie entstand das, was heute ist?

Die frühen 90er Jahre sahen eine massive Beschleunigung der europäischen Integration, mit zunächst der Vollendung des Binnenmarktes und dann der Vereinbarung des Zieles einer Wirtschafts- und Währungsunion. Gleichzeitig aber führte eine lang andauernde Konjunkturkrise zu einem Anstieg von Arbeitslosigkeit. Es begann deshalb die Suche nach Instrumenten, mit denen die EU besser auf wirtschaftliche Schocks reagieren kann. Es begann damit auch eine Neujustierung der Rolle Europas im Bereich der Beschäftigungspolitik. Am Anfang dieses Prozesses stand 1993 das Weißbuch „Wachstum, Wettbewerbsfähigkeit und Beschäftigung" des damaligen Präsidenten der Europäischen Kommission, Jacques Delors. Konkreter wurden die Vereinbarungen mit der Verständigung des Europäischen Rates von Essen im Dezember 1994 auf eine Reihe von politischen Prioritäten und einen Mechanismus für den strukturierten Austausch von Information sowie die Beobachtung erzielter Ergebnisse.

### 1. Der Vertrag von Amsterdam

Der entscheidende Wendepunkt aber war 1997 der Vertrag von Amsterdam, in den ein separater Titel zu Beschäftigung eingefügt wurde, die nunmehr als eine Angelegenheit gemeinsamen Interesses anerkannt war. Auch wurde das Ziel eines hohen Beschäftigungsniveaus vereinbart. Der Vertrag bereitete nun eine Basis für strukturierte und kontinuierliche Koordinierung auf europäischer Ebene, während er nicht an dem Grundsatz rüttelte, dass Beschäftigungspolitik unverändert primär in der Verantwortung der Mitgliedstaaten blieb. Auf dem Beschäftigungsgipfel des Europäischen Rates in Luxemburg wurden dann im November 1997 die Ziele des neuen Prozesses vereinbart und die Europäische Beschäftigungsstrategie (EBS) wurde auf den Weg gebracht.

2. Der Europäische Rat von Lissabon

Im Bereich der Beschäftigung hatte die europäische Integration damit zur wirtschaftlichen Dimension des Prozesses aufgeschlossen. Noch aber fehlte ein weiteres Element, das des Sozialen in einem umfassenden Sinn. Dessen Integration erreichte der Europäische Rat von Lissabon im März 2000. Dort verständigten sich die Staats- und Regierungschefs auf einen neuen strategischen Ansatz, der die EU bis zum Jahr 2010 zum wettbewerbsfähigsten und dynamischsten, wissensbasierten Wirtschaftsraum der Welt machen sollte, fähig zu nachhaltigem wirtschaftlichen Wachstum mit mehr und besseren Arbeitsplätzen und größerem sozialen Zusammenhalt. Damit ist die Lissabon-Strategie ein wesentliches Instrument zum Erhalt und zur Fortentwicklung des europäischen Sozialmodells, also eines Modells, das auf der Grundlage von Solidarität und Gerechtigkeit klassische soziale, daneben aber auch andere Ziele verfolgt wie die des wirtschaftlichen Erfolges und nachhaltiger Entwicklung.

Lissabon hat also Wirtschaft, Beschäftigung und Soziales in einen kohärenten Zusammenhang gestellt. Diesem Ansatz lag die Überzeugung zugrunde, dass nur so wirtschaftlicher Erfolg auch in beschäftigungs- und sozialpolitischen Erfolg übersetzt werden kann. Umgekehrt ist der Zusammenhalt der europäischen Gesellschaften eine Voraussetzung für wirtschaftlichen Erfolg. Was Lissabon außerdem dem Werkzeugkasten europäischer Politik beifügte, war die sogenannte „offene Methode der Koordinierung". Getestet und erprobt in der Europäischen Beschäftigungsstrategie, sollte dieser Ansatz nunmehr einen Rahmen für gemeinsame Aktionen von EU und Mitgliedstaaten auch in anderen Politikfeldern bilden.

II. Was sind die strukturellen Herausforderungen?

Damals wie heute müssen Antworten auf vielfältige strukturelle Probleme gefunden werden:
- Eine Arbeitsplatzlücke: Mit Blick auf das Vollbeschäftigungsziel fehlen derzeit noch 15 Mio. Arbeitsplätze, 22 Mio. in der erweiterten EU. 14 Mio. Menschen sind

derzeit ohne Beschäftigung, während gleichzeitig Engpässe in manchen Bereichen beobachtet werden.
- Eine Generationenlücke: Die Arbeitsmöglichkeiten sind nicht gleichmäßig verteilt. Während es Vollbeschäftigung für Männer in der Kerngruppe des Erwerbsalters de facto gibt, haben junge Menschen Schwierigkeiten, Zugang zu den Arbeitsmärkten zu finden und ältere Arbeitnehmer werden unverändert aus ihnen heraus gedrängt.
- Eine Geschlechterlücke: Obwohl die Erwerbsquoten von Frauen weiterhin ansteigen, bleiben sie doch immer noch 18 % unter denjenigen von Männern, während Arbeitslosigkeit von Frauen unverändert höher ist als die von Männern; zudem gibt es eine substanzielle Lücke im Hinblick auf die Bezahlung.
- Eine Qualifikationslücke: Qualifikationen sind sehr ungleich zwischen den Ländern verteilt, in einigen erreichen nur 20 % der Bevölkerung den Abschluss der Sekundarstufe II, in anderen sind es mehr als 80 %.
- Eine demographische Herausforderung: Europas Bevölkerung altert. Die Zugänge Jüngerer zum Arbeitsmarkt werden in wenigen Jahren abnehmen, während die Zahl Älterer sehr deutlich zunehmen wird. Dieser Prozess wird die europäischen Gesellschaften verändern und auch die Finanzierbarkeit der sozialen Sicherungssysteme berühren.
- Eine regionale Disparitätenlücke: Obwohl es eine Angleichung der Einkommensniveaus gegeben hat, so von 68 % auf 79 % des Durchschnitts zwischen 1988 und 1999, sind die Disparitäten in Bezug auf Beschäftigung und Arbeitslosigkeit kaum geringer geworden.
- Eine Solidaritätslücke: 65 Mio. Menschen in Europa haben Einkommen von weniger als 60 % des Medianwertes und 7 % sind dauerhaft arm.

Diese Tatsachen beschreiben nicht nur soziales Geschehen, sondern auch eine konkrete wirtschaftliche Realität. Die multiplen Faktoren hinter wirtschaftlichem und sozialem Erfolg werden zunehmend besser bekannt, genauso wie ihre komplexen wechselseitigen Wirkungsbeziehungen. Drei Beispiele:
- Es wird geschätzt, dass die Unter-Nutzung des Humankapitals in der EU im Jahr 2000 zwischen 1 und 2 Mrd. Euro an entgangener Produktion gekostet hat.
- Forschungsergebnisse belegen, dass die Produktivität in der EU um 5 % gesteigert werden könnte, wenn alle Bürgerinnen und Bürger ein zusätzliches Jahr an Aus- und Fortbildung erhalten würden.
- Schlechte Arbeitsplatzsicherheit und daraus resultierende Unfälle und Erkrankungen kosten die EU jedes Jahr ca. 3 % des BIP.

Heute, vier Jahre nach Lissabon, gibt es Fortschritte. Die Reformen von Güter-, Dienstleistungs- und Kapitalmärkten kommen voran, auch wenn es noch vielfältige Umsetzungsdefizite gibt. Die Entwicklungen in den Bereichen Wissen, Innovation und Geschäftsdynamik sind in einigen Fällen vielversprechend, obwohl die jeweiligen Investitionen unzureichend bleiben. Recht gute Fortschritte gab es in Richtung sozialen Zusammenhalts, im Wesentlichen aufgrund der verbesserten Beschäftigungssituation, aber für spezifische Gruppen bestehen drängende Probleme unverändert fort. Alles in allem bietet die Union kein brillantes Bild, aber auch kein schlechtes. Maßnahmen wurden ergriffen, Fortschritte wurden gemacht und der Prozess ist auf dem richtigen Weg. Ihn dort zu halten, ist sehr wichtig, weil die Rahmenbedingungen inzwischen deutlich ungünstiger sind als im Jahr 2000. Gerade im sozialpolitischen Bereich sind recht gute Fortschritte erzielt worden. Die Sozialpolitische Agenda hatte Mitte 2000 eine Reihe von Bereichen identifiziert, in denen verstärkte zusätzliche oder neue Aktivitäten einzuleiten sind. Mittlerweile ist dies in Form einer Reihe von Prozessen geschehen, insbesondere zur Modernisierung des Sozialschutzes sowie der Rentensysteme, aber auch in Bezug auf Pflegeleistungen und allgemein für die Systeme der Gesundheitsfürsorge oder für die Chancengleichheit der Geschlechter bzw. für die Bekämpfung jeglicher Form von Diskriminierung. Die Entwicklungen in diesen Bereichen werden fortlaufend beobachtet und bewertet.

Den Prozess auf dem richtigen Weg zu halten, dies gilt auch im Hinblick auf die beschäftigungspolitischen Herausforderungen, die zu bewältigen sind, wenn das in Lissabon definierte Ziel von Vollbeschäftigung bis 2010 erreicht werden soll. Zur Erinnerung: dieses Ziel wurde übersetzt als Beschäftigungsquote von 70 % allgemein sowie von 60 % für Frauen. Aktuell betrugen die Quoten in 2000 61 % bzw. 51 %. Die Europäischen Räte von Stockholm und Barcelona haben dies weiter differenziert, in Zwischenziele für 2005 sowie in ein Ziel für die Beschäftigungsquote älterer Arbeitnehmer (55-64 Jahre) von 50 %. Derzeit haben die entsprechenden Quoten allgemein 64,3 % erreicht, 55,6 % im Hinblick auf Frauen und 40 % hinsichtlich Älterer, wobei die allgemeine Quote seit 2002 stagniert. Ohne weitere und verstärkte Anstrengungen wird es für die EU schwierig werden, sowohl die Zwischen- als auch die Endziele zu erreichen. Besonders kritisch ist dabei die Entwicklung in Bezug auf die Erwerbsbeteiligung älterer Beschäftigter. Die Arbeitslosigkeit sank zwischen 1997 und 2001 von über 10 % auf 7,3 %, stieg seitdem allerdings wieder auf 8 %. Auch wenn diese Entwicklung im Unterschied zum starken Ansteigen der Arbeitslosigkeit in anderen Zeiten konjunkturellen Abschwungs recht robust erscheint, so sind doch große Probleme für spezifische Gruppen zu verzeichnen. Besonders positiv allerdings ist die Entwicklung der Langzeitarbeitslosigkeit, die unverändert rückläufig ist (3 %). Bedenklich stimmt der drastische Rückgang des Wachstums der Arbeitsproduktivität, von 3,6 % in 2000 auf nunmehr 0,7 %. Da eine deutliche Korrelation zwischen der Qualität von Beschäftigung und der Produktivität besteht, wirft dies Fragen im Hinblick auf die Qualität von Beschäftigung auf. Auch die geschlechtsspezifischen Unterschiede im Bereich von Beschäftigung und Arbeitslosigkeit bleiben inakzeptabel groß.

Europa ist also immer noch weit davon entfernt, sein Wachstums- und Beschäftigungspotenzial voll zu nutzen. Zwischen den jetzigen Mitgliedstaaten der EU und den USA besteht eine Lücke von 10 % hinsichtlich des BIP pro Kopf der Bevölkerung. Ein Drittel dieser Lücke ist das Ergebnis geringerer Erwerbsbeteiligung, ein weiteres Drittel das kürzerer Arbeitszeiten und das letzte Drittel geht zurück auf die in der EU geringere Produktivität.

## III. Der Beitrag der Europäischen Beschäftigungsstrategie (EBS)

Zur Bewältigung solcher und anderer Probleme sowie zur Erreichung der strategischen Ziele der Europäischen Union wurde eine Europäische Beschäftigungsstrategie entwickelt.

### 1. Die Ziele der EBS

Seit 1997 umfassten die Ziele der EBS ein breites Themenspektrum, die in Gruppen und später übergreifenden Zielen zusammengefasst waren:
- „Beschäftigungsfähigkeit" von Personen, sowohl beschäftigten als auch arbeitslosen;
- „Unternehmergeist", das Umfeld, in dem unternehmerische Aktivität stattfindet;
- „Anpassungsfähigkeit" von Unternehmen und Beschäftigten;
- „Chancengleichheit" als ein Rahmen, der allen, die es möchten, faktisch die Möglichkeit zur Erwerbsbeteiligung eröffnet.

Diese Aufzählung verdeutlicht, dass die EBS nicht nur eine andere Arbeitsmarktpolitik war, sondern weit über deren traditionellen Ansatz hinausging. Mehr noch, die EBS stand und steht in einem engen Zusammenhang zur Wirtschaftspolitik. Die beiden entsprechenden Koordinierungsprozesse auf europäischer Ebene stehen in enger Interaktion, um Zielkonflikte zu vermeiden und die wechselseitigen Synergien zu maximieren.

### 2. Der Prozess

Als Prozess war die EBS der Vorläufer einer neuen Form europäischer Politikentwicklung, der offenen Methode der Koordinierung, als innovativer Weg zur Kombination der Aktivitäten von Mitgliedstaaten und EU-Institutionen. Die Methode beinhaltet die Verständigung auf gemeinsame Ziele auf europäischer Ebene, belässt jedoch den Mitgliedstaaten Autonomie bei der Wahl der Mittel zur Zielerreichung. Der Prozess umfasst mehrere Komponenten:

- Auf Vorschlag der Kommission entscheidet der Rat über die Ziele, gefasst in den Beschäftigungspolitischen Leitlinien.
- Jeder Mitgliedstaat erarbeitet einen Nationalen Aktionsplan für Beschäftigung (NAP), in dem dargestellt wird, welche Aktivitäten zur Zielerreichung geplant sind.
- Kommission und Rat analysieren gemeinsam diese NAPs und präsentieren das Ergebnis der Analyse in einem Gemeinsamen Beschäftigungsbericht.
- Zusätzlich kann der Rat auf Vorschlag der Kommission mit qualifizierter Mehrheit länderspezifische Empfehlungen aussprechen.

Die EBS ist, wie alle offenen Koordinierungsprozesse, auf vier zentrale Prinzipien gegründet:
- Subsidiarität: die Methode etabliert ein Gleichgewicht zwischen EU-Koordinierung einerseits und der Verantwortung und Entscheidungsfreiheit der Mitgliedstaaten für konkrete Umsetzungsaktivitäten;
- Konvergenz: gemeinsames Streben zur Erreichung gemeinsamer Ziele;
- Führen nach Zielen: die Notwendigkeit der Definition quantifizierter oder anderweitig spezifizierter Ziele, ohne die die Zielerreichung nicht überprüfbar ist;
- Länderbeobachtung: basierend auf regelmäßiger, jährlicher Berichterstattung und Evaluierung und Vergleich konkreter Aktionen, was dynamisch zu Verbesserungen von Qualität und Effektivität von Politiken führt.

Dieser prozedurale Rahmen hat sich als erfolgreich dabei herausgestellt, wenn es darum geht, andere als nur die formell beteiligten Institutionen in Regierungen und Verwaltungen zur Teilhabe zu animieren. Ein anderer wesentlicher Erfolgsfaktor sind eine klare Zieldefinition und ein passgenaues Instrumentarium zur Bewertung der Zielerreichung: Transparenz und Vergleichbarkeit werden hergestellt. Und mit Transparenz und Vergleichbarkeit sind die beiden wesentlichen Zutaten für einen produktiven Wettbewerb um die besten Ergebnisse vorhanden, der sich bei der EBS wie anderswo als wirkungsmächtiges Stimulans erwiesen hat.

3. Ergebnisse der EBS

Dies hat auch die in den Jahren 2002 und 2003 durchgeführte Wirkungsbewertung der ersten Phase der EBS bestätigt. Diese Evaluierung bestätigte den strukturellen Charakter verschiedener Verbesserungen in den Arbeitsmärkten, die auch durch den zwischenzeitlichen konjunkturellen Abschwung zum Teil nur wenig, zum Teil gar nicht relativiert wurden. Insbesondere von Bedeutung ist ein beschäftigungsintensiveres Muster wirtschaftlichen Wachstums. Auch wenn es vielfach schwierig ist, konkrete Ursache-Wirkung-Zusammenhänge zu bestimmen, so gibt es doch deutliche Hinweise auf spezifische Einflüsse der EBS, etwa im Hinblick auf eine Konvergenz nationaler Politiken in

Richtung erfolgreicher Modelle, etwa bei der Umsetzung des präventiven Ansatzes, z.B. die Vermeidung von Langzeitarbeitslosigkeit. Oder im Hinblick auf neue Prioritätensetzungen, die ihren Ausgangspunkt in europäisch identifizierten Erfordernissen haben, etwa in Bezug auf Systeme lebensbegleitenden Lernens. Es gab in manchen Bereichen aber auch nur unbefriedigende Fortschritte, und es bestand die Notwendigkeit, die EBS an veränderte Rahmenbedingungen wie z.b. demographische Entwicklung, Globalisierung, technologischer Wandel, Umstrukturierungen sowie auch die Erweiterung der EU anzupassen.

4. Die Reform der EBS 2003

Es bestand insofern Konsens, dass die EBS reformiert und passgenauer auf die neuen Gegebenheiten ausgerichtet werden müsse. Am Abschluss dieses Prozesses stand die Verabschiedung der neuen Beschäftigungspolitischen Leitlinien im Juli 2003. Sie verfolgen wesentlich den Zweck, die EBS vollständig in Übereinstimmung mit der Lissabon-Strategie zu bringen und ihre Beiträge zu dieser Strategie zu maximieren. Aus diesem Grund sind die Leitlinien nun in eine mittelfristige Perspektive gesetzt worden, möglichst bis 2010, mit einer für 2006 vorgesehenen Halbzeitbewertung. Gleichzeitig sind sie vereinfacht worden, wurden politische Ziele und Prioritäten geklärt und größerer Nachdruck auf Ergebnisse gelegt, weshalb die erwarteten Ergebnisse jetzt oft in Form quantifizierter Ziele beschrieben sind.

5. Modifizierte Ziele

Inhaltlich beinhalten die Leitlinien drei übergreifende Zielsetzungen, die die Balance der Lissabon-Strategie widerspiegeln, also Vollbeschäftigung, Qualität und Produktivität von Beschäftigung sowie Zusammenhalt und inklusive Arbeitsmärkte. Zur Umsetzung dieser übergreifenden Ziele wurden zehn spezifische Prioritäten vereinbart:
1. Prävention von Langzeitarbeitslosigkeit und Hilfe für Arbeitslose und Inaktive zur Aufnahme von Erwerbstätigkeit;
2. die Unterstützung von Arbeitsplatzschaffung und die Ermutigung unternehmerischer Aktivität;
3. aktives Management von Veränderung und die Förderung von Anpassungsfähigkeit und Mobilität;
4. die Förderung der Entwicklung des Humankapitals und des lebensbegleitenden Lernens;
5. die Sicherung eines angemessenen Arbeitskräfteangebotes und die Förderung des aktiven Alterns;
6. die faktische Gewährleistung von Geschlechtergleichheit;

7. die Förderung der Integration von benachteiligten Personen in den Arbeitsmarkt;
8. die Sicherstellung, dass Arbeit sich tatsächlich lohnt;
9. die Reduzierung nicht angemeldeter Erwerbstätigkeit;
10. die Reduzierung regionaler Disparitäten von Beschäftigung und Arbeitslosigkeit.

Zudem fordern die Leitlinien die Mitgliedstaaten dazu auf, wirksame Partnerschaften für eine effektive Umsetzung und Erbringung dieser Ziele zu organisieren. Allen wesentlichen Akteuren, die dazu Beiträge erbringen können, soll Teilhabe ermöglicht werden, insbesondere den Sozialpartnern, parlamentarischen Körperschaften sowie regionalen und lokalen Gebietskörperschaften. Auch soll eine effektive und effiziente Umsetzung gewährleistet werden, einschließlich einer angemessenen und transparenten Untersetzung der Ziele durch finanzielle Ressourcen.

6. Konzentration auf Umsetzung

Das Zielsystem der EBS soll in den nächsten Jahren möglichst wenigen Veränderungen unterzogen werden, weil die Schwäche des Prozesses immer noch in seiner Umsetzung liegt. Daraus resultieren einige Konsequenzen.

Zunächst ist es erforderlich, spezifischere Anleitungen für die Mitgliedstaaten verfügbar zu machen. Dies betrifft insbesondere die Rolle der Beschäftigungspolitischen Empfehlungen seit dem Jahr 2000. Seit diese genutzt werden, haben sie ihre Wirksamkeit unter Beweis gestellt, die Reformbemühungen der Mitgliedstaaten mit Orientierungen zu versehen. Die vorgesehene Stabilität der Leitlinien wird spiegelbildlich das Erfordernis nach sich ziehen, auf Gegebenheiten in einzelnen Mitgliedstaaten stärker mit dem Instrumentarium der Empfehlungen einzugehen.

Auf europäischer Ebene impliziert die Notwendigkeit einer optimierten Umsetzung eine verbesserte Koordinierung mit den Grundzügen der Wirtschaftspolitik, also der auf EU-Ebene vorgenommenen Koordinierung der Wirtschaftspolitiken der Mitgliedstaaten. Zu diesem Zweck wurden seit 2003 die jährlichen Zyklen der beiden Prozesse zeitlich synchronisiert, um auf diese Weise die Konsistenz der Befunde sowie der Zielbestimmungen zu vergrößern, und auch, um den Frühjahrsgipfel des Europäischen Rates in das Zentrum der jährlichen Rhythmen dieser Koordinierungsprozesse zu versetzen. Die zukünftigen Frühjahrsgipfel werden ihre Beratungen unter anderem auf der Grundlage eines Umsetzungspaketes vornehmen können, das die Kommission jeweils im Januar verabschiedet und das neben anderem auch die Berichte zur im Vorjahr erreichten Umsetzung der wirtschafts- und beschäftigungspolitischen Ziele der EU beinhaltet.

Eine weitere Anforderung an die europäische Ebene besteht darin, die Unterstützung der Strukturfonds, insbesondere des Europäischen Sozialfonds (ESF), für die Zwecke der EBS zu optimieren. Mit der Reform des ESF in 1999 war dieser als das wesentliche Instrument bestimmt worden, mit dem die EU die Anstrengungen der Mitgliedstaaten zur Erreichung der beschäftigungspolitischen Ziele begleitet. Die Ergebnisse der 2003 durchgeführten Halbzeitbewertung des ESF werden dazu genutzt, eine bessere Übereinstimmung zwischen den Prioritäten der EBS und den konkreten ESF-Operationen herzustellen, um auf diese Weise die reformierten Leitlinien besser in den ESF-Programmen abzubilden. Auch die Sozialpartner werden weiterhin an der Realisierung der EBS mitwirken. Die Sozialpartner haben ihre Schlüsselrolle in der EBS zunehmend angenommen. Im November 2002 haben sie ein mehrjähriges Arbeitsprogramm verabschiedet, das unter anderem eine jährliche Berichterstattung zu ihren Beiträgen zur Umsetzung der Leitlinien vorsieht. Der im März 2003 eingerichtete tripartite Sozialgipfel für Wachstum und Beschäftigung wird am Vorabend eines jeden Frühjahrsgipfels des Europäischen Rates die Möglichkeit bieten, die Rolle der Sozialpartner weiter zu profilieren.

7. Der Stellenwert von Humankapital

Eine wichtige Aufgabe der Sozialpartner besteht dabei darin, zu einer Neupositionierung der Priorität für die Entwicklung des Humankapitals in den Unternehmen und durch die Unternehmen zu gelangen. Tatsächlich ist Humankapital, d.h. das Wissen, die Fertigkeiten und Qualifikationen eines Individuums, von vitaler Bedeutung für die Erreichung der Ziele der Beschäftigungsstrategie und der übergreifenden Lissabon-Strategie. Es ist wohl der wichtigste Beitrag zu einer wissensbasierten Wirtschaft, wichtig für Beschäftigung, Produktivität und Wettbewerbsfähigkeit und eine zentrale Determinante für wirtschaftliche Entwicklung.

8. Nicht nur Quantität, auch Qualität von Beschäftigung zählt

Unter den verschiedenen Zielen der EBS steht die Wichtigkeit, Richtigkeit und schiere Notwendigkeit von Vollbeschäftigung außer Frage. Ebenso wichtig sind aber auch die Ziele von Qualität von Beschäftigung und von sozialer Integration, wichtig in sich selbst, aber auch wichtig, weil sie in unmittelbarer Wechselwirkung mit dem Vollbeschäftigungsziel zu sehen sind. Die Förderung der Qualität von Beschäftigung ist ein handlungsleitendes Prinzip für die Gesamtheit der Modernisierung von Beschäftigung und des sozialen Modells in Europa. Qualität steht zudem in einem engen Zusammenhang mit Beschäftigungswachstum und mit Produktivität. Trotz mancher Fortschritte sind entschlossene Politiken zu intensivierten Investitionen in Bildung, die Verbesserung von Arbeitsbedingungen, die Möglichkeiten zur Vereinbarkeit von beruflicher Tätigkeit mit sonstigen Verpflichtungen erforderlich.

9. Segmentierung am Arbeitsmarkt entgegenwirken

Bessere Qualität von Beschäftigung kann auch dazu beitragen, Tendenzen zur Segmentierung in den Arbeitsmärkten entgegenzuwirken. Wir beobachten, dass Menschen zunehmend dazu tendieren, in jener Form von Beschäftigung zu verbleiben, in der sie sich zu einem bestimmten Zeitpunkt ihrer Erwerbsbiographie befinden. Es werden Politiken benötigt, die einer Entwicklung oder auch nur Verfestigung der Kluft zwischen Insidern und Outsidern entgegen wirken, um das Entstehen geteilter Arbeitsmärkte zu vermeiden. Die Überwindung solcher Erscheinungen ist nicht nur ein soziales Gebot, sondern auch eines wirtschaftlicher Vernunft, denn für eine Volkswirtschaft bedeutet dies eine ineffektive Nutzung der Ressourcen und also Arbeitsmärkte, die unterhalb ihres Potenzials verbleiben. Es beeinträchtigt die Fähigkeit der Wirtschaft, Arbeitsplätze zu schaffen und es beeinträchtigt auch die Fähigkeit der Arbeitsmärkte, zu wirtschaftlichem Wachstum beizutragen. Ein ausgewogenes Gleichgewicht zwischen Flexibilität und Sicherheit muss entwickelt werden, um die Bereitschaft zur Akzeptanz aller Formen von Beschäftigung zu vergrößern, sofern diese zum Ausgleich andere Dimensionen von Qualität und Sicherheit stärker als bislang integrieren. Qualität von Beschäftigung und soziale Integration gehen so Hand in Hand, bedingen einander und verstärken einander, im Positiven wie im Negativen. Es gilt, den positiven Regelkreis zu entwickeln und zu verstärken.

IV. Der Beitrag der Europäischen Strategie der sozialen Integration

Der Europäische Rat von Lissabon hat Kommission und Mitgliedstaaten im März 2000 zum Tätigwerden aufgefordert, um die Beseitigung der Armut bis zum Jahr 2010 entscheidend voranzubringen. Die Mitgliedstaaten sollten ihre Strategien zur Bekämpfung von Armut und sozialer Ausgrenzung auf der Grundlage der offenen Methode der Koordinierung abstimmen, um so zu ehrgeizigeren und wirksameren politischen Konzepten für die soziale Integration zu gelangen. Es wurde vereinbart, dass die Maßnahmen der Mitgliedstaaten zur Bekämpfung der Armut und sozialen Ausgrenzung auf der offenen Methode der Koordinierung beruhen sollen, bei der die gemeinsamen Zielvorstellungen, die nationalen Aktionspläne und das Aktionsprogramm der Gemeinschaft ineinander greifen. Im Dezember 2000 definierte der Europäische Rat von Nizza, ein Paket aus vier Zielbereichen:
(1) Förderung der Teilnahme am Erwerbsleben und des Zugangs aller zu Ressourcen, Rechten, Gütern und Dienstleistungen;

(2) Vermeidung der Risiken der Ausgrenzung;
(3) Maßnahmen zugunsten der sozial am stärksten gefährdeten Personen;
(4) Mobilisierung aller Akteure.

Die Nationalen Aktionspläne für soziale Integration (NAP (Integration)) spielen in der europäischen Strategie eine maßgebliche Rolle, werden doch durch sie, unter Beachtung der konkreten nationalen Gegebenheiten und des besonderen Charakters der einzelstaatlichen Sozialschutzsysteme und Sozialpolitiken, die gemeinsamen Zielvorstellungen in nationale Handlungskonzepte umgesetzt. Alle Mitgliedstaaten haben im Juni 2001 ihren ersten NAP (Integration) übermittelt. Ihre Erarbeitung gab Gelegenheit zur Einholung umfangreicher Informationen, zur Anhörung der am stärksten Betroffenen und zu einer bewertenden Einschätzung der einzelstaatlichen Strategien zur Bekämpfung von Armut und sozialer Ausgrenzung. Außerdem boten sie die Möglichkeit zur Entwicklung eines in höherem Maße strategisch und ganzheitlich ausgerichteten Ansatzes zur Armutsbekämpfung. Darüber hinaus lieferten die Informationen, die in den NAP (Integration) enthalten waren, eine gute Ausgangsbasis für den unionsweiten Austausch von Erfahrungen und bewährten Methoden. Die wichtigsten Erkenntnisse aus der von der Kommission und den Mitgliedstaaten vorgenommenen Bewertung der NAP (Integration) wurden in dem Gemeinsamen Bericht über die soziale Integration vorgestellt, der im Dezember 2001 die Zustimmung des Europäischen Rats von Laeken fand. Die zweite Generation der NAP (Integration), die von den Mitgliedstaaten im Sommer 2003 vorgelegt wurde, berichten über die Umsetzung der Vorhaben während der vorangegangenen beiden Jahre und stellt die neuen Zielsetzungen für den Zeitraum bis Mitte 2005 vor.

1. Armut und Ausgrenzung geben noch immer Anlass zur Besorgnis

Obwohl sich die Situation seit 1995 insgesamt zum Besseren verändert hat, waren mit mehr als 55 Mio. Menschen bzw. 15 % der EU-Bevölkerung, die im Jahr 2001[1] durch Armut gefährdet waren, nach wie vor sehr viele Personen von relativer Einkommensarmut betroffen. Das Armutsrisiko reichte 2001 von 10 % in Schweden bis 21 % in Irland. In den südeuropäischen Ländern, dem Vereinigten Königreich und in Irland haben einkommensschwache Personen vergleichsweise nicht nur weniger Anteil am allgemeinen Wohlstand ihres jeweiligen Landes, für sie besteht darüber hinaus eine höhere Wahrscheinlichkeit, dauerhaften Formen von Armut und Benachteiligung ausgesetzt zu sein. Einem wesentlich höheren Armutsrisiko ausgesetzt sind zumeist besondere Gruppen wie Arbeitslose, Alleinerziehende, zumeist Frauen, allein lebende ältere Menschen, ebenfalls vorwiegend Frauen, und kinderreiche Familien.

---

1 letztes Jahr, für das zum Berichtszeitpunkt harmonisierte Daten vorlagen.

Je länger die Zeitspanne ist, in der jemand von einem niedrigen Einkommen leben muss, umso mehr läuft sie/er Gefahr, dass sie/er vom sozialen, kulturellen und wirtschaftlichen Geschehen ausgeschlossen wird und umso größer ist die Gefahr ihrer/seiner extremen sozialen Isolation. In allen Ländern hat mindestens die Hälfte der Personen, für die 2001 ein Armutsrisiko bestand, längere Zeit ein geringes Einkommen bezogen. Sie verfügten also im laufenden Jahr und mindestens in zwei der vorangegangenen drei Jahre, d.h. 1998-2000, über ein Äquivalenzeinkommen unterhalb der 60 %-Grenze. In Griechenland und Portugal, wo das Armutsrisiko sehr hoch ist, bestand für zwei von drei Personen mit einem Einkommen unterhalb der Armutsgrenze im Jahr 2001 ein dauerhaftes Armutsrisiko. Im EU-Durchschnitt lebten 9 % der Bevölkerung in dauerhafter Armut.

## 2. Ausmerzung von Armut und sozialer Ausgrenzung erfordert weitere Schritte

Die Mitgliedstaaten haben in ihren Nationalen Aktionsplänen (NAP (Integration)) der zweiten Generation bekräftigt, dass die wirtschaftliche Modernisierung mit den Maßnahmen zur Bekämpfung von Armut und Ausgrenzung Hand in Hand gehen sollte. Obwohl eine Reihe realer Fortschritte zu verzeichnen sind, ist deutlich, dass noch mehr getan werden muss. Hierzu zählen insbesondere die folgenden Punkte:

- Ein mehrdimensionaler Ansatz macht es erforderlich, Themen wie Wohnen, lebenslanges Lernen, Kultur, *e*Inclusion und Verkehr mehr Aufmerksamkeit zu schenken.
- Bei der Festlegung von Zielen ist künftig darauf zu achten, dass diese konkreter, quantifizierbarer und ehrgeiziger werden.
- Mehr Nachdruck sollte darauf gelegt werden, dass die Maßnahmen gegen Armut und soziale Ausgrenzung effizient und qualitativ anspruchsvoll sind und dass dies laufend kontrolliert wird.
- Die Fortschritte bei der systematischen Berücksichtigung der sozialen Integration durch die Stärkung institutioneller Regelungen gilt es weiter zu vertiefen, um so

> **Armut:** Von Armut spricht man, wenn Personen über ein so geringes Einkommen und so geringe Mittel verfügen, dass ihnen ein Lebensstandard verwehrt wird, der in der Gesellschaft, in der sie leben, als annehmbar gilt.
>
> **Soziale Ausgrenzung:** Soziale Ausgrenzung ist ein Prozess, durch den bestimmte Personen an den Rand der Gesellschaft gedrängt und durch ihre Armut bzw. wegen unzureichender Grundfertigkeiten oder infolge von Diskriminierung an der vollwertigen Teilhabe gehindert werden.
>
> **Soziale Integration:** Bei der sozialen Integration handelt es sich um einen Prozess, durch den gewährleistet wird, dass Personen, die von Armut und sozialer Ausgrenzung bedroht sind, die erforderlichen Chancen und Mittel erhalten, um am wirtschaftlichen, sozialen und kulturellen Geschehen voll teilzunehmen und in den Genuss des Lebensstandards und Wohlstands zu kommen, der in der Gesellschaft, in der sie leben, als normal gilt.

insbesondere zu gewährleisten, dass die Integrationsziele bei der Festlegung der allgemeinen Ausgabeprioritäten berücksichtigt werden.
- Die Zivilgesellschaft muss über die Ausarbeitung der NAP hinaus auch an deren Durchführung und dem Monitoring bzw. der Evaluierung beteiligt werden.
- Es ist nachdrücklicher darauf hinzuwirken, dass sich die Wirtschafts-, die Beschäftigungs- und die Sozialpolitik in ihrer Wirkung gegenseitig verstärken.

3. Sechs zentrale Schwerpunkte

In Anbetracht der Vielfalt der NAP (Integration) 2003-2005 werden die Mitgliedstaaten aufgefordert, in den kommenden zwei Jahren den sechs folgenden Prioritäten besondere Aufmerksamkeit zu schenken. Sie sind angesichts des weltweit weiterhin unsicheren wirtschaftlichen und politischen Klimas besonders wichtig:
(1) Förderung von Investitionen in aktive Arbeitsmarktmaßnahmen und deren Ausrichtung an den Erfordernissen der am schwersten zu vermittelnden Personen;
(2) Gewährleistung von Sozialschutzsystemen, die angemessen sind, allen offen stehen und denen, die arbeiten können, wirksame Arbeitsanreize bieten;
(3) Erweiterung des Zugangs der sozial schwächsten und am stärksten von sozialer Ausgrenzung bedrohten Personen und Gruppen zu angemessenen Wohnverhältnissen, hochwertigen Gesundheitsdienstleistungen und Möglichkeiten für lebenslanges Lernen;
(4) Umsetzung konzertierter Maßnahmen zur Verhinderung des Abbrechens des Schulbesuches und Förderung eines reibungslosen Übergangs von der Schule ins Erwerbsleben;
(5) Erhebung der Abschaffung von Kinderarmut in den Rang einer Schwerpunktaufgabe;
(6) energische Anstrengungen zur Bekämpfung der Armut und sozialen Ausgrenzung von Zuwanderern und ethnischen Minderheiten.

4. Beibehaltung der Dynamik

Um die Dynamik der in den NAP (Integration) ablesbaren positiven Entwicklungen beizubehalten, bis 2005 die Evaluierung der offenen Methode der Koordinierung zur Bekämpfung von Armut und Ausgrenzung erfolgt, sollten die Mitgliedstaaten und die europäischen Institutionen:
- Die Mobilisierung und Einbeziehung sämtlicher Akteure der Zivilgesellschaft und auch der betroffenen Angehörigen von Randgruppen in die Umsetzung und Überwachung der NAP (Integration) 2003-2005 weiter fördern und eine größere Öffent-

lichkeitswirksamkeit der NAP (Integration) als Instrumente zur Förderung einer politischen Debatte und Unterstützung nationaler Strategien sicherstellen;
- dafür sorgen, dass die Integrations- und Beschäftigungsstrategien koordiniert werden und sich gegenseitig in ihrer Wirkung verstärken und dass ein gutes Zusammenspiel zwischen den verschiedenen Komponenten des künftig straffer organisierten Prozesses der sozialen Sicherung gewährleistet ist;
- sicherstellen, dass die in den NAP genannten Integrationsprioritäten in der Halbzeitevaluierung der Strukturfonds und in den strategischen Orientierungen für deren Zukunft nach 2006 ihren Niederschlag finden;
- Gleichstellungsprobleme und die zunehmend wichtige Frage der Ausgrenzung von Zuwanderern und ethnischen Minderheiten umfassend berücksichtigen;
- weiter auf die Entwicklung abgestimmter gemeinsamer Indikatoren bzw. gegebenenfalls nationaler Indikatoren für die Beobachtung der einzelstaatlichen politischen Zielvorgaben hinarbeiten; besonderes Augenmerk sollte dabei der Erleichterung der 2005 anstehenden Evaluierung der bei der Bekämpfung von Armut und Ausgrenzung erzielten Ergebnisse gelten.

## V. In der Krise loslassen?

Die EU steht vor großen Herausforderungen. Eine Antwort auf die Chancen und Risiken der Erweiterung wird ebenso gebraucht wie auf den demographischen Wandel. Die EU-Erweiterung wird auch zur Folge haben, dass sich die Union bei der Förderung der sozialen Integration neuen und vergleichsweise größeren Herausforderungen wird stellen müssen, mit neuen Mitgliedstaaten, in denen häufig krasse Disparitäten hinsichtlich Art und Ausmaß von Armut und sozialer Ausgrenzung bestehen. Die auf den nationalen Daten und den Ergebnissen von Untersuchungen beruhenden vergleichenden Sozialindikatoren deuten darauf hin, dass weite Teile der Bevölkerung in den Beitrittsländern von Niedrigeinkommen leben und zu einigen grundlegenden öffentlichen Leistungen und Einrichtungen keinen Zugang haben. In den meisten Beitrittsländern herrscht hohe Arbeitslosigkeit und es bestehen keine ausreichenden Sozialschutzsysteme, um alten Menschen, Kranken oder Behinderten ein sicheres Einkommen zu bieten. In einigen Ländern gibt die soziale Lage von ethnischen Minderheiten, Kindern und geistig Behinderten Anlass zu ernster Sorge. Andererseits sind im Allgemeinen die Einkommensdisparitäten geringer und das Bildungsniveau höher als in vielen derzeitigen Mitgliedstaaten. In einem Gesamtumfeld, in dem es das Konzept der sozialen Ausgrenzung in dem vorgenannten Sinne noch nicht lange gibt und auch die Gefahr besteht, dass die Förderung der sozialen Integration womöglich als sekundäres Ziel betrachtet wird, das der Wettbewerbsfähigkeit oder dem Wirtschaftswachstum untergeordnet ist, gilt es besonders zu betonen, dass Maßnahmen und Strategien zur Herbeiführung wirtschaftlichen

Wachstums und zur Gewährleistung des sozialen Zusammenhalts Hand in Hand gehen müssen.

Die Erweiterung sollte jedoch zugleich als Chance für einen umfassenderen Austausch von Erfahrungen und bewährten Verfahren in beide Richtungen verstanden werden sowie für ein engeres Miteinander der Partner und Behörden auf lokaler und nationaler Ebene, die sich im Großen und Ganzen ähnlichen Aufgaben gegenübersehen. Die größere Vielfalt der sozialen Gegebenheiten und Systeme in der Union nach der Erweiterung dürfte einen starken Anreiz liefern, die offene Methode der Koordinierung im Bereich Sozialschutz und soziale Integration weiter voranzubringen. Daher war es von entscheidender Bedeutung, alle beitrittswilligen Länder schon vor dem offiziellen Zeitpunkt der Erweiterung in den sozialen Integrationsprozess der EU einzubeziehen. In einer einjährigen bilateralen Zusammenarbeit mit jedem Beitrittsland wurden „Memoranden für die soziale Integration" (JIM: „Joint Inclusion Memoranda") erarbeitet. Diese JIM wurden am 18. Dezember 2003 von der Kommission und jedem der zehn Beitrittsländer gemeinsam unterzeichnet. Ihr Ziel war es, die sozialen Herausforderungen im jeweiligen Land zu präzisieren, Klarheit über die wichtigsten bereits vorhandenen und für die Zukunft geplanten Handlungskonzepte zu gewinnen und einige politische Kernfragen auszuwählen, die Gegenstand weiterer Untersuchungen sein sollen. Dadurch wurden die Beitrittsländer auf ihre volle Einbeziehung in den sozialen Integrationsprozess vorbereitet, die Mitte 2004, wenn sie ihren ersten NAP (Integration) für den Zeitraum 2004-2006 vorlegen, einsetzen wird. Ab 2006 wird die europäische Strategie der sozialen Integration dann Teil der neuen, strafferen politischen Koordinierungsstruktur für den Sozialschutz auf EU-Ebene sein, die von der Kommission im Mai 2003 vorgeschlagen und im Oktober vom Rat bekräftigt worden ist.

Europa muss sich auf eine größere Anzahl älterer Menschen und auf einen Rückgang der Erwerbsbevölkerung einstellen. Es liegt auf der Hand, dass diese Trends massive Auswirkungen auf viele Teile der sozialen und wirtschaftlichen Systeme haben werden. So werden etwa veränderte Nachfragestrukturen zu massiven Umschichtungen zwischen Sektoren und Branchen führen. Und natürlich sind diese Entwicklungen auch für die dauerhafte Finanzierbarkeit von Renten- und Gesundheitssystemen von außerordentlicher Bedeutung. Obwohl diese Trends seit langem bekannt sind, haben Politiken lange Zeit nicht adäquat darauf reagiert. Wie kann vor dem Hintergrund des Wandels ein genügendes Arbeitsangebot einer hinreichend großen Zahl von Beschäftigten sichergestellt werden? Grundsätzlich gibt es für die EU drei Optionen:
(1) Die Steigerung der Produktivität von Arbeit, um den negativen Beitrag der Beschäftigung zum Wirtschaftswachstum auszugleichen.
(2) Die Steigerung der Erwerbsquote, wobei die gegenwärtige und zukünftige Generation auch in höherem Alter erwerbstätig bleiben muss und ein wesentlicher Teil der

Personen, die heute nicht erwerbstätig sind, dauerhaft für den Arbeitsmarkt gewonnen werden müssen.

(3) Die Ausweitung des Zuwanderungspotenzial, um den Mangel an Arbeitskräften in ausreichendem Maße abzudecken.

Diese Optionen sind nicht als Alternative zu verstehen, sondern als drei gleichzeitig erforderliche Handlungsstränge. Kommissionsstudien zeigen, dass eine Immigration bis 2030 unerlässlich ist – aber sie reicht nicht aus, um dem Problem der demographischen Überalterung am Arbeitsmarkt zu begegnen. Ebenso wenig ist es realistisch, allein auf Produktivitätszuwächse zu setzen, wenn die Rückgänge des Beschäftigungspotenzials kompensiert werden sollen. Dabei verlangt der richtige Mix nicht nur veränderte Politiken und Programme, sondern auch ein radikales Umdenken: es geht auch und im Wesentlichen darum, die Einstellung sowohl zu älteren Erwerbstätigen als auch zur Zuwanderung zu ändern.

In den vergangenen Jahren hat Europa beachtliche Fortschritte im Bereich der Beschäftigung gemacht. Diese Fortschritte, die auch zu verbessertem sozialen Zusammenhalt beigetragen haben, haben auch zur Verbesserung des Funktionierens der Arbeitsmärkte und damit auch zu einer Optimierung wirtschaftlicher Aktivität beigetragen. Ergebnisse von Studien legen nahe, dass es ohne die realisierten Strukturreformen – und das heißt vielfach: ohne die Europäische Beschäftigungsstrategie – heute 5-6 Mio. weniger Arbeitsplätze in der EU gäbe, und 2 Mio. mehr Arbeitslose. Wären die Reformen noch ambitionierter und energischer durchgeführt worden, wären die Arbeitsmärkte dem wirtschaftlichen Abschwung gegenüber wohl noch widerstandsfähiger gewesen, als sie es tatsächlich in erfreulich starkem Maß gewesen sind. Natürlich gibt es derzeit viele Stimmen, die argumentieren, dass im gegenwärtig schwierigen wirtschaftlichen Umfeld weitere Reformen der Arbeitsmärkte erst einmal zurückgestellt werden sollten. Diese Position scheint kurzsichtig und unangemessen. Insbesondere vor dem Hintergrund der demographischen Entwicklung kann die Antwort auf die aktuelle Krise nur lauten, dass der eingeschlagene Weg beibehalten werden muss, ja, dass die Anstrengungen im Hinblick auf Arbeitsplatzschaffung, Arbeitsmarktbeteiligung, Produktivität und Qualität von Arbeit und gesellschaftlicher Integration nochmals verstärkt werden müssen. Die reformierte Europäische Beschäftigungsstrategie liefert dafür den geeigneten Handlungsrahmen, ihre energische Umsetzung ist gerade jetzt ein Gebot der Stunde, so wie auch der Elan, den die Strategie der sozialen Integration entfaltet hat, aufrecht erhalten und verstärkt werden muss.

Neben der Fortsetzung, Intensivierung und Beschleunigung der Strukturreformen, wie sie um die Jahreswende sowohl von der von dem früheren niederländischen Ministerpräsidenten Wim Kok geleiteten Task Force Beschäftigung als auch vom Entwurf des Gemeinsamen Beschäftigungsberichtes 2003 eingefordert wurden, kommt dabei der im

Dezember 2003 vom Europäischen Rat gebilligten Europäischen Wachstumsinitiative eine besondere Bedeutung zu. Das mit ihr verbundene Ziel ist die kurzfristig wirksame Flankierung und Ergänzung der umfassenderen, aber auch längerfristig angelegten strukturellen Reformvorhaben der EU. Bei der Auswahl der Vorhaben der ersten Runde war die Erwägung handlungsleitend, ob die Projekte eine starke grenzübergreifende Wirkung im Hinblick auf erstens Wachstum, zweitens Umweltschutz und drittens – last but not least – Beschäftigung haben. Dezidiert verfolgt die Wachstumsinitiative das Ziel einer Steigerung der Investitionen in Humankapital. Es handelt sich also nicht nur um klassische Infrastrukturprojekte, vielmehr sind „Investitionen in Wissen" explizit ein Handlungsschwerpunkt, namentlich Innovation und Forschung und Entwicklung. Bei der bis 2007 durchzuführenden Halbzeitevaluierung werden die erzielten Auswirkungen auf Beschäftigung eines der zentralen Kriterien für die Erfolgsbewertung sein.

Michael Sommer

# Mehr Beschäftigung in Europa

Als die Staats- und Regierungschefs der EU sich im Frühjahr 2000 in Lissabon das ehrgeizige Ziel gesteckt haben, die EU bis 2010 „zum wettbewerbsfähigsten und dynamischsten wissensbasierten Wirtschaftsraum in der Welt" zu machen, wurde die Steigerung der Beschäftigung als eins von drei zentralen Zielen genannt: „Ein dauerhaftes Wirtschaftswachstum mit mehr und besseren Arbeitsplätzen und einem größeren sozialen Zusammenhalt" war und ist Ziel der Lissabon-Strategie.

Diese Lissabon-Ziele sollen durch ein komplexes und umfassendes System aus makroökonomischer Politik, Struktur, Sozial- und Arbeitsmarktpolitik erreicht werden. Unterstellt wurde dabei ein stetiges und nachhaltiges Wachstum von 3 % pro Jahr, das die Beschäftigungsraten der EU auf das Niveau der USA anheben sollte. Insbesondere die Erwerbsbeteiligung von Frauen und älteren Arbeitnehmern müsste dazu erheblich steigen. Insgesamt soll die Beschäftigungsrate bis 2010 auf 70 % (Zwischenziel 2005: 67 %), die Frauenbeschäftigung auf über 60 % (2005: 57 %) und die Beschäftigungsrate für ältere Arbeitnehmerinnen und Arbeitnehmer auf 50 % steigen.

## I. Europäische Beschäftigungsstrategie – eine Zwischenbilanz

Von den Zielen der Vollbeschäftigung und insbesondere den Zwischenzielen für 2005 ist Europa immer noch weit entfernt. Es stellt sich die Frage, ob die Europäische Beschäftigungsstrategie geeignet und vor allem ausreichend ist, die Beschäftigung in Europa wirklich nachhaltig zu fördern. Bereits im Vertrag von Amsterdam von 1997 ist mit der Aufnahme eines eigenen Beschäftigungskapitels ein Schritt für mehr Beschäftigung in Europa getan worden. Seither ist die europäische Beschäftigungspolitik eine „Angelegenheit von gemeinsamem Interesse". Das europäische Koordinierungsverfahren mit jährlichen Zielen und Leitlinien, nationalen Aktionsplänen (NAP) zur Umsetzung, Auswertung durch die EU-Kommission und seit 1999 Empfehlungen an die Mitgliedstaaten hat sich dabei im Grundsatz bewährt. Die gemeinsamen Ziele und Leitlinien haben die nationale Arbeitsmarktpolitik nicht unerheblich beeinflusst, den Erfahrungsaustausch gefördert und insgesamt zu einem produktiven Wettbewerb um „bestmögliche Lösungen" (Best Practices) geführt. Dabei sind insbesondere die quantitativen Ziele hervorzuheben, die die Verbindlichkeit und Nachprüfbarkeit erhöhen und den Vergleich zwischen den Mitgliedstaaten erleichtern.

Die Beschäftigungsleitlinien sind allerdings vom Ansatz her begrenzt. Sie sind vorwiegend auf die Arbeitsmarktpolitik und angrenzende Bereiche wie die Steuer- und Abgabenpolitik gerichtet. Der Abbau der Arbeitslosigkeit oder gar die Erreichung des Vollbeschäftigungsziels, wie auf dem Europäischen Rat von Barcelona bekräftigt, erfordern jedoch vor allem eine beschäftigungsorientierte Wirtschafts-, Finanz- und Geldpolitik, die zu mehr Wachstum führt. Zwar werden mit den jährlichen Grundzügen der Wirtschaftspolitik auch Vorgaben für die Ausrichtung der Wirtschaftspolitiken der Mitgliedstaaten gemacht. Auch wird insbesondere mit dem makroökonomischen Dialog versucht, eine stärkere Abstimmung zwischen den wirtschaftspolitischen Akteuren und den Sozialparteien herbeizuführen. Nach wie vor stehen die verschiedenen Koordinierungsprozesse und Dialoge jedoch weitgehend unverbunden nebeneinander, ein integriertes Konzept fehlt.

Dennoch hat die EU-Kommission in ihrer Mitteilung vom Juli 2002 „Fünf Jahre Europäische Beschäftigungsstrategie – eine Bestandsaufnahme" insgesamt eine positive Bilanz gezogen: Die nationalen Beschäftigungspolitiken haben sich den Zielen und Leitlinien in erheblichem Maße angenähert. In der Arbeitsmarktpolitik der Mitgliedstaaten hat eine Schwerpunktverlagerung hin zu aktiven und präventiven Maßnahmen stattgefunden. Die Steuer- und Sozialleistungssysteme wurden stärker auf das Prinzip der Aktivierung der Leistungsempfänger ausgerichtet. Die allgemeine und berufliche Bildung wurde zunehmend den Arbeitsmarkterfordernissen angepasst. Neue Formen der Arbeitsorganisation, insbesondere der Arbeitszeitgestaltung wurden eingeführt sowie das Arbeitsrecht weiter „flexibilisiert". Dem Abbau geschlechtsspezifischer Benachteiligungen wurde mehr Beachtung geschenkt, das Gender-Mainstreaming hat sich generell durchgesetzt.

Tatsächlich hat sich die Lage auf dem europäischen Arbeitsmarkt im Zeitraum 1997–2001 strukturell verbessert: Die Zahl der Arbeitsplätze stieg um 6,5 %, das sind mehr als 10 Mio., davon allein 6 Mio. Arbeitsplätze für Frauen. Die Zahl der Arbeitslosen ging von 17,5 Mio. Im Jahr 1997 auf 13,2 Mio. in 2001 zurück. Gleichzeitig wuchs die Zahl der Erwerbspersonen um fast 5 Mio.. Die EU-Kommission merkt allerdings selbst an, dass nicht eindeutig zu ermitteln sei, welchen Beitrag die europäische Koordinierung hierzu geleistet habe und inwiefern konjunkturelle Einflüsse ursächlich seien. Die wirtschaftliche Abschwungphase seit 2001 und der einhergehende Anstieg der Arbeitslosigkeit machen den Einfluss konjunktureller Faktoren mehr als deutlich.

Unzweifelhaft haben die Beschäftigungsleitlinien positiven Einfluss auf die Reform der nationalen Arbeitsmarktpolitiken ausgeübt. Allerdings wurde auch vermehrt Kritik sowohl an den Inhalten als auch am Verfahren laut. Die Grundstruktur der Leitlinien mit den vier Pfeilern: Stärkung der Beschäftigungsfähigkeit, Förderung der Anpassungsfähigkeit von Unternehmen und Arbeitnehmern, Stärkung des Unternehmergeistes und Chancengleichheit wurde zwar über die Jahre im Wesentlichen beibehalten. Die Leitlinien wurden jedoch insgesamt immer differenzierter und um weitere qualitative Aspekte und Ziele ergänzt. Zusätzlich wurden so genannte horizontale Ziele mit übergreifendem Charakter aufgenommen. Die Zahl der Indikatoren zur Bewertung der Zielerreichung hat inzwischen einen kaum mehr zu bewältigenden Umfang angenommen. So wurde von Seiten der Mitgliedstaaten der Ruf nach Vereinfachung laut, eine Forderung, die berechtigt ist, solange die beschäftigungspolitische Koordinierung nicht in ihrer Substanz beeinträchtigt wird.

Ein weiterer Kritikpunkt bezieht sich auf die Kurzfristigkeit des Verfahrens mit jährlichen Leitlinien und Aktionsplänen. Arbeitsmarktpolitische Maßnahmen, zumal wenn sie neu und unerprobt sind, brauchen jedoch oftmals einen längeren Zeitraum, um Wirkung zu entfalten. Eine Abkehr vom jährlichen Rhythmus und eine mittelfristig ausgerichtete Strategie ist daher sinnvoll. Sowohl die Komplexität der Leitlinien als auch der kurzfristige Ansatz bergen die Gefahr, dass der Luxemburg-Prozess zu einer administrativen Übung erstarrt und den selbst gesetzten Zielen nicht gerecht werden kann.

Vor dem Hintergrund der kritischen Debatte über die Erfahrungen mit der EU-Beschäftigungsstrategie und der sowohl von verschiedenen Mitgliedstaaten als auch den Gewerkschaften erhobenen Forderung nach stärkerer Verzahnung von Wirtschafts- und Beschäftigungspolitik hat die EU-Kommission am 3. September 2002 einen Vorschlag zur zeitlichen Synchronisierung vorgelegt. Danach sollen zukünftig sowohl die Grundzüge der Wirtschaftspolitik als auch das „Beschäftigungspaket" zeitgleich vorgelegt und vom Rat verabschiedet werden. Eine vollständige Überprüfung sowohl der Grundzüge, als auch der Beschäftigungsleitlinien soll zukünftig alle drei Jahre erfolgen.

Problematisch ist weiterhin die Überfrachtung der Leitlinien mit sozialpolitischen Zielen. Es werden Reformen der sozialen Sicherungssysteme und des Arbeitsrechts gefordert mit der Maßgabe, diese „beschäftigungsfreundlicher" zu gestalten bzw. „Beschäftigungshemmnisse" auszuräumen. Dahinter steht die Auffassung, dass durch Einschnitte bei den Sozialleistungen und Deregulierung des Arbeitsrechts ein nennenswerter Beitrag zum Abbau der Arbeitslosigkeit geleistet werden könne. Einmal mehr soll die Sozialpolitik und der arbeitsrechtliche Schutz in die Verantwortung genommen werden für fehlende Initiativen in der Wirtschafts- und Finanzpolitik, die entscheidende Voraussetzung für mehr Wachstum und Beschäftigung.

Es ist unverkennbar, dass über solche europäischen Leitlinien Reformdruck auf die Mitgliedstaaten in einer Richtung ausgelöst wird, die der Bedeutung der sozialen Sicherungssysteme für den gesellschaftlichen Zusammenhalt und der Schutzfunktion des Arbeitsrechts nicht gerecht wird. Im Übrigen gibt es für den Bereich der sozialen Sicherung inzwischen eigenständige Koordinierungsprozesse wie z.B. für die Bereiche Rente und Gesundheitssicherung, in denen eher die Chance besteht, Reformbestrebungen nicht ausschließlich an finanz- und haushaltspolitischen Erwägungen zu orientieren, sondern gleichermaßen ihre sozialpolitische Funktion im Auge zu behalten. Die Beschäftigungsleitlinien sollten sich daher künftig stärker auf die Kernbereiche der Arbeitsmarktpolitik konzentrieren, d.h. auf Maßnahmen, die der beruflichen Förderung, der Reintegration und der Anpassung von Qualifikationen an sich wandelnde Arbeitsanforderungen dienen, sowie auf die Reintegration besonders benachteiligter Gruppen in den Arbeitsmarkt.

Auch die den Sozialpartnern zugewiesene Rolle in den Beschäftigungsleitlinien muss überprüft werden. Hier geht es um die Handlungsfelder: Modernisierung der Arbeitsorganisation, neue Arbeitszeitmodelle, Verbesserung der Qualität der Arbeit und lebenslanges Lernen. Es ist unstrittig, dass die Sozialpartner in diesen Handlungsfeldern Aufgaben haben und wahrnehmen, die auch zur Verbesserung der Beschäftigungslage beitragen können. Für die Beschäftigungspolitik sind jedoch in erster Linie die Regierungen verantwortlich. Sie sind es, die durch eine beschäftigungsorientierte Wirtschafts- und Finanzpolitik und ergänzende Arbeitsmarktpolitik die Beschäftigungslage positiv beeinflussen können. Nicht umsonst sind die EU-Beschäftigungsleitlinien daher an die Mitgliedstaaten gerichtet und unterwerfen diese einem bestimmten, festgelegten Koordinierungsverfahren. Die Sozialpartner sind hier in ihrem angestammten Feld der Tarifpolitik angesprochen, das sie autonom gestalten. Europäische Vorgaben können hierzu Impulse geben und die europäische Koordinierung der Gewerkschaften untereinander kann ausgebaut werden. Letztlich können die an die Sozialparteien gerichteten Leitlinien jedoch nicht den Grad an Verbindlichkeit erreichen, wie die Ziele, auf die sich die Mitgliedstaaten in den Leitlinien verständigen. Andererseits haben die Sozialparteien ein Interesse daran, an den politischen Zielvorgaben für die europäische Beschäftigungspolitik mitzuwirken. Ein Forum hierfür war der Ständige Ausschuss für Beschäftigungsfragen, der jedoch auf Grund seiner begrenzten Aufgabenstellung keine integrierte Debatte über die Wirtschaft-, Finanz- und Arbeitsmarktpolitik ermöglichte. Die Sozialparteien forderten daher den Ersatz des Ausschusses durch einen dreigliedrigen Ausschuss für Wachstum und Beschäftigung.

Die EU-Kommission griff dies auf und unterbreitete dem Rat im Juni 2002 einen Vorschlag für einen dreigliedrigen Sozialgipfel für Wachstum und Beschäftigung, der seit 2003 regelmäßig vor der Frühjahrstagung des europäischen Rates einberufen wird. Dieser Sozialgipfel entspricht allerdings nicht ganz den ursprünglichen Absichten der Gewerkschaften. Es besteht die Gefahr, dass es hier lediglich zum Austausch von Erklärungen kommt, die ohne Einfluss auf die politischen Schlussfolgerungen des Rates bleiben. Der dreigliedrige Sozialgipfel muss, auch von Seiten der Sozialpartner, mit Leben gefüllt werden und Relevanz für die tatsächliche Politik der Union erlangen.

Mit der Einrichtung einer europäischen Task Force Beschäftigung durch den Rat im Frühjahr 2003 sollten weitere praktische Reformmaßnahmen vorgeschlagen werden, die im Rahmen einer überarbeiteten Europäischen Beschäftigungsstrategie zur Verwirklichung der Ziele von Lissabon unmittelbar beitragen können. Die Einsetzung der Task Force unter der Leitung von Wim Kok war von der Kommission zunächst mit einem gewissen Misstrauen betrachtet worden, insbesondere nach der Überprüfung und Erneuerung der Beschäftigungsleitlinien im Jahre 2002. Im Endergebnis unterscheiden sich aber nur drei Schwerpunkte des im November 2003 vorgestellten Kok-Berichts graduell von der bisherigen Kommissionslinie: Beim Thema Arbeitsmarktflexibilität und Sicherheit wird der Aspekt der Sicherheit für Arbeitnehmer etwas stärker betont, was im Sinne einer Weiterentwicklung der Beschäftigungsstrategie positiv zu bewerten ist. Beim Thema Bildung und Qualifizierung wird stärker auf die Frage der Finanzierung, z.B. durch sektorale Ausbildungsfonds, verwiesen. Und schließlich wird der Zusammenhang zwischen Migration und Arbeitsmarkt stärker und mit Hinweis auf die demographische Entwicklung thematisiert.

Der Bericht stellt einige anschauliche Beispiele für „bestmögliche Lösungen" dar und macht deutlich, dass die Europäer noch viel voneinander zu lernen haben, und insbesondere die Organisation des voneinander Lernens noch stark verbesserungswürdig ist. Dies gilt insbesondere auch dahingehend, dass die unterschiedlichen Voraussetzungen und Rahmenbedingungen bei der Bewertung einzelner Instrumente berücksichtigt werden müssen. Dennoch sollten die Defizite des Berichts und seiner Vorschläge nicht unterschlagen werden. Eine Ursachenanalyse der Beschäftigungskrise und eine Diagnose der wirtschaftlichen Lage fehlt in dem Bericht und daher auch ein Konzept für eine engere Koordinierung von Wirtschafts-, Beschäftigungs- und Sozialpolitik in Europa. Die Lissabon-Ziele lassen sich aber allein mit angebotsseitigen Arbeitsmarktreformen nicht erreichen.

## II. Eine Gesamtstrategie ist notwendig

Nach Jahren der Wachstumsschwäche und steigender Arbeitslosigkeit muss daher die Ausrichtung der europäischen Politik und ihr Nutzen für die Verbesserung der Lebens- und Arbeitsbedingungen europäischer Arbeitnehmerinnen und Arbeitnehmer insgesamt auf den Prüfstand. Die wichtigste Aufgabe der Europäischen Union ist es, nach Einführung der Währungsunion ihr wirtschaftliches und soziales Potenzial voll auszuschöpfen und mittelfristig zu erhöhen. Vollbeschäftigung kann erreicht werden durch einen wachstums- und beschäftigungsorientierten makroökonomischen Policy-Mix und Strukturreformen auf dem Weg zur Vollendung des europäischen Binnenmarktes.

Es ist bereits absehbar, dass die Zwischenziele der Lissabon-Strategie für Wachstum und Beschäftigung bis 2005 nicht erreicht werden. Dies darf aber nicht zu Resignation führen, sondern muss zu einer Strategie anspornen, die Ziele für das Jahr 2010 umzusetzen. Mitgliedstaaten und Europäische Institutionen sind gefordert, eine gemeinsame Politik aus einem Guss für qualitatives Wachstum und Beschäftigung zu entwickeln. Die umfassenden Ziele der Lissabon-Strategie verlangen auch einen umfassenden wirtschafts- und beschäftigungspolitischen Ansatz und schließen die Bereitschaft der nationalen Regierungen ein, ein wachstumsfreundliches makroökonomisches Umfeld zu schaffen. Die Europäische Wachstumsinitiative für Zukunftsinvestitionen ist ein erster Schritt in die richtige Richtung. Diese europäische Investitionsinitiative kann zu dringend benötigten Innovationsimpulsen beitragen und die in Europa vorhandenen Aufschwungchancen unterstützen. Sie reicht aber in ihrem Umfang bei weitem nicht aus und muss durch kurzfristige Maßnahmen ebenso wie durch eine wachstumsfreundlichere Geld- und Währungspolitik unterlegt werden.

Eine Reform benötigt Mut und Vision. Nur ein sich gegenseitig verstärkendes Zusammenwirken von wachstums- und stabilitätsorientiertem makroökonomischem Policy-Mix und strukturellen Reformen auf den Güter-, Finanz- und letztlich auch Arbeitsmärkten kann nachhaltig Beschäftigung schaffen. Makropolitik und Strukturreformen ergänzen einander, ohne sich gegenseitig ersetzen zu können. So fordert auch die Lissabon-Strategie für den Erfolg der Strukturreformen zu Recht ein gesundes makroökonomisches Umfeld ein – eine Forderung, die die Politik der europäischen Regierungen insbesondere seit Einsetzen der Konjunkturflaute Ende des Jahres 2000 leider weitgehend ignoriert hat. Bei der Umsetzung der Strukturreformen im Rahmen der Lissabon-Strategie ist festzustellen, dass auf dem Gebiet der Arbeitsmarktreformen und sozialen Sicherungssysteme die meisten Erfolge zu Lasten der Arbeitnehmerinnen und Arbeitnehmer durchgesetzt worden sind. Im Vergleich dazu hinken die Reformen auf den Güter- und Dienstleistungsmärkten ebenso hinterher wie die Errichtung eines einheitlichen europäischen Finanzmarktes.

Die optimale Funktionsfähigkeit des Binnenmarktes kann einer wachstumsorientierten Politik dienen, allerdings muss die Binnenmarktstrategie, wie die Grundzüge der Wirtschaftspolitik und die Beschäftigungspolitischen Leitlinien, den strategischen Zielen der Lissabon-Strategie verpflichtet sein. Dabei ist die Wettbewerbsfähigkeit kein Selbstzweck, sondern muss zu mehr und besseren Arbeitsplätzen und einem größeren sozialen Zusammenhalt beitragen.

Es ist nicht nachvollziehbar, dass das politische Ziel der Wiederherstellung der Vollbeschäftigung und die Stärkung der sozialen Kohäsion in den Überlegungen der Kommission zur Binnenmarktstrategie für 2003-2006 völlig ausgeblendet werden. Vielmehr wird statt einer behutsamen, kontrollierten Marktöffnung nunmehr eine Politik der forcierten Liberalisierung formuliert. In der Kommissionsmitteilung werden zum Teil bereits angestoßene, zum Teil nur geplante Maßnahmen gebündelt, aber insgesamt fehlt der Binnenmarktstrategie die „Soziale Dimension". Beschäftigungsaspekte, soziale und territoriale Kohäsion, Nachhaltigkeit und vor allem der makroökonomische Rahmen für Wachstum im Binnenmarkt werden ignoriert. Mit dem Zehn-Punkte-Plan zur Binnenmarktstrategie werden sogar administrative Maßnahmen vorgeschlagen, die das europäische Sozialmodell ernsthaft unterminieren können. Sie bergen die Gefahr in sich, dass sie nicht zu den notwendigen Verbesserungen der Binnenmarktnachfrage beitragen, sondern zu deutlichen Belastungen der Arbeitnehmer und Verbraucher führen. Insbesondere den Verfahren zur Vergabe öffentlicher Aufträge kommt eine große Bedeutung für die Beschäftigungslage und die Arbeitsbedingungen in den Mitgliedstaaten zu. Es muss deshalb garantiert werden, dass bei den öffentlichen Aufträgen der Einhaltung fairer Arbeitsbedingungen in besonderem Maße Rechnung getragen wird.

Die Strategie für den europäischen Binnenmarkt unternimmt es zum wiederholten Male, Wachstumserfolge nahezu ausschließlich durch Maßnahmen der Liberalisierung der Märkte sowie der Förderung des Wettbewerbs erzielen zu wollen. Indessen wurde bereits wiederholt gezeigt, dass die Wachstums- und Beschäftigungseffekte nicht annähernd in jenem Ausmaß eingetreten sind, das die Kommission zunächst prophezeit hat. Der Grund dafür sind weniger Defizite bei der Umsetzung einzelner Harmonisierungsvorhaben, sondern der Mangel an einer flankierenden wachstums- und beschäftigungsorientierten makroökonomischen Politik. Auch bei einer vollständigen Umsetzung der Binnenmarktstrategie werden Wachstumserfolge ausbleiben, solange das Vertrauen der europäischen Verbraucherinnen und Verbraucher erschüttert ist und wirtschaftsstimulierende Ausgaben unterbleiben.

Das proklamierte Ziel einer europäischen Beschäftigungs- und Sozialunion wird nicht zu erreichen sein, wenn die Binnenmarktstrategie darauf setzt, anstelle der Harmonisierung einzelner Bereiche dem Grundsatz der gegenseitigen Anerkennung bzw. dem Herkunftslandprinzip durch sekundärrechtliche Regulierung verstärkt zum Durchbruch zu verhelfen. Auch wenn das Prinzip der gegenseitigen Anerkennung in sensiblen Bereichen wie dem Bildungswesen einen wichtigen Beitrag zu hochwertiger Qualifizierung leisten kann, darf es nicht zur tragenden Säule des Binnenmarktes werden, wie es Absicht der Kommission ist. Im Mittelpunkt des Binnenmarktes sollte vielmehr die Harmonisierung einzelstaatlicher Rechtsordnungen und die Sicherung eines Schutzniveaus für Arbeitnehmer, Verbraucher und Umwelt durch die Festlegung von Mindeststandards stehen. Würde das Prinzip der gegenseitigen Anerkennung vorrangig angewendet, bestünde die Gefahr eines „Regime-Shoppings", das zu Arbeitsplatzverlusten und einer Verschlechterung der Qualitätsstandards für die Verbraucher führen kann.

Eine Verbesserung der Funktionsweise des Binnenmarktes ist sicherlich auch im Interesse der Arbeitnehmerinnen und Arbeitnehmer in Europa und kann Vorteile für die europäischen Verbraucher mit sich bringen. Arbeitnehmer und Verbraucher müssen dazu aber stärker in das Zentrum der Binnenmarktpolitik gestellt werden. Die Binnenmarktstrategie muss den strategischen Zielen des Lissabon-Prozesses für die Schaffung von mehr und besseren Arbeitsplätzen verpflichtet sein. Die Balance von wirtschaftlicher und sozialer Integration muss wiederhergestellt werden und darf nicht weiter zugunsten reiner Wettbewerbsinteressen verschoben werden.

Bei der angestrebten Schaffung eines echten Binnenmarktes für Dienstleistungen fordert der DGB seit Jahren eine europäische Rahmenrichtlinie für die Dienste im allgemeinen Interesse, die die Erbringung öffentlicher Dienstleistungen re-reguliert und öffentliche Güter gegen kommerzielle Einzelinteressen in Schutz stellt. Soweit kommerzielle Dienstleistungsmärkte betroffen sind, muss sichergestellt werden, dass das geltende Entsenderecht unberührt bleibt und kein Sozialdumping betrieben wird. Die Entsendung von Arbeitskräften sowie die Arbeits- und Sozialbedingungen müssen daher aus dem Herkunftslandsprinzip ausgenommen werden.

Bei der Finanzmarktintegration ist die Überarbeitung der EU-Eigenkapitalvorschriften für Kreditinstitute mit dem Basel II-Prozess abzustimmen. Die Ausgestaltung weitreichender Ausnahmemöglichkeiten für die Finanzierung von kleinen und mittleren Unternehmen im Rahmen von „Basel II" bleibt dabei ein wichtiger Aspekt. Der anstehende Konsultationsprozess über den Aktionsplan Finanzdienstleistungen betrifft aber nicht nur die Sektoren Banken, Versicherungen Wertpapiere und Vermögensverwaltung, auch die Stakeholder aus dem Unternehmensbereich sollten einbezogen werden. Finanzmarktliberalisierung hat weitreichende Auswirkungen auf die Unternehmen, dies hat die Übernahmerichtlinie zuletzt gezeigt. Neben den Verbraucherverbänden sollten die Sozialpartner in die Liberalisierungsverhandlungen einbezogen werden.

Darüber hinaus sind Anstrengungen in den Bereichen Anpassungsfähigkeit von Beschäftigten und Unternehmen, Erhöhung der Beschäftigung, Investitionen in Humankapital und bei der effektiven Umsetzung von Reformen erforderlich. Hierbei muss der Prozess des voneinander Lernens unter Beteiligung der Sozialpartner verstärkt genutzt werden.

Neben der verbesserten Koordinierung müssen konkrete Initiativen für mehr Wachstum und Beschäftigung ergriffen werden. Eine Orientierung auf die Stärkung des Innovationspotenzials sowie eine Schwerpunktsetzung bei der Industriepolitik, wie sie die deutsche Bundesregierung für die bessere Entwicklung der Beschäftigungsperspektiven und die Stärkung der Wettbewerbsfähigkeit in Europa vorschlägt, gehen in die richtige Richtung. Allerdings müssen sich die europäischen Regierungen auch selbst an dem bereits vereinbarten Barcelona-Ziel messen lassen, wonach jährlich 3 % des BIP jedes Mitgliedstaates in Forschung und Entwicklung investiert werden sollen. Dieses Ziel wird nicht allein durch Aufforderungen an die Wirtschaft, ihre Investitionen in Forschung und Entwicklung zu erhöhen, erreicht. Auch die öffentlichen Ausgaben müssen in diesem Bereich erhöht werden. In Deutschland lagen die Bruttoausgaben für Forschung und Entwicklung im Jahr 2002 noch unter dem Stand von 1985. „Innovation" muss darüber hinaus noch mehr beinhalten als lediglich die Einführung eines Gemeinschaftspatentes und einer Neuheitsschonfrist. Begrüßenswert ist der Ansatzpunkt, auf Umwelttechnologien und Energieeffizienz zu fokussieren. Wünschenswert wäre gerade in diesem Zusammenhang aber auch eine deutlichere Verbindung zwischen Nachhaltigkeit und Innovation.

Eine Schwerpunktsetzung bei der Industriepolitik ist positiv, ebenso wie die Ratsschlussfolgerungen für die Verbesserung der Wettbewerbsfähigkeit der Industrie. Allerdings müssen soziale Aspekte, die Auslotung von Beschäftigungspotenzialen, Schaffung und Sicherung von Arbeitsplätzen, soziale Folgen von Restrukturierungen und die Behandlung der Arbeitsbedingungen mit in das geforderte „Extended Impact Assessment" einfließen. Anderenfalls wäre die Verbesserung der Wettbewerbsfähigkeit auf eine einseitige Verbesserung der Angebotsbedingungen für die Industrie reduziert. Eine deutlichere Verbindung zwischen der angestrebten „umfassenden Überprüfung industrieller Rahmenbedingungen in Europa" mit der Nachhaltigkeitsstrategie ist ebenfalls dringend erforderlich. Insgesamt ist Nachhaltigkeit als Bindeglied zwischen den als Prioritäten definierten Politikfeldern zu begreifen.

Public Private Partnerships können eine positive Rolle bei der Finanzierung europäischer Projekte spielen. Zum Beispiel im Bereich der Transeuropäischen Verkehrsnetze (TEN) sollten Public Private Partnerships ins Auge gefasst werden, mit der Betonung eines ganzheitlichen Ansatzes zur Schaffung leistungsfähiger Verkehrsnetze. Der Finanzierungsbedarf hierfür ist bereits Ende der 90er Jahre im „Transport Infrastructure Needs Assessment (TINA)" für die Europäische Union nach der Erweiterung berechnet worden. Auch beim zukünftigen europäischen Satellitennavigationssystem Galileo sind Public Private Partnerships denkbar. Die militärisch strategische Bedeutung des Galileo-Projekts erfordert aber eine stärkere Betonung des staatlichen Interesses und der öffentlichen Rolle im PPP-Verbund. Galileo sollte zu einem großen Gemeinschaftsprojekt der Europäischen Union ausgebaut werden.

## III. Die Währungsunion muss eine Wachstumsunion werden

Auch die Europäische Zentralbank (EZB) muss einen stärkeren Beitrag für Wachstum und Beschäftigung leisten. Erfolgreich kann eine Neuordnung der Finanz- und damit der Konjunkturpolitik in Europa nur sein, wenn die EZB auch einen veränderten Kurs in der Finanzpolitik aktiv begleitet und nicht durch eine zu rigide Geldpolitik abwürgt. In der heutigen, nicht nur für die beiden großen Volkswirtschaften Europas, d.h. Deutschland und Frankreich, besonders prekären wirtschaftlichen Situation, muss die EZB die geldpolitischen Zügel schneller lockern, um es der Wirtschaft in beiden Ländern zu ermöglichen, ihre Stärken als Wachstumsmotor für Europa und damit auch für die Weltkonjunktur zu entfalten. Die Gewerkschaften in Europa tragen mit stabilitätsgerechten Entgeltabschlüssen zu einer ausgewogenen Strategie bei, erwarten im Gegenzug aber auch eine aktive Geld- und Währungspolitik. Vor dem Hintergrund der Exportchancen der europäischen Industrie muss der Verfall des US-Dollar gegenüber dem Euro gestoppt werden.

Eine Erneuerung der Geldpolitik setzt voraus, dass die EZB ihre Geldpolitik klar expansiv ausrichtet. Die Realzinsen – ein entscheidender Faktor bei Investitionsentscheidungen – in Europa und insbesondere in Deutschland sind im Vergleich zu den USA zu hoch. Nicht zuletzt von der Entwicklung der Preise in Europa gibt es Spielraum für ein Absenken des Zinsniveaus. Der Vorstoß des französischen Staatspräsidenten Jacques Chirac, der sich für einen europäischen Konsens für Währungsstabilität ausgesprochen hat, ist ein positives Signal.

Darüber hinaus ist eine Verbesserung des europäischen Stabilitäts- und Wachstumspaktes (SWP) dringend erforderlich. Der SWP entwickelte sich in den vergangenen drei Jahren als zentrale Wachstums- und Beschäftigungsbremse in Europa. Der Pakt nimmt der nationalen Finanzpolitik durch die mittelfristige Zieldefinition eines nahezu ausgeglichenen Haushaltes insbesondere in Krisenperioden den notwendigen Handlungsspielraum zur Überwindung dieser Situation. Das Ziel solider Staatsfinanzen wird durch die Konsolidierungsstrategie des Paktes konterkariert: Die pro-zyklische Sparpolitik drückt das Wirtschaftswachstum, die Beschäftigung und somit die Steuer- und Beitragseinnahmen und löst in Folge davon Einbrüche bei den öffentlichen Investitionen in Bildung und Infrastruktur aus.

Aus diesen Gründen ist dem EU-Kommissions-Präsident Romano Prodi zuzustimmen, dass die Rolle der Finanzpolitik für die wirtschaftliche Entwicklung in Europa neu überdacht werden muss. Dies hat die jüngste Auseinandersetzung der europäischen Finanzminister mit der EU um die Einleitung eines Defizitverfahrens gegenüber Frankreich und Deutschland deutlich bestätigt. Ein verbesserter SWP sollte verschiedene konjunkturelle Phasen unterscheiden. Ein Abbau der Verschuldung, der grundsätzlich notwendig ist, soll nur in stabilen Aufschwungphasen erfolgen. Eine von der Konjunktur unabhängige Konsolidierungsstrategie, wie sie die formal juristische Auslegung des SWP vorsieht, sollte ersetzt werden durch eine verbindliche Verpflichtung zur Konsolidierung in Aufschwungphasen. Daraus folgt unter anderem, dass in Abschwungphasen eine hohe Neuverschuldung hingenommen werden muss, damit die öffentlichen Haushalte atmen können. Außerdem müssen öffentliche Investitionen in die harte und weiche Infrastruktur bei der Bestimmung des Defizits besonders gewertet werden.

## IV. Den makroökonomischen Dialog aufwerten

In der EU ist eine effektivere Koordinierung der Wirtschafts-, Arbeitsmarkt- und Sozialpolitik erforderlich, um die Ziele von Lissabon zu erreichen. Mit der Wirtschafts- und Währungsunion hat die Koordinierung der verschiedenen wirtschaftspolitischen Akteure wie Regierungen, EZB und Sozialpartner wegen der Verteilung von Verantwortung auf die beiden Ebenen, EU und Mitgliedstaaten, erheblich an Bedeutung gewonnen. Daher und vor dem Hintergrund der nun drei Jahre andauernden wirtschaftlichen Stagnation wird deutlich, dass der makroökonomische Dialog dringend aufgewertet werden muss. Er ist das einzige Gremium, das alle wirtschafts- und beschäftigungspolitisch verantwortlichen Akteure mit Ausnahme des Europäischen Parlaments an einen Tisch bringt mit dem Ziel eines offenen Dialoges darüber, wie ein spannungsfreier wachstums- und beschäftigungsfördernder Policy-Mix in der EU am besten erreicht werden kann.

Um eine beschäftigungspolitische Gesamtstrategie erfolgreich zu verfolgen, muss die Zusammenarbeit der verschiedene Ratsformationen intensiviert werden. Insbesondere eine engere Verzahnung des Rates der Wirtschafts- und Finanzminister mit dem Rat für Beschäftigung, Sozialpolitik, Gesundheit und Verbraucherschutz wäre hier erforderlich. Eine solche verbesserte Koordinierung würde die Kompetenzen der Mitgliedstaaten und das geltende Subsidiaritätsprinzip nicht berühren. Vielmehr würde dadurch erreicht, dass divergierende nationale Politiken stärker auf die gemeinsamen Ziele von Lissabon ausgerichtet würden.

Nur im Rahmen eines solchen Gesamtkonzepts macht die Europäische Beschäftigungsstrategie Sinn. Die umfassenden Ziele der Lissabon-Strategie verlangen auch einen umfassenden Ansatz und die Bereitschaft der nationalen Regierungen, ein wachstumsfreundliches makroökonomisches Umfeld zu schaffen. Beschäftigungspolitik kann nicht auf Arbeitsmarktpolitik reduziert werden, wenn sie erfolgreich sein soll. In diesem Sinne muss die Europäische Beschäftigungspolitik eingebettet werden in ein europäisches Gesamtkonzept für Wachstum, Beschäftigung und sozialen Zusammenhalt, wie es in der Lissabon-Strategie angelegt ist.

Hermann Scheer
# Die ökologische „New Deal"-Politik als Perspektive

Der soziale Wohlfahrtsstaat, der in den 70er Jahren seine Blütezeit – in den USA bis nach Westeuropa – hatte, baute auf der Koppelung von Wirtschaftswachstum, Beschäftigungssteigerung, steigenden Staatseinnahmen, d.h. Steuern und Abgaben, und staatlichen Transferleistungen auf. Es war eine Breitenverteilung von Wachstumserfolgen, aber keine Umverteilung der Besitzstände. Diese Politik hat sich weitgehend erschöpft. Wenn die EU ihr Credo realisieren will, im Gegensatz zu den USA ihre sozialwirtschaftliche Tradition zu bewahren, muss sie zu einer neuen Dimension von Wirtschaftspolitik finden, die sich sowohl vom klassischen Keynesianismus wie vom Neoliberalismus, von konventionellen pauschalen Angebots- wie Nachfragestrategien unterscheidet. Sie muss tiefer, differenzierter, zielgerichteter und offensiver ansetzen. Sie muss die objektiven Gründe erkennen, warum die beiden Leitkonzepte makroökonomischer Politik der vergangenen Jahrzehnte ihren Grenznutzen hinter sich haben und mittlerweile überwiegend kontraproduktiv sind. Das neue Leitmotiv ist das einer ökologischen Strukturpolitik, die an unter allen künftigen Umständen gegebenen künftigen Notwendigkeiten orientiert ist: den unausweichlich notwendigen Ressourcenwechsel von atomar/fossilen zu solaren bzw. erneuerbaren Ressourcen. Und sie muss den Mitgliedsländern und ihren Regionen den dafür notwendigen Gestaltungsspielraum belassen, sich also von einem absolut gesetzten Dogma der durchgängigen Marktgleichheit verabschieden, das jeder differenzierten Strukturpolitik im Wege steht. Bisher kannte die EU die Kategorie von Förderregionen. Sie braucht jetzt die Kategorie von Fördersektoren, die sich elementar begründen lassen, die also für die Zukunftsfähigkeit unter allen Umständen erforderlich sind und deshalb strategische Priorität haben müssen. Die „Lissabon-Strategie", so wichtig ihre Einzelelemente sind, leistet das bisher nicht. Der beste Beleg dafür ist, dass sie – wie es auch für moderne Wirtschaftswissenschaftler typisch ist – dem Sektor der Ressourcenwirtschaft einschließlich der dafür unverzichtbaren Landwirtschaft keine besondere Aufmerksamkeit widmet. Sie folgt einer schlichten Fortschreibungslogik der industriell-technologischen Entwicklung. Sie berücksichtigt dafür zwar ökologische Aspekte, ohne jedoch die Ökologie so zu sehen, wie sie gesehen werden müsste: als ökologische Ökonomie, also als neues ökonomisches Paradigma.

Acht Prozent Wirtschaftswachstum wurde Anfang 2004 aus den USA gemeldet, aber kein Beschäftigungswachstum! Diese Meldung kann nicht überraschen, denn spätestens mit der informationstechnologischen Revolution sind Wirtschafts- und Beschäftigungswachstum voneinander entkoppelt. Die Hoffnung auf einen Konjunkturaufschwung durch allgemeine Wachstumssteigerung führt nur noch sehr bedingt zu mehr Arbeitsplätzen: Wachstum realisiert sich im Informationszeitalter größtenteils durch verstärkte Rationalisierungsinvestitionen. Überdies absorbieren anhaltende ökologische Folgeschäden eines undifferenziert vorangetriebenen Wirtschaftswachstums zunehmend mehr staatliche Kompensationsleistungen. Die Flutschäden Mitteleuropas im Sommer 2002 haben 20 Mrd. Euro Schadenskosten hervorgerufen, die Hitzeschäden in Europa vom Sommer 2003 noch mehr. Beides sind Folgen des konventionellen Energieverbrauchs. Umweltschäden schnüren bereits die Spielräume zur Überwindung ihrer Ursachen ein und provozieren ein finanzwirtschaftliches Gefangenendilemma. Nach Berechnungen der Münchner Rückversicherungsgesellschaft waren die Versicherungsschäden durch Umweltkatastrophen im vergangenen Jahr weltweit bei etwa 100 Mrd. US-Dollar, neben den nicht versicherten Schäden in drei- bis vierfacher Höhe. Und die Zahl der Menschenopfer entzieht sich einer ökonomischen Bilanzierung.

Unternehmen suchen ihren individuellen Ausweg aus dem rasanten Produktivitätswettbewerb in beschleunigter transnationaler Konzentration und in Fusionen und bürden die sozialen Kosten den staatlichen Sozialsystemen auf, die höhere Ausgaben und niedrigere Einnahmen haben. Staaten dünnen ihre Staatsleistungen u.a. durch Privatisierungen von Staatsfunktionen laufend aus, obwohl Steuern und Abgaben kaum sinken oder sogar steigen. Hinzu kommen wachsende militärische Kosten der Ressourcensicherung. Daneben haben nationale Regierungen viele ihrer wirtschaftspolitischen Steuerungsmöglichkeiten durch den vor drei Jahrzehnten eingetretenen Verfall des Weltwährungssystems und dessen Ersetzung durch spekulative Währungsmärkte, durch die WTO, den EU-Binnenmarkt und die Installierung der Europäischen Zentralbank eingebüßt.

Daraus ergeben sich zwei strategische Schlussfolgerungen: zum einen gibt es allenthalben die zwingende Notwendigkeit der Erhöhung der Staatsproduktivität, um die Staatsleistungen effektiver zu machen statt diese Zug um Zug aufzugeben. Dieses strategische Zukunftselement, das der Zielsetzung „mehr Politik fürs Geld" dient, wird hier nur in einem Teilaspekt der vorgeschlagenen Initiativen behandelt, bei denen es um Vertragskonzepte zur Erneuerung der Infrastruktur geht. Zum anderen müssen politische Wirtschaftsimpulse gezielter ansetzen als das mit klassischer allgemeiner Konjunkturpolitik möglich ist. Sie müssen strukturpolitischer Art sein und dabei die Kernfrage erkennen und beantworten, wie wir aus einer unökologischen Wachstumsökonomie zu einer ökologischen Ökonomie kommen, die neue Arbeitsplätze dort generiert, wo die elementaren Herausforderungen unübersehbar liegen. Die Kriterien dafür: Die Initiativen müssen
- vorwiegend durch Prioritätenänderung bisheriger staatlicher Mittel finanziert werden, um die öffentlichen Haushalte nicht weiter zu strapazieren;
- eine schnelle Revolvierung der staatlichen Fördermittel ermöglichen, indem diese über Steuern und Beitragseinnahmen aus den neu stimulierten Wirtschaftsaktivitäten wieder zurückfließen;

- eine hohe Treffsicherheit im Verhältnis von öffentlichem Mittelaufwand und realisierten Beschäftigungswirkungen gewährleisten und deshalb vor allem auf den Binnenmarkt bezogen sein;
- die ökologische Reform der Wirtschaft antreiben, um künftige Umweltschäden zu vermeiden, die längst zur Wachstumsbremse geworden sind, und um der Volkswirtschaft eine dauerhaft wirksame neue Grundlage geben.

Selbst ohne die veränderten globalen Rahmenbedingungen haben sich die beiden Grundkonzepte nationaler Konjunkturpolitik überholt, die seit Jahrzehnten kontrovers diskutiert und – oft auch in Mischform – praktiziert werden:
- einerseits die staatlich induzierte „Nachfragestrategie" über die undifferenzierte Erhöhung staatlicher Investitionen, pauschale Investitionszuschüsse oder Steuersenkungen;
- andererseits die „Angebotsstrategie" durch Senkung der Unternehmenssteuern und von Abgaben sowie durch Deregulierungen und Privatisierungen besonders im Bereich der öffentlichen Infrastruktur, um Investitionsanreize zu erhöhen und zusätzliche private Investitionsfelder aufzuschließen.

Ob staatlich induzierte Nachfrage- oder Angebotsstrategie, alle haben einen massiven und die Staatskassen unverhältnismäßig stark belastenden Mitnahmeeffekt. Es gibt zu wenig beschäftigungswirksame Resultate für die dafür eingesetzten öffentlichen Finanzen. Verfolgt man sie dennoch weiter, ist der Kollaps der öffentlichen Finanzen ebenso vorprogrammiert wie die sozial- und umweltpolitische Entpflichtung der liberalisierten und internationalisierten Wirtschaftsaktivitäten.

Hinzu kommt: Der pauschale Begriff von „der Wirtschaft" als Ziel der politischen Wirtschaftsförderung ignoriert, dass es zunehmende Interessengegensätze zwischen einzelnen Wirtschaftszweigen und Unternehmensstrukturen gibt, z.B. etwa zwischen Landwirten und Lebensmittelkonzernen, Windkraftindustrie und Stromkonzernen, baugewerblichen Handwerksbetrieben und international operierenden Baukonzernen, oder zwischen der Mineralölindustrie und der Automobilindustrie, die mittlerweile auf umweltfreundliche Treibstoffe setzt. Er ignoriert auch, dass es für Wirtschaft und Gesellschaft keineswegs gleichgültig ist, ob qualifizierte oder unqualifizierte, gesundheitserhaltende oder krankmachende, gut oder schlecht bezahlte Beschäftigungsmöglichkeiten angeboten werden, ob die Infrastruktur intakt gehalten oder brüchig wird, ob Wirtschaftsfelder zukunftsträchtig oder auslaufend sind und ob es eine mehr mittelständische oder eine sich konzentrierende Wirtschaftsstruktur gibt.

Es ist deshalb ein kardinaler Handlungsfehler, wenn Regierungen bei ihren Entscheidungen den Konsens mit „der" Wirtschaft suchen, die durch ihre jeweiligen Verbände vertreten wird. Deren Verbandsspitzen haben sich längst genauso von ihrer Mitgliederbasis entfernt wie es in anderen gesellschaftlichen Organisationen festzustellen ist. Sie vertreten in der Regel eingespielte strukturkonservative Querschnittsinteressen, die sich von einem wirtschaftlichen Strukturwandel bedroht fühlen. Der richtige Weg: Statt eines Konsenses mit der Wirtschaft geht es vielmehr darum, bei denjenigen Wirtschaftszweigen und Unternehmen Verbündete zu suchen, die ihre eigene Perspektive in dem anzustrebenden Strukturwandel sehen. Voraussetzung ist ein politisches Konzept für diesen Strukturwandel.

Die Frage nach einem strategischen „New Deal"-Programm ist damit auf der Tagesordnung. Der Begriff „New Deal" stammt vom amerikanischen Präsidenten Roosevelt (1933-45), der es in den 30er Jahren als einziger schaffte, sein Land auf demokratische und soziale Weise aus der Weltwirtschaftskrise zu führen. Er erreichte dies durch einen gezielt eingeleiteten wirtschaftlichen Strukturwandel unter Einbeziehung von Umweltinitiativen, was die amerikanische Volkswirtschaft und Gesellschaft auf ein neues Niveau hob, in Verbindung mit Initiativen zur Steigerung der Produktivität staatlichen Handelns. Jetzt geht es um eine ökologische „New-Deal"-Strategie in der EU und ihren Mitgliedsländern – mit anderen Schwerpunkten und unter veränderten Rahmenbedingungen als bei ihrem Vorbild.

## I. Der Wechsel des Leitbildes

Das deutlichste Merkmal dafür, dass eine bloße Fortschreibung des Leitbilds der industriellen Wachstumsgesellschaft bisherigen Musters keine Perspektive mehr bieten kann, ist die konventionelle Energieversorgung, die deren wesentlicher Treibriemen ist. Wir bewegen uns rapide auf den Endverbrauch vor allem von Erdöl und Erdgas, aber auch der Uranvorkommen zu. Selbst wenn das nicht der Fall wäre, müssten wir uns von dieser Energiebasis verabschieden, weil diese die ökologische Weltkrise samt der Folgeschäden zuspitzt. Die fossile Energiebasis ist Ausdruck eines überkommenen und hinfällig werdenden Paradigmas – das der „fossilen Weltwirtschaft".

Das zu verfolgende neue Leitbild der ökologischen Strukturpolitik muss deshalb in erster Linie auf eine neue Ressourcenbasis zielen. Der harte Kern jedweder Ökonomie ist die Ressourcenwirtschaft und die zentrale Ursache der Umweltzerstörung sind die Emissionen, die bei der Umwandlung schadstoffhaltiger Ressourcen anfallen. Dass die industriellen Wachstumsgesellschaften ihren Zenit überschritten haben, liegt vor allem daran, dass sich die Weltwirtschaft weit überwiegend auf schadstoffhaltige fossile Ressourcen stützt und überdies diese Ressourcen endlich sind. Dies ist eine existenzielle Gefahr für die Weltwirtschaft und alle Volkswirtschaften – aber nur dann, wenn der Wechsel zur „solaren Weltwirtschaft" auf der Basis dauerhaft verfügbarer erneuerbarer Ressourcen ohne umweltschädigende Umwandlungsfolgen weiter verschleppt wird. Es ist demgegenüber eine existenzielle neue Chance, wenn dieser Ressourcenwechsel so schnell und breit wie möglich eingeleitet wird.

Die Weltwirtschaft ist in ihrem Energieverbrauch gegenwärtig zu 40 % vom Erdöl abhängig und bereits zu über 20 % vom Erdgas. Erdöl stellt zu 90 % die Grundstoffe der chemischen Industrie. Die EU ist gegenwärtig zu 50 % von Energieeinfuhren abhängig, für das Jahr 2020 werden bei Fortsetzung der bisherigen Entwicklung 70 % Abhängigkeit erwartet. Die billigen Erdöl- und Erdgas-Einfuhren versiegen in den nächsten Jahrzehnten. Je mehr wir uns dem Endverbrauch nähern, desto unberechenbarer werden internationale Konflikte und desto mehr schnüren steigende Kosten die Produktion und den Konsum ein, bei zunehmenden Wirtschaftsschäden in wachsender Milliardenhöhe. Die nächsten Stürme und Fluten kommen bestimmt, in dichter werdender Zeitfolge. Der Wechsel zu Erneuerbaren Energien und Rohstoffen und damit der rationelle volkswirtschaftliche Energieeinsatz ist damit der entscheidende Schlüssel zur Wohlstandserhaltung und Zukunftssicherung und damit zur Überwindung der fossilwirtschaftlichen Existenzgefahren.

## II. Die Wirtschaftsfelder der Zukunft

Daraus ergeben sich vor allem folgende künftige Wirtschaftsfelder, deren zentrale Bedeutung die Lissabon-Strategie erkannt hat und die prioritär politisch kultiviert werden müssen:
- Da die erneuerbaren Energiequellen, die die atomar/fossile Energiebasis auch auf dem Gebiet der Strom- und Wärmeversorgung ablösen müssen, neue Energieumwandlungstechniken erfordern, werden diese zum Motor künftiger industrieller Aktivitäten. Die Technologieunternehmen, die hier Vorreiter sind, werden die größten Weltmarktchancen haben. Dies betrifft die Sektoren der Fahrzeug-, Schiffs- und Luftfahrtindustrie, der Heizungs- und Klimatechnik, des Maschinenbaus, der Windkraft- und Solaranlagenindustrie, der Elektrotechnik und der Mikroelektronik und der Glas- und sonstigen Baustoffindustrie, die Baumaterialien herstellt, die gleichzeitig eine energetische Funktion haben, von der Wärmedämmung bis zu Fassaden und Glasmaterialien, die Solarenergie ernten. Dabei kommen neue Aufgaben auf das gesamte Bauhandwerk zu, allem voran bei der energietechnischen Umrüstung des Altbaubestandes.
- Da ein erheblicher Teil der Energieversorgung der Zukunft von der Biomasse, d.h. vor allem Kraftstoffe wie Bio-Methanol, Bio-Ethanol, Wasserstoff aus Biomasse, Pflanzenöl, und die Grundstoffe für die chemische Industrie künftig vollständig von der Biomasse gestellt werden müssen, läuft dies auf einen massiven Bedeutungszuwachs der Land- und Forstwirtschaft hinaus. Tendenziell wird diese die Umsätze auf dem Gebiet der Kraftstoffe und der chemischen Grundstoffe machen, die heute

von den global operierenden Erdöllieferanten gemacht werden. Diese wird dadurch wieder zu einem wachsenden und dauerhaft notwendigen volkswirtschaftlichen Sektor mit vielen neuen Arbeitsplätzen, die regional breit gestreut sind. Dieser Faktor wird von fast allen Wirtschaftsexperten übersehen. Der anstehende Wechsel von fossilen Grundstoffen zu nachwachsenden Grundstoffen betrifft außerdem die chemische Industrie in ihrer gesamten Bandbreite und eröffnet dieser die Perspektive, zu einem tragenden Element einer ökologischen Wirtschaftsweise zu werden.

- Da sich neben dem Energieproblem und damit einhergehend das Wasserversorgungsproblem zuspitzt, werden Techniken zum Wassersparen, zur Wasserreinhaltung, zur Wasserrückgewinnung und zur Wasserproduktion, z.B. Meereswasserentsalzung, unweigerlich zu einem wachsenden Nachfragemarkt. Die größte Maßnahme zur Vermeidung von Wasserversorgungskrisen ist die Umorientierung auf erneuerbare Energien, da der größte Wasserverbraucher die Großkraftwerke sind, die mit Dampfprozessen arbeiten und Kühlwasser benötigen.
- Für die Bereiche der öffentlichen Infrastruktur ergibt sich ein erheblicher zusätzlicher Handlungsbedarf, der alle Verkehrs-, Versorgungs- und Kommunikationsnetze betrifft. Der maßgebliche Schritt dafür besteht in der Bereitstellung integrierter Infrastruktur, um den wirtschaftlichen Doppel- und Mehrfachnutzen von Netzen zu nutzen, die z.B. gleichzeitig Strom und Daten leiten oder die Abwassersysteme mit der Produktion von Hydro-Elektrizität kombinieren.

Unabhängig von der Existenz der sonstigen Wirtschaftsfelder und deren technologischen Innovationen müssen die hier aufgezeigten in jedem Fall aufgrund ihres unabweisbaren gesellschaftlichen Bedarfs zur Entfaltung kommen. Diese Bedarfe sind generell gegeben. Sie sind allesamt in starkem Maße binnenmarktorientiert. Darüber hinaus eröffnen sie umfassende neue Exportchancen, weil alle Länder auf dem Globus vor demselben Problem stehen. Diese Chancen sind umso größer, je frühzeitiger im deutschen Binnenmarkt der Marktaufschluss erfolgt und in der Forschungs- und Entwicklungspolitik entsprechende Prioritäten gesetzt werden. Darüber hinaus eröffnen die Erneuerbaren Ressourcen ein breites Marktfeld für kleine und mittlere Unternehmen (KMU), insbesondere für das Bauhandwerk. Für diese ist es gleichzeitig zwingend, deren immer größer gewordenen Schwierigkeiten, zinsgünstige und längerfristige Kredite zu erhalten, durch eine nachhaltige politische Initiative zu überwinden.

### III. Initialzündungen für eine ökologische „New Deal"-Politik

Aus diesen Umschichtungen und -widmungen ergeben sich folgende Elemente einer ökologischen „New-Deal"-Politik der EU:

(1) Eine grundlegende Neudefinition und Verwendung der Energiesteuern: Sämtliche Energiesteuern sollten künftig als Schadstoffsteuer firmieren. Das wäre mehr als

eine bloße Umbenennung, sondern hätte eine konzeptionelle Bedeutung: Energien, die keine Schadstoffe hervorrufen bzw. emissionsneutral sind, würden folgerichtig steuerbefreit. Dies fördert den Umstieg von atomar/fossilen zu Erneuerbaren Energien. Die europaweite Steuerbefreiung von Flugtreibstoffen muss aufgehoben werden, schon um die Wettbewerbsnachteile der anderen Verkehrsträger gegenüber der Luftfahrt zu überwinden. Die Schadstoffsteuern sollten Zug um Zug steigen, wobei diese Steuereinnahmen für das ökologische „New Deal"-Programm eingesetzt werden, etwa für

- Investitionszuschüsse für den Schienenverkehr,
- Altbausanierungsprogramme mit ökologischen Auflagen,
- Marktanreizprogramme für erneuerbare Energien und
- kommunale Infrastruktur-Erneuerungsprogramme.

Daraus ergibt sich ein durchgehend binnenmarktwirksames Investitionsvolumen, dessen wirtschaftliche Vitalisierungseffekte umso größer werden, je mehr es in Form von Anreizmitteln („incentives") für entsprechende private Investitionen in diesen Feldern verwendet wird. Bei öffentlichen Direktinvestitionen liegt das Verhältnis von Budgetmitteln zu tatsächlicher Investition maximal bei 1:1, eher bei 1:0,8 oder weniger angesichts der „Overhead"-Kosten öffentlicher Verwaltungen. Bei einem öffentlichen Investitionsanreiz für private Investitionen von beispielsweise 20 % liegt das Verhältnis von Budgetmitteln zu tatsächlicher Investition bei 1:5. Bei einer Steuer- und Abgabenquote von 40 % fließen dann mehr Mittel in die öffentlichen Haushalte zurück als ausgegeben wurden und das kurzfristig. Voraussetzung ist ein zielgerichteter Programmzuschnitt. Die mittelbare Dynamisierungswirkung ist noch entschieden höher zu veranschlagen.

(2) Ein Landwirtschaftserweiterungsprogramm für Energie und Rohstoffe: Dazu bedarf es einer Aufhebung der Mineralölsteuerbefreiung für mineralölverarbeitende Betriebe in der EU, die eine Steuervergünstigung für die Mineralöl- und Chemiewirtschaft beim Einsatz fossiler Energien und Rohstoffe darstellt. Dies setzt die landwirtschaftliche Erzeugung für nachwachsende Rohstoffe in Gang. Ergänzend dazu sollte in einer neuen Verpackungsverordnung der EU festgelegt werden, dass ab dem Stichtag 1.1.2006 nur noch Kunststoffe, Farben, Lacke und Schmierfette auf der Basis nachwachsender Rohstoffe hergestellt werden. Die Landwirtschaft selbst sollte Kooperationsformen für Biomasse aufbauen, um die Wertschöpfungskette in der Hand der landwirtschaftlichen Betriebe zu erhalten. Aus EU-Agrarsubventionen müssen Anschubfinanzierungen für dieses neue Leitmotiv werden.

(3) Ein Sonderforschungsprogramm Nutzpflanzen und Energiespeicherung, das die wirtschaftlichen Verwertungsmöglichkeiten der Nutzpflanzen erfasst. Auf diesem Feld gibt es den größten Nachholbedarf in der Forschung und Entwicklung, obwohl die Nutzpflanzen die bedeutendste Rohstoffquelle der Zukunft sind.

## IV. Die Revitalisierung der Primärwirtschaft

Im Kern geht es also um eine ressourcenwirtschaftliche Perspektivstrategie, mit der nicht zuletzt der primäre Sektor der Volkswirtschaft revitalisiert wird – und damit eine seit 200 Jahren andauernde Marginalisierung dieses Sektors beendet und umgekehrt wird. Daneben entsteht eine ökologische Industrialisierung durch eine neue Generation modularer Energiewandlertechnologien. In der Landwirtschaft wird durch die Orientierung auf die Bio-Ressourcen eine erhebliche Beschäftigungswirkung entstehen, die schrittweise eintritt. In den vergangenen 30 Jahren haben in der EU-Landwirtschaft acht Millionen Menschen ihre Arbeit verloren. Es kann damit gerechnet werden, dass mindestens soviel im Laufe der nächsten 20 Jahre wieder eine Beschäftigung in diesem Sektor finden, wenn das Landwirtschaftserweiterungsprogramm greift.

Neben der hier vorgeschlagenen ökologischen „New Deal"-Politik als wirtschaftspolitische Handlungsstrategie sind sicherlich viele weitere Einzelinitiativen notwendig, die kleineren und größeren Maßstabs sind. Was wir jedoch zwingend brauchen, ist der Handlungsmut für einen konsistenten großen strategischen Entwurf, um die wirtschaftliche Entwicklung auf eine neue Grundlage zu stellen. Dazu ist es notwendig, sich von den ständig eingewandten sogenannten Sachzwängen zu befreien, die häufig mehr eine mentale als eine tatsächliche Barriere darstellen.

Udo Bullmann
# EU-Frühjahrsgipfel als Hoffnungsträger

## I. Europa vor Alternativen

Europa ist in Bewegung. Es wird sich verändern. Mit der Erweiterung der Europäischen Union wird ein größeres Europa in die Geschichte eintreten und sich neuen Herausforderungen stellen. Zu Beginn des neuen Millenniums sind es dabei zwei grundverschiedene Bilder, die für Europas zukünftigen Weg projiziert werden.

In dem einen Bild erscheint Europa im Vergleich zu anderen Regionen dieser Erde als der deutlich antriebs- und wachstumsschwächere Kontinent. In den über mehrere Jahrhunderte entstandenen nationalen politischen Systemen konnten zwar nach dem zweiten Weltkrieg vor allem in Westeuropa starke Wohlfahrtsökonomien mit hohen Lebensstandards herausgebildet werden. Das dabei erreichte Niveau an sozialem Ausgleich, individuellen wie kollektiven Schutzrechten und die zugrunde liegenden gesellschaftlichen Machtbalancen wirken sich jedoch aus heutiger Sicht als eklatante Wachstumsbremsen aus. Überregulierungen und das Festhalten an erworbenen Ansprüchen verhindern die notwendigen Anpassungen an die Bedingungen der Globalisierung. Politik, die gestern noch beim Ausbau des nationalen Wohlfahrtsstaats erfolgreich war, ist unter heutigen Vorzeichen weder machbar noch wünschenswert. Sie wird vielmehr zum Teil des Problems. Nach dieser Lesart ist sie Bestandteil der institutionellen wie geistigen Sklerose, die das „alte Europa" zunehmend weiter hinter seine Mitbewerber zurückfallen lässt.

In Kontrast dazu steht das Bild von einem Europa, das seine in schmerzensreichen Auseinandersetzungen der Vergangenheit erworbenen Erfahrungen bewusst bewahren will. Ein Europa das glaubt, den Herausforderungen einer neuen Zeit am besten dadurch begegnen zu können, dass sozial kohärente Gesellschaften weiterentwickelt werden. Nach dieser Sicht ist es ein signifikanter Vorteil des alten Kontinents, der ihn von anderen Großregionen dieser Erde unterscheidet, dass wirtschaftliches Wachstum bislang mit einer breiten Verbesserung der sozialen Verhältnisse einherging. Auch in diesem Bild dürfen die von der Internationalisierung der Ökonomie ausgehenden Veränderungen nicht ignoriert werden. Sie sollen aber nicht als Diktat empfunden werden, unter dem Politik ohnmächtig abdankt und sich zurückzieht. Statt die Prinzipien sozialer Gerechtigkeit und Teilhabe als Leitmotive politischen Handelns über Bord zu werfen, müssen sie nach dieser Perspektive in zeitgerechter Form neu etabliert werden. Ein von neuen Technikschüben, internationalisierten Märkten und individualisierten Lebens- und Arbeitsverhältnissen ausgelöster gesellschaftlicher Wandel müsste demnach politisch bewusst gestaltet werden. Neue Entwürfe, die über tagespolitische Einzelfragen hinausgehen, wären gefragt, ebenso wie handlungsmächtige Konzepte, die ehrgeizigen politischen Zielsetzungen zum Durchbruch in der Realität verhelfen.

Diese Alternativen spalten die politische Gemeinde, und es ist kein Geheimnis, dass Wirtschaftsliberale und ein großer Teil der Konservativen der ersten Projektion zuneigen, während die Linke zu der letzteren Sichtweise tendiert. Wer Sozialdemokraten an der Macht in den Mitgliedstaaten der EU beobachtet, wird aber feststellen, dass ihr Weg im ausgehenden 20. und beginnenden 21. Jahrhundert keineswegs gradlinig hin auf diese zweite Option verläuft. Er ist vielmehr von heftigsten internen Auseinandersetzungen um die richtige Kursbestimmung gekennzeichnet. Die Wählerschaft hat vielerorts nur noch eine verschwommene Vorstellung über das Leitbild der Partei an der Regierung und zweifelt nicht selten an ihrer Kompetenz und Kraft, Elemente eines Gegenentwurfs zum neoliberalen Konzept zu verwirklichen. Vokabeln wie „Reform" oder „Modernisierung" werden häufig nur noch als Chiffren wahrgenommen, hinter denen nach dem Eindruck Vieler in Wahrheit Leistungskürzungen und neue Verunsicherungen warten. Hieraus könnte sich eine Abwärtsspirale aus Wählerenttäuschung und Machtverlust ergeben, die dann auch objektiv die Chancen für ein modernes Sozialmodell Europa auf Jahre hin blockieren würde.

Ist dies schon der hinreichende Beleg dafür, dass es sich bei den beiden möglichen Entwicklungswegen nur scheinbar um echte Alternativen handelt? Verbrämt die Linke mit Zustimmung heischender Rhetorik lediglich das Unausweichliche? Ist der Sozialstaat abschließend perdu, wie es aus Sicht der Neoliberalen häufig genug ungeschminkt behauptet wird?

Der Umbaubedarf in den europäischen Gesellschaften ist in der Tat erheblich und darf weder geschönt noch kleingeredet werden. Dies gilt für die Anpassung an neue ökonomische und technische Dimensionen ebenso wie etwa für Veränderungen in Familienstruktur und Demographie. Allerdings ergibt sich hieraus noch mitnichten schlüssig, dass die erforderliche Umbauleistung besser in Gesellschaften zu erbringen ist, die sich entsolidarisieren.

Hier soll stattdessen ein anderer Gedanke verfolgt werden. Unstreitig richtig ist die Unumkehrbarkeit, mit der die Ökonomie die Fesseln des Nationalstaates in der Globalisierung sprengt. Selbst wenn die USA aufgrund von Macht und Größe hier eine Sonderrolle einnehmen: Eine Weltwirtschaft, in der täglich so viele Gelder grenzüberschreitend transferiert werden, wie in der Summe an Gütern und Dienstleistungen in einem halben Jahr insgesamt produziert werden, ist längst dabei, sich zu entterritorialisieren. Was seine ökonomische Gestalt anbelangt, hat Europa versucht, eine Antwort hierauf zu geben. Der gemeinsame Binnenmarkt für demnächst rund 450 Mio. Menschen, eine gemeinsame Währung, die dem größeren Markt Rechnung trägt, das sind beides deutliche Schritte hin zu einer neuen politischen Form jenseits des zu klein gewordenen Nationalstaates.

Aber kann es nicht sein, das wir damit auf halbem Wege stehen bleiben? Ist die sozialdemokratische Reformstrategie hin zu einem modernen Sozialstaat vielleicht auch deswegen so schwer identifizierbar, weil sie allein im nationalen Kontext nicht mehr funktioniert? Die seit der zweiten Hälfte des 19. Jahrhunderts in den Betrieben und Parlamenten errungenen Sozialreformen fanden im nationalen Rahmen statt und antworteten damit auf die Etablierung überregionaler Märkte und die Überwindung provinzieller politischer Strukturen. Bedarf die neue Ökonomie Europas nicht auch einem ebensolchen Sprung in ein neues Spielfeld der politischen Entscheidungsfindung, das eine angemessene Plattform für die Re-regulierung von Wirtschaft und sozialer Sphäre bietet?

Die latente Schwäche sozialdemokratischer Parteien im Übergang zum 21. Jahrhundert könnte so weniger für ein notwendiges Ende des europäischen Sozialstaats stehen, als vielmehr die Lücken einer nach wie vor unterausgebildeten europäischen Staatsform aufzeigen. Sozialdemokratisches Regieren auf der Höhe der Zeit mit Perspektive auf eine solidarische Gesellschaft ist möglich, wäre dann die Arbeitshypothese, aber nur noch unter maßgeblichem Einschluss der europäischen Ebene, mit einer Politik, die alle neugewonnenen Ressourcen mobilisiert, besser koordiniert und für die Menschen, die sie erreichen will, neue inhaltliche Horizonte definiert.

Der in Europa geschaffene Binnenmarkt steht inzwischen für eine hochgradig integrierte gemeinsame Volkswirtschaft. Rund 90 % der hier geschaffenen Güter und Dienstleistungen werden auf dem internen Markt nachgefragt, ein Anteil, der mit der Erweiterung noch wachsen wird. Dem steht ein wirtschafts- und finanzpolitisches Instrumentarium gegenüber, das sich im Kern weiter an den Grenzen der Mitgliedstaaten orientiert. So vermisst der Stabilitäts- und Wachstumspakt jährlich nationale Neuverschuldungspositionen, bleibt aber stumpf und stumm, wenn es um Wirtschaftszyklen und das konjunkturgerechte Setzen von Impulsen geht. Steuerpolitik ist weiter die Domäne der Mitgliedstaaten und es fällt schwer, gemeinsam erste Schritte gegen schädlichen Dumpingwettbewerb zu nehmen.

Dieses und vieles mehr sind Anachronismen, denen abzuhelfen sich die Europäische Union aber äußerst schwer tut. Die Vertragsreformen von Maastricht über Amsterdam, Nizza bis hin zum Verfassungsvorschlag des Konvents haben die Kompetenzen der EU und hier auch insbesondere des Europäischen Parlaments erheblich erweitert. Dennoch bleibt der engere Kern von wirtschafts- und sozialpolitischen Entscheidungen ein schwieriges Terrain, in dem die Mitgliedstaaten die Übertragung souveräner Hoheitsrechte scheuen. Dies gilt offenbar auch dann, wenn sich der reale Verlust einzelstaatlicher Gestaltungskompetenz in diesen Feldern nur noch schlecht kaschieren lässt. Der

Konventsvorschlag, mit dem Teile der Sozialpolitik vergemeinschaftet und der gesamte Bereich der sozio-ökonomischen Politik einer stärkeren Koordinierung anheim gegeben worden wäre, war bisher der mutigste, harrt aber immer noch seiner Umsetzung.

Diese Asymmetrie zwischen faktischer Vergemeinschaftung der Ökonomie im Binnenmarkt auf der einen Seite und nachhinkenden nationalen und damit zunehmend wirkungsärmeren politischen Instrumentarien andererseits droht für die sozialdemokratischen Parteien zu einer echten „Gestaltungsfalle" zu werden. Diese Lücke treibt die Binnenmarktintegration voran, ohne dass die Politik auf europäischer Ebene schon über die adäquate Regulierungsinzidenz verfügen würde. Der europäische Weg scheint dadurch auf die neoliberale Alternative abzudriften und somit einen Großteil seines vorhandenen Entwicklungspotenzials zu verspielen.

Die im Jahr 2000 unter portugiesischer Präsidentschaft konzipierte Strategie für ein wettbewerbsstarkes und soziales Europa im Jahr 2010 nimmt genau diese Situation zum Ausgangspunkt. Antonio Guterres und seinem Team gebührt das Verdienst, die europäische Diskussion mit dem bislang luzidesten und pragmatischsten Vorschlag eines echten sozialen Modernisierungsprogramms bereichert zu haben. Die Lissabon-Strategie in Konzeption und Praxis zu verfolgen, kann deswegen auch wichtige Hinweise für die Agenda der Periode ab 2004 geben.

## II. Die Lissabon-Strategie: Investition in die Fähigkeiten der Menschen

1. Ein neues strategisches Ziel

Unter dem programmatischen Titel „Beschäftigung, Wirtschaftsreformen und sozialer Zusammenhalt – Für ein Europa der Innovation und des Wissens" lud der damalige sozialdemokratische Premier Portugals Antonio Guterres im März 2000 zu einem EU-Sondergipfel nach Lissabon ein. Mit diesem Gipfel sollte der Grundstein für einen wirtschafts-, sozial- und umweltpolitischen Aufbruch gelegt werden. Ziel ist nicht nur die Modernisierung des europäischen Wirtschafts- und Sozialmodells, sondern eine umfassende Integration Europas, die weit über die ursprüngliche Europäische Wirtschaftsgemeinschaft der Gründerväter hinausgeht. Von der Öffentlichkeit kaum wahrgenommen hatten die Staats- und Regierungschefs selbstbewusst einen neuen Anspruch für Europa angemeldet. Für die Union wird „ein neues strategisches Ziel" für das kommende Jahrzehnt gesetzt: „das Ziel, die Union zum wettbewerbsfähigsten und dynamischsten wissensbasierten Wirtschaftsraum der Welt zu machen – einem Wirtschaftsraum, der fähig ist, ein dauerhaftes Wirtschaftswachstum mit mehr und besseren Arbeitsplätzen und einem größeren Zusammenhalt zu erzielen."

Mit einem neuen politischen Konzept, das maßgeblich von Sozialdemokraten beeinflusst wurde[1], versucht die Union einen gemeinsamen Zukunftsentwurf zu gewinnen. Es geht darum, die begonnenen Strukturreformen und die Öffnung der europäischen Märkte zu beschleunigen und gleichzeitig das solidarische Gesellschaftsmodell in Europa weiterzuentwickeln. Vollbeschäftigung – ein Begriff, der aus dem politischen Vokabular verschwunden zu sein schien – wird wieder zum zentralen Ziel der Wirtschafts- und Sozialpolitik. Innerhalb von zehn Jahren sollen etwa 15 Mio. Arbeitsplätze geschaffen werden bzw. die Gesamterwerbsquote von 61 % im Jahr 2000 auf 70 % im Jahr 2010 erhöht werden. Europa will eine Antwort auf die Herausforderungen durch die Globalisierung und den Wandel hin zur Informations- und Wissensgesellschaft geben. Die EU soll nunmehr konkrete Schritte zu mehr gemeinschaftlichem Regieren in der Wirtschaftspolitik („European Economic Governance") unternehmen. In einem detaillierten Reformfahrplan werden Akteure, Instrumente und Verantwortlichkeiten benannt und überprüfbare gemeinsame Ziele festlegt.

Im Jahr 2000 waren die wirtschaftlichen Rahmenbedingungen für einen neuen Aufbruch auch vielversprechend. Im vierten Jahr des Aufschwungs sank die Arbeitslosenquote EU-weit auf den niedrigsten Stand seit 1991 und das Wirtschaftswachstum kletterte auf stolze 3,5 %. Mittlerweile hat sich die Wachstumsentwicklung aber deutlich verlangsamt. War das Ganze damit nur eine Schönwetterangelegenheit und scheitert der im Jahr 2000 definierte Ansatz nicht unweigerlich an wirtschaftlicher Stagnation? Oder wird eine forcierte Umsetzung der Lissabon-Ziele angesichts der inzwischen eingetretenen Entwicklung nicht umso dringlicher?

2. Europas ganzheitlicher Politikansatz

Das Neue an dem Vorhaben von Lissabon ist das mehrdimensionale Gesamtkonzept. Bereits bestehende nationale und europäische Anstrengungen sollen zu einer integrierten Strategie zusammengefügt werden. Als zentrale Ressource für die eigenen Modernisierungsanstrengungen wird das Potenzial der Menschen in Europa angesehen. In ihre Fähigkeiten soll stärker investiert werden. Aus diesem Grund wird auch von dem „wissensbasierten Wirtschaftsraum" gesprochen. Dieser Begriff meint nichts anderes als den Wandel hin zu einer Gesellschaft, in der immaterielle Investitionen vor allem in Bildung, in lebenslanges Lernen und ebenso in Forschung eine immer stärkere Rolle spielen werden.

Die Gewährleistung des sozialen Zusammenhalts ist dabei eine Grundvoraussetzung für das hier vorgestellte Modell der Modernisierung unserer Gesellschaften. Politik soll sich

---

1   In 13 der 15 Mitgliedstaaten trugen zu dem Zeitpunkt Sozialdemokraten Regierungsverantwortung.

an dem Prinzip der Nachhaltigkeit orientieren, das umfassend zu verstehen ist. Nicht nur im Sinne einer nachhaltigen Umweltpolitik, die auf den Erhalt der natürlich Ressourcen abzielt, sondern auch im Sinne einer Politik, die bei allen Entscheidungen die nachfolgenden Generationen im Auge behält. Dies gilt insbesondere im Hinblick auf die demographische Entwicklung: Die älter werdende Gesellschaft wirkt sich direkt auf die zukünftige Renten- und Gesundheitspolitik aus und der stetige Geburtenrückgang kann langfristig zu einem Arbeitskräftemangel führen. Gemäß der Schlussfolgerungen des Europäischen Rates von Lissabon im Jahr 2000 und Göteborg im Jahr 2001 organisiert sich die Strategie um vier große, ineinander übergreifende Handlungsfelder.

**Schaubild 1: Das Gesamtkonzept der Lissabon-Strategie**

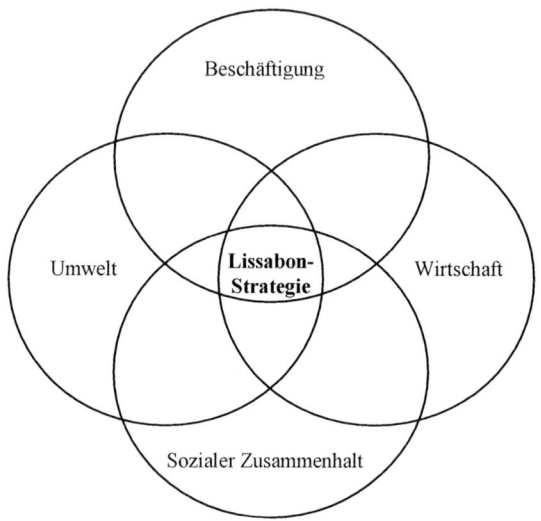

3. Neue Instrumente zur Umsetzung der Strategie

Der Erfolg einer Strategie hängt natürlich immer auch von den Arbeitsinstrumenten ab. Deshalb trifft der EU-Gipfel von Lissabon diesbezüglich drei wichtige Entscheidungen: So beschließen die Staats- und Regierungschefs jedes Frühjahr ein Treffen des Europäischen Rates zu Wirtschafts- und Sozialfragen abzuhalten, den sogenannten „Frühjahrsgipfel". Um zwischenzeitlich Fortschritte zu erzielen, soll vermehrt auf ein neues Verfahren der Verabredung politischer Ziele, der „offenen Methode der Koordinierung", zurückgegriffen werden. Instrumente zur Überprüfung und Neuausrichtung der gemeinsamen Politik wie insbesondere auch die „Grundzüge der Wirtschaftspolitik" sollen verstärkt werden.

a) Frühjahrsgipfel: Wirtschafts- und Beschäftigungspolitik werden zur Chefsache

Die Entscheidung, jedes Jahr einen sogenannten Frühjahrsgipfel abzuhalten, bedeutet, dass der Europäische Rat die Wirtschafts- und Beschäftigungspolitik zur Chefsache machen will. Er soll nicht nur eine „herausragende Leitungsfunktion", sondern auch eine „koordinierende Rolle im Hinblick auf die Sicherstellung der Gesamtkohärenz und der wirksamen Überwachung der Fortschritte auf dem Weg zu dem neuen strategischen Ziel spielen".[2] Künftig müssen die Staats- und Regierungschefs jedes Frühjahr Farbe bekennen und sich zur wirtschafts- und sozialpolitischen Lage der Union äußern. Beim „Frühjahrsgipfel" wird Bilanz gezogen. Die Fortschritte der einzelnen Länder werden wie bei einem „Schönheitswettbewerb" verglichen und analysiert. Der sich daraus ergebende Handlungsbedarf wird dann als Teil der Strategie in Form von Schlussfolgerungen an die entsprechenden Akteure weitergegeben.

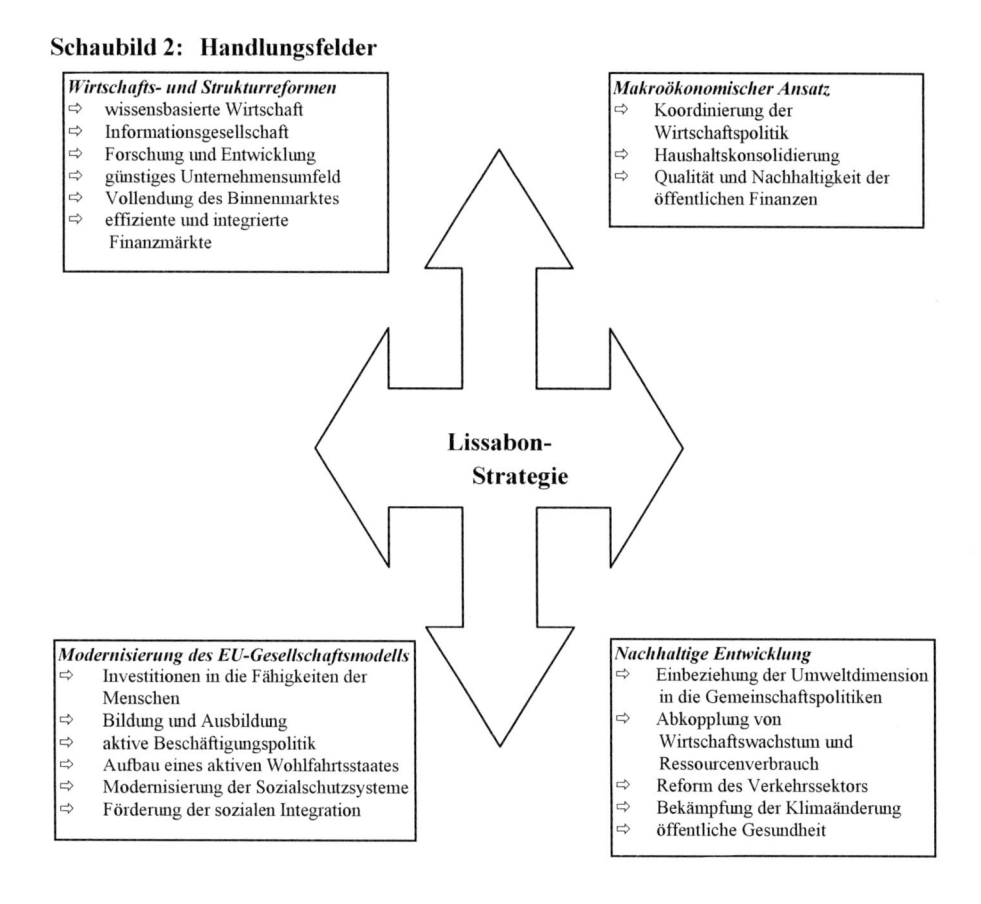

**Schaubild 2: Handlungsfelder**

*Wirtschafts- und Strukturreformen*
⇨ wissensbasierte Wirtschaft
⇨ Informationsgesellschaft
⇨ Forschung und Entwicklung
⇨ günstiges Unternehmensumfeld
⇨ Vollendung des Binnenmarktes
⇨ effiziente und integrierte Finanzmärkte

*Makroökonomischer Ansatz*
⇨ Koordinierung der Wirtschaftspolitik
⇨ Haushaltskonsolidierung
⇨ Qualität und Nachhaltigkeit der öffentlichen Finanzen

**Lissabon-Strategie**

*Modernisierung des EU-Gesellschaftsmodells*
⇨ Investitionen in die Fähigkeiten der Menschen
⇨ Bildung und Ausbildung
⇨ aktive Beschäftigungspolitik
⇨ Aufbau eines aktiven Wohlfahrtsstaates
⇨ Modernisierung der Sozialschutzsysteme
⇨ Förderung der sozialen Integration

*Nachhaltige Entwicklung*
⇨ Einbeziehung der Umweltdimension in die Gemeinschaftspolitiken
⇨ Abkopplung von Wirtschaftswachstum und Ressourcenverbrauch
⇨ Reform des Verkehrssektors
⇨ Bekämpfung der Klimaänderung
⇨ öffentliche Gesundheit

---

[2] Schlussfolgerungen des Europäischen Rates am 23. und 24. März 2000 in Lissabon.

b) Offene Methode der Koordinierung

Die Politikbereiche, in denen die Union gesetzgeberisch handeln kann, sind vertraglich festgelegt. Daneben existieren jedoch Bereiche, die weiter hauptsächlich unter nationale Zuständigkeit fallen, aber längst nicht mehr im nationalen Rahmen allein befriedigend gestaltet werden können. Sie sollen deshalb mit der Zielsetzung einer stärkeren Konvergenz auf EU-Ebene koordiniert werden. Als „Angelegenheit von gemeinsamem Interesse" in diesem Sinne werden im EG-Vertrag explizit die Wirtschaftspolitik und die Beschäftigungspolitik genannt. Zur Erreichung dieser Konvergenz wurden nach und nach eine Reihe neuer Verfahren und Prozesse ins Leben gerufen: So vor allem die „Grundzüge der Wirtschaftspolitik" zur besseren makroökonomischen Koordinierung und der „Luxemburg-Prozess" zur Beschäftigungsförderung.

Den meisten Prozessen liegt im Prinzip das Verfahren der offenen Methode der Koordinierung zugrunde. Der Begriff als solcher wurde aber erst in Lissabon „offiziell" eingeführt und darüber hinaus als „neue" Arbeitsmethode[3] auf zahlreiche Bereiche ausgeweitet, wie die Modernisierung der Sozialsysteme, Bildung und Forschung, Unternehmenspolitik oder soziale Integration. Kern der offenen Methode der Koordinierung ist es, innerhalb einer gesetzten Frist gemeinsam verabredete Ziele zu erreichen. Den getroffenen Verabredungen liegen Selbstverpflichtungen eines jeden Mitgliedstaates zugrunde, wobei jeder nach dem Subsidiaritätsprinzip seinen eigenen Lösungsweg wählen kann. Besondere Bedeutung gewinnt dabei auch der wechselseitige Lernprozess, bei dem es in erster Linie darum geht, über Informations- und Erfahrungsaustausch von den besten Ergebnissen („Best Practices") zu profitieren. Gibt es z.B. nationale Arbeitsmarktprogramme zum Abbau der Arbeitslosigkeit, die sich auf ein Nachbarland übertragen lassen? Die hier zum Einsatz kommenden Vergleichsverfahren von „Benchmarking"[4] und „Peer Review"[5] sollen Standards setzen und eigenen Verbesserungen auf den Weg helfen. Obwohl die Mitgliedstaaten bei „Verstoß" gegen getroffene

---

3 In den Schlussfolgerungen von Lissabon wird die offene Methode der Koordinierung folgendermaßen definiert: „Festlegung von Leitlinien für die Union mit einem jeweils genauen Zeitplan für die Verwirklichung der von ihnen gesetzten kurz-, mittel- und langfristigen Ziele; gegebenenfalls Festlegung quantitativer und qualitativer Indikatoren und Benchmarks im Vergleich zu den Besten der Welt, die auf die in den einzelnen Mitgliedstaaten und Bereichen bestehenden Bedürfnisse zugeschnitten sind, als Mittel für den Vergleich der bewährten Praktiken; Umsetzung dieser europäischen Leitlinien in die nationale und regionale Politik durch Vorgabe konkreter Ziele und den Erlass entsprechender Maßnahmen unter Berücksichtigung der nationalen und regionalen Unterschiede (z.B. in Form von Nationalen Aktionsplänen (NAPs) wie es sie bei der Beschäftigung und neuerdings bei der Sozialen Integration („Inclusion") gibt – Anm. d. R.); Regelmäßige Überwachung, Bewertung und gegenseitige Prüfung im Rahmen eines Prozesses, bei dem alle Seiten voneinander lernen."
4 „Benchmarking" = „Besser werden durch Lernen von anderen" Vergleich von Leistungen zwischen den Mitgliedstaaten , wobei man sich an den Besten orientiert.
5 „Peer Review" = externe Überprüfung im Rahmen der Qualitätssicherung durch „Peers", d.h. übersetzt „Gleichgestellte/ Ebenbürtige" und meint in diesem Fall die Bewertung einer Leistung eines Mitgliedstaates durch die anderen EU-Mitgliedstaaten.

Verabredungen nicht belangt werden können, bemühen sie sich, den Anforderungen nach Möglichkeit zu entsprechen. Denn jedes Jahr wird öffentlich Bilanz gezogen und die Stärken und Schwächen eines jeden Mitgliedstaates kommen offen zutage.

c) Synthesebericht – Strukturindikatoren: Messen, Vergleichen, Auswerten

Ein ganz wichtiger Aspekt der offenen Methode der Koordinierung ist die Auswertung des Erreichten. Die EU-Kommission hat deshalb die Aufgabe, vor jedem Frühjahrsgipfel im Januar einen sogenannten „Synthese-Bericht" vorzulegen. Dieser Bericht zieht Bilanz wie weit der Reformfahrplan vorangekommen ist. Dies gilt für das gemeinschaftliche Gesetzgebungsprogramm wie für die Situation in den einzelnen Mitgliedstaaten. Im Sinne des „Benchmarking" werden die Fortschritte in den Mitgliedstaaten anhand von Indikatoren – also statistischen Referenzzahlen – gemessen. In einem tabellarischen Anhang wird detailliert aufgeführt, ob die Mitgliedstaaten zu der Spitzengruppe der ersten drei oder auch zu den Schlusslichtern gehören. Vor dem Hintergrund dieser Bewertung werden anschließend die wichtigsten Aufgaben für das kommende Jahr formuliert. Mittlerweile wird der Synthese-Bericht auf der Grundlage von 42 Indikatoren erstellt. Es gibt sieben sogenannte Hintergrundindikatoren zur gesamtwirtschaftlichen Situation und jeweils sieben Indikatoren für fünf spezifische Politikbereiche der Strategie: Beschäftigung, Innovation und Forschung, Wirtschaftsreform, Sozialer Zusammenhalt und Umwelt. Die Indikatoren sollen ein differenziertes Bild der wirtschafts-, sozial- und umweltpolitischen Lage der Union auch im internationalen Vergleich zeichnen helfen. Gemessen und verglichen werden also nicht nur die gängigen Angaben zu Wirtschaftswachstum und Inflation, sondern auch für die zukünftige Dynamik einer Volkswirtschaft wichtige Daten wie die Steuer- und Abgabenquote von Niedriglohnempfängern oder die Forschungs- und Entwicklungsausgaben. Die künftigen Mitgliedstaaten sind zum ersten Mal mit dem Synthesebericht 2003 in die statistische Auswertung miteinbezogen worden. Ab 2004 erscheint der Synthese-Bericht mit 14 Kernindikatoren, um den Vergleich prägnanter zu gestalten.[6]

4. Erprobte Verfahren der politischen Koordinierung

Zu den wichtigsten Verfahren der politischen Koordinierung zählen die „Grundzüge der Wirtschaftspolitik" und die „Beschäftigungsstrategie". Seit 2002 sollen sie im Sinne der Lissabon-Strategie zeitlich und inhaltlich besser aufeinander abgestimmt werden.

---

6 Alle 42 Indikatoren können weiterhin über die Internet-Seiten von Eurostat, dem Statistischen Amt der EU, abgerufen werden: http://europa.eu.int/comm/lisbon_strategy/index_en.html (Link: „key statistics").

## Schaubild 3: Die Strukturindikatoren

**Beschäftigung**
1. Beschäftigungsquote
2. Durchschnittliches Erwerbsaustrittsalter
3. Geschlechtsspezifische Lohnunterschiede
4. Steuerquote von Niedriglohnempfängern
5. Lebenslanges Lernen
6. Arbeitsunfälle
7. Arbeitslosenquote

**Sozialer Zusammenhalt**
1. Einkommensverteilung
2. Von Armut bedrohte Personen
3. Von dauerhafter Armut bedrohte Personen
4. Regionale Beschäftigungsquoten
5. Schulabbrecher
6. Langzeitarbeitslosenquote
7. Bevölkerung in erwerbslosen Haushalten

**Allg. wirtschaftlicher Hintergrund**
1. Bruttoinlandsprodukt
2. Arbeitsproduktivität
3. Beschäftigungswachstum
4. Inflationsrate
5. Wachstum der Lohnstückkosten
6. Öffentlicher Finanzierungssaldo
7. Öffentlicher Schuldenstand

**Innovation und Forschung**
1. Öffentliche Bildungsausgaben
2. Ausgaben für Forschung und Entwicklung
3. Internet-Zugangsdichte
4. Hochschulabschluss in Naturwissenschaften und Technik
5. Patente
6. Risikokapital
7. Ausgaben für Informations- und Kommunikationstechnologien

**Umwelt**
1. Emissionen von Treibhausgasen
2. Energieintensität der Wirtschaft
3. Verkehr
4. Städtische Luftqualität
5. Kommunale Abfälle
6. Anteil an erneuerbaren Energiequellen
7. Schutz der natürlichen Ressourcen

**Wirtschaftsreform**
1. Vergleich des Preisniveaus
2. Preise in netzgebundenen Wirtschaftszweigen
3. Marktanteil des Marktführers
4. Öffentliches Beschaffungswesen
5. Sektorale und Ad-hoc Staatsbeihilfen
6. Marktintegration
7. Unternehmensinvestition

a) Grundzüge der Wirtschaftspolitik

Die „Grundzüge" als Verfahren sind seit dem Maastrichter Vertrag im Zusammenhang mit der Wirtschafts- und Währungsunion und der Einführung des Euro geregelt. Trotz gemeinsamer Währung bleibt die Wirtschaftspolitik lediglich eine „Angelegenheit von gemeinsamem Interesse", d.h. es existieren weiterhin unterschiedliche nationale Wirtschafts- und Haushaltspolitiken nebeneinander. Das bedeutet, wo nicht harmonisiert werden kann, soll zumindest koordiniert vorgegangen werden.

Seit dem Beginn der zweiten Stufe der Wirtschafts- und Währungsunion, also seit 1994, wird jeder Mitgliedstaat jährlich von der Kommission und einem entsprechenden Ratsausschuss, dem Wirtschaftspolitischen Ausschuss, unter die Lupe genommen. Auf Empfehlung der Kommission formuliert danach der Rat der Wirtschafts- und Finanzminister mit qualifizierter Mehrheit allgemeine wirtschaftspolitische Leitlinien, die sich an die EU im Ganzen richten sowie darüber hinaus ganz gezielt Empfehlungen an das Eurogebiet sowie jeden einzelnen Mitgliedstaat aussprechen.

Das Hauptaugenmerk der „Grundzüge" soll auf der makroökonomischen Entwicklung sowie der Abstimmung der wesentlichen wirtschaftspolitischen Vorhaben liegen.[7] Das Europäische Parlament beteiligt sich durch Berichte am Konsultationsprozess, was auf einer politischen Vereinbarung zwischen den Organen beruht, aber nicht durch den Vertrag abgesichert ist. Seit „Lissabon" ist die Rolle der sogenannten Grundzüge der Wirtschaftspolitik gegenüber den anderen Prozessen noch weiter gestärkt worden. In Zukunft sollten sie auch eine politik- und sektorübergreifende Orientierungsfunktion wahrnehmen.[8]

b) Luxemburg-Prozess: Gemeinsame Beschäftigungsstrategie

Im Oktober 1997 wurde ein neuer Artikel im sogenannten Amsterdamer Vertrag verankert. Die EU bekennt sich zum ersten Mal dazu, dass nicht nur die Wirtschafts- und Währungspolitik, sondern auch die Beschäftigungspolitik eine „Aufgabe von gemeinsamem Interesse" ist. Auch wenn die Sozialsysteme und die Arbeitsmarktpolitiken der einzelnen Mitgliedstaaten sehr unterschiedlich sind, so stehen sie doch vor ähnlichen Herausforderungen: anhaltende Arbeitslosigkeit, soziale Ausgrenzung, finanzielle Belastung der Sozialsysteme und demographischer Wandel. Damit entfernte man sich von der veralteten und von der damaligen CDU/CSU-Bundesregierung propagierten Sichtweise, dass Arbeitsmarktpolitik allein Sache des Nationalstaates sei und nichts auf der europäischen Ebene zu suchen habe. Auf einem Sondergipfel zur Beschäftigung in Luxemburg einigte man sich kurz darauf auf eine unionsweite Beschäftigungsstrategie, um endlich gemeinsam gegen die anhaltende Arbeitslosigkeit anzugehen und ein hohes Beschäftigungsniveau zu erreichen.

---

7 siehe die jährliche Empfehlung der Kommission für die Grundzüge der Wirtschaftspolitik der Mitgliedstaaten und der Gemeinschaft,
(http://europa.eu.int/comm/economy_finance/publications/broadeconomypolicyguidelines_en.htm).
8 Europäischer Rat 23. und 24. März 2000 Lissabon, Schlussfolgerungen des Vorsitzes: „Ein neuer Prozess ist nicht erforderlich. Die bestehenden Grundzüge der Wirtschaftspolitik und der Luxemburg-, der Cardiff- und der Köln-Prozess bieten die erforderlichen Instrumente, sofern diese vereinfacht und besser koordiniert werden, insbesondere indem der Rat in seinen anderen Formationen zur Ausarbeitung der Grundzüge der Wirtschaftspolitik durch den Rat „Wirtschaft und Finanzen" beiträgt. Ferner sollten sich die Grundzüge der Wirtschaftspolitik zunehmend auf die mittel- und langfristigen Auswirkungen der Strukturpolitiken und auf die Reformen zur Förderung des wirtschaftlichen Wachstumspotenzials, der Beschäftigung und des sozialen Zusammenhalts sowie auf den Übergang zu einer wissensbasierten Wirtschaft konzentrieren. Die Themen können im Einzelnen im Rahmen des Cardiff- und des Luxemburg-Prozesses behandelt werden."

Die Europäische Beschäftigungsstrategie stellt einen Katalog von Zielen in Form von Leitlinien und Empfehlungen auf. Nach ihrer Reform 2003 sollen sich die Beschäftigungspolitiken der Mitgliedstaaten an drei komplementären Zielen ausrichten: Vollbeschäftigung, Arbeitsplatzqualität und Arbeitsproduktivität, sozialer Zusammenhalt und soziale Integration. Ergänzt werden die übergreifenden Ziele durch zehn spezifische Leitlinien:

- Arbeitslose und Nichterwerbstätige bei der Arbeitssuche unterstützen, Langzeitarbeitslosigkeit verhüten;
- den Unternehmergeist fördern und das Klima für Unternehmensneugründungen verbessern;
- die Anpassungsfähigkeit der Arbeitskräfte und der Unternehmen fördern;
- die Investitionen in Humankapital verstärken und optimieren;
- das Arbeitskräfteangebot erhöhen und das aktive Altern fördern;
- die Gleichstellung der Geschlechter in Beschäftigung und Entlohnung fördern;
- die Diskriminierung benachteiligter Gruppen bekämpfen;
- durch größere finanzielle Anreize Arbeit lohnend machen;
- die nichtangemeldete Erwerbstätigkeit eindämmen;
- die berufliche und geographische Mobilität fördern.

Auf Vorschlag der Kommission und nach Anhörung des Europäischen Parlaments verabschiedet der Rat „Beschäftigung und Soziale Angelegenheiten" die Beschäftigungspolitischen Leitlinien. Jeder Mitgliedstaat entwickelt daraufhin seinen spezifischen Nationalen Aktionsplan (NAP) für die Umsetzung der gemeinsamen Ziele auf nationaler Ebene, in dem über das Erreichte Bilanz gezogen wird und die geplanten Projekte angekündigt werden. Anschließend werden die Ergebnisse in einem Gemeinsamen Beschäftigungsbericht von Kommission und Rat bewertet und fließen in die Schlussfolgerungen des Europäischen Rates ein. Darüber hinaus kann der Rat Empfehlungen an die Mitgliedstaaten richten. Ein wichtiger Unterschied zu den Grundzügen besteht darin, dass das Europäische Parlament auch laut Vertrag bei der Formulierung der Leitlinien angehört werden muss.

c) Straffung der verschiedenen Prozesse der politischen Koordinierung

Die Vielzahl der bestehenden Prozesse zur politischen Koordinierung der Wirtschafts- und Beschäftigungspolitik wurde seit „Lissabon" durch weitere Verfahren der offenen Methode der Koordinierung in ausgewählten Bereichen ergänzt. Außerdem wurden Benchmarking-Verfahren eingeführt, die mittels Scoreboards anhand von Listen regelmäßig veröffentlichen, wie weit die Mitgliedstaaten z.B. bei der Umsetzung der Binnenmarktgesetzgebung oder der gemeinsamen Sozialpolitik vorangekommen sind.

Um Unübersichtlichkeiten und Fehlorientierungen zu vermeiden sowie mögliche Synergie-Effekte zu erhöhen, hat die Europäische Kommission im Dezember 2002 den Versuch unternommen, die wichtigsten Verfahren zu synchronisieren. So sollen von nun an „Grundzüge" und „Beschäftigungsleitlinien" aufeinander abgestimmt werden („Streamlining"). Auch werden die politischen Leitlinien und Empfehlungen für einen mittelfristigen Zeitraum von drei Jahren formuliert. Damit soll eine längerfristige Perspektive geschaffen werden, die sich auch an der Erreichung der Lissabon-Ziele für die Jahre 2005 und 2010 orientiere. Die jährlichen Empfehlungen sollen sich nur noch auf gewisse Schwerpunkte und Defizite konzentrieren, die durch die jährliche Bilanz der Umsetzungspakete deutlich werden.

Der Jahreszyklus der Verfahren verläuft wie folgt:
- Januar: Kommission legt Frühjahrsbericht und Entwurf des Umsetzungspaketes[9] vor.
- März: Frühjahrsgipfel legt allgemeine politische Leitlinien fest.
- April: Kommission legt Leitlinienpaket zur Beratung in den einzelnen Ratsformationen vor, die grundsätzlich für drei Jahre gelten, aber bei Bedarf angepasst werden können.
- Juni: Nach politischer Einigung im Europäischen Rat nehmen jeweilige Ratsformationen formal Leitlinienpaket/Grundzüge und Empfehlungen an.
- ab September: Es erfolgt die gebündelte Umsetzungsbewertung zunächst durch die Mitgliedstaaten und anschließend durch die Kommission, die dann entsprechend das Umsetzungspaket zusammenstellt.

Im Frühjahr 2003 verabschiedete die Europäische Kommission zum ersten Mal ihren Vorschlag für die Empfehlungen für die Wirtschaftspolitischen Grundzüge und für die Beschäftigungspolitischen Leitlinien (2003-2005) am gleichen Tag und in gestraffter Form. Von nun an wird sich zeigen, ob damit Kohärenz und Effizienz des Reformfahrplans – wie er in Lissabon als langfristige Strategie ins Leben gerufen wurde – auch gewährleistet werden kann.

## III. Der Ertrag der Frühjahrsgipfel

Was bleibt in der konkreten Praxis nach den Anstößen von Lissabon? Welche Anliegen, die dem sozialen Europa voranhelfen könnten, standen im Vordergrund?

---

9   Umsetzung der Grundzüge der Wirtschaftspolitik, Gemeinsamer Beschäftigungsbericht, Bericht über die Umsetzung der Binnenmarktstrategie.

**Schaubild 4 :   Gestraffte Politikkoordinierung – Ablaufdiagramm**
(Quelle: Mitteilung der Europäischen Kommission zur Straffung der alljährlichen
Wirtschafts- und Beschäftigungspolitischen Koordinierung, Brüssel, den 3.9.2002,
KOM(2002) 487 endgültig)

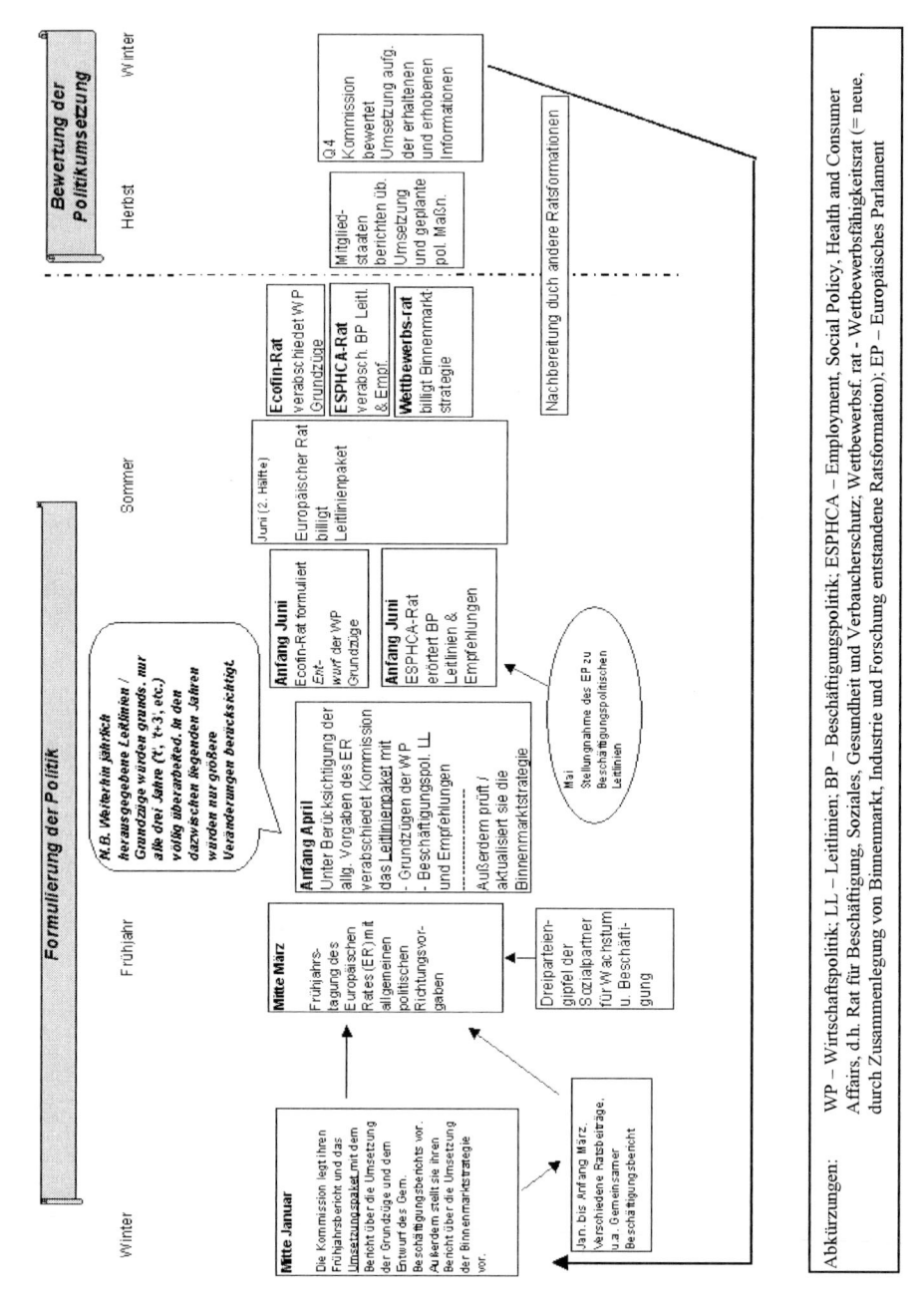

**Formulierung der Politik**

Winter — Frühjahr — Sommer

**Mitte Januar**
Die Kommission legt ihren Frühjahrsbericht und das Umsetzungspaket mit dem Bericht über die Umsetzung der Grundzüge und dem Entwurf des Gem. Beschäftigungsberichts vor. Außerdem stellt sie ihren Bericht über die Umsetzung der Binnenmarktstrategie vor.

Jan. bis Anfang März: Verschiedene Ratsbeiträge, u.a. Gemeinsamer Beschäftigungsbericht

**Mitte März**
Frühjahrstagung des Europäischen Rates (ER) mit allgemeinen politischen Richtungsvorgaben

Dreiparteiengipfel der Sozialpartner für Wachstum u. Beschäftigung

**Anfang April**
Unter Berücksichtigung der allg. Vorgaben des ER verabschiedet Kommission das Leitlinienpaket mit
- Grundzügen der WP
- Beschäftigungspol. LL und Empfehlungen
--------
Außerdem prüft / aktualisiert sie die Binnenmarktstrategie

*N.B. Weiterhin jährlich herausgegebene Leitlinien / Grundzüge werden grunds. nur alle drei Jahre (t, t+3, etc.) völlig überarbeitet. In den dazwischen liegenden Jahren werden nur größere Veränderungen berücksichtigt.*

Mai
Stellungnahme des EP zu Beschäftigungspolitischen Leitlinien

**Anfang Juni**
Ecofin-Rat formuliert Entwurf der WP Grundzüge

**Anfang Juni**
ESPHCA-Rat erörtert BP Leitlinien & Empfehlungen

Juni (2. Hälfte)
Europäischer Rat billigt Leitlinienpaket

**Ecofin-Rat** verabschiedet WP Grundzüge
**ESPHCA-Rat** verabsch. BP Leitl. & Empf.
**Wettbewerbs-rat** billigt Binnenmarktstrategie

**Bewertung der Politikumsetzung**

Herbst — Winter

Mitgliedstaaten berichten üb. Umsetzung und geplante pol. Maßn.

Q4 Kommission bewertet Umsetzung aufg. der erhaltenen und erhobenen Informationen

Nachberatung durch andere Ratsformationen

Abkürzungen:   WP – Wirtschaftspolitik; LL – Leitlinien; BP – Beschäftigungspolitik; ESPHCA – Employment, Social Policy, Health and Consumer Affairs, d.h. Rat für Beschäftigung, Soziales, Gesundheit und Verbraucherschutz; Wettbewerbsf. rat - Wettbewerbsfähigkeitsrat (= neue, durch Zusammenlegung von Binnenmarkt, Industrie und Forschung entstandene Ratsformation); EP – Europäisches Parlament

Eines der Hauptziele war es, die Beschäftigungsquote in der EU von 61 % im Jahr 2000 auf 70 % im Jahr 2010 anzuheben. Für die Frauenerwerbstätigkeit wurde ein eigene Zielmarge, von 51 % auf 60 %, definiert. Im Jahr 2001 hat der Gipfel von Stockholm weitere Zwischenziele formuliert: bis 2005 sollte eine Beschäftigungsquote von 67 %, 57 % für Frauen, erreicht sein. Gerade auch die Beschäftigungslage von älteren Arbeitnehmerinnen und Arbeitnehmern sollte verbessert werden, für 55-64-Jährige auf 50 % bis 2010.

Bei der für einen modernen Arbeitsmarkt besonders interessanten Ausweitung der qualifizierten Beschäftigung von Frauen kommt eindeutig den skandinavischen Ländern eine Führungsrolle zu. Dänemark und Schweden erreichen eine Frauenbeschäftigungsquote von über 70 %. Deutschland steht mit 58,8 % zwar über dem EU-Durchschnitt von 55,6 %, muss aber noch Anstrengungen unternehmen, um das Ziel von 60 % zu erreichen. Die unzureichende Vereinbarkeit von Beruf und Familie, die immer noch vor allem auf dem Rücken von Frauen ausgetragen wird, ist sicherlich das wichtigste Hemmnis für ihre Teilhabe am Erwerbsleben. Deshalb forderte der Frühjahrsgipfel 2002 in Barcelona konsequenterweise erhebliche neue Anstrengungen bei dem Thema Kinderbetreuung. Bis 2010 sollen 90 % aller Kinder zwischen drei Jahren und dem schulpflichtigen Alter über ein Betreuungsangebot verfügen und mindestens ein Drittel der Kinder bis zu drei Jahren. Für Deutschland, wo hauptsächlich Länder und Kommunen für die Kinderbetreuung zuständig sind, bedeutet die Einhaltung dieser Ziele insbesondere in Westdeutschland, den Versorgungsgrad mit Betreuungsplätzen drastisch anzuheben. Qualifizierte Frauenerwerbstätigkeit hat positive Effekte nicht nur für die betroffenen Personen und ihre Familien, sondern auch für die öffentlichen Haushalte und die jeweiligen Unternehmen. Deshalb würden sich familienfreundliche Maßnahmen wie Teilzeitangebote, arbeitnehmerorientierte Zeitgestaltung oder die Errichtung von Betriebskindergärten auch deutlich rechnen.[10]

Die hier praktizierte offene Methode der Koordinierung wird auch in anderen Feldern angewandt, etwa bei der Bekämpfung der sozialen Ausgrenzung, der Verbesserung des Arbeitsumfeldes und der Qualität der Arbeit oder der Ausstattung von Schulen mit Computertechnik. Für das Feld der Sozialpolitik hat die Kommission vorgeschlagen, die Arbeiten zu den Bereichen Renten, soziale Eingliederung und Bekämpfung von Armut, Gesundheitsversorgung und Altenpflege, soziale Sicherungssysteme und Anreize für die Ausübung einer Erwerbstätigkeit, „Arbeit lohnend machen", bis zum Jahr 2006 zusammenzuführen. Die Koordinierungstätigkeiten der EU in den genannten Teilbereichen des Sozialschutzes sollen bis dahin innerhalb eines einheitlichen Rahmens und eines

---

10 DIW (2003), Abschätzung der (Brutto-) Einnahmeneffekte öffentlicher Haushalte und der Sozialversicherungsträger bei einem Ausbau von Kindertageseinrichtungen; vgl: www.bmfsfj.de.

einzigen Prozesses integriert werden[11]. Als nächster Schritt soll eine Synchronisierung des neuen Prozesses im Bereich Sozialschutz mit den Grundzügen der Wirtschaftspolitik und der europäischen Beschäftigungsstrategie angestrebt werden.

## IV. Die Lissabon-Strategie – eine Agenda für Europa und für die europäische Sozialdemokratie

Trotz Lissabon gilt, die EU hat ihr Potenzial noch bei weitem nicht verwirklicht. Dies liegt nicht nur am zwischenzeitlichen Einbruch der Weltkonjunktur, sondern auch an „hausgemachten" europäischen Faktoren. Die öffentlichen Investitionen brachen in den 90er Jahren ein und verharren seither auf viel zu niedrigem Niveau. Sie fielen seit 1992 EU-weit von 3 % des Bruttoinlandsprodukts auf 2,5 %, in Deutschland von 2,9 % auf 1,5 %. Nur in drei Mitgliedstaaten, Dänemark, Schweden und Großbritannien reicht die private Investitionstätigkeit an die der USA heran.

Die Arbeitslosigkeit konnte zwar in den 90er Jahren in vielen EU-Mitgliedstaaten sehr erfolgreich abgebaut werden, steigt aber seit Ende 2001 wieder. Europa braucht deshalb dringend eine zugkräftige gemeinsame Wachstumsinitiative. Zukunftstechnologien in Bereichen mit umweltfreundlichen Produkten und Verfahren, Forschung, Entwicklung, Bildung und Qualifizierung sind Schlüsselfelder, wenn es um Europas Zukunft geht.

Die Instrumente für eine abgestimmte Wirtschafts- und Finanzpolitik sind mit den neuen Mechanismen der politischen Koordinierung verbessert worden. Maßnahmen für einen wachstums- und beschäftigungsorientierten Policy-Mix könnten inzwischen auf dieser Grundlage ergriffen werden. Dennoch hat die politische Kooperation weiter zuviel „Schlagseite", rangieren einseitige Marktliberalisierungen und eine abstrakte Debatte um Verschuldungsziele allzu oft vor pro-aktiven integrierten Strategien. Die Handlungsphilosophie von Lissabon, sich wechselseitig unterstützende Ressortpolitik zu betreiben und sich dabei fest auf das gemeinsame Ziel einer wettbewerbsfähigen und sozial inklusiven Vollbeschäftigungsökonomie zu konzentrieren, hat sich in der Praxis noch nicht umfassend durchgesetzt. Der Fortschritt stockt, sowohl in den Amtsstuben der mächtigen wirtschaftsnahen Kommissionsabteilungen als auch im Rat, wo weiterhin traditionell orientierte Bürokratien der Wirtschafts- und Finanzminister dominieren.

Die Lissabon-Strategie wird dann besser funktionieren, wenn eine breitere demokratische Beteiligung und vor allem auch eine bessere parlamentarische Kontrolle erreicht wird. Die Steuerungsinstrumente sind bislang zu sehr auf die Zusammenarbeit zwischen

---

11 Europäische Kommission: KOM(261) 2003: Stärkung der sozialen Dimension der Lissabon-Strategie: Straffung der offenen Koordinierung im Bereich Sozialschutz.

Regierungen fixiert. Die Erstellung von Leitlinien, Zielfestlegungen und Evaluierungen findet eher in exklusiven Expertenzirkeln statt. Hier können eingefahrene Sichtweisen zu Blockaden werden und einseitige Interessen Fakten schaffen.

Trotz einer bislang noch unzureichenden Umsetzung ist der Ansatz von Lissabon in sich stimmig und zeitgerecht. Er fordert die Überwindung nationaler Endlichkeiten zugunsten einer integrierten europäischen Vorgehensweise, die sich an folgenden Maßgaben orientiert:

- Vollbeschäftigung und gleichberechtigte soziale Teilhabe in einer sich verändernden Welt mutig zum eigentlichen Ziel von Politik zu erklären;
- zu Wissen, dass der umweltgerechte Umbau unserer Produktions- und Dienstleistungssysteme den zentralen Modernisierungsgewinn bringen wird;
- die Voraussetzungen zu schaffen, dass Europa in einer konkurrierenden Welt gerade auch durch die Fortentwicklung seines auf Integration angelegten Gesellschaftsmodells überlebt.

Die Lissabon-Strategie für 2010 könnte so in der zweiten Etappe der Dekade immer noch zum Kernstück einer ganzheitlichen europäischen Politik werden, die den Mut und die Begeisterung der Europäerinnen und Europäer, gemeinsam ein Stück voranzukommen, beflügelt. Denn wenn sich Europa in Zukunft für die Alternative der Modernisierung anstelle einer Aufgabe seines auf Solidarität gegründeten Gesellschaftsmodells entscheiden will, wird es nur auf diesem Wege gehen.

Gustav A. Horn

# Lissabon und die Geldpolitik

Vor fünf Jahren begann ein in dieser Größenordnung einzigartiges wirtschaftliches Experiment. Seinerzeit elf, mittlerweile zwölf, europäische Länder schlossen sich zu einer Währungsunion zusammen. Der Euro war geboren. Inzwischen ist die neue Währung nahezu eine Selbstverständlichkeit geworden. Ob in Brüssel, Paris, Athen oder Berlin überall im Euroraum kann nun mit der gleichen Währung bezahlt werden; eine Erfahrung, die noch vor einigen Jahrzehnten als reine Utopie gelten musste. Sie ist nun Wirklichkeit geworden und weist auf den politischen Gehalt der Währungsunion. Denn eine Währung ist auch immer ein politisches Symbol und der Euro symbolisiert die Einheit Europas, auch wenn der politische Alltag nicht immer so erscheinen mag.

Die Anfangsphase der Währungsunion ist nunmehr abgeschlossen. Eine erste Bilanz kann gezogen und die weiteren Schritte überdacht werden. Von großer Bedeutung ist zu prüfen, ob die Wirtschaftspolitik im Euroraum eigentlich mit den im Rahmen des Lissabon-Prozess geforderten Anstrengungen für ein höheres Wachstum kompatibel ist. Das gilt vor allem für die Geldpolitik, die, zumal sie das einzige wahrhaft europäische Politikfeld ist, eine große Verantwortung für das wirtschaftliche Geschehen im Euroraum und insbesondere für die gemeinsame Währung, den Euro, trägt.

## I. Leitwährung Euro?

Ob der Euro jenseits des Politischen letztlich ein Erfolg wird, hängt von der hohen Produktionsleistung, die hinter dieser Währung steckt, und der Stabilität der Währung ab. Die Produktionsleistung im Euroraum war in den vergangenen Jahren alles andere als zufriedenstellend. Insbesondere im Vergleich mit den USA fiel das Wachstum im Euroraum sehr bescheiden aus. Zwar konnten sich auch die USA den rezessiven Tendenzen im Gefolge der Börsencrashs und der weltpolitischen Unsicherheiten nach den Terroranschlägen im September 2001 nicht entziehen und die Entwicklung des Bruttoinlandsprodukt in den USA war zeitweise sogar deutlich rückläufig. Im Unterschied zum Euroraum hat die wirtschaftliche Erholung in den USA aber merklich früher eingesetzt, und wie schon in den 90er Jahren drohen die USA, den Euroraum im Wachstum deutlich hinter sich zu lassen. Dies schwächt ohne Zweifel die europäische Position im Konzert der globalen Wirtschaftsregionen und damit auch die Position des Euro.

Das zweite Kriterium, die Stabilität, erfüllt der Euro hingegen leidlich gut. Dabei ist zwischen der binnenwirtschaftlichen und der außenwirtschaftlichen Stabilität zu unterscheiden. Maßgeblich ist die binnenwirtschaftliche Stabilität, die nichts anderes ist als

Preisstabilität. Nur wenn es gelingt, Inflations- wie auch Deflationstendenzen zu beherrschen, behält die Währung weitgehend ihren internen Wert und gewinnt das Vertrauen der Bürger. Selbst wenn das Inflationsziel der EZB gelegentlich überschritten wurde, so waren diese Überschreitungen nie sehr schwerwiegend und primär durch den Ölpreisschock im Jahr 2000 bedingt. Im Grundsatz wurde die binnenwirtschaftliche Stabilität gewahrt. Dies strahlt denn auch auf die außenwirtschaftliche Stabilität der Währung aus, die sich am Wechselkurs zeigt. In dieser Hinsicht hat der Euro eine Tal- und Bergfahrt hinter sich. Bis zum Jahr 2000 wertete der Euro ständig ab. Vielfach wurden schon Abgesänge auf ihn gehalten und wüste politische Spekulationen blähten auf, die seinen Wertverlust mit dem angeblichen oder tatsächlichen Vertrauensverlust von Regierungen verbanden. Davon hört man neuerdings nichts mehr. Denn seit seinem Tiefpunkt hat der Euro eine geradezu dramatische Aufwertung gegenüber dem US-Dollar von etwa 50 % erfahren. Mit anderen Worten, von einer grundsätzlichen Vertrauenskrise gegenüber der europäischen Währung auf den internationalen Devisenmärkten kann keine Rede sein. Der Euro ist eine etablierte Währung geworden, die allerdings auch den schwankenden Einschätzungen auf den Devisenmärkten unterliegt.

Jenseits der Tageskurse gilt es aber einige grundsätzliche Fragen zur Wirkung des Euro auf Wachstum und Beschäftigung und zu seiner Zukunft zu stellen. Die Einführung des Euro war ja gerade unter deutschen Ökonomen von einer großen Portion Skepsis begleitet. Noch in letzter Minute versuchten über 160 prominente Wirtschaftswissenschaftler in Deutschland die Währungsunion zu verhindern. Sie befürchteten zum einen, dass mit der Einführung des Euro sich aufgrund einer vermuteten mangelhaften Stabilitätskultur in vielen Ländern des Euroraums der Preisauftrieb primär in Deutschland beschleunigen würde. Zum anderen wurde auf die beträchtlichen strukturellen Unterschiede zwischen den einzelnen Mitgliedsländern des Euroraums verwiesen, die sich in unterschiedlichen Einkommensniveaus und auch in divergierenden Handelsströmen zeigten. Aus Sicht dieser Ökonomen waren dies keine guten Voraussetzungen für eine Währungsunion.

Weder die eine noch die andere Befürchtung hat sich letztlich als haltbar erwiesen. Die Inflationsrate in Deutschland ist so niedrig, dass eher Befürchtungen über eine Deflation angebracht wären und in Ländern, für die früher Inflationsraten im zweistelligen Bereich normal waren, steigen die Preise nunmehr fast so wenig wie früher in Deutschland. Eine mangelhafte Stabilitätskultur hat sich somit im Euroraum insgesamt im Zuge der Währungsunion nicht herausgebildet. Ebenso wenig ist es zu Friktionen bei den Handelsströmen gekommen und die Einkommensunterschiede haben sich eher angeglichen als ausgeweitet.

Umgekehrt hat der Euro in den vergangenen Jahre gerade seine Nützlichkeit bewiesen. Gerade die starken Währungsschwankungen in den vergangenen Jahren machen deutlich, dass internationaler Handel bei flexiblen Wechselkursen mit hoher Unsicherheit behaftet ist. Entweder setzen sich die Unternehmen diesen Unsicherheiten aus und nehmen schwankende Gewinne oder die Notwendigkeit rascher Preisanpassungen in Kauf oder sie sichern sich kostenpflichtig gegen Schwankungen ab. Man stelle sich nun vor in den vergangenen Jahren hätte es noch all die Währungen gegeben, die vor dem Beginn der Währungsunion existiert hätten. Die Unsicherheit über den binneneuropäischen Handel wäre erheblich größer gewesen und hätte den Handel belastet. Damit aber wären Wachstums- und Beschäftigungschancen, die sich mit der Währungsunion stillschweigend realisiert haben, vertan gewesen. Es ist noch zu früh, eine exakt quantifizierbare Zwischenbilanz zu ziehen, doch ist ein starker Binnenhandel, der sich gerade im Zuge der monetären Integration zwischen den Mitgliedsländern des Euroraum besonders spürbar intensiviert hat, ein Schutz gegen Währungsschwankungen. Dieser Schutz kann bei freiem Handel mit Ländern außerhalb der Währungszone zwar nicht absolut sein, doch wird die Kalkulationssicherheit deutlich erhöht im Vergleich zu einem System schwankender Wechselkurse. Insgesamt dürfte der Euro also Wachstum und Beschäftigung im Euroraum erhöht haben.

Damit stellt sich die zweite Frage, ob das Kapitel Währung und Wachstum für den Euroraum nunmehr abgeschlossen ist, oder werden sich in Zukunft die Vorteile des Euro sogar noch erhöhen. Diese Frage lässt sich auf einer schlichten Ebene insofern mit einem Ja beantworten als die Beitrittsländer zur EU sich in den kommenden Jahren auch zur Währungsunion gesellen werden. Der Zeitpunkt hängt allein davon ab, wann sie die Konvergenzkriterien des Vertrages von Maastricht erfüllen. Mit der Ausdehnung des Währungsgebiets erhöht sich die Wechselkurssicherheit und auch die hinter dem Euro stehende Wirtschaftskraft weiter. Dies ist aber nur eine Extrapolation der bereits bestehenden Vorteile.

Ein qualitativer Sprung könnte dadurch geschehen, dass der Euro zunehmend zu einer globalen Reservewährung wird und allmählich in eine Position hineinrückt, die ähnlich bedeutsam ist wie die des US-Dollar. Ein solcher Zuwachs an Bedeutung hätte weitreichende Folgen für die europäische Wirtschaftspolitik. Bevor man aber über einen solchen Zuwachs spekuliert, stellt sich die Frage, ob der Euro eigentlich das Potenzial besitzt, eine weltweite Reservewährung zu sein. Derzeit nimmt er einen soliden zweiten Platz in der Reservehaltung der Zentralbanken ein, wobei verlässliche Daten über die Reservehaltung im privaten Sektor leider nicht verfügbar sind. Der Abstand zu den USA ist aber noch beträchtlich und die dominierende Position des US-Dollars ist zur Zeit nicht gefährdet. Allerdings nimmt die Bedeutung des Euro zu, so dass die Frage zumindest eine gewisse Plausibilität enthält.

In einem interessanten Diskussionsbeitrag von Michael Dooley und anderen wird die These aufgestellt, dass Wirtschaftsregionen das Währungssystem je nach ihrem Entwicklungsstand verändern.[1] Dies wird auch im Verhältnis des Euroraums zu den USA in Zukunft eine Rolle spielen. Es besteht dabei die Chance, dass der Euroraum seine weltwirtschaftliche Position grundlegend verbessert und hierdurch Vorteile für Wachstum und Beschäftigung erzielt.

In dem Ansatz von Dooley und anderen wird zwischen peripheren Volkswirtschaften, die ein vergleichsweise niedriges Wohlstandsniveau aufweisen, und zentralen Volkswirtschaften mit einem relativ hohen Wohlstandsniveau unterschieden. Die These ist nun, dass die peripheren Volkswirtschaften ein System fester Wechselkurse mit einer zentralen Volkswirtschaft bevorzugen, deren Währung gleichsam als Anker und Reservewährung benutzt wird. Der Kurs wird so festgelegt, dass die Währung des peripheren Landes tendenziell unterbewertet ist und die Exportchancen in das Reserveland damit erhöht werden. Ein auch vom Export induziertes Wachstum führt dann zum Aufbau eines Kapitalstocks und letztlich zu Wohlstand in der peripheren Ökonomie. Meist geht eine solche Strategie einer mit Kapitalverkehrskontrollen, um das heimische Kapital für Investitionen, durch den der Aufbau des Kapitalstocks im Land geschieht, zu halten. Solche Kontrollen reichen aber alleine in der Regel nicht aus. Die Wirtschaftpolitik muss auch binnenwirtschaftlich hinreichend Anreize bieten, im Land zu investieren.

Der Vorteil des Reservelandes bei einer solchen Strategie besteht zum einen in relativ billigen Importen und vor allem in der Möglichkeit, Investitionen bei fixierten günstigen Wechselkursrelationen und ohne großes Wechselkursrisiko in der Peripherie zu tätigen, und damit Wohlstandsgewinne durch Investitionen im Ausland zu erzielen.

Ein solches System ist aber nur für eine begrenzte Zeit stabil. Denn sobald die periphere Ökonomie das Wohlstandsgefälle spürbar abgebaut hat und ein hoher Kapitalstock akkumuliert ist, wird versucht, die Anlagemöglichkeiten auszuweiten. Dies geht aber nur, wenn die Kontrollen aufgehoben werden und ein freier Kapitalverkehr ermöglicht wird. In diesem Moment gerät die Währung aber nicht nur durch die Handelsströme, sondern auch durch den Kapitalverkehr unter Druck. Denn wenn die Erwartung besteht, dass die Währung unterbewertet ist, wird sofort ein kurzfristig orientierter Kapitalzustrom einsetzen. Dieser kann – wie das Beispiel Japans und Chinas zeigt – für eine geraume Weile durch Devisenmarktinterventionen sterilisiert werden. Am Ende führt kein Weg an einer Aufwertung und letztlich an einer Freigabe der Wechselkurse vorbei.

Dies ist auch die Geschichte der Währungsbeziehungen zwischen den USA und den europäischen Ländern nach dem Ende des Systems von Bretton Woods. Mit dem US-Dollar als einziger globaler Reservewährung bei flexiblen Wechselkursen setzt sich bei

---

1 Vgl Michael P. Dooley, David Folkerts-Landau und Peter Garber: An Essay on the Revived Bretton Woods-System, NBER Working Paper Series 9971.

weiterer Unterbewertung der peripheren Währungen aber die Tendenz zu einer Überbewertung der Leitwährung fort. Es besteht ständig eine höhere Nachfrage nach Dollar als durch die Handels- und Kapitalströme der USA mit dem Ausland notwendig wäre. In der Konsequenz bedeutet dies auch, dass die Wettbewerbsfähigkeit der USA auf den Weltmärkten beeinträchtigt wird und sich hohe außenwirtschaftliche Defizite einstellen. Dies ist aber für ein Land, das eine Reservewährung emittiert, so lange kein Problem, wie der Rest der Welt bereit ist, diese Defizite durch einen entsprechenden Kapitalzustrom zu finanzieren. Erst wenn dies nicht mehr der Fall ist, steigen als Folge der Defizite die Kapitalmarktzinsen und, sollte dieser Prozess von einer massiven Abwertung begleitet sein, wird auch die Zentralbank mit den Leitzinsen in diese Richtung gehen.

Aber auch diese Situation ist auf Dauer nicht stabil. Denn zumindest einige der zuvor peripheren Länder haben nunmehr aufgrund ihrer Wirtschaftskraft das Potenzial, selbst Zentrum und damit Leitwährungsland zu werden. Voraussetzung ist freilich, dass auch in den Zeiten flexibler Wechselkurse eine Politik der Währungsstabilität betrieben wurde. Der Euroraum hat diese Rolle teilweise bereits eingenommen, er ist sich ihrer allerdings bei weitem noch nicht hinreichend bewusst. Am ehesten zeigt sich die neue Rolle noch für die Beitrittsländer zur EU, die ihre Währungen in mehr oder minder flexibler Weise an den Euro gekoppelt haben. Es gilt aber ansatzweise auch für einige Länder außerhalb dieser Region. Aus dieser Konstellation ergeben sich Vorteile für den Euroraum. Ihm wächst aber auch eine besondere weltwirtschaftliche Verantwortung zu, die bisher in der europäischen Wirtschaftspolitik noch zu wenig erkannt wird.

Die Vorteile sind die gleichen, die die USA seit der späten Mitte des vorigen Jahrhunderts bis in die 90er Jahre hinein genossen. Es eröffnen sich günstige Investitionsmöglichkeiten außerhalb des eigentlichen Währungsgebiets und eine Verschuldung in Fremdwährungen ist mit geringeren Wechselkursrisiken möglich. Auf der anderen Seite muss der Euroraum erkennen, dass er eine bedeutsame Rolle für die Absorption von weltweiter Produktion spielt. Denn nur bei einer hohen Einfuhr können die Vorteile dieser weltwirtschaftlichen Konstellation auch realisiert werden. Die peripheren Länder würden durch ihre unterbewerteten Währungen große Exporterfolge erzielen und der Euroraum könnte eine hohe binnenwirtschaftliche Expansion durch Zufluss globalen Kapitals finanzieren.

Um zu diesem Zustand zu gelangen, ist aber noch ein weitreichendes wirtschaftspolitisches Umdenken im Euroraum erforderlich. Bisher ist das wirtschaftspolitische Denken weitgehend von dem Ziel geprägt, wirtschaftliche Strukturen zu ändern, die tatsächlich oder vermeintlich einem höheren Wachstum entgegen stehen. Kaum Aufmerksamkeit wird dagegen auf die globale währungspolitische Rolle des Euroraums und die daraus resultierenden Konsequenzen verwendet. Will der Euroraum eine Leitwährungsregion werden, muss er sich auch seiner globalen wirtschaftlichen Verantwortung stellen. In der konkreten Situation bedeutet dies, dass der globale Aufschwung, auch von der Wirtschaftspolitik im Euroraum gestützt werden muss.

## II. Die Mängel der Geldpolitik

Genau hieran mangelt es. In den vergangenen Jahren hat sich sowohl die europäische Geldpolitik als auch insbesondere die Finanzpolitik vorwiegend mit einer ökonomischen Nabelschau beschäftigt. Während die Börsenkurse zusammenbrachen, ein Ölpreisschock die Industriestaaten belastete und später weltpolitische Unsicherheiten wie die Terroranschläge und der Krieg im Irak das weltwirtschaftliche Klima eintrübten, lag der Fokus der europäischen Wirtschaftspolitik auf Strukturreformen, der Bekämpfung von Inflation und der Konsolidierung der öffentlichen Haushalte. Keiner dieser drei Schwerpunkte ist aber geeignet, einen Aufschwung einzuleiten. Strukturreformen mögen die Anreize zur Arbeitsaufnahme verbessern. Solange aufgrund gedrückter Absatzaussichten die Nachfrage nach Arbeit schwach ist, geht dieser Anreiz ins Leere. Die Inflation war im Euroraum jederzeit unter Kontrolle. Schließlich hatte die Geldpolitik bereits im Jahr 2000, als es zu einem wirklich kräftigen Wachstum gekommen war, schon spürbar gebremst und so maßgeblich zum Beginn des Abschwungs beigetragen. Darüber hinaus galt es, lediglich den Ölpreisschock möglichst stabilitätsgerecht zu verarbeiten, was der Tendenz nach im Euroraum insgesamt auch gelungen ist. Im Ergebnis fehlte jede eigenständige geldpolitische Bewältigung der Konjunkturschwäche und die EZB dümpelte im Fahrwasser der amerikanischen Federal Reserve (Fed). Die Konsolidierungsbemühungen für die öffentlichen Haushalte, die in Teilen des Euroraums zu einer massiven Sparpolitik geführt haben, waren vor diesem wirtschaftlichen Hintergrund eine erhebliche Belastung für die Konjunktur und mussten deshalb scheitern.

Aus diesem Policy-Mix konnte also kein binnenwirtschaftlich fundierter Aufschwung im Euroraum entstehen. Damit ergab sich aber eine weltwirtschaftlich labile Konstellation, in der die außenwirtschaftlichen Defizite der USA weiter zunehmen, während Europa am Beginn des Aufschwungs hinterher hinkt. Diese Strategie ist für ein Leitwährungsgebiet nicht adäquat. Um den Euro wirklich in den Stand einer Leitwährung zu bringen, hätte der Euroraum im Hinblick auf die binnenwirtschaftlichen konjunkturellen Impulse mindestens mit den USA mithalten müssen. Dann hätte auch der Euroraum einen größeren Anteil der globalen Güterproduktion absorbieren können und auf diese Weise einen Beitrag zur globalen Stabilität geleistet.

Aber von diesem Denken ist die Wirtschaftspolitik des Euroraums noch weit entfernt, da noch zu sehr nationale Überlegungen im Vordergrund stehen. Wie sähe aber die Welt aus, wenn man sich ein Szenario vorstellt, in dem der Euro eine globale Leitwährung ist und die Wirtschaftspolitik diese Verantwortung sucht und auch wahrnimmt?

Als erstes müsste man voraussetzen, dass im Rat der Wirtschafts- und Finanzminister (ECOFIN) wie auch bei der EZB bei allen notwendigen Nuancierungen ein Konsens gefunden wird, der konjunkturelle Entwicklungen nicht nur aus nationaler, sondern aus europäischer und globaler Perspektive betrachtet. Es folgt die Suche nach einem Policy-Mix, der diesen Überlegungen Rechnung tragen würde, ohne dass binnenwirtschaftliche Zielsetzungen wie Preisstabilität verletzt würden. Dies kann durch eine europäische Lohnpolitik erleichtert werden, die dann einige Mitgliedsländer stärker als bisher am Inflationsziel der EZB orientiert. Gelingt es, einen solchen Rahmen für die europäische Wirtschaftspolitik zu finden, würden in der Konsequenz mehr und mehr Länder ihre Währungen in mehr oder minder flexibler Form an den Euro binden, so dass die Bedeutung des Euro als Reservewährung zunähme. In der gegenwärtigen Situation würde eine solche Konstellation in einer weitaus expansiveren Finanz- und Geldpolitik münden. In der Folge wäre das Wachstum im Euroraum höher, auch wenn die Handels- und Leistungsbilanz wohl eher im Defizit wären, weil relativ starke Impulse vom Euroraum auf die Weltwirtschaft ausgingen. Gleichzeitig nähme der Kapitalzustrom in den Euroraum zu, die Kapitalmarktzinsen blieben auch im Aufschwung niedrig. In der Folge könnte der Aufschwung länger anhalten: Das Wachstums- und Beschäftigungspotenzial wäre gestiegen.

Sicherlich würde eine solche Strategie auch Veränderungen im Verhältnis zu den USA auslösen. Der Wettbewerb der beiden Währungsräume auf den Güter- und Kapitalmärkten würde an Intensität gewinnen. Das ist nichts Nachteiliges, denn es würde letztlich den Verbrauchern wie den Kapitalnachfragern zugute kommen. Zudem hat der Euroraum dabei gute Chancen. Die preisliche Wettbewerbsfähigkeit des Euroraums hat, auch wenn dies zuletzt durch die Aufwertung des Euro konterkariert wurde, durch insgesamt maßvolle Preissteigerungen im Vergleich zu den USA zugenommen. Insbesondere würde der Euroraum aber an Attraktivität für internationale Kapitalanleger als Wachstumszone gewinnen und damit könnte die Chance für einen lang anhaltenden Aufschwung entstehen.

## III. Eine wachstumsorientierte Geldpolitik

Für eine Reservewährung bedarf es also einer Geldpolitik, die primär die innere Stabilität der Währung wahrt. Hierbei darf Stabilität nicht nur als Preisstabilität, sondern muss auch als Sicherung eines stabilen Wachstumsprozess verstanden werden, wie er auch im Zuge des Lissabon-Prozesses angestrebt wird. Während die erste Anforderung unumstritten, ja sogar Teil der offiziellen geldpolitischen Strategie der EZB ist, löst die zweite in der ökonomischen Profession überwiegend Ablehnung aus.

Die Ursache hierfür besteht in grundsätzlichen Zweifeln, die der Großteil der Ökonomen vor allem in Deutschland an der Wachstumswirkung von Geldpolitik hegt. Immer noch wird vielfach von einer mehr oder minder vollkommenen Trennung von realwirtschaftlicher und nominaler Sphäre ausgegangen. Eine solche ist allerdings nur in einer Welt mit unendlich flexiblen Preisen und Löhnen und vollkommener Sicherheit oder zumindest einer systematischen Kenntnis künftiger Ereignisse theoretisch darstellbar. Neuere Ansätze gehen allerdings von nicht unendlich flexiblen Preisen und Löhnen aus, sondern unterstellen Rigiditäten, die mit einzelwirtschaftlich rationalem Verhalten begründet sind. In einem solchen Umfeld zeigt Geldpolitik zumindest temporäre Wirkungen auf das realwirtschaftliche Wachstum. Allerdings wird dies in der Regel als eine konjunkturelle Wirkung interpretiert, die den Wachstumspfad einer Volkswirtschaft nicht ändern kann. Hintergrund dieser Aussage ist, dass bei dieser Klasse von Modellen sowohl die Unternehmen als auch die Beschäftigten auf Dauer Preise und Löhne so anpassen, dass von geldpolitischen Impulsen allein ein inflationärer Effekt übrig bleibt, während die Wachstumsimpulse allmählich abklingen oder sogar wieder verloren gehen. Im Rahmen dieser Ansätze ist Geldpolitik prinzipiell unbrauchbar zur Förderung des Wachstums. Jeder Versuch würde letztlich in höheren Inflationsraten enden. Jeder wiederholte Versuch birgt demnach sogar die Gefahr einer sich aufschaukelnden Lohn–Preis-Spirale in sich, die beim Auftreten von Hyperinflation das Wachstum sogar beeinträchtigen könnte.

Gegen diese gängigen Ansätze formiert sich aber seit kurzem eine intellektuelle Gegenrevolution, die der Geldpolitik eine wesentlich bedeutsamere Rolle auch für den Wachstumspfad zumisst. Die Motivation hiefür resultiert zum einen aus empirischen Befunden, die Zweifel an der Hypothese eines konstanten Wachstums- und Beschäftigungspotenzials wecken. Hierbei spielt vor allem die Erfahrung der USA in den 90er Jahren eine Rolle, als die Inflationsprognosen, die dort in der Phase des kräftigen Wachstums gemacht wurden sich Jahr um Jahr als überhöht erwiesen. Dies spricht dafür, dass sich der Wachstumspfad dort erhöhte und es spricht dafür, dass die relative expansive Geldpolitik, die in dieser Phase seitens der amerikanischen Zentralbank betrieben wurde, hierbei eine Rolle gespielt hat. Damit stellte sich die Frage, welche ökonomischen Mechanismen hierfür verantwortlich sind.

Zu genau dieser Frage hat es in den vergangenen Jahren einige weiterführende Publikationen gegeben. Sie setzen in der Regel bei den Erwartungen der Marktteilnehmer über die Zukunft an. Gehen die meisten Standardansätze davon aus, dass die Markteilnehmer keine systematischen Erwartungsfehler begehen, wird dies in den neueren Modellen als unrealistisch, weil zu aufwendig für den Einzelnen, angesehen. Die in den konventionellen Modellen unterstellte Erwartungsbildung ist in der Tat mit erheblichen Informationsanforderungen behaftet, da eine genaue Kenntnis über die prinzipielle Funktionsweise der Wirtschaft vorliegen muss. Allein das Auftauchen von Schocks geht nicht in die Erwartungen ein. Zu Recht wird bezweifelt, dass jeder Marktteilnehmer über eine solche Informationsausstattung verfügt oder gar verfügen muss. Denn wenn er z.B. Vertrauen in die Geldpolitik hat und deshalb davon ausgeht, dass sich Inflation tendenziell in einem engen Rahmen um das Inflationsziel der Zentralbank bewegt, dann wird er sein Verhalten nicht ändern, nur weil die aktuelle Preissteigerungsrate einmal um 0,2 Punkte steigt. Das bedeutet innerhalb eines bestimmten Rahmens führt eine expansivere Geldpolitik nicht zu einer Beschleunigung der Inflationsrate, da die bessere Versorgung mit Liquidität nicht automatisch zu einer Erhöhung der Inflationserwartungen führt. Erst wenn es zu einer nachhaltigen Beschleunigung oder Verlangsamung von Inflation käme, die auf Dauer nicht mehr mit den Zielvorstellungen der Zentralbank vereinbar wären, hätte dies Konsequenzen für das aktuelle Verhalten.

Ein anderer Gesichtspunkt ist das Gewicht, dass Informationen über die Zukunft für die Verhaltensweisen in der Gegenwart haben. Wenn dieses Gewicht deutlich geringer ist als das der aktuellen Verhältnisse, wird auch die Bedeutung von Erwartungen für das aktuelle Verhalten geringer. Die Marktteilnehmer ignorieren dann weitgehend, dass durch eine expansivere Geldpolitik heute, möglicherweise die Inflation morgen steigt, entsprechend fordern sie auch nicht heute z.B. höhere Löhne, und es kommt erst gar nicht zu einer Beschleunigung der Inflationsrate. Unter all diesen Umständen zeigt Geldpolitik langfristige realwirtschaftliche Wirkungen, ohne dass dies – wie in den üblichen Modellen – auf falsche Erwartungen oder, unschöner, Täuschungen der Marktteilnehmer zurückgeführt werden kann.

Die Implikationen dieser neueren Erkenntnisse für die Geldpolitik und insbesondere für die Rolle der Geldpolitik im Geflecht gesamtwirtschaftlicher Wirtschaftspolitik sind weitreichend. Wenn Geldpolitik langfristig nicht neutral ist, dann hat die Geldpolitik auch eine Verantwortung für das Wachstum. Dann kann die Geldpolitik auch einen Beitrag zur Stimulierung des Wachstums in Europa leisten wie es im Rahmen des Lissabon-Prozess beabsichtig ist. Damit wäre auch der oben geforderte Beitrag der Geldpolitik zur Etablierung des Euro als eine der globalen Reservewährungen kein unmöglicher mehr. Er bietet sich vielmehr als logische Schlussfolgerung aus dieser geldpolitischen Sicht geradezu an.

Die Unterscheidung zwischen Konjunktur und Wachstum macht vor diesem Hintergrund im übrigen überhaupt keinen Sinn mehr. Heißt dies nun die Geldpolitik sollte in Zukunft einen stark expansiven Kurs einschlagen und alles wird gut ? Dies wäre ein bei weitem zu naives Verständnis der neueren Erkenntnisse.

Im Unterschied zu den ursprünglichen keynesianischen Ansätzen wird in der modernen Geldtheorie sehr wohl berücksichtigt, dass die Inflation sich als Folge einer zu expansiven Geldpolitik beschleunigen könnte. Höheres Wachstum um den Preis einer höheren

Inflationsrate ist aber kein vernünftiges Ziel. Gefragt ist vielmehr nach einer Geldpolitik, die ihr Potenzial realwirtschaftlicher Wirksamkeit besser ausnutzt als in der Vergangenheit. Gefragt ist eine wachstumsorientierte Geldpolitik. Und in dieser Hinsicht besteht durchaus noch Spielraum.

Maßgeblich für eine wachstumsorientierte Geldpolitik ist der Blick auf die Inflationserwartungen und Indikatoren, die diese Erwartungen zu beeinflussen vermögen. Sie muss also vorwärtsgerichtet sein. Argumente, die sich ausschließlich auf die laufende Inflationsrate beziehen sind daher schon per se falsch. So kann die Behauptung, die Geldpolitik könne nicht expansiver sein, weil die aktuelle Inflationsrate zu hoch ist, leicht mit dem Argument zurückgewiesen werden, dass es hierauf gar nicht ankommt. Wichtig ist vielmehr, dass die Inflationserwartungen auf Preisstabilität gerichtet sind. Die aktuelle Inflationsrate ist daher nur insofern von Bedeutung als die Zentralbank vermuten kann, die Inflationserwartungen würden hiervon beeinflusst. Eine expansive Geldpolitik kann dann sehr wohl mit hohen aktuellen Inflationsraten einhergehen wie auch umgekehrt eine restriktive Geldpolitik mit niedrigen aktuellen Inflationsraten verbunden sein kann, wenn aus anderen Gründen die Inflationserwartungen nicht mehr mit dem Ziel der Zentralbank vereinbar sind.

## IV. Flankierung erforderlich

Mit der expliziten Berücksichtigung von Inflationserwartungen entsteht auch eine Verbindung zu anderen Bereichen der Wirtschaftspolitik. Denn diese Erwartungen werden von vielen Faktoren beeinflusst. Da ist zunächst einmal die aktuelle Konjunkturentwicklung. Sind die Produktionskapazitäten gut ausgelastet, haben die Unternehmen Spielraum ihre Preise bei zusätzlicher Nachfrage deutlich zu steigern. Dieser Spielraum dürfte in überproportionaler Weise mit einer besseren Auslastung zunehmen. Daher kann eine solche Situation von der Zentralbank durchaus als inflationsträchtig eingeschätzt werden. Denn eine zu hohe Auslastung birgt die Gefahr kräftiger Preisanhebungen in sich. Zu berücksichtigen ist allerdings auch, dass in einer solchen Situation rasch auch die Konkurrenz von Importeuren zunimmt, die den preislichen Spielraum der Unternehmen nicht in den Himmel wachsen lässt.

Ernster zu nehmen sind akzelerierende Lohnentwicklungen, die nicht mehr durch Produktivitätszuwächse gedeckt sind. Auf Dauer schlagen sich diese in entsprechenden Preiserhöhungen nieder und erzeugen Inflation. Deshalb ist es richtig, wenn die Geldpolitik die lohnpolitischen Entwicklungen genau verfolgt und auf Tendenzen achtet, die zu einer Gefährdung der Preisstabilität von dieser Seite führen könnten. Umgekehrt bedeutet dies auch, dass die Lohnpolitik gut daran tut, das Inflationsziel der EZB zu beachten. Dies ist auf europäischer Ebene allerdings keine triviale Forderung wie gerade auch jüngste Erfahrungen zeigen. Schließlich sind Lohnabschlüsse außer in einigen kleineren Ländern wie in den Niederlanden und Belgien, wo eine enge Kopplung an die Abschlüsse in den großen Nachbarländern Deutschland und Frankreich angestrebt wird, immer noch eine nationale Angelegenheit. Das führt derzeit dazu, dass die Lohnentwicklung in einigen Ländern wie insbesondere Spanien und Italien alles andere als stabilitätsgerecht ist. Auf europäischer Ebene resultiert hieraus nur deshalb kein Problem, weil in zwei Ländern nämlich in Deutschland und Österreich eine besonders ausgeprägte Lohnzurückhaltung geübt wird.

Dies zeigt, dass die Voraussetzungen für eine wachstumsorientierte Geldpolitik deutlich verbessert werden, wenn sich die Lohnpolitik in jedem Land und nicht nur im Durchschnitt des Euroraums stabilitätsorientiert verhält. Wichtig ist auch, mit welcher Zuverlässigkeit diese Linie verfolgt wird. Die Zentralbank muss sich schließlich darauf verlassen können, dass aus dieser Richtung keine Inflationsgefahren drohen. Sind diese Voraussetzungen allerdings gegeben, steht einer wachstumsorientierten Geldpolitik nichts im Wege.

In der Vergangenheit waren Ansätze hierfür bei der EZB durchaus zu beobachten. Insbesondere während der Asienkrise 1998 hat die EZB durchaus deutlich die Zinsen gesenkt und damit die Grundlagen für den späteren kräftigen Aufschwung gelegt. Um so erstaunlicher war es, dass sie im Jahr 2000 als das Wachstum im Euroraum sich auf 3,5 bis 4 % im Verlauf des Jahres beschleunigt hatte, sehr rasch und deutlich die Bremse wieder anzog. Es ist bis heute unverständlich, warum sie die Zinsen seinerzeit überhaupt und vor allem so kräftig erhöhte. Inflationssignale waren nicht erkennbar, auch die Lohnabschlüsse blieben trotz spürbarem Wachstum und einer merklichen Ausdehnung der Beschäftigung maßvoll und die Produktionskapazitäten waren nach Jahren eher schwachen Wachstums noch nicht ausgeschöpft. So begann sich erst im Jahr 2000 die Produktionslücke im Euroraum spürbar zu schließen. Unter diesen Umständen hätte allenfalls ein eher symbolischer Zinsschritt nach oben, der die Stabilitätsorientierung der EZB unterstrichen hätte, ausgereicht, um möglicherweise aufkeimende Inflationserwartungen, die in den entsprechenden Zeitreihen der Indikatoren freilich nicht erkennbar sind, zu dämpfen.

Mit anderen Worten hier wurde frühzeitig, ohne dass es fundierte Hinweise für Inflationsgefahren gegeben hätte, ein sich gerade erst richtig entfaltender Aufschwung bekämpft, der für die Belebung am europäischen Arbeitsmarkt bitter notwendig gewesen wäre. Dies ist das Gegenteil einer wachstumsorientierten Geldpolitik, die in einer solchen Situation, in der noch keine erhöhten Inflationserwartungen zu konstatieren waren, abgewartet hätte, bis sich der Aufschwung voll entfaltet hätte. Erst dann wären Zinserhöhungen notwendig geworden, um potentielle Inflationstendenzen frühzeitig in den

Griff zu bekommen. Folglich wurde im Jahr 2000 durch die Geldpolitik eine Chance für ein stärkeres Wirtschaftswachstum im Euroraum verschenkt.

Der Kurs der EZB erwies sich angesichts der weiteren Belastungen der europäischen Wirtschaft, die im Jahr 2000 begannen, als besonders fatal. Ölpreisschock, Börsencrash und Terroranschläge führten in der Folge und kombiniert mit den Nachwirkungen des restriktiven geldpolitischen Kurses zu einer zähen stagnativen Wirtschaftsentwicklung, deren Ursache unter Vernachlässigung der oben geschilderten offenkundigen Belastungen erstaunlicherweise zumeist in strukturellen Problemen des Euroraum gesehen wird. In der Konsequenz werden häufig Therapievorschläge gemacht, die kaum zur Überwindung der Schwäche geeignet sind. Insbesondere werden Hoffnungen auf die Wirkungen struktureller Reformen gesetzt, die diese nicht erfüllen können.

Wenn hingegen die Geldpolitik die Wachstumswirkungen ihres Handelns angemessener berücksichtigen würde, könnte dies den Euroraum in weitaus stärkerem Maße voranbringen und den Wachstumstrend erhöhen. Denn dass der Euroraum seine Produktionsleistung um 3 % und mehr pro Jahr, wie im Lissabon-Prozess gewünscht, steigern kann, ohne dass es zu Anspannungen an den Güter- und Arbeitsmärkten kommen muss, hat er schließlich im Jahr 2000 bewiesen. Sicherlich bedarf eine solche Politik der Flankierung, um eine wachstumsorientierte geldpolitische Strategie voll zur Wirkung kommen zu lassen. Die lohnpolitische Dimension wurde oben bereits erläutert. Hier sind die europäischen Tarifparteien gefordert.

Aber auch die Finanzpolitik muss eingebunden werden. Um nicht in einen Konflikt mit der Geldpolitik zu geraten, sollte sie strikt antizyklisch ausgerichtet sein. In einer Boomphase sollte sie den Bremskurs der Geldpolitik unterstützten, in dem auch sie restriktiv ausgerichtet ist. In einer konjunkturellen Schwäche sollte sie gleichfalls im Verein mit der Geldpolitik die Wirtschaft anschieben. Derzeit besteht in weiten Teilen des Euroraums ein solcher Konflikt. Während die Geldpolitik mittlerweile einen expansiven Kurs eingeschlagen hat, bremst dort die Finanzpolitik, um – angesichts der konjunkturellen Schwäche vergeblich – ihre Konsolidierungsziele im Rahmen der Konsolidierungsprogramme des Stabilitäts- und Wachstumspaktes zu erreichen. Dies mindert die Wirkung der Geldpolitik in den betroffenen Ländern.

Dieses Hemmnis kann nur durch eine Reform des Stabilitäts- und Wachstumspaktes ausgeräumt werden, die mehr konjunkturelle Flexibilität zulässt als bisher. Zu beachten ist dabei auch, dass die Finanzpolitik wie auch die Lohnpolitik sich nach wie vor in nationalen Händen befindet. Daher könnte die Finanzpolitik auch dazu dienen konjunkturelle Differentiale auszugleichen. Genau dies kann und sollte die Geldpolitik, die ihren Blick ausschließlich auf den Euroraum als Ganzes richten sollte, nicht.

Die Herausforderungen, die die Geldpolitik im Zuge des Lissabon-Prozess zu bestehen hat, sind ohne Zweifel nicht leicht zu bewältigen und vor allem nicht leicht durchzusetzen. Die Abkehr von einer einseitig auf die Wahrung der Preisstabilität ausgerichteten hin zu einer wachstumsorientierten Geldpolitik erfordert vor allem ein Umdenken in der europäischen Wissenschaft. Diese muss zur Kenntnis nehmen, dass Geldpolitik realwirtschaftliche Wirkungen hat, die über die kurze Frist hinausreichen. Gelänge es, diese Überzeugung zu verbreiten, wären die nächsten Schritte wie eine Änderung der geldpolitischen Strategie einfacher zu erreichen. Dann wäre auch der Weg des Euro zu einer globalen Reservewährung vorgezeichnet und die Wirtschaftspolitik im Euroraum würde ihrer globalen Verantwortung endlich gerecht.

# 3. Nicht auf die weltwirtschaftliche Erholung warten – Europäische Eigenanstrengungen werden gebraucht

Pedro Solbes Mira

# Zur Notwendigkeit einer europäischen Antwort auf die Lage der öffentlichen Finanzen

Eine der größten Herausforderungen für die Europäische Union besteht darin, sich der Verantwortung für künftige Aufgaben rechtzeitig zu stellen, wie es bei der Regional- und Strukturpolitik, der makroökonomischen Konvergenz im Rahmen des Maastricht-Vertrages und der Lissabon-Strategie bereits geschehen ist. Die Lissabon-Strategie zielt darauf ab, Europa zum wettbewerbsfähigsten wissensbasierten Wirtschaftsraum der Welt zu machen sowie mehr und bessere Arbeitsplätze zu sichern.

Es muss jedoch ebenso sichergestellt werden, dass die unterschiedlichen Maßnahmenbündel des Gipfels von Lissabon den Anforderungen an die Vereinbarkeit mit den öffentlichen Finanzen genügen. Es ist bei der Reform von Steuer- und Subventionssystemen und bei der Neuausrichtung öffentlicher Ausgaben für größere Investitionen in Infrastrukturen und in den Menschen unabdingbar, dass der Grundsatz gesunder öffentlicher Finanzen jederzeit berücksichtigt wird. Diese sind eine unumgängliche Voraussetzung für dauerhaftes Wachstum, für die volle Ausschöpfung des wirtschaftlichen Potenzials der EU und für das Anheben der Beschäftigungsrate. Das Anheben der Beschäftigungsrate ist vorrangig ein soziales Ziel. Darüber hinaus sprechen wichtige wirtschaftliche Faktoren für die Notwendigkeit höherer Beschäftigungs- und Teilhaberaten in den EU-Mitgliedstaaten. Angesichts der erwarteten demographischen Entwicklung wird, ausgehend von der heutigen Teilhaberate, die Anzahl der Beschäftigten in den nächsten 40 Jahren um ca. 30 Mio. sinken. Dies wird zwei Auswirkungen haben: erstens wird der Wohlstand geringer und langsamer wachsen als in der Vergangenheit. Zweitens gefährdet diese Entwicklung die langfristige Nachhaltigkeit der öffentlichen Finanzen. Die Europäische Union hat eine Methode entwickelt, um die langfristige Tragfähigkeit der öffentlichen Finanzen zu bewerten. Sie kann möglicherweise bestehende langfristige Haushaltsrisiken aufzeigen und der Politik somit Orientierungshilfen für Maßnahmen zur Verhinderung ungünstiger künftiger Entwicklungen geben.

## I. Die Lissabon-Ziele und die Notwendigkeit gesunder öffentlicher Finanzen[1]

Der Europäische Rat von Lissabon vom 23. - 24. März 2000 hat ein neues strategisches Ziel für die EU festgelegt, nämlich „[...] die wettbewerbsfähigste und dynamischste

---

1 Dieses Kapitel basiert auf: Europäische Kommission, Der Beitrag öffentlicher Finanzen für Wachstum und Beschäftigung: Verbesserung von Qualität und Nachhaltigkeit, Brüssel, Dezember 2000.

wissensbasierte Wirtschaft der Welt [zu werden], fähig zu nachhaltigem wirtschaftlichen Wachstum, mit mehr und besseren Arbeitsplätzen und größerem sozialen Zusammenhalt." Insbesondere forderte der Europäische Rat die EU auf, „[...] die Beschäftigungsrate von heute durchschnittlich 61 % auf so nah wie möglich an 70 % bis 2010 [zu heben]". Im Wesentlichen hat die EU ihr volles wirtschaftliches Potenzial zu nutzen, um einen höheren Lebensstandard für ihre Bürgerinnen und Bürger zu erreichen.

Regierungen greifen in die Wirtschaft aus unterschiedlichen Gründen ein: um öffentliche Güter zu gewährleisten und Marktversagen auszugleichen, einen Einkommensausgleich in den verschiedenen Regionen und zwischen den Individuen zu organisieren und die wirtschaftlichen Ergebnisse über einen Wirtschaftszyklus zu stabilisieren. Zu diesem Zweck nutzen sie eine große Bandbreite an Instrumenten, insbesondere Regulierung, Besteuerung und öffentliche Ausgaben. Durch die Beeinflussung der privaten Akteure in ihren Entscheidungen über Arbeit, Sparen und Investieren, haben die öffentlichen Finanzen Auswirkungen auf die Realwirtschaft. Um die Verbindungen mit den Lissabon-Zielen aufzuzeigen, ist es nützlich, einige der Schlüsselcharakteristiken der öffentlichen Finanzen der EU und die Wirtschaftskraft zu Beginn des 21. Jahrhunderts zu analysieren. Über die letzten 30 Jahre ist ein außergewöhnliches Ansteigen der öffentlichen Ausgaben zu beobachten. Sie betragen heute nahezu die Hälfte des Bruttosozialprodukts (BSP) der EU. Der Anstieg der Größe des öffentlichen Sektors bis zum Beginn der 90er Jahre verlief parallel zu dem Aufkommen großer und anhaltender Defizite. Fast ausnahmslos betrug das generelle durchschnittliche Staatsdefizit seit 1975 in der EU insgesamt über 3 % des BSP, mit einem historischen Höchststand von 6 % des BSP im Jahre 1993.

Diese Daten könnten vermuten lassen, dass die schnelle Ausweitung sowie die Dimension des öffentlichen Sektors, die veränderte Zusammensetzung der Steuereinnahmen und der Ausgaben, das anhaltend hohe strukturelle Defizit sowie die hohe Verschuldung das schwache Wachstum und die geringen Beschäftigung in den letzten Jahrzehnten verursacht haben könnten. Dennoch kann keine eindeutige Analyse der Auswirkungen der öffentlichen Finanzen auf Wachstum und Beschäftigung angestellt werden. Der Grund dafür kann darin liegen, dass die Regierungen ihre Politikziele gleichzeitig mit vielen unterschiedlichen Politikinstrumenten verfolgen. Sie haben unausweichliche Konsequenz für die Situation der öffentlichen Finanzen. Außerdem gibt es ein Reihe anderer Faktoren als die der öffentlichen Finanzen, die Auswirkungen auf das langfristige Wachstum und die Schaffung von Arbeitsplätzen haben. Insbesondere das Funktionieren der Waren-, Kapital- und Arbeitsmärkte sowie die demographische Entwicklung spielen eine wichtige Rolle. Die Effekte der öffentlichen Finanzen auf Wachstum und Beschäftigung hängen von dem Zusammenspiel mit den Finanzpolitiken, dem allgemeinen Regelungsumfeld wie auch von den Reaktionen des Privatsektors auf Maßnahmen des öffentlichen Sektors ab.

Trotz dieser Komplexität gibt es ausreichend Nachweise in der Wirtschaftsliteratur über die Auswirkungen öffentlicher Finanzen auf Wachstum und Beschäftigung. Sie können das Wachstums- und Beschäftigungspotenzial fördern, indem sie menschliches und physisches Kapital zusammenführen, die richtigen Anreize über Steuern und andere Vorteilsgewährungen setzen und ein stabiles makroökonomisches Umfeld sichern.

1. Die Zusammenführung von produktiven Faktoren

Regierungen beschleunigen direkt die Kumulierung von Faktoren durch Investitionen in Infrastrukturen, Humanressourcen, d.h. in Bildung und Fortbildung, sowie in Wissenskapital, d.h. in Forschung und Entwicklung sowie Innovation. Soziale Ausgaben spielen auch eine Rolle, vor allem bei der Förderung der Investitionen in humane Ressourcen. Öffentliche Investitionen können auch einen indirekten positiven Einfluss auf das Zusammenwirken aller Faktoren haben, wenn sie die privaten Investitionen begleiten. So kann die Sicherung effizienter Transportsysteme, der Energieversorgung und anderer Infrastrukturmaßnahmen die Produktivität der Investitionen des privaten Sektors begünstigen und weitere Investitionen anziehen. Diese Komplementarität kann darüber hinaus durch privat-öffentliche Partnerschaften gestützt werden, damit die Effizienz öffentlicher Investitionen durch die Einführung von Kostenoptimierungserwägungen erhöht und gleichzeitig gesichert wird, dass soziale Folgen in private Investitionsentscheidungen einbezogen werden.

A priori haben öffentliche Ausgaben zur Kapitalakkumulierung einen positiven Effekt auf Wachstum und Beschäftigung. Dennoch können die potentiellen wachstumsfördernden Effekte öffentlicher Investitionen durch die Reaktion der privaten Akteure geschmälert werden. Im Ergebnis ist für ein Wirtschaftswachstum nicht das Ausmaß der öffentlichen Stimulierung der Produktionsfaktoren an sich entscheidend, sondern die gesamte private Faktorakkumulierung. Hohe öffentliche Investitionen werden nur begrenzte oder negative Effekte auf das Wachstum haben, wenn sie private Investitionen verdrängen. Von daher zeigt sich, wie wichtig es ist, die Akkumulierung der öffentlichen Mittel über die Restrukturierung der öffentlichen Ausgaben zu stärken, wie dies der Europäischen Rat von Lissabon empfohlen hat.

2. Richtige Anreize schaffen

Steuer- und Beihilfesysteme haben Auswirkungen auf die Schaffung von Arbeitsplätzen, auf Spar- und Investitionsmaßnahmen und beeinflussen damit die private Faktorakkumulierung und folglich Wachstum und Beschäftigung. Das System der sozialen Sicherheit trägt dazu bei, durch Arbeitslosen- und Krankenversicherungen sowie Alterssicherung Marktversagen auszugleichen und dadurch eine effizientere Allokation von Ressourcen zu fördern. Soziale Sicherheit spielt auch eine Rolle bei der Umverteilung, weil eine Verringerung sozialer Konflikte für Wachstum und Beschäftigung von Vorteil ist. Ein gut konzipiertes System des Sozialschutzes und der sozialen Unterstützung kann wirtschaftliche Effizienz steigern helfen. Programme wie z.B. die Arbeitslosenversicherung oder soziale Dienstleistungen für Familien genauso wie Politiken zur sozialen Integration können die Teilhabe und das Arbeitskräfteangebot fördern und dabei die soziale Akzeptanz von Strukturreformen verbessern.

Dennoch können diese positiven Effekte durch negative Auswirkungen der Angebots- und Nachfrageseite von Arbeit konterkariert werden. So können z.b. großzügige Arbeitslosenversicherungsleistungen ohne Bedingungen und ohne zeitliche Befristung zu Abhängigkeit und Arbeitslosenfallen am unteren Ende der Einkommensskala führen, wenn sie nicht von Maßnahmen der Arbeitsvermittlung und aktiven Arbeitsmarktmaßnahmen begleitet werden. Vorruhestandsregelungen verhindern, dass sich ältere Arbeitnehmer in konjunkturell guten Zeiten wieder in den Arbeitsmarkt eingliedern oder ermutigen sie sogar, aus dem Erwerbsleben frühzeitig auszuscheiden, auch wenn ihnen das System in konjunkturell schlechten Zeiten Schutz und Sicherheit bietet. Die konkreten Erfahrungen in Europa und anderen Weltregionen bestätigen, dass Reformen der Steuer- und Beihilfesysteme sowie die Art des Verteilungsmanagements die Erwerbsquoten und die Integration in den Arbeitsmarkt beeinflussen können.

Die hohe Besteuerung der schlechter bezahlten Erwerbsarbeit ist zusammen mit der Kürzung von einkommensbezogenen Zuwendungen wesentliche Ursache für Armutsfallen für Erwerbstätige in den Niedriglohnbereichen. Während die Senkung der allgemeinen steuerlichen Belastung positive Auswirkungen auf private Investitionen haben kann, kann ein noch größerer Erfolg durch die Senkung von Steuern, die die Verhältnisse stark verzerren, erreicht werden. Gezielte Steuerkürzungen am unteren Ende der Produktivitätsskala würden die Anreize für Unternehmen erhöhen, ungelernte Arbeitskräfte nachzufragen.

Die schlüssigen Reformen von Steuer- und Verteilungssystemen sind ein weiteres entscheidendes Element zur Verbesserung der langfristigen Wachstumsperspektiven. Wenn die Mitgliedstaaten schlüssig handeln und dabei die vollen positiven gegenseitigen Auswirkungen der Politikstrategien in den unterschiedlichen Bereichen nutzen, können sie positive Wachstumseffekte erzielen. Entsprechend können kohärente Reformen Anreize zur Integration von Erwerbstätigen und ihrer weiteren Qualifizierung schaffen, das innovative Potenzial der Wirtschaft ebenso wie Unternehmergeist und die vom privaten Sektor geleistete Investitionen und Innovationen fördern.

3. Schaffung eines stabilen makroökonomischen Klimas

Die Absicherung des makroökonomischen Umfelds zum Vorteil von Wachstum und Beschäftigung erfordert strenge Haushaltsdisziplin. Erforderlich sind Haushalte, die über einen Wirtschaftszyklus hinweg eine weitestgehend ausgeglichene Bilanz aufweisen sowie niedrige, anhaltend sinkende öffentliche Defizite. Dies bedeutet für die EU eine Schuldenrate deutlich unter 60 % des Referenzwertes des Bruttoinlandsprodukts (BIP).

Haushaltsdisziplin wirkt sich auf Wachstum oder Beschäftigung direkt oder indirekt aus. Gesunde öffentliche Finanzen können zu niedrigen Zinssätzen führen und damit eine Geldpolitik unterstützen, die das Ziel der Preisstabilität verfolgt. Diese direkte Auswirkung von Haushaltsdisziplin kann private Investitionen anregen, die wiederum zu einem stärkeren Wachstum des Kapitalstocks auf mittlere und lange Sicht führen. Außerdem verringern niedrigere öffentliche Schulden die Zinslast, so dass mehr Spielraum für Steuersenkungen und/oder für produktive öffentliche Ausgaben besteht. Diese wiederum können die Faktorakkumulierung begünstigen. Eine weitere direkte Auswirkung von Haushaltsdisziplin führt über aggregierte Einsparungen, d.h. über die Summe von privaten und öffentlichen Einsparungen. In dem Maße, wie höhere öffentliche Einsparungen die aggregierten nationalen Ersparnisse erhöhen, stehen weitere Ressourcen für produktive Investitionen zur Verfügung.

Auch indirekt wirkt sich Haushaltsdisziplin durch ihren Beitrag zur makroökonomischen Stabilität auf Wachstum und Beschäftigung aus. Erstens kann sie stabile Inflationserwartungen stärken und damit Unsicherheiten für Anleger und Investoren begrenzen und damit eine langfristige Planung erleichtern. Zweitens ermöglicht Haushaltsdisziplin den Regierungen, dass sie in Phasen wirtschaftlichen Abschwungs die automatischen Stabilisatoren wirken lassen und damit die Schwankungen des Wirtschaftszyklus abfangen können. Diese Fähigkeit ist in wirtschaftlichen Schwächephasen wichtig. Es ist insbesondere in der Wirtschafts- und Währungsunion von Bedeutung, die Wirtschaftszyklen in ihren Ländern abzufedern, weil die Kompetenz für nationale Geldpolitiken verloren ist. Schließlich ermöglichen ausgeglichene öffentliche Finanzen den Mitgliedstaaten, auf die langfristigen Anforderungen an die Haushalte durch die zunehmende Überalterung der Bevölkerung zu reagieren. Eine niedrigere Staatsverschuldung verändert die Zinslast und trägt insofern teilweise dazu bei, die steigenden Ausgaben für Alterssicherung und Gesundheitssysteme aufzufangen. Wenn es nicht zu einer Gesundung der öffentlichen Finanzen kommt, die der demographischen Entwicklung Rechnung trägt, kann dies zu nicht vertretbar hohen Steuern führen, die Wachstum und Beschäftigung beeinträchtigen.

Damit wird klar, dass gesunde öffentliche Finanzen ein wichtiger Beitrag für Wachstum und Beschäftigung sind, weil sie über die Freisetzung von Ressourcen eine zusätzliche Faktorakkumulierung sowohl im öffentlichen als auch im privaten Sektor bewirken. Außerdem gewährleisten sie eine größere Stabilität für Anleger und Investoren, sowie die Möglichkeit bei wirtschaftlichen Schocks besser reagieren zu können. Die Ziele des Stabilitäts- und Wachstumspakts (SWP) sind eine wesentliche Vorbedingung für die Erreichung der Ziele von Lissabon.

## II. Das Problem der „Alterung" in Europa

In den kommenden Jahrzehnten wird sich die Bevölkerung Europas sowohl von der Größe als auch der Altersstruktur her dramatisch verändern. Die Geburtenrate der EU insgesamt liegt derzeit bei 1,5 pro Frau und damit deutlich unter dem Ersatzniveau[2] von 2,1. Folglich wird die Erwerbsbevölkerung in den kommenden Jahrzehnten abnehmen. Gleichzeitig dürfte sich die Lebenserwartung bei der Geburt entsprechend dem historischen Trend mit jedem Jahrzehnt weiterhin um etwa ein Jahr verlängern. Bis 2050 dürfte sich die Lebenserwartung damit um fünf Jahre auf 80 Jahre bei Männern und 85 Jahre bei Frauen erhöht haben.

Ein weiterer zentraler Faktor der demographischen Entwicklung ist die Migration. Die EU-Länder hatten in den vergangenen Jahren erhebliche Zuwanderungsströme zu verzeichnen, die in einigen Fällen in scharfem Gegensatz zum historischen Trend standen. Eurostat geht bei seiner Basisprojektion von einer jährlichen Nettozuwanderung von 600.000 Personen bis zum Jahr 2050 aus. In vielen Ländern steht die Migration ganz oben auf der politischen Agenda und könnte die Effekte der niedrigen Geburtenraten und der steigenden Lebenserwartung zweifellos zum Teil ausgleichen. Ohne einen radikalen Umschwung von Politik und öffentlicher Meinung zugunsten von erheblich mehr Zuwanderung ist es jedoch höchst unwahrscheinlich, dass der Gesamttrend in Richtung Alterung durch die Zuwanderung signifikant verändert wird.

In Folge der vorgenannten Dynamik von Geburten-, Sterblichkeits- und Migrationsraten dürfte die EU-Gesamtbevölkerung von 376 Mio. im Jahr 2000 auf 386 Mio. im Jahr 2020 anwachsen und anschließend wieder auf 364 Mio. im Jahr 2050 schrumpfen. Die aggregierte Wirkung ist zwar gering, doch bestehen große Unterschiede zwischen den Mitgliedstaaten. In Frankreich und dem Vereinigten Königreich wird die Bevölkerung im genannten Zeitraum insgesamt wachsen, während sie in anderen Ländern wie Deutschland und Italien stark schrumpft. Gleichzeitig dürfte die Bevölkerung im er-

---

2   Das Ersatzniveau bezeichnet die durchschnittlich notwendige Kinderzahl pro Paar bzw. pro Frau in einer Population, die zum Ersatz der gesamten Elterngeneration führt und damit dafür sorgt, dass die Populationsgröße dauerhaft stabil bleibt.

werbsfähigen Alter, d.h. zwischen 15 und 64 Jahren, ganz erheblich zurückgehen, während sich die Zahl der Personen ab 65 bis 2050 um 40 Mio. auf 103 Mio. und damit um über 60 % erhöht. Alles in allem werden diese Veränderungen das Verhältnis von Erwerbspersonen zu Rentnern dramatisch verschieben. Der Altersabhängigkeitsquotient, d.h. das Verhältnis der über 64-Jährigen zur Bevölkerung im Alter zwischen 15 und 64, dürfte sich für die EU von heute 24 % auf fast 50 % im Jahr 2050 verdoppeln. Mit anderen Worten kommen dann auf jeden älteren Bürger nicht mehr wie heute vier, sondern nur noch zwei Erwerbstätige. Dies hat tiefgreifende Folgen für die Belastung, die die wirtschaftlich aktive Bevölkerung durch die Versorgung der nicht Erwerbstätigen zu tragen hat.

## III. Budgetäre Risiken

Die Zukunftsfähigkeit der öffentlichen Finanzen ist nicht nur für die Wirtschafts- und Währungsunion (WWU) von Bedeutung. Allerdings sind in einer Währungsunion noch weitere Auswirkungen zu bedenken, denn eine unhaltbare öffentliche Finanzlage in einem Mitgliedstaat kann die Durchführung der einheitlichen Geldpolitik erschweren und die Zinsen über Gebühr in die Höhe treiben.

Seit Einführung des Euro im Jahr 1999 hat sich die Europäische Kommission auf mehrfache Weise mit der Tragfähigkeit der öffentlichen Finanzen auseinandergesetzt. So hat sie insbesondere darauf hingewirkt, die Prüfung der Tragfähigkeit der öffentlichen Finanzen im Einklang mit den Schlussfolgerungen der Europäischen Räte von Stockholm im März 2001 und Barcelona im März 2002 in den bestehenden EU-Rahmen für die Überwachung der einzelstaatlichen Wirtschafts- und Haushaltspolitik einzufügen. Auch vom Rat der Wirtschafts- und Finanzminister (ECOFIN) im März 2003 wurde auf die Notwendigkeit hingewiesen, bei der Bewertung der aktuellen Haushaltspolitik das Augenmerk verstärkt auf die langfristige Tragfähigkeit der öffentlichen Finanzen zu richten. Langfristige Tragfähigkeit bedeutet mehr, als die Anhäufung von Schulden zu vermeiden. Das von der Kommission angewandte weite Konzept verlangt auch, dass die Abgabenbelastung auf einem vertretbaren Niveau gehalten wird und andere wesentliche öffentliche Ausgaben wie Investitionen in Humankapital, Infrastruktur und Forschung und Entwicklung nicht verdrängt werden.

Zur Bewertung der Situation der Mitgliedstaaten wurde eine pragmatische Definition tragfähiger öffentlicher Finanzen zugrunde gelegt, nämlich ob die Mitgliedstaaten bei ihrer gegenwärtigen Politik die budgetären Anforderungen der WWU und insbesondere die Vertragsvorgabe, den Schuldenstand unter 60 % des BIP zu halten, auch in Zukunft erfüllen werden. Aufgrund der Arbeiten der Europäischen Kommission und des Ausschusses für Wirtschaftspolitik liegen inzwischen harmonisierte Projektionen für die langfristigen Trends der alterungsbedingten Ausgaben der EU-Länder vor. Die Projektionen erstrecken sich auf die Ausgaben für Renten, Gesundheitsversorgung und Langzeitpflege, Bildung und Leistungen bei Arbeitslosigkeit, d.h. auf jene Posten, die von der künftigen demographischen Entwicklung am stärksten beeinflusst werden dürften. Die Bedeutung der Bevölkerungsalterung für die öffentlichen Finanzen wird daran erkennbar, dass rund 2/3 der öffentlichen Ausgaben vom demographischen Wandel unmittelbar beeinflusst werden.

Tabelle 1: Projektionen für die öffentlichen Ausgaben für Renten, Gesundheitsversorgung, Langzeitpflege, Bildung und Leistungen bei Arbeitslosigkeit in % des BIP
(Quelle: Ausschuss für Wirtschaftspolitik (2003))

|    | 2000 | 2005 | 2010 | 2020 | 2030 | 2040 | 2050 | Veränderung |
|----|------|------|------|------|------|------|------|-------------|
| BE | 23,9 | 22,5 | 22,9 | 24,1 | 27,0 | 27,9 | 27,5 | 3,7 |
| DK | 28,5 | 29,1 | 31,0 | 32,7 | 34,3 | 34,7 | 33,9 | 5,4 |
| DE | 24,0 | 23,7 | 23,4 | 24,9 | 28,4 | 29,9 | 30,2 | 6,1 |
| EL | 21,8 | 21,1 | 21,1 | 24,0 | 28,8 | 33,5 | 34,8 | 13,0 |
| ES | 21,3 | 19,3 | 19,1 | 20,2 | 23,0 | 26,9 | 28,7 | 7,4 |
| FR | 26,5 | 26,3 | 26,9 | 29,3 | 30,6 | 30,6 | 30,5 | 4,0 |
| IE | 10,1 | 9,6  | 9,7  | 11,2 | 11,9 | 12,2 | 13,2 | 3,1 |
| IT | 24,2 | 24,4 | 24,5 | 25,5 | 26,6 | 27,1 | 25,8 | 1,6 |
| LU | 7,6  | 7,4  | 7,9  | 8,6  | 9,5  | 9,8  | 9,5  | 1,9 |
| NL | 21,4 | 21,8 | 23,1 | 25,5 | 28,3 | 30,4 | 30,3 | 8,9 |
| AT | 26,9 | 27,1 | 27,4 | 28,5 | 31,3 | 32,1 | 31,1 | 4,2 |
| PT | 21,5 | 22,0 | 23,0 | 24,6 | 24,9 | 25,5 | 25,1 | 3,5 |
| FI | 25,3 | 24,8 | 25,5 | 27,1 | 30,2 | 32,0 | 31,8 | 6,5 |
| SE | 27,0 | 26,8 | 27,2 | 27,8 | 30,0 | 31,0 | 30,6 | 3,6 |
| UK | 17,4 | 17,5 | 17,3 | 17,0 | 18,0 | 17,3 | 18,0 | 0,6 |

Den Projektionen zufolge werden die öffentlichen Ausgaben in den meisten Mitgliedstaaten bedingt durch die Bevölkerungsalterung in den kommenden Jahrzehnten um drei bis sieben Prozentpunkte des BIP steigen. Dies entspricht in etwa einer Zunahme des öffentlichen Sektors um 10 % bis 20 %. Allerdings variieren Umfang und Zeitpunkt der budgetären Auswirkungen von Land zu Land beträchtlich. In den meisten Mitgliedstaaten machen sich die finanziellen Folgen der Bevölkerungsalterung mit dem Renteneintritt der Baby-Boom-Generation ab 2010 bemerkbar und erreichen zwischen 2010 und 2040 ihren Höhepunkt. Anschließend gehen die Ausgaben wieder etwas zurück, da die Baby-Boom-Generation ausstirbt und die Altersstruktur der Bevölkerung ein neues Gleichgewichtsniveau erreicht. Höhere Aufwendungen für Renten, Gesundheit und Pflege machen den Löwenanteil des projizierten alterungsbedingten Ausgabenanstiegs aus, während der projizierte Rückgang der öffentlichen Ausgaben für Bildung und Arbeitslosengeld im Vergleich dazu gering ausfällt. Auch der Umfang der alterungsbedingten Auswirkungen ist von Land zu Land unterschiedlich, wobei allerdings in allen Ländern mit einem Anstieg der öffentlichen Ausgaben zu rechnen ist.

Anhand dieser Projektionen lässt sich feststellen, ob die Vertragsvorgaben für die Schulden der öffentlichen Hand ausgehend von der gegenwärtigen Politik auch in Zukunft erfüllt sein dürften. Dies liefert einen Hinweis darauf, welche budgetären Herausforderungen die Länder der Europäischen Union zu meistern haben, und kann Risiken künftig nicht mehr tragfähiger öffentlicher Finanzen aufzeigen. Die Extrapolierung der Schulden basiert auf verschiedenen einfachen Annahmen. Erstens geht die Kommission davon aus, dass die Mitgliedstaaten das in ihren Stabilitäts- oder Konvergenzprogrammen angesetzte mittelfristige Ziel für die Defizit/BIP-Relation erreichen. Dies gibt Aufschluss darüber, ob der gegenwärtige politische Kurs zukunftsfähig ist und dazu beiträgt, die Nachhaltigkeit zu verbessern. Außerdem wird generell angenommen, dass die Abgabenbelastung und die alterungsunabhängigen Primärausgaben, z.B. Investitionen, im Verhältnis zum BIP nach Ablauf des Programmzeitraums bis 2050 unverändert bleiben. Drittens werden die in Tabelle 1 dargestellten höheren alterungsbedingten Ausgaben berücksichtigt. Viertens werden für jedes Land bestimmte makroökonomische Annahmen für das BIP-Wachstum und die Inflation zugrunde gelegt[3].

Die Entwicklung des Haushaltssaldos und des Schuldenstands nach Ablauf des Programmzeitraums wird von den Zinszahlungen und der Veränderung der alterungsbedingten Ausgaben, z.B. Renten und Gesundheitskosten, bestimmt. Die Tragfähigkeit der öffentlichen Finanzen hängt weitgehend davon ab, ob der mit dem Schuldenabbau in den kommenden Jahren einhergehende Rückgang der Zinszahlungen ausreichen wird, um den erwarteten Anstieg der alterungsbedingten Ausgaben auszugleichen.

Für die EU insgesamt ergibt sich ein U-förmiger Kurvenverlauf. Das Schaubild 1 zeigt die Entwicklung des Schuldenstands im Verhältnis zum BIP in zwei Szenarien, die den mittelfristigen Unsicherheiten Rechnung tragen. Beim „Basisszenario" wird davon ausgegangen, dass die in den nationalen Stabilitäts- oder Konvergenzprogrammen vorgesehene Haushaltskonsolidierung tatsächlich erfolgt, während nach dem Alternativszenario keine mittelfristige Konsolidierung stattfindet. Mit anderen Worten bliebe der Haushaltssaldo dabei mittelfristig unverändert auf heutigem Niveau[4].

---

3 Ausführlich erläutert wird die Methodik in: Europäische Kommission, Öffentliche Finanzen in der WWU, 2002 und 2003.
4 Die Simulation basiert auf den Daten der aktualisierten Stabilitäts- bzw. Konvergenzprogramme von 2002. Beim Basisszenario werden als Ausgangspunkt für den Haushaltssaldo, den Schuldenstand, die Primärausgaben und die Steuereinnahmen die Datenangaben der Mitgliedstaaten für das letzte Jahr des 2002 aktualisierten Programms – in den meisten Fällen 2005 oder 2006 – zugrunde gelegt. Das Alternativszenario wird ebenso aufgebaut wie das Basisszenario, aber mit einer anderen budgetären Ausgangsposition. Der Schuldenstand wird von 2005/06 bis 2050 extrapoliert, wobei unterstellt wird, dass während des Programmzeitraums keine budgetären Änderungen eintreten, d.h. der Primärsaldo 2005/06 dem Stand von 2002 entspricht. Dieses Szenario soll zeigen, welche langfristigen Auswirkungen auf den Schuldenstand und folglich die Tragfähigkeit der öffentlichen Finanzen zu erwarten sind, wenn die Länder, die noch ein Defizit aufweisen, das im Pakt festgelegte Ziel eines „in etwa ausgeglichenen Haushalts oder eines Haushaltsüberschusses" nicht gemäß dem im jeweiligen Stabilitäts- oder Konvergenzprogramm vorgesehenen Zeitplan erreichen.

**Schaubild 1: Entwicklung der Schuldenquote in den kommenden 50 Jahren (Aggregat EU-15)**

(Quelle: Kommissionsdienststellen)

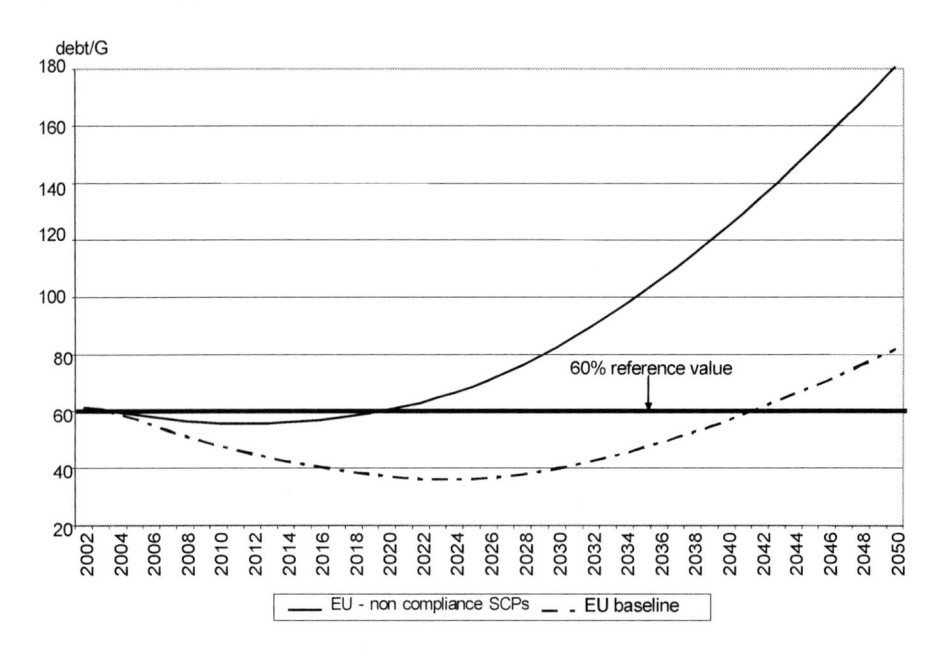

Der Schuldenstand sinkt tendenziell in dem Zeitabschnitt, bevor die demographische Wirkung der Bevölkerungsalterung eintritt. Anschließend steigt er jedoch wieder an, da die höheren Ausgaben für Renten und Gesundheitsversorgung zum Tragen kommen.

In diesem Zusammenhang können langfristig verschiedene Negativfolgen auftreten, wenn nicht bald gehandelt wird. Erstens würde der Anstieg der öffentlichen Ausgaben für Renten und Gesundheitsversorgung andere „produktive" Ausgaben verdrängen. Hauptaufgabe der öffentlichen Haushalte wäre dann die Umverteilung zwischen den Generationen, so dass für den Ausgleich zwischen Regionen oder für die Steigerung von Produktivität und damit Wirtschaftswachstum immer weniger Spielraum bliebe. Zweitens würde die voraussichtliche Entwicklung des öffentlichen Schuldenstands zu Steuererhöhungen führen, damit die Schulden bedient werden können. Höhere Steuern schmälern möglicherweise den Arbeitsanreiz, so dass das Arbeitsangebot zurückgehen könnte. Die Wirtschaftsakteure, Konsumenten und private Investoren, können diese Entwicklung der öffentlichen Verschuldung und der Abgaben antizipieren und ihre Konsum- und Investitionstätigkeit schon heute einschränken, da sie aufgrund der voraussichtlichen Schuldenentwicklung mit künftigen Steuererhöhungen rechnen. Eine

Einbuße beim Wirtschaftswachstum droht also nicht nur auf lange, sondern auch schon auf kurze Sicht.

Die heutige Politik führt zu einer bedenklichen Situation, und eine erhebliche Zahl von Ländern läuft große Gefahr, ihre öffentliche Finanzlage auf Dauer nicht halten zu können. Die EU kann den Mitgliedstaaten helfen, diese Herausforderungen zu bewältigen. So steckt der Stabilitäts- und Wachstumspakt mit seinen klaren, durch Überwachung und Gruppendruck flankierten Vorgaben einen guten Rahmen ab, um künftigen Ungleichgewichten vorzugreifen und die Mitgliedstaaten bei der zeitigen Vorbereitung auf die Auswirkungen der Alterung zu unterstützen. Alljährlich bewerten die Europäische Kommission und der Rat die von den Mitgliedstaaten vorgelegten aktualisierten Stabilitäts- und Konvergenzprogramme. Dabei spielt die langfristige Tragfähigkeit, die mit Hilfe der vorstehend erläuterten quantitativen Analyse und verschiedener qualitativer Faktoren wie der wahrscheinlichen Auswirkung von Strukturreformen bewertet wird, eine zentrale Rolle. Die multilaterale Überwachung spielt eine zentrale Rolle, da sie die bei der aktuellen Politik möglicherweise entstehenden Haushaltsungleichgewichte aufzeigt und die Mitgliedstaaten unter Druck setzt, ihre mittelfristige Strategie umgehend zu korrigieren und die öffentlichen Finanzen auf einen zukunftsfähigen Pfad zu führen.

## IV. Alterung, Wachstum und Beschäftigung

Veränderungen des Lebensstandards im Zeitverlauf werden vor allem von den zugrunde liegenden Entwicklungen der Produktivität und des Abhängigkeitsquotienten bestimmt. In den vergangenen vierzig Jahren haben wir uns daran gewöhnt, dass der Wohlstand dank einer stetigen Zunahme des Arbeitsangebots und eines hohen Produktivitätswachstums beständig zunahm. Angesichts der Bevölkerungsalterung dürfen wir diese Wachstumsquellen in Zukunft jedoch nicht mehr für selbstverständlich halten.

Die europäische Bevölkerung im erwerbsfähigen Alter wird ab 2010 schrumpfen, wenn die Baby-Boom-Generation in den Ruhestand tritt. Infolge der Bevölkerungsalterung wird die Zahl der Erwerbstätigen in der EU insgesamt um 30 Mio. zurückgehen, wenn die politischen Maßnahmen zur Steigerung der Beschäftigungsquoten nicht greifen. Doch selbst bei einem Anstieg der Beschäftigungsquoten und einem Rückgang der Arbeitslosigkeit in Richtung auf das strukturelle Niveau wird die Zahl der Erwerbstätigen sinken. Nach der Schätzung des Ausschusses für Wirtschaftspolitik wird die Erwerbstätigenzahl von 162 Mio. im Jahr 2000 auf unter 150 Mio. im Jahr 2050 zurückgehen.

Ein geringeres Arbeitsangebot, das nicht durch ein höheres Produktivitätswachstum ausgeglichen wird, führt zu einer niedrigeren Potenzialwachstumsrate. Die Dienststellen der Europäischen Kommission haben untersucht, wie sich der demographische Wandel auf das Wirtschaftswachstum auswirken wird. Wie Schaubild 2 zeigt, wird der „reine" Effekt der Bevölkerungsalterung darin bestehen, dass das Potenzialwachstum der EU von derzeit 2-2,25 % bis 2040 auf rund 1,25 % sinkt. Allerdings ist diese Entwicklung allen Industrieländern gemeinsam. Schätzungen für Japan zeigen, dass die negative Auswirkung auf das Wirtschaftswachstum dort noch drastischer ausfallen wird, während die Potenzialwachstumsrate in den Vereinigten Staaten mit rund 2,5 % robust bleiben dürfte. Dieser Unterschied in der Wirtschaftsleistung der EU und der USA kann weitgehend darauf zurückgeführt werden, dass die Bevölkerung im erwerbsfähigen Alter im Projektionszeitraum in den USA weiterhin kontinuierlich zunimmt. Der Rückgang des Potenzialwachstums mag auf den ersten Blick gering erscheinen, führt in seiner kumulativen Wirkung jedoch in den nächsten 50 Jahren zu einer Schrumpfung des Pro-Kopf-BIP um etwa 20 %.

**Schaubild 2: Auswirkung der Alterung auf die Potenzialwachstumsraten**

(Quelle: Europäische Kommission, Generaldirektion Wirtschaft und Finanzen.)

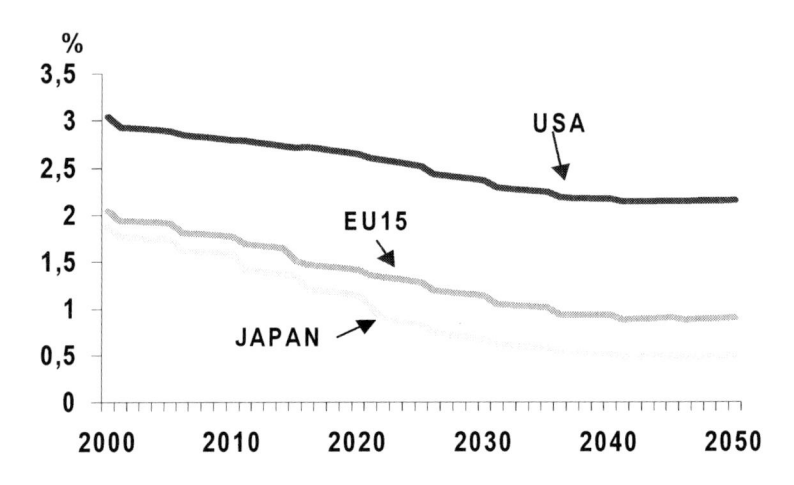

Eine derartige Wachstumsentwicklung hätte tief greifende Auswirkungen auf die Verteilung der globalen Produktion. Der EU-Anteil an der Weltproduktion würde von heute 18 % auf 10 % im Jahr 2050 sinken, während sich der Anteil Japans im gleichen Zeitraum von 8 % auf 4 % halbiert. Die USA hingegen dürften ihren Anteil an der Weltproduktion bis 2050 um 3 Prozentpunkte auf 26 % ausweiten und damit die 2½fache Produktion der EU aufweisen.

Ein niedrigeres Potenzialwachstum ist nicht nur bedenklich, weil es zu einem relativen Rückgang des Wohlstands gegenüber anderen Industrieländern führen wird, sondern ein großes Problem, weil es dadurch noch schwieriger werden wird, den Erwartungen und

Ansprüchen einer wachsenden älteren Bevölkerung gerecht zu werden. Ein Großteil der Rentenansprüche, die heute in den öffentlichen Rentensystemen erworben werden, gründet sich auf die Annahme, dass die Potenzialwachstumsraten auf heutigem Niveau bleiben.

## V. Die Zukunftsstrategie

Demographische Entwicklung, Tragfähigkeit der öffentlichen Finanzen, Wachstums- und Beschäftigungstrends – sie alle hängen miteinander zusammen. Eine Strategie zur Bewältigung dieser Herausforderungen kann sich nicht nur einem dieser Faktoren zuwenden, sondern muss umfassend angelegt sein. Der Europäische Rat von Lissabon im März 2000 hat das langsame Wachstum als zentrale langfristige Herausforderung Europas erkannt. Er rief eine Strategie zur Dynamisierung der europäischen Wirtschaft ins Leben und setzte der EU das ehrgeizige Ziel, die Potenzialwachstumsrate bis 2010 auf 3 % zu erhöhen.

Der Europäische Rat von Stockholm im März 2001 ging konkreter auf den politischen Ansatz zur Bewältigung des demographischen Wandels ein. Er sprach sich für eine dreigleisige Strategie aus, die auf die spezielle Situation eines jeden Mitgliedstaats zugeschnitten werden sollte. Ziele sind (1) eine rasche Rückführung der öffentlichen Schulden, (2) die Hebung der Erwerbstätigenquoten insbesondere bei Frauen und älteren Arbeitskräften und (3) die Reform der Renten- und Gesundheitssysteme, gegebenenfalls auch durch eine höhere Kapitaldeckung der Rentensysteme.

Die Europäische Kommission hat verschiedene Initiativen ergriffen, um die Umsetzung dieser Strategie zu erleichtern. Mit Blick auf den Schuldenabbau wurde im November 2002 eine Mitteilung über die Verstärkung der wirtschaftspolitischen Koordinierung angenommen, wonach dem Konjunkturzyklus bei der Bewertung der Haushaltsposition größeres Gewicht beigemessen werden sollte. Außerdem enthielt die Mitteilung Vorschläge, um den Ländern Anreize für wichtige wachstums- und beschäftigungsfördernde Reformen zu geben. Ein wichtiges zusätzliches Element war die stärkere Konzentration auf Schuldenentwicklung und Nachhaltigkeitsaspekte.

Die verfügbaren Informationen über die langfristige Entwicklung der in den vorstehenden Abschnitten erörterten alterungsbedingten Ausgaben unterstreichen die Notwendigkeit, die Schulden der öffentlichen Hand abzubauen, bevor die Wirkung der Bevölkerungsalterung zum Tragen kommt. Dies gilt nicht nur in besonderem Maße für die Länder mit hohem Schuldenstand, sondern ganz allgemein für alle EU-Länder, einschließlich der neuen Mitglieder. Angesichts der projizierten Wachstumsrate dürften sich die Schuldenstände ohne eine vorsichtige Haushaltspolitik kaum stabilisieren. Eine Schuldenquote von 60 % des BIP ist nur dann mit einem Defizit von 3 % des BIP vereinbar, wenn das Wirtschaftswachstum weiterhin nominal 5 % erreicht. Wie vorstehend erläutert, ist dies künftig unwahrscheinlich. Also sollte schon heute eine ehrgeizige Haushaltspolitik verfolgt werden, um sich auf die Auswirkungen der Alterung vorzubereiten.

Die verschiedenen an der multilateralen Überwachung der nationalen Haushaltspolitik beteiligten Akteure, Europäisches Parlament, Rat und Europäische Kommission, sollten ihr Augenmerk auch in Zukunft verstärkt auf die langfristigen Trends und die mittel- bis langfristige Schuldenentwicklung richten.

Was die Hebung der Erwerbstätigenquoten angeht, so misst die Lissabon-Strategie den Arbeitsmärkten zentrale Bedeutung für die Steigerung des Wachstumspotenzials und die Vorbereitung auf die Bevölkerungsalterung bei. Als Ziele wurden festgelegt:
- Steigerung der Gesamtbeschäftigungsquoten auf 70 % gegenüber durchschnittlich 64 % im Jahr 2002;
- Steigerung der Beschäftigungsquote der Frauen auf 60 % gegenüber durchschnittlich 55 % im Jahr 2002;
- Steigerung der Beschäftigungsquote der 55- bis 64-Jährigen auf 50 % gegenüber durchschnittlich 39 % im Jahr 2002;
- Hebung des effektiven Renteneintrittsalters um 5 Jahre bis 2010.

Eine tragfähige öffentliche Finanzlage lässt sich auch durch Strukturreformen zur Eindämmung der Ausgabenentwicklung herstellen. Die meisten EU-Länder führen Rentenreformen durch, um die alterungsbedingten Auswirkungen auf die öffentlichen Finanzen einzudämmen und das Rentensystem finanziell tragfähig zu machen. Zu den Reformen gehören unter anderem Änderungen der Anspruchsvoraussetzungen, Indexierungsverfahren und Maßnahmen zur Erhöhung des effektiven Renteneintrittsalters. Die Reformen zielen auch darauf ab, mehrsäulige Rentensysteme aufzubauen, um die öffentlichen Haushalte zu entlasten und der älteren Generation gleichzeitig einen angemessenen Lebensstandard zu sichern. Weniger Fortschritte wurden bei der Eindämmung der Gesundheitsausgaben erzielt, die in verschiedenen Ländern weiterhin rasant steigen.

Die Erreichung der Ziele von Lissabon würde ein gutes Stück dazu beitragen, die wirtschaftlichen und budgetären Folgen der Alterung auszugleichen. Das Problem ist jedoch die Umsetzung konkreter politischer Maßnahmen. Seit Beginn der Lissabon-Strategie sind Fortschritte erzielt worden. So ist beispielsweise die Erwerbstätigenquote insgesamt in den ersten beiden Jahren der Lissabon-Strategie um 2 % gestiegen. Allerdings besteht ein genereller Umsetzungsrückstand, und um die Ziele bis 2010 zu erreichen, bleibt noch einiges zu tun. Reformen zur Eindämmung der Rentenausgaben laufen, müssen aber beschleunigt werden.

## VI. Fazit

Auch wenn Prognosen über zukünftige Entwicklungen unsicher sind, ist eine Antwort auf den demographischen Wandel unausweichlich. Die Bevölkerung in der EU wird immer älter werden. Dies hat Auswirkungen auf Wachstum und öffentliche Finanzen. Dies hat jedoch nicht automatisch zur Folge, dass der Lebensstandard in Europa sinken muss – weder in absoluten Werten noch im Verhältnis zu anderen Ländern. Die EU-Mitgliedstaaten brauchen eine umfassende Reformstrategie, die gesunde öffentliche Finanzen sichert, die Erwerbsquoten anhebt und das effektive Rentenalter erhöht und Strukturreformen zur Steigerung des Produktivitätswachstums fördert, damit Europa zukunfts- und wettbewerbsfähig bleibt und seinen Lebensstandard weiter verbessert. Die Umsetzung der Lissabon-Strategie verlangt sehr unterschiedliche Politiken in allen Bereichen, mit dem Ziel, das Potenzialwachstum als Schlüsselelement anzuheben, um auf künftige Herausforderungen vorbereitet zu sein.

Die Europäische Union kann die nationalen Volkswirtschaften bei der Vorbereitung auf die Herausforderungen des demographischen Wandels durch stärkeres Peer Pressure und die Überwachung der Haushaltspolitiken, insbesondere ihrer langfristigen Auswirkungen, sowie durch Reformen auf den Arbeits-, Güter- und Finanzmärkten unterstützen. Besondere Aufmerksamkeit verdient dabei die Entwicklung des öffentlichen Schuldenstands auf mittlere und lange Sicht. Wichtige Schritte zur Verbesserung der Zukunftsfähigkeit wurden bereits unternommen. Der Schlüssel zu einem erfolgreichen Umgang mit einer immer älter werdenden Bevölkerung ist ein offener Dialog mit den Bürgern und Bürgerinnen über die grundlegenden Veränderungen in der Gesellschaft.

Dabei muss überdacht werden, ob es richtig ist, dass Menschen im Alter von 55 bis 65 Jahren in den Ruhestand gehen und zum größten Teil bei bester Gesundheit die letzten 20 bis 30 Jahre ihres Lebens wirtschaftlich inaktiv sein müssen. Dies ist wirtschaftlich sicherlich keine Lösung für die Europäischen Gesellschaften und entspricht sicher auch nicht dem, was die Bürger tatsächlich wollen. Es wird schwierig sein, das Pensions- bzw. Rentalter zu verändern, weil sich Bürgerinnen und Bürger auf den Ruhestand eingerichtet haben. Von daher geht es um erhebliche Veränderungen und Reformen in Bezug auf den Ruhestand. Die Steuer- und Rentensystemen müssen gründlich daraufhin überprüft werden, inwieweit und welche Anreize für ein längeres Erwerbsleben geschaffen werden sollten. Es bedarf außerdem einer grundsätzlichen Änderung in der Haltung der Arbeitgeber gegenüber älteren Beschäftigten, damit sinnvolle Beschäftigungsmöglichkeiten für ältere Menschen entstehen.

Eine umfassende öffentliche Debatte über das Verhältnis zwischen Staat und Bürger, ihre Verantwortung für die demographische Entwicklung und den in ihr liegenden Risiken ist notwendig. Damit sollen keinesfalls die Ziele der Fairness und Solidarität, die das Europäische Gesellschaftsmodell prägen, in Frage gestellt werden. Es muss allerdings angesichts der gestiegenen Lebenserwartung und der in Zeiten neuer medizinischer Erfindungen noch erheblich weiter steigenden Lebenserwartung die Frage gestellt werden, wie in Zukunft die Kosten der längeren Lebensdauer zwischen Individuen und den Regierungen aufgeteilt werden.

Hans Eichel
# „Agenda 2010" als deutscher Beitrag zur Lissabon-Strategie

## I. Die „Agenda 2010" im Kontext der Lissabon-Strategie

Deutschland braucht mehr Wachstum und Beschäftigung. Seit Anfang der 90er Jahre ist Deutschland im internationalen Vergleich beim Wirtschaftszuwachs zurückgefallen. Die Bundesregierung hat seit 1998 wichtige Weichen zur Erneuerung des Standorts Deutschlands gestellt. Hier sei nur an die deutlichen Steuersenkungen für Bürger und Unternehmen und die Schaffung einer kapitalgedeckten Säule für die Alterssicherung – die „Riesterrente" – erinnert. Das hat allerdings noch nicht gereicht, den Wachstumsmotor wieder voll in Schwung zu bekommen.

Deutschland braucht deshalb eine schlüssige Gesamtstrategie für eine nachhaltige Stärkung der Wachstumskräfte. Dies ist die Agenda 2010! Sie verbindet umfassende Strukturreformen für eine leistungsfähige Volkswirtschaft mit einer zukunftssicheren Gestaltung des Sozialstaats. Die Leitidee ist, mehr Flexibilität der Märkte und mehr eigenverantwortliches Handeln mit sozialem Ausgleich zu verbinden. Die Umsetzung der Agenda kommt gut voran! Die Aufhellung der wirtschaftlichen Perspektiven wird durch diesen Reformprozess gestützt.

Die Verbesserung der Wachstumsaussichten der deutschen Volkswirtschaft ist auch eine gute Nachricht für unsere Partner in Europa. Denn die Mitgliedstaaten der Europäischen Union sind über den Binnenmarkt wirtschaftlich eng miteinander verflochten. Mit der Einführung des Euro und der einheitlichen Geld- und Währungspolitik haben sich die wechselseitigen Verflechtungen der Wirtschaftsentwicklungen und der Wirtschaftspolitiken in den EU-Mitgliedstaaten noch weiter erhöht. Deshalb ist es konsequent, dass der EG-Vertrag die Mitgliedstaaten verpflichtet, „ihre Wirtschaftspolitik als eine Angelegenheit von gemeinsamem Interesse" zu betrachten.

Eine angemessene Koordinierung in der Wirtschafts- und Finanzpolitik ermöglicht es den Mitgliedstaaten, Maßnahmen und Reformanstrengungen so aufeinander abzustimmen, dass die Wachstumskräfte in der gesamten EU gestärkt werden. Aus diesem Grund haben die EU-Mitgliedstaaten das notwendige Instrumentarium zur Koordinierung ihrer Finanz- und Wirtschaftspolitik geschaffen, das von gemeinsamen Institutionen und verpflichtenden Regelungen bis hin zu weniger verbindlichen, „weichen" Formen der Koordinierung in Form eines politischen Dialogs oder eines reinen Informationsaustausches reicht. Koordinierung ist allerdings kein Ersatz für das Wahrnehmen der nationalstaatlichen Zuständigkeiten. Zwischenstaatlicher Wettbewerb und Subsidiarität bleiben weiterhin zentrale politische Gestaltungsprinzipien.

Als ein zusätzliches Instrument der wirtschaftspolitischen Koordinierung hat der Europäische Rat von Lissabon in seinen Schlussfolgerungen auf institutioneller Ebene die „offene Methode der Koordinierung" konzipiert. Die bestehenden Prozesse werden dabei durch die regelmäßige Überwachung und gegenseitige Prüfung beispielsweise anhand von Benchmarks intensiviert. So können die Erfahrungen mit bewährten nationalen Praktiken („Best Practices") ausgetauscht werden und in einen gegenseitigen Lernprozess einfließen. Der hierbei entstehende Gruppendruck („Peer Pressure") der erfolgreicheren auf die weniger erfolgreichen Mitgliedstaaten ist nicht zu unterschätzen.

Zusätzlich haben sich die Staats- und Regierungschefs in Lissabon im März 2000 auf die strategische Zielsetzung verständigt, die Europäische Union binnen zehn Jahren „zum wettbewerbfähigsten und dynamischsten wissensbasierten Wirtschaftsraum in der Welt zu machen, der fähig ist, ein dauerhaftes Wirtschaftswachstum mit mehr und besseren Arbeitsplätzen und einem größeren sozialen Zusammenhalt zu erzielen".

Welche Anforderungen ergeben sich aus der Lissabon-Strategie für die nationalen Wirtschafts- und Finanzpolitiken? Diese Frage soll zunächst eingehender betrachtet werden. Im Anschluss soll der Frage nachgegangen werden, wie die Bundesregierung mit der von ihr eingeleiteten und umgesetzten „Agenda 2010" ihren nationalen Beitrag zur Erreichung der Lissabon-Ziele leistet. Schließlich sollen Perspektiven für weitere Reformen und Ansatzpunkte zur Weiterentwicklung der Lissabon-Strategie skizziert werden.

## II. Herausforderungen des Lissabon-Prozesses für die nationale Wirtschafts- und Finanzpolitik

Wirtschaftliche Stabilität kann langfristig nur erreicht werden, wenn die Wirtschaftspolitik wachstums- und stabilitätsorientierte makroökonomische Rahmenbedingungen sichert und dynamische, wettbewerbsfähige Strukturen schafft. Aus diesem Grunde haben sich die politischen Akteure in Europa im Rahmen der Lissabon-Strategie auf eine anspruchsvolle wirtschaftspolitische Agenda verständigt.

Zugleich wurden die Themenfelder identifiziert, in denen unabweisbar Handlungsbedarf besteht: Wettbewerbsfähigkeit und Innovation, Wirtschaftsreformen, Förderung der wissensbasierten Gesellschaft, Erneuerung des europäischen Gesellschaftsmodells, Bekämpfung sozialer Ausgrenzung, nachhaltige Umweltschutzpolitik. Mit der breiten Anlage der Reformagenda hat der Europäische Rat verdeutlicht, dass nur eine umfassende Reformstrategie die europäische Wirtschaft aus der Wachstumsdefensive herausführen kann. Und nicht nur das: Ergänzend wurden in Lissabon und auf den Folgeräten einvernehmlich eine Reihe quantitativer Zielsetzungen festgelegt, u.a.:

- die Erhöhung der EU-Beschäftigungsquote auf 70 % bis 2010, unter Steigerung der Beschäftigungsquote der Frauen auf 60 % und der Beschäftigungsquote älterer Arbeitnehmer auf 50 %;
- die Erhöhung der Gesamtausgaben für Forschung und Entwicklung bis 2010 auf 3 % des BIP, wobei rund zwei Drittel von der Privatwirtschaft finanziert werden sollen;
- die Anhebung des tatsächlichen Durchschnittsalters beim Renteneintritt um rund 5 Jahre bis 2010;
- bis 2010 die Halbierung der Zahl der 18- bis 24-Jährigen, die lediglich über einen Abschluss der Sekundarstufe I verfügen und keine weiterführende Schul- und Berufsausbildung durchlaufen.

Darüber hinaus hat der Europäische Rat eine große Anzahl von Einzelmaßnahmen vereinbart, die zur Erfüllung der strategischen Ziele von Lissabon beitragen sollen. Hierzu gehören insbesondere die Vorschläge zur Liberalisierung der Energie-, Verkehrs-, Telekommunikations- und Postmärkte sowie zur Schaffung effizienter und integrierter Finanzmärkte.

Ob dieser Weg – entsprechend der Leitlinie des Buches – erfolgreich ist, hängt aber nicht nur von der Qualität der europäischen Strategie ab. Entscheidend sind Wille und Bereitschaft, die Reformansätze im nationalen Terrain umzusetzen. Europäische Koordinierungsbemühungen sind kein Ersatz für nationale Verantwortung. Grundsätzlich muss jeder Mitgliedstaat sein Haus in Ordnung halten.

### III. Spezielle Herausforderungen in Deutschland

Ein Blick auf die nationalen Herausforderungen in Deutschland macht deutlich, dass die Wirtschafts- und Beschäftigungspolitik in Deutschland in diesem und den kommenden Jahren vor großen Herausforderungen steht. Es galt – und gilt weiterhin – das Vertrauen in die Leistungsfähigkeit des Standorts Deutschland auszubauen. So können die Investitionsneigung der Unternehmen und die Konsumneigung der Bürgerinnen und Bürger gestärkt werden.

Wie die meisten hoch entwickelten Industrieländer ist auch Deutschland von den Auswirkungen der zunehmenden Bevölkerungsalterung betroffen. Bevölkerungsalterung und grundlegende Veränderungen der Erwerbsbiografien führen zu großem Reformbedarf in der Renten-, Kranken- und Pflegeversicherung. Die Höhe der auf den Faktor Arbeit bezogenen Beiträge ist zu einer beschäftigungsbremsenden Belastung des Faktors Arbeit geworden. Daher gilt es, die Funktionsfähigkeit der Sozialen Sicherungssysteme durch umfangreiche Reformen nachhaltig zu sichern.

Aber auch das im Trend zurückgehende Wirtschaftswachstum in Deutschland ist Anlass zum Handeln. Lag das Trendwachstum in den 70er Jahren noch bei 2,6 %, so fiel es in den 90er Jahren auf 1,6 %. Eine Ursache des zurückgehenden Trendwachstums waren insbesondere die Nachwirkungen der deutschen Vereinigung. In der jüngsten Vergangenheit wurde das Wachstum zudem durch die weltwirtschaftliche Konjunkturschwäche negativ beeinflusst.

Im Kontext der zunehmenden Globalisierung ist schließlich auf vielen internationalen Märkten eine Intensivierung des Wettbewerbs zu beobachten. Dies stellt unsere exportorientierte Volkswirtschaft vor besondere Herausforderungen.

## IV. Die „Agenda 2010" und die Ziele der Lissabon-Strategie

Den skizzierten Herausforderungen begegnet die Bundesregierung mit einer aufeinander abgestimmten Strategie, die vor allem auf drei Säulen ruht: Konsolidierung, Steuersenkungen und Strukturreformen. Die „Agenda 2010" der Bundesregierung bündelt diese Reformen. Sie greift dabei die Grundgedanken der Lissabon-Strategie auf. Die Reformmaßnahmen der Agenda tragen zur Sicherung der Nachhaltigkeit von wirtschaftlicher Entwicklung und Finanzpolitik bei. Sie verbessern die Voraussetzungen für mehr Wachstum und Beschäftigung.

### 1. Konsolidierung

Die langfristige Tragfähigkeit der Staatsfinanzen ist eine entscheidende Voraussetzung für die Zukunftsfähigkeit Deutschlands. Deshalb hält die Bundesregierung auch unter schwierigen ökonomischen Rahmenbedingungen an ihrem mittelfristigen Konsolidierungskurs fest. Sowohl das gesamtstaatliche Defizit als auch die Nettokreditaufnahme des Bundes werden im Jahr 2004 deutlich zurückgeführt. Im Bundeshaushalt 2004 wird die Nettokreditaufnahme gegenüber 2003 um nahezu ein Viertel auf unter 30 Mrd. Euro reduziert. Die Konsolidierung des Bundeshaushalts 2004 erfolgt insbesondere durch die Begrenzung konsumtiver Ausgaben und die Fortsetzung des Subventionsabbaus. Einsparungen von rund 14 Mrd. Euro werden u.a. durch Einschnitte bei Besoldung und Pensionen im öffentlichen Dienst, Kürzungen bei der Wohneigentumsförderung und der Entfernungspauschale für Pendler sowie einem Abbau der Unterstützungsleistungen u.a. für den Steinkohlebergbau erzielt.

Die Konsolidierungsmaßnahmen entlasten auch die Haushalte von Ländern und Gemeinden und ermöglichen damit einen schrittweisen Abbau des gesamtstaatlichen Defizits, das im Jahr 2004 voraussichtlich auf rund 3,5 % des BIP zurückgeführt werden kann. Damit wird das Staatsdefizit aber auch 2004 über der Defizitgrenze des Stabilitäts- und Wachstumspakts liegen. Eine noch stärkere Konsolidierung würde jedoch den beginnenden konjunkturellen Aufschwung gefährden. Entscheidend ist, dass die strukturelle Konsolidierung durch die beschlossenen Maßnahmen maßgeblich vorangetrieben wird: Das um konjunkturelle Effekte bereinigte Staatsdefizit wird im laufenden Jahr deutlich reduziert. Neben der quantitativen Konsolidierung der öffentlichen Haushalte bedarf es auch einer Verbesserung der Qualität der Staatsausgaben. Der Gestaltungsspielraum der Finanzpolitik ist durch den Anstieg der öffentlichen Verschuldung in der Vergangenheit zunehmend eingeschränkt worden. So ist die Struktur des Bundeshaushaltes immer stärker durch Zinsausgaben sowie Ausgaben für die soziale Sicherung und den Arbeitsmarkt geprägt worden. Die beschlossenen Konsolidierungsmaßnahmen wirken diesem Trend entgegen. Zugleich erhöht die Bundesregierung den Anteil von Zukunftsausgaben im Bundeshaushalt, wie z.B. den Anteil der Ausgaben für Forschung und Entwicklung, Bildung und Wissenschaft sowie für die Vereinbarkeit von Familie und Beruf. So steigen – bei rückläufigen Gesamtausgaben – die Ausgaben für Bildung und Forschung unter Einbeziehung der Investitionen für die Ganztagsschulen im Jahre 2004 gegenüber 2003 um knapp 7 % an. Ihr Anteil erhöht sich damit von 3,3 % auf 3,6 % der Ausgaben des Bundes.

2. Steuersenkungen

Die fortgesetzte Konsolidierung des Bundeshaushalts bei gleichzeitiger Verbesserung der Budgetqualität wird durch gezielte steuerliche Entlastungen begleitet, die den Konjunkturaufschwung abstützen. Die Entlastungswirkung der Steuerreformstufe 2005 wird zur Hälfte auf 2004 vorgezogen. Der Eingangssteuersatz der Einkommensteuer ist damit am 1. Januar 2004 von 19,9 % auf 16 %, der Spitzensteuersatz von 48,5 % auf 45 % abgesenkt worden, der steuerfrei bleibende Grundfreibetrag wurde von 7.235 Euro auf 7.664 Euro angehoben. Die nun beschlossenen Steuersätze liegen bereits auf einem historisch niedrigen Niveau. Zum 1. Januar 2005 werden die zuvor genannten Steuersätze nochmals reduziert auf dann 15 bzw. 42 %.

Deutschlands Steuer- und Abgabenquote betrug aber schon 2002 nach Berechnungen der OECD insgesamt nur 36,2 %. Damit bewegt sich Deutschland im guten internationalen Mittelfeld. Zum Vergleich: Die Steuer- und Abgabenquote im Vereinigten Königreich betrug 35,9 %, in Italien 41,1 % und in Frankreich 44,2 %. Die zentrale Herausforderung besteht damit nicht in zusätzlichen Steuersenkungen, sondern in der Verbesserung der Steuerstruktur. Das Steuerrecht muss wachstums- und beschäftigungsfreundlicher werden. Unter dem Gesichtspunkt der Steuervereinfachung könnte eine Verbreiterung der Bemessungsgrundlagen allerdings mit niedrigen Steuersätzen verbunden werden. Dies muss aber sozial ausgewogen geschehen.

## 3. Strukturreformen

Umfassende Strukturreformen sind das dritte zentrale Element der Reformstrategie für Deutschland. Die Bundesregierung orientiert sich dabei an den Leitlinien „mehr Flexibilität an den Märkten" sowie „mehr Eigeninitiative und eigenverantwortliches Handeln". Es gilt, das Verhältnis zwischen Eigenverantwortung, Kreativität und Risikobereitschaft auf der einen und Solidarität, sozialer Gerechtigkeit und ökologisch verantwortungsbewusstem Handeln auf der anderen Seite neu auszutarieren.

Mehr Eigenverantwortung und Flexibilität, Fördern und Fordern – das sind die Stichworte für die Reformen auf dem Arbeitsmarkt. Arbeit wird belohnt, Passivität sanktioniert: Mini-Jobs und bessere Hinzuverdienstmöglichkeiten für Transferempfänger wie auch die Senkung des Eingangssteuersatzes erhöhen die Möglichkeiten und schaffen Anreize zur Aufnahme von Arbeit, während die Ablehnung zumutbarer Arbeit mit Einbußen bzw. Sanktionen verbunden wird.

Die Bundesagentur für Arbeit wird zu einem modernen Dienstleister. Die Serviceleistungen für Arbeitnehmer und Arbeitgeber werden verbessert. Darüber hinaus werden das Leistungsrecht der Arbeitslosenversicherung und der arbeitsmarktpolitischen Instrumente vereinfacht und die Regelungsdichte verringert. Durch diesen Abbau von Bürokratie entstehen für alle Beteiligten wesentliche Vereinfachungen und mehr Transparenz. Damit kann die Bundesagentur für Arbeit sich zukünftig verstärkt auf die Vermittlung von Arbeitslosen konzentrieren.

Arbeitslosenhilfe und die Sozialhilfe für Erwerbsfähige zur Grundsicherung für Arbeitssuchende wurden zum 1. Januar 2005 zusammengeführt zum sog. Arbeitslosengeld II („Hartz IV"). Mit der Neuregelung wird das bisherige Nebeneinander von zwei staatlichen Fürsorgeleistungen beendet. Die neue Leistung stellt eine ausreichende materielle Sicherung im Rahmen des soziokulturellen Existenzminimums sicher. Künftig wird für Leistungsempfänger prinzipiell jede legale Arbeit zumutbar sein soweit keine der ausdrücklich gesetzlich geregelten Ausnahmetatbestände vorliegen. Auch darf die Arbeit oder Entlohnung nicht gegen Gesetz oder die guten Sitten verstoßen.

Mit der zwischen Regierung und Opposition vereinbarten Gesundheitsreform soll die Qualität, Wirtschaftlichkeit und Transparenz der gesundheitlichen Versorgung entscheidend verbessert werden, die Finanzgrundlagen der gesetzlichen Krankenversicherung gestärkt sowie das Beitragssatzniveau und damit auch die Lohnnebenkosten deutlich gesenkt werden.

In der Rentenversicherung hat die Bundesregierung in der letzten Legislaturperiode mit der Einführung der privat finanzierten kapitalgedeckten Säule bereits eine wichtige Umsteuerung vorgenommen. Inzwischen wurden bedeutsame weitere Maßnahmen zur Stabilisierung und nachhaltigen Finanzierung der gesetzlichen Rentenversicherung beschlossen. Ein wichtiger Punkt ist die Einführung eines Nachhaltigkeitsfaktors, der künftig bei Rentenanpassungen auch die Veränderungen des Verhältnisses von Rentnern und Beitragszahlern berücksichtigt. Damit ist ein Kernvorschlag der Rürup-Kommission schon umgesetzt.

Unsere Reformen am Arbeitsmarkt, im Gesundheitsbereich und in der Rentenversicherung tragen zur Senkung der Lohnnebenkosten bei. Das verbilligt den Faktor Arbeit und erhöht die Nachfrage nach Arbeit. Hiervon profitieren sowohl die Arbeitgeber über niedrigere Arbeitskosten als auch die Arbeitnehmer aufgrund geringerer Abgaben und die Arbeitslosen durch größere Einstellungschancen. Die Bundesregierung wird alles in ihren Möglichkeiten Stehende tun, um den Faktor Arbeit zu entlasten. Es soll für die Unternehmen wieder attraktiver werden, Arbeitsplätze zu schaffen. Gleichzeitig werden die Anreize für potenzielle Arbeitnehmer erhöht, diese auch anzunehmen.

Politik für mehr Wachstum und Beschäftigung bedeutet auch, für offene Märkte zu sorgen, Wettbewerb zu gewährleisten und unnötige Hemmnisse und Belastungen abzubauen. Dies ist insbesondere für Existenzgründer und kleine und mittlere Unternehmen von großer Bedeutung. Hinsichtlich der Liberalisierung der Gütermärkte wurden bereits Erfolge erzielt. So ist die Liberalisierung der Netzwerkindustrien, allen voran die des Telekommunikationssektors, mittlerweile weit fortgeschritten. Im Zuge des weiteren Reformprozesses unternimmt die Bundesregierung auch die notwendigen Schritte beim Bürokratieabbau. Unzeitgemäße Monopolstrukturen werden abgebaut. So schafft die Bundesregierung beispielsweise mit der Novelle der Handwerksordnung ein modernes und europataugliches Handwerksrecht. Indem mit diesem umfassenden Modernisierungsansatz die bestehenden Wachstumsbremsen gelöst werden, wird die deutsche Wirtschaft – zusammen mit einem wieder dynamischeren weltwirtschaftlichen Umfeld – nicht nur die konjunkturelle Schwächephase hinter sich lassen sondern wieder auf einen höheren Wachstumspfad einschwenken.

## V. Reformperspektiven und die Weiterentwicklung der Lissabon-Strategie

Der Erneuerungsprozess in Deutschland und Europa greift. Aber alle Hausarbeiten sind noch nicht erledigt. Weiterführende Reformen sind geboten. Für Deutschland wie Europa wird es entscheidend sein, das Vertrauen der wirtschaftlichen Akteure in die Zukunft zu stärken. Für die Wettbewerbsfähigkeit von Unternehmen und die Leistungskraft einer Volkswirtschaft sind Innovationen von besonderer Bedeutung. Die Bundesregierung setzt dabei einen Schwerpunkt auf Innovationsprozesse in den Gebieten Wissenschaft, Forschung und Bildungspolitik. Sie räumt daher Bildung, Forschung und Innovation auch in den Haushalten der kommenden Jahre hohe Priorität ein.

Das Ziel, möglichst bald einen ausgeglichenen Bundes- und Staatshaushalt zu erreichen, bleibt ebenfalls eine zentrale Aufgabe der Finanz- und Wirtschaftspolitik. Die mit dem Bundeshaushalt 2004 eingeleiteten Konsolidierungsmaßnahmen wirken mittel- und langfristig fort. Die Rückführung der öffentlichen Defizite soll unseren Kindern und Enkeln wieder größere finanzielle Gestaltungsspielräume eröffnen. Dies erfordert auch, die Aufgabenbereiche, die die Zukunftsfähigkeit unserer Gesellschaft sichern, weiter zu stärken. Gleichzeitig helfen Schuldenabbau und Verringerung der Zinslasten, die Herausforderungen aus dem demographischen Wandel zu meistern und so für mehr Generationengerechtigkeit zu sorgen. Daneben stehen der Subventionsabbau und die Erhöhung von Effektivität und Effizienz der Staatstätigkeit auch in Zukunft ganz oben auf der Agenda. Bestehende Finanzhilfen und Steuervergünstigungen müssen regelmäßig überprüft und gegebenenfalls gekürzt bzw. abgeschafft werden. Neue Subventionen sollen zeitlich befristet, degressiv ausgestaltet, vollständig gegenfinanziert und in Verbindung mit einer effektiven Erfolgskontrolle gewährt werden.

Auch die Verbesserung der steuerlichen Wettbewerbsfähigkeit des Standortes Deutschland wird vor dem Hintergrund des internationalen Steuerwettbewerbs eine Daueraufgabe der Bundesregierung bleiben. Bei der Fortentwicklung des deutschen Steuersystems werden die zur Erfüllung der Staatsaufgaben notwendige Einnahmenerzielung, die Verteilungsgerechtigkeit und Steuervereinfachung wichtige Kriterien sein. Zudem muss der Zusammenhang mit den Reformen des Systems der Sozialen Sicherung gesehen werden. Eine grundlegende Neuordnung der einkommensteuerrechtlichen Behandlung von Altersvorsorgeaufwendungen und Altersbezügen ist Gegenstand des von der Bundesregierung bereits vorgelegten Entwurfs eines Alterseinkünftegesetzes, das insbesondere den schrittweisen Übergang zu einer nachgelagerten Besteuerung der Renten aus der gesetzlichen Rentenversicherung vorsieht.

Die Darstellung des Reformprogramms verdeutlicht, dass Deutschland mit der Fortschreibung der „Agenda 2010" einen wichtigen Beitrag zur Umsetzung der Lissabon-Strategie im nationalen Bereich leistet. Die nationalen Anstrengungen der einzelnen Mitgliedstaaten können dabei umso erfolgreicher sein, je stärker sie in konstruktives gemeinschaftliches Handeln auf EU-Ebene eingebettet sind. Dazu benötigen wir keine neuen Strategien, Verfahren oder Prozesse. Wir verfügen in der Europäischen Union über ein gut etabliertes System der finanz- und wirtschaftpolitischen Koordinierung. Die Lissabon-Strategie ist ein elementarer Bestandteil dieses Systems, das in seinen Grundfesten unverändert bleiben sollte. Notwendig ist allerdings eine zielorientierte Weiterentwicklung. Die Lissabon-Strategie ist eindeutiger als bisher auf Wachstum und Be-

schäftigung auszurichten. Im Kern sollten sich daher der diesjährige, aber auch die Frühjahrsgipfel der kommenden Jahre um folgende Punkte drehen:
- Verbesserung der Anreizstrukturen sowohl auf der Angebots- als auch der Nachfrageseite des Arbeitsmarktes,
- Verbesserung des Potenzials für neue, wettbewerbsfähige Arbeitsplätze über Forschung und Innovation,
- Verbesserung der Wettbewerbsfähigkeit, u.a. mit dem Ziel, die Spielräume für unternehmerisches Handeln zu stärken und industrielle Arbeitsplätze zu sichern.

Aus dieser Zielorientierung leiten sich auch die europapolitischen Prioritäten ab, welche die Bundesregierung im Dezember 2003 in einem Positionspapier festgelegt hat:
- die Förderung von Arbeitsmarktreformen und Reformen der sozialen Sicherungssysteme,
- die Stärkung des Innovationspotenzials unserer Volkswirtschaften im Einklang mit den Zielen der vom Europäischen Rat im Dezember 2003 angenommenen europäischen Wachstumsinitiative und der nationalen Innovationsoffensive sowie
- die Sicherung der industriellen Wettbewerbsfähigkeit.

Aus Sicht der Bundesregierung sind in Anlehnung an die „Agenda 2010" insbesondere solche Maßnahmen vordringlich, die die Qualität der Arbeitsvermittlung erhöhen, die Beschäftigungschancen älterer Arbeitnehmer verbessern, die Aufnahme selbständiger Tätigkeiten durch Arbeitslose fördern, die niedrigen Einkommen von Sozialversicherungsbeiträgen entlasten sowie – wo angebracht – die Korrektur von Leistungsmerkmalen beinhalten. Aus beschäftigungspolitischer Sicht kommt es zugleich darauf an, neben der Verbesserung der Anreizstrukturen auf dem Arbeitsmarkt die Lohnnebenkosten durch Reformen im Renten- und Gesundheitswesen zu senken. Aus demographischen Gründen gilt es darüber hinaus, die finanzielle und soziale Nachhaltigkeit der Sozialsysteme weiterhin zu sichern.

Auch der Bericht der vom Europäischen Rat im Frühjahr 2003 eingesetzten Task Force „Beschäftigung" unter Vorsitz des früheren niederländischen Premierministers Wim Kok ist für die Bundesregierung ein klares Signal, die in Europa eingeleiteten Reformen am Arbeitsmarkt zur Förderung der Beschäftigung konsequent fortzusetzen. Alle Mitgliedstaaten ebenso wie die Beitrittstaaten müssen ihre Anstrengungen in den Bereichen Anpassungsfähigkeit von Beschäftigten und Unternehmen, Erhöhung der Beschäftigung, Investition in Humankapital und bei der effektiven Umsetzung von Reformen verstärken, um die Ziele von Lissabon zu erreichen.

Sowohl für die Entwicklung der Beschäftigungsperspektiven als auch für die Stärkung der Wettbewerbsfähigkeit bedeutsam ist darüber hinaus die Stärkung des Innovationspotenzials unserer Volkswirtschaften. Ein wichtiger Schritt ist es, die effiziente und kostengünstige Verwertung von Innovationen zu sichern, u.a. durch die zügige Einführung eines effizienten Gemeinschaftspatentsystems und die Einführung einer Neuheitsschonfrist. Humankapital ist eine strategische Ressource für die ökonomische und soziale Gesamtentwicklung in Europa. Finanzielle Ressourcen, die für Bildung und Forschung und Entwicklung verausgabt werden, stellen nicht einfach konsumtive Ausgaben dar, sondern sind eine wichtige Investition in das zukünftige Innovationspotenzial.

Die europäische Wachstumsinitiative bietet in diesem Kontext eine gute Plattform, um zusätzliche Investitionen – gerade auch im Bereich Forschung und Entwicklung und Innovation – auf den Weg zu bringen. Ein wesentliches Kriterium bei der Auswahl von Projekten muss allerdings ihre Hebelwirkung auf Wachstum, Innovation und Beschäftigung sein. Beispielhaft hierfür sind die Informations- und Kommunikations- sowie die Umwelttechnologien.

Eine weitere, wesentliche Grundlage für Wachstum und Beschäftigung in Europa stellt eine international leistungsfähige Industrie dar. Die Sicherung ihrer Wettbewerbsfähigkeit muss bei der Konzeption und Durchführung der Gemeinschaftspolitiken eine Schlüsselstellung einnehmen. Der Europäische Rat hat im März und im Oktober 2003 wichtige Schlussfolgerungen zur Verbesserung der industriellen Wettbewerbsfähigkeit verabschiedet. Es kommt jetzt darauf an, diese Schlussfolgerungen umzusetzen. Hierzu ist es notwendig, dass das Instrument der umfassenden Gesetzesfolgenabschätzung (Extended Impact Assessment) weiter entwickelt und angewandt wird. Eine effiziente Gesetzesfolgenabschätzung ist jedoch allein nicht ausreichend. Notwendig ist auch – wie bereits in gemeinsamen Schreiben von Bundeskanzler Schröder, Staatspräsident Chirac und Premierminister Blair gefordert – eine umfassende Überprüfung der industriellen Rahmenbedingungen in Europa und hieran anknüpfend ein Aktionsplan zur Optimierung des für die Industrie relevanten Regulierungsrahmens vorzulegen.

## VI. Fazit

Die seit dem Europäischen Rat von Lissabon im Jahr 2000 regelmäßig stattfindenden Frühjahrsgipfel zu Wirtschafts- und Beschäftigungsfragen sowie die jährlich im Vorfeld erstellten Frühjahrsberichte der Kommission, die eine Bewertung der strukturpolitischen Fortschritte und Defizite in der Gemeinschaft enthalten, haben die politische Aufmerksamkeit noch stärker auf die Notwendigkeit wirtschaftspolitischer Reformen gelenkt. Gemeinsam werden wir die Bemühungen verstärken, das Wachstumspotenzial unserer Volkswirtschaften dauerhaft zu erhöhen und damit künftigen Krisen noch besser begegnen zu können. Es geht dabei keinesfalls um eine bis ins Detail reichende Abstimmung der nationalen Wirtschaftspolitiken oder Sozialpolitiken, sondern um eine gemeinsame Linie in grundlegenden Fragen.

Deutschland und Europa insgesamt sind durch eine schwierige Phase mit geringem Wirtschaftswachstum gegangen. Diese hat die Reformnotwendigkeiten eindeutig hervortreten lassen. Die Bundesregierung hat hierauf mit einer erfolgreichen Beschleunigung des Reformtempos reagiert. Die Ziele des Lissabon-Prozesses haben dabei einen wichtigen Orientierungsrahmen gegeben. Hierauf gilt es mit einer weiteren Bündelung der gemeinsamen Reformanstrengungen aufzubauen.

Für die Bundesregierung ist dabei die Stärkung der Innovationskräfte augenblicklich das zentrale politische Thema. Wenn es gelingt, dauerhaft einen höheren Wachstumspfad zu erreichen, werden alle Staaten und vor allem alle Bürgerinnen und Bürger in Europa davon profitieren. Und genau dies ist ja unser gemeinsames Ziel!

Patrick Lepercq
# Leistungsfähigkeit und Verantwortung

Vier Jahre nach der Verabschiedung der Lissabon-Strategie sind die Fortschritte bei der Umsetzung der Ziele offensichtlich immer noch unzureichend: das Wachstum hat stark abgenommen und die Arbeitslosigkeit ist gestiegen.

Der Gipfel von Lissabon definierte das Ziel, Europa zur dynamischsten und wettbewerbsfähigsten Wirtschaftsregion der Welt bis zum Jahre 2010 zu machen[1]. Allen ist bewusst, dass dieses Ziel bei den heutigen Wachstumsprognosen für Europa im Vergleich zu den USA und den neuen asiatischen Wirtschaftsriesen wie China äußerst hochgesteckt ist.

Die EU-Erweiterung um zehn neue Mitgliedstaaten macht die EU zum größten Binnenmarkt der Welt. Sie kann aber auch soziale Spannungen verstärken[2]. Vor diesem Hintergrund sind die Prioritäten der Europäischen Kommission voll zu unterstützen, damit bei der Umsetzung der Lissabon-Strategie aufgeholt wird, insbesondere zur Verbesserung von Investitionen in Netzwerke, Wissen und Stärkung der Wettbewerbsfähigkeit von Industrie und Dienstleistungen. Es ist richtig, dass sich die Mitgliedstaaten verpflichten müssen, die Wachstumsinitiative[3] und den Aktionsplan Forschungsinvestitionen umzusetzen. Investitionen in Bildung und Weiterbildung müssen ebenfalls verstärkt werden, um das Humankapital zu fördern. Außerdem sollte die EU stärkere Synergien zwischen Umwelt, Forschung und Industrie schaffen, um Europas Wettbewerbsfähigkeit zu stärken[4].

Es ist unbestritten, dass Europas Wettbewerbsfähigkeit davon abhängt, ob wettbewerbsfähige Unternehmen Arbeitsplätze schaffen. Unternehmen müssen ihre Organisation ständig anpassen, um in einem von starkem Wettbewerb geprägten weltweiten Geschäftsklima wettbewerbsfähig zu bleiben. Die Lissabon-Strategie setzt auf einen proaktiven und konstruktiven Wandel. Europa braucht Veränderungen, hierzu muss ermutigt werden, Furcht ist nicht angebracht. Veränderungen müssen so durchgeführt wer-

---
1  Europäischer Rat von Lissabon, 2000: „die wettbewerbsfähigste und dynamischste wissensbasierte Wirtschaftsregion der Welt, fähig zu nachhaltigem wirtschaftlichen Wachstum, mit mehr und besseren Arbeitsplätzen und größerem sozialen Zusammenhalt".
2  Obwohl die Bevölkerung um 75 Mio. ansteigen wird, wird das Bruttoinlandsprodukt nur etwas mehr als 5 % wachsen. Regionale Unterschiede werden europaweit ansteigen, was gleichzeitig großen Druck auf alle europäischen Regionen ausüben wird, nicht nur auf die schwächsten.
3  Vor allem durch das „Schnellstartprogramm".
4  Zum Beispiel der vorgeschlagene Umwelt-Technologie Aktionsplan sollte zügig angenommen werden.

den, dass Lebensbedingungen und Lebensqualität nachhaltig verbessert und dadurch mehr und bessere Arbeitsplätze geschaffen werden.

Anpassungen erfordern konkreten Weitblick. Niemand kann ein Interesse an in Krisensituationen überhasteten und daher schlecht durchgeführten Restrukturierungen haben. Sie dürfen nicht ohne Vorwarnung und ohne Abfederungen umgesetzt werden.

## I. Das wirtschaftliche Umfeld der Industrieunternehmen am Beispiel der Reifenindustrie

Viele weltweite Entwicklungen wie z.b. der Irakkonflikt, die Krise im Nahen und Mittleren Osten, aber auch Strukturveränderungen beeinflussen das wirtschaftliche Umfeld eines Industrieunternehmens. Im Laufe der vergangenen 20 Jahre und voraussichtlich auch noch im kommenden Jahrzehnt musste und muss die Reifenindustrie auf folgende Veränderungen reagieren:
- Die rasante technologische Entwicklung des Marktes macht neue Reifenspezifizierungen erforderlich, wie z.b. vergrößerte Reifen für Personenkraftwagen, die den Anforderungen von Hochleistungsautos und Allradwagen genügen müssen sowie kleinere Reifen für Lastkraftwagen, damit pro Transporteinheit ein größeres Warenvolumen befördert werden kann.
- Die allgemeine Reifennachfrage auf den unterschiedlichen Märkten hat sich erheblich verändert. So ging z.B. die Nachfrage bei der Erstausstattung mit LKW-Reifen in Nord-Amerika in den Jahren 2000/2001 um 33 % zurück.

Des weiteren sei auf die folgenden Aspekte eines dem weltweiten Konkurrenzdruck ausgesetzten Unternehmens hingewiesen:
- Die kritische Größe einer weltweit wettbewerbsfähigen Reifenfabrik ist mindestens doppelt so hoch wie die durchschnittliche Größe einer heutigen europäischen Produktionsstätte.
- Mitkonkurrenten haben große Teile ihrer europäischen Produktion in Niedrigkostländer Osteuropas, des Nahen und Mittleren Ostens oder Asiens verlagert.
- Der allgemeine Trend von Unternehmen sich auf die Kernbereiche ihrer Produktion zu konzentrieren und unterstützende Produktionen und Dienstleistungen auszulagern.

Weltweit operierende Großunternehmen bzw. Unternehmensgruppen müssen ihre Entwicklungsstrategien ständig überprüfen, um sicher zu sein, dass sich die Bemühungen aller Mitarbeiter[5] um ein und dasselbe Ziel konzentrieren. Diese Bemühungen und das

---

5  Im Falle Michelins 120.000.

ständige Anpassen, um im globalen Wettbewerb bestehen zu können, müssen im Einklang mit der Unternehmenskultur[6] stehen und der hohen sozialen Verantwortung von Unternehmen entsprechen. Zur Illustrierung ein Beispiel von Michelin England:

*Fallstudie*

Zwei von vier Fabriken der Michelin-Gruppe in Großbritannien waren eindeutig nicht wettbewerbsfähig, nämlich jene in Stoke-on-Trent[7] und in Burnley[8]. Diese Fabriken waren zu klein und hatten nicht die nötige moderne Ausrüstung und Maschinen, um zukünftigen Anfragen und Bedürfnissen des Marktes zu entsprechen. Ein Unternehmen hatte nur eine Produktionsvolumen von 20 Kt/Jahr, wobei die anerkannte Optimalkapazität 100 Kt/Jahr beträgt.

Seit 1996 wusste deshalb die Geschäftsleitung beider Unternehmen, dass eine drastische Restrukturierung vorzubereiten war. In Zusammenarbeit mit der Geschäftsleitung, mit den Managern in beiden Fabriken und den zuständigen Behörden[9], aber auch mit anderen Branchenmanagern wurde eine neue Ausrichtung beschlossen. Wichtig war, dass alle die gleiche Vorstellung vom schwierigen Wettbewerbsumfeld, den potentiellen Risiken für den Betrieb sowie die genaue Skizzierung aller Vorteile und Chancen haben. Das musste den Arbeitnehmern vermittelt werden. Im Einklang mit dieser Diagnose wurden die Beschäftigten motiviert, ihre individuellen Kompetenzen und Leistungen zu entwickeln, um auf mögliche Arbeitsplatzwechsel innerhalb oder außerhalb des Unternehmens vorbereitet zu sein.

Des weiteren wurde die Lage der Unternehmensstruktur und des Unternehmensstandorts analysiert. Es war allen klar, dass einige Produktionszweige geschlossen werden mussten, was heftige Auswirkungen auf die Stoke-on-Trent Betriebsstätte haben würde, weshalb sie folgendermaßen ausgerichtet wurde:
- Die kleineren, aber überlebensfähigen Produktionszweige wie z.B. die LKW-Reifen-Runderneuerungen, wurden in die Nähe der Lager verlegt.

---

6  Die Michelin Unternehmensgruppe hat fünf Grundprinzipien und -werte, die jeder Entscheidung und Tätigkeit zu Grunde gelegt werden müssen: Respekt vor Klienten, Respekt vor Leuten, Respekt vor Aktionären, Respekt vor der Umwelt und Respekt vor Tatsachen.
7  Südlich von Manchester gelegen (Stafford Shire / North West England). Michelinfabrik seit 1927 mit 3.200 Angestellten.
8  Nördlich von Manchester gelegen (East Lancashire / North West England) – 89.500 Einwohner darunter 500 Michelinangestellte (seit 1960).
9  Department of Trade and Industry (DTI), North West Development Agency, Business Link East Lancashire, Chamber of Commerce East Lancashire, Lancashire County Developments Ltd, Lancashire Learning & Skills Council, and the business support network (Council's Economic development Unit, Enterprise Trust, Business Environment Association,…).

- Der Kundendienst und die produktionsunterstützenden Dienstleistungen wie z.B. Vermarktung, Verkauf, Buchhaltung, Finanzen und Informationstechnologie wurden so neu gruppiert, dass sie nicht nur die Unternehmen in Großbritannien, sondern auch andere europäische Unternehmensstandorte unterstützen können. Es wurde ein gemeinsames Service-Zentrum geschaffen. Zusätzlich entstand ein Unternehmenspark, wo all jene Funktionen zusammengeführt wurden, die früher über acht Standorte verstreut waren.

Das „Michelin-Entwicklungsprogramm" – ein eigens für diese Fälle gegründete Tochterfirma Michelins[10] – sah überdies vor, die Erfahrung einer internationalen Unternehmensgruppe für kleinere und mittlere Unternehmen (KMU) in Gründungs- oder Entwicklungsphasen zu nutzen und Kapital sowie Fachkenntnis zur Verfügung zu stellen. In diesem Fall wurde der Grund und Boden, der nicht mehr für die Produktion benötigt wurde, Investoren angeboten und die Stadtplanung im Bereich der Wohnungspolitik unterstützt. Auch zur Neuschaffung von Arbeitsplätzen in der Region wurde ein Beitrag geleistet über kostenlose Beratung von KMU's, einen kostenlosen Service für Investoren, Zurverfügungstellung von Krediten ohne Sicherheiten und zu niedrigen Zinsen sowie über die Vermittlung von europäischen Partnerschaften.

Außerdem wurde ein „Beschäftigtenunterstützungsprogramm" aus der Taufe gehoben. Die Ankündigung einer Reduzierung des Personals erfolgte in drei Schritten in den Jahren 2000 und 2001. Jedes Mal wurde eine Vorankündigungsfrist von sechs bis zwölf Monaten eingehalten. In diesen Übergangszeiträumen wurde mit Unterstützung von lokalen Agenturen an jeder Produktionsstätte ein „Jobladen" geschaffen, dessen Hauptaufgabe es war, die betroffenen Arbeitnehmer bei ihrer Suche nach einem neuen Arbeitsplatz bzw. der Fortbildung zu unterstützen und sie zu beraten, z.B. in Bezug auf neue Arbeitsplatzmöglichkeiten innerhalb des Unternehmens, Vorruhestandsmöglichkeiten, Firmengründungen oder bei der Ordnung der persönlichen Finanzen.

Der Jobladen führte individuelle Gespräche mit allen betroffenen Arbeitnehmern. Individuelles Training für die Jobsuche wurde angeboten wie z.B. Bewerbungstraining, Ausfüllen von Formularen für Arbeitssuchende, Beantwortung von Stellenangeboten, Aufzeigen verschiedener Techniken der Arbeitssuche wie z.B. Telefonate und Vorstellungsgespräche. Der Jobladen, in dem zwei Vertreter des Nationalen Arbeitsamtes fünf Tage in der Woche anwesend waren, hatte seine Datenbanken mit denen der nationalen Arbeitsämter und -agenturen vernetzt. Auch andere Unternehmen auf der Suche nach Arbeitsplätzen wurden kontaktiert.

---

10 In Frankreich entwickelt Michelin Netzwerke in verschiedensten Beschäftigungsfeldern durch SIDE (Société d'Industrialistion et de Développement Economique). In 13 Jahren hat SIDE zur Schaffung von über 9.000 Arbeitsplätzen in Frankreich beigetragen. Um jene Erfahrung für ganz Europa zu nützen, wurde „Michelin Development" im Jahre 2002 gegründet.

Zusätzlich zu dieser Unterstützung erhielten die Beschäftigten Übergangsgelder, die etwa fünfmal so hoch waren wie die sonst landesüblich gezahlten Gelder. Die Ergebnisse waren sehr ermutigend. Drei Monate nach Beendigung der Arbeitsverhältnisse haben 85 % der ehemaligen Beschäftigten einen neuen Arbeitsplatz und 97 % andere annehmbare Lösungen gefunden[11].

An einem der Produktionsstandorte werden bis 2004 durch das Michelin Entwicklungsprogramm 2000 Arbeitsplätze auf dem ehemaligen Fabrikgelände und unter Nutzung der unterschiedlichen Dienstleistungsangebote für KMU's geschaffen[12]. Zum jetzigen Zeitpunkt ist die Optimierung der Produktion abgeschlossen, der Unternehmenspark Riverside funktioniert, zwei Wohnhaus-Komplexe sind entstanden, von denen bereits eines bewohnt wird. Das Pilotprojekt für ein gemeinsames Dienstleistungszentrum wird zu einem gesamteuropäischen Buchhaltungszentrum ausgebaut.

## II. Schlussfolgerungen für sozial intelligente Restrukturierung

Trotz der teilweise schmerzhaften sozialen Konsequenzen sind Unternehmensrestrukturierungen nicht nur unvermeidbar, sondern auch eine treibende Kraft für Wandel. Sie tragen zur Produktivitätssteigerung und zur Einführung neuer Technologien bei. Diese Tatsachen dürfen nicht einfach ignoriert oder grundsätzlich abgelehnt werden. Allerdings ist die Berücksichtigung und Lösung der negativen sozialen Auswirkungen von Restrukturierungsmaßnahmen wichtig, damit der Wandel akzeptiert wird und sich sein positives Potenzial voll entfalten kann.

Zusammenfassend sind dabei folgende Maßnahmen zu berücksichtigen:
- Die Beschäftigten, die Gewerkschaften sowie die Region des Standortes müssen rechtzeitig und umfassend über die geschäftlichen Entwicklungen informiert werden. Die Information muss mit Vorschlägen einhergehen, die auf die Arbeitsmarktentwicklung positiv wirken können.
- Die Zusammenarbeit mit anderen Industrie- und Handelszweigen und den zuständigen Behörden, um Stärken, Schwächen und Bedrohungen im regionalen Geschäftsumfeld zu identifizieren und neue Investitionsmöglichkeiten zur zusätzlichen Arbeitsplatzbildung zu schaffen.
- Die Gründung eines umfassenden Beschäftigungsprogramms, welches die Arbeitnehmer unterstützt und die Suche nach neuen Arbeitsplätzen erleichtert.

---

11  Z.B.: im April 2003 haben von 1.716 von der Oktoberankündigung Betroffenen 1.140 einen neuen Arbeitsplatz gefunden (66 %), 202 sind in den Ruhestand getreten (12 %), 188 akzeptierten einen internen Transfer (11 %), 108 wählten die Selbständigkeit (6 %), 22 wählten Vollzeit-Weiterbildung oder Training (2 %), 7 beantragten staatliche Unterstützung und 42 waren arbeitslos (2 %).
12  1.000 Arbeitsplätze wurden bereits geschaffen.

Wichtig ist es rechtzeitig zu handeln und zu verhandeln, z.B. mit den Betriebsräten. Betont werden muss außerdem, dass es wichtig ist, rechtzeitig und schrittweise auch dann zu informieren, wenn die Umstrukturierungsprozesse vertrauliche Informationen enthalten.

Es gibt also einen Weg einer sozial intelligenten Umstrukturierung von Unternehmen, der mit verschiedenen EU-Vorschlägen in Übereinstimmung steht[13]. Ein Unternehmen sollte stets seine Rolle als verantwortliches Mitglied der Gesellschaft ausfüllen, indem es sich auf diese Grundwerte stützt. Deswegen hat Michelin jetzt – in Übereinstimmung mit der Lissabon-Strategie – seinen ersten Bericht veröffentlicht, in welcher Art und Weise seine Werte und deren Umsetzung praktiziert werden. Der Bericht ist das Ergebnis der im Jahre 2002 verabschiedeten Unternehmensstrategie „Leistung und Verantwortlichkeit"[14]. Diese Strategie und der darauf beruhende Bericht versuchen aufzuzeigen, inwieweit ein Unternehmen sich wirtschaftlich entwickelt und dabei zwischen den Interessen der Verbraucher und Klienten, der Aktionäre, der Beschäftigten und natürlich der Umwelt abwägt. Ein Unternehmen wird nicht allein aufgrund seiner Gewinne bewertet.

Diesen Grundsätzen ist zu folgen, um Beschäftigte auf Veränderungen bezüglich der Arbeitsorganisation sowie des Arbeitsplatzes vorzubereiten. Restrukturierungen können unternehmensnah mit der notwendigen Flexibilität durchgeführt werden. Erwünscht wären weniger Regeln auf europäischer bzw. nationaler Ebene. Schließlich ist dies auch ein Weg, um Solidarität mit den Regionen zu zeigen. Es geht um deren Zukunft bei gleichzeitiger Chancenerhaltung für Unternehmen, Gewinne zu erzielen und Unternehmensstandorte in Westeuropa zu erhalten.

---

13  Entschließung des Europäischen Parlaments zu den sozialen Konsequenzen industrieller Restrukturierung, 15.2.2001, und das Grünbuch zur Sozialen Verantwortung von Unternehmen, 17.7.2001.
14  Das 120-seitige Dokument ist auf der Internetseite http//www.michelin.com – Dokumentation Unternehmensbereich erhältlich.

Lynette Warren
# Regionale Antworten auf den Lissabon-Prozess

Die Region Luton-Dunstable war traditionell ein Industriezentrum in Südost-England. Die Restrukturierungen der verarbeitenden Industrie hatten erhebliche Auswirkungen auf die lokale Wirtschaft. Die Betriebsschließungen der vergangenen Jahre haben die ohnehin bereits überproportionale Arbeitslosigkeit weiter verschlimmert. Es gibt in der Region weder eine Kultur der Selbständigkeit noch eine Tradition der Unterstützung von Unternehmensgründungen. Ein 1998 gegründetes Innovationszentrum wurde zur Antriebskraft für die Entwicklung neuer und zukunftsträchtiger technologiebasierter Unternehmen, weil wertvolle lokale Human- und Technologieressourcen erschlossen wurden.

Das Innovationszentrum wird in einer ehemaligen Kirche betrieben und ist ein Partnerschaftsprojekt zwischen der Luton-Dunstable-Partnerschaft, dem Gemeinderat von Luton Borough und dem Servicezentrum für kleinere und mittlere Unternehmen (KMU) der Universität von Luton sowie der Entwicklungsagentur Ost-England. Die Finanzierung wurde über unterschiedliche Mittel sichergestellt wie z.B. über das „Programm für Unternehmensumstrukturierungen", über das „Neue Programm Unternehmen in Kommunen", über die Europäischen Strukturfonds und über das Ministerium für Handel und Industrie.

Das Zentrum trägt zur industriellen Umstrukturierung der Luton-Dunstable Region bei. Dabei fördert es die Gründung und Entwicklung technologiegestützter Unternehmen und die Schaffung von Arbeitsplätzen zusammen mit diesen Unternehmen. Der Zugang zu neuen Technologien als Teil eines umfassenderen Prozesses der Innovationsförderung wird als einer der Schlüsselfaktoren für die Förderung nachhaltigeren wirtschaftlichen Wachstums und zur Verbesserung der Wettbewerbsfähigkeit der lokalen Wirtschaft gesehen.

Es ist noch zu früh, um zu sagen, dass das Zentrum einen weiteren Schwerpunkt auf Technologien im Zusammenhang mit nachhaltiger Entwicklung legen wird. Nationale Pläne zur Entwicklung umweltfreundlicher Technologien und Verfahren auch im Bereich der Abfallwirtschaft und Umweltverschmutzung haben aber die Nachfrage an diesen Technologien geweckt, genauso wie Analyse und Kontrollbedarf. Das Ballungsgebiet Luton-Dunstable hat bereits eine starke Verankerung in diesen Bereichen wie z.B. Instrumenteherstellung, Kontrollsysteme, Sensoren. Das Projekt wird weiterhin auf diese Stärken bauen, indem Arbeitsplätze und Unternehmen insbesondere in Zusammenarbeit mit der Nationalen Energie-Stiftung und anderen umweltbezogenen Unternehmen. Solarenergieinitiativen wurden bereits als potentielle Quelle für neue Arbeitsplätze und Chancen identifiziert.

Das gemeinnützige Zentrum fördert nicht nur wissensbasierte Unternehmen, sondern unterstützt auch innovative soziale und gemeinnützige Unternehmen. Diese Initiative wird durch neuartige Projekte zugunsten ethnischer Minderheiten unterstützt wie z.b. die Minderheiten Innovations- & Unternehmensgesellschaft (MIBA). Außerdem bestehen inzwischen Netzwerke in der Region, die zu ihrem Erfolg beitragen können. Geplant wird, bis 2005 ein 12.192 qm großes weiteres Innovationszentrum am Eingang des „Luton-Technologie-Dorfes" zu bauen.

Das Projekt war gleich zu Beginn sehr erfolgreich. Alle Räume des Zentrums waren von Betrieben besetzt. Weitere Flächen wurden angeworben, insbesondere in Teilen der untergegangenen Industrien, wie z.b. in einer alten Waffenfabrik, in einer ehemaligen Hutfabrik und in einer alten Elektronikfabrik. So entstehen mehr und mehr lokale innovative Unternehmens-Start-up-Zentren.

Alle Betriebe können sich beteiligen, entweder als Vollmitglieder mit der Belegung der Büroeinheiten auf Vollzeitbasis, als Teilmitglieder mit der Belegung der Büroeinheiten auf Teilzeitbasis oder als virtuelle Mitglieder, die nur die Dienstleistungen und Einrichtungen nutzen. Das Innovationszentrum bietet neuen Betrieben ein servicefreundliches Umfeld, erschlossene Einheiten von 37 qm, flexible monatliche Mietbedingungen, die Zurverfügungstellung von Dienstleistungen im Bereich der zentralen Verwaltung, einen Empfang, die Zurverfügungstellung von Konferenz- und Besprechungsräumen sowie Breitband-Internetverbindungen. Zusätzliche Dienstleistungen bestehen im Zugang zu den Einrichtungen der Universität, aber auch in einer Bandbreite von finanziellen, geschäftlichen und rechtlichen Beratungsleistungen sowie Marketing-Unterstützung.

Im Zeitraum von 1998 bis 2003 sind 46 neue kleine Unternehmen, 95 neue Arbeitsplätze, sichtbare Innovationserfolge und eine Vernetzung der lokalen, regionalen und nationalen Träger sowie Beziehungen aufgebaut worden. 12 der innovativen Unternehmen sind technologiebasiert, 11 sind Kunst- und Medienunternehmen, zehn sind Unternehmen im sozialen Sektor, zehn sind Dienstleistungsunternehmen, drei sind produzierende Betriebe, 20 Unternehmen werden von ethnischen Minderheiten betrieben, 12 Unternehmen von Frauen.

Das Innovationszentrum konzentriert sich nicht allein auf die Bereitstellung von Dienstleistungen. Es entwickelt auch innovative, für Unternehmen und für die Gemeinde nützliche Projekte. Auch gibt es regionale und europäische Projekte, die innovative Tätigkeiten unterstützen.

Obwohl der Schwerpunkt des Lissabon-Prozesses in der Unterstützung von Hightech-Unternehmertum liegt, gibt es noch anderweitigen Bedarf an Neuerungen. Gute Ideen können mit der richtigen Unterstützung und beim Einsatz von modernsten Technologien Betriebe und Arbeit schaffen. Die Mobilität der multinationalen und großen Unternehmen führt dazu, dass Produktionen an für das Unternehmen günstigere Standorte verlagert werden. Auch kann es zu einem Wettbewerb der Staaten kommen, selbst innerhalb Europas. Es kommt darauf an, die wirtschaftlichen Strukturen in den Regionen genauso wie die regionalen Wirtschaftsunternehmen zu stärken. Hieran haben Gemeinden und Regionen ein großes Interesse. Es ist wichtig, dass sowohl die privaten wie auch die öffentlichen Unternehmen und sozialen Dienstleistungen gefördert werden. Es gibt Zugang zu finanziellen Ressourcen auf nationaler und auf europäischer Ebene. Allerdings müssen die Finanzen der Unternehmen robust sein, um zu überleben. Häufig scheitern Unternehmensgründungen an bürokratischen Hemmnissen.

Es ist positiv, dass auch kleine und mittlere Betriebe auf regionaler Ebene jetzt eine Chance haben und ihre Bedeutung gesehen wird. Das konkrete Beispiel bestätigt die These, dass die Zusammenarbeit zwischen öffentlichem und privaten Sektor wichtige Impulse für die regionale Entwicklung und den Arbeitsmarkt bringt[1].

---

1  Weitere Informationen zu dem Projekt unter www.innovationscentre.co.uk.

Christa Randzio-Plath
# Europäische Eigenanstrengungen auf dem Prüfstand

Die europäischen Staaten sind klein auf dem Globus, nicht vergleichbar mit den großen und bevölkerungsreichen Ländern dieser Welt wie Indien oder China und auch nicht vergleichbar mit der Weltmacht USA. Und dennoch, Europa ist eine dynamische Region und einer der größten Binnenmärkte der Welt. Europa ist Welthandelsregion Nr. 1, und spielt eine wichtige Rolle und hat Verantwortung weltweit. Die Größe zählt, politisch und ökonomisch. Von daher war und ist die Selbstfindung Europas in der Union, dem freiwilligen Zusammenschluss souveräner Völker, ein Glücksfall für Wohlstand, Frieden und Stabilität.

Europa steht allerdings vor gewaltigen Herausforderungen, um in einem weltwirtschaftlich schwierigen Umfeld Wachstum und Beschäftigung in Europa zu schaffen und die Ziele vom EU-Gipfel in Lissabon im Jahr 2000 umzusetzen. Europa will bis zum Jahr 2010 der wirtschaftlich dynamischste Raum der Erde werden und deswegen seine Potenziale ausschöpfen. Die Lissabon-Strategie ist der umfassendste Ansatz der Europäischen Union, die wirtschaftlichen, demographischen, beschäftigungs- und umweltpolitischen Herausforderungen Europas zu bewältigen, um eine nachhaltige Entwicklung und ein hohes ökologisch, beschäftigungspolitisch und sozial verträgliches Wachstums sicherzustellen. Dieser Weg ist seit der Antwort auf die „Herausforderungen der Gegenwart und Wege ins 21. Jahrhundert" (Delors-Weißbuch 1993) immer wieder unterbrochen worden. Insofern gibt es keinen Grund zur Zufriedenheit.

Der Prozess der europäischen Einigung ist nicht immer glatt verlaufen. Immer wieder gab es Stillstand, teilweise sogar Rückschritte. Nach einer Phase eher rückläufiger Europabegeisterung in den späten 70er und frühen 80er Jahren stellten die Initiativen der Delors-Kommission einen Wendepunkt dar. Am 1. Januar 1993 wurde der Binnenmarkt innerhalb der Gemeinschaft dann weitestgehend Realität. Heute müssen die einmaligen Chancen der Wirtschafts- und Währungsunion für die politische Vertiefung, für eine europäische Stabilitätspolitik und die wirtschafts- und beschäftigungspolitische Entwicklung, aber auch zur Überwindung von Risiken in einer Zeit weltwirtschaftlich unsicherer Perspektiven gesehen werden, die mit einer neuen Phase der europäischen Integration verbunden sind.

Es gibt sicherlich kein Allheilmittel oder eine Rezeptur aus Europas weltberühmter Alchemie-Küche früherer Jahrhunderte, die Europa den Weg in den sozial und ökologisch nachhaltigen Aufschwung weisen können. Auf Amerika warten hilft nicht, auch wenn die Erholung der amerikanischen Wirtschaft in der Vergangenheit und in der Gegenwart unbestreitbar positive Effekte auf die europäische Wirtschaft und damit auch auf Arbeitsplätze gehabt hat. Europa muss sich frei nach Münchhausen als größter Binnenmarkt der Welt selbst aus dem Schlamm des Niedergangs befreien und eigene Initiativen mit Wirkung auf die Belebung von Investitionen und Binnennachfrage in der EU konzentrieren. Allerdings hilft dabei genauso wenig eine protektionistische Politik der Union. Sie muss sich als wichtigste Handelsmacht der Welt, allerdings nicht nur für den freien, sondern entschieden für den fairen Welthandel in seiner sozialen, ökologischen, technologischen und kulturellen Dimension einsetzen.

Nach einer Zeit der Ungewissheit gibt es trotz der kritischen Phase nun einige positive Zeichen in Europa: die Verbesserung des internationalen Wirtschaftsklimas, niedrige Inflationsraten und bessere Bedingungen auf den Finanzmärkten sind positive Anzeichen für einen Aufwärtstrend in der Beschäftigung. Die wirtschaftliche und soziale Lage untergräbt das Vertrauen von Unternehmen und Bürgern. Das Risiko eines Abwärtstrends in der EU-Wirtschaft besteht nach wie vor. Zunächst könnte die weltweite Erholung weniger stark sein als erwartet und den erwarteten Aufwärtstrend in der EU-Wirtschaft gefährden. Auch die Euro-Wechselkurse können auf Dauer Auswirkungen auf die Wachstumsaussichten haben. Eine noch längere Anpassungszeit von Unternehmen an die Produktivitäts- und Rentabilitätssteigerungen kann zusätzlich neue Investitionen hemmen und deshalb die Wachstumsaussichten dämpfen. Die wirtschaftlichen und menschlichen Potenziale brauchen vertrauensbildende Maßnahmen, um die privaten Investitionen und die Binnennachfrage zu beleben. Dabei ist die Aufgabe nicht zu unterschätzen, eine nicht unerhebliche Zahl neuer Mitgliedstaaten zu integrieren und auf einen wirtschaftlich stabilen Pfad der Konvergenz zu führen. Doch Europa ist mehr als nur ein Markt. Europa muss sich reformieren und zukunftssicher machen und dabei auch seine „Seele" zeigen und zu mehr europäischer Identität finden.

In Europa gibt es dem Lissabon-Prozess zum Trotz drei Kernprobleme, nämlich
- die anhaltende Arbeitslosigkeit konjunktureller, struktureller und technologischer Natur,
- die anhaltende Investitionsschwäche im öffentlichen und privaten Sektor im Vergleich zu anderen Wirtschaftsregionen der Welt sowie
- den Mangel an kontrollierter Interdependenz der europäischen Volkswirtschaften zugunsten von besserem europäischen Wirtschaften.

## I. Die europäische wirtschaftspolitische Realität

Der Euroraum leidet unter einer anhaltenden Wachstumsschwäche, verbunden mit einer anhaltend hohen Arbeitslosigkeit von 14,2 Mio. Menschen und 60 Mio. Armen. Das Pro-Kopf-Sozialprodukt ist immer noch um rund 30 % niedriger als in den USA. Das durchschnittliche Wachstum war 1999-2002 mit rund 2 % um 0,5 Prozentpunkte schwächer als in den USA. Die Europäische Kommission korrigierte in der Herbstprognose das Wachstum der Eurozone für das Gesamtjahr 2003 auf nur noch 0,4 %. Ursprünglich wurde einmal von 1,8 % ausgegangen. Einige Länder – darunter Deutschland – befanden sich in einer technischen Rezession. Am meisten Probleme macht die schlechte Entwicklung der öffentlichen und privaten Investitionen, weil die hervorragenden europäischen Forschungsergebnisse nicht optimal genutzt und zu häufig dem unternehmerischen Potenzial in Europa Steine in den Weg gelegt. Auch für 2004 deutet sich keine Besserung an. Die Meinungsumfragen vom europäischen Verband der Industrie- und Handelskammern, Eurochambres, verbreiten zwar Optimismus, gehen aber nicht von besseren Investitions- und Beschäftigungszahlen aus. Europas Rückstand gegenüber den USA ist beachtlich. Die neue Aufschwungphase in den USA verdeutlicht, dass Europa anders als andere Ökonomien nicht in der Lage ist, die Stagnation von Wachstum, Beschäftigung und Investitionen zu überwinden und auf den demographischen Wandel effizient zu reagieren. Diese Analyse führt aber bei den europäischen Institutionen nicht zur Umkehr des Denkens. Sie bestärkt handelnde Akteure darin, dass Europa wie früher nur auf den weltwirtschaftlichen Wandel setzen müsse, um Wachstum und Beschäftigung zu schaffen. Es ist ein regelrechter Investitionsattentismus zu registrieren, der bereits zu Beginn des Jahres 2000 begann und sich im konjunkturellen Abschwung verstärkt hat:

- Der Anteil der öffentlichen Investitionen am Bruttoinlandsprodukt (BIP) sank von rund 3,8 % in den 70er Jahren auf 2,2 % (2002) bzw. 2,4 % (2003). In den USA betrugen sie hingegen noch 2,8 % des BIP bzw. 3,3 % (2003).
- Der Anteil der privaten Investitionen ging auf 18 % (2002) bzw. 17,4 % (2003) zurück. In den USA betrugen sie 18,6 % (2002) mit steigender Tendenz 21,4 % (2003).
- In der EU wurden im Jahr 2002 nur 1,99 % des BIP für Forschung und Entwicklung ausgegeben, gegenüber 2,67 % in den USA und 3,06 % in Japan.

Investitionen sind nicht nur als Nachfragekomponente und damit für das heutige Wachstum relevant. Viel wichtiger ist ihre Bedeutung für die Entwicklungsmöglichkeiten Europas in der Zukunft. Wo heute nicht in Zukunftstechnologien, Infrastruktur, Forschung und Bildung investiert wird, kann Europa morgen nicht wettbewerbsfähig sein, verspielt Europa seine Zukunft. Ein deutliches Warnsignal sind auch die Abwanderungen hochqualifizierter Wissenschaftler in andere Weltregionen (Brain Drain). Die schwerwiegenden Wachstums- und Beschäftigungsprobleme kennzeichnen folgende Trends. Es fehlt an

- gesamtwirtschaftlicher Nachfrage,
- Investitionen und
- ausreichender Koordinierung der wirtschaftspolitischen Aktivitäten der EU-Mitgliedstaaten.

Der Lissabon-Prozess ist ins Stocken geraten.

Der Finanzierungsbedarf europäischer Initiativen ist der gebräuchlichste Vorwand von nationalen Regierungen, um Investitionsinitiativen mit grenzüberschreitenden Effekten zu verhindern. Dabei steht fest, dass nicht einmal die europäischen Strukturfonds-Mittel zu ihrer Gänze ausgegeben, geschweige denn richtig eingesetzt werden, weil nationale und regionale Interessen die Vergabe bzw. Nicht-Vergabe der EU-Mittel nehmen. Von daher ist es nicht verwegen, eine eigenständige Kompetenz der Europäischen Kommission zu fordern, diese Milliarden-Euro-Beträge über einen mittelfristigen Zeitraum zu investieren anstatt den Einsatz dieser Mittel nationalen oder regionalen Behörden zu überlassen. Es geht schließlich nicht darum, bessere Entscheidungen vor Ort als lokale oder regionale Behörden zu treffen, sondern das gesamteuropäische Ziel im Verhältnis zu nationalen Eigeninteressen im Auge zu behalten. Es ist klar, dass die Grundsätze der Subsidiarität und Verhältnismäßigkeit einzuhalten sind. Von daher macht eine europäische Wachstums- und Investitionsinitiative Sinn. Sie kann nicht nur von öffentlichen, sondern muss auch von privaten Investitionen organisiert werden. Aber es ist von außerordentlicher Bedeutung, dass die Qualität der öffentlichen Finanzen bei einem europäischen Wachstums- und Investitionspakt bedacht wird, aber die Maastricht-Kriterien dabei eingehalten werden. Eine monetäre Stabilität und eine finanzielle Solidität, die alle EU-Partner wollen und auf die sie sich verpflichtet haben, machen nur dann Sinn, wenn Sparmaßnahmen im öffentlichen Bereich im Zusammenhang mit konjunkturellen und beschäftigungswirksamen Entwicklungen gesehen werden. Das muss sein, wenn Europa seine Zukunftsfähigkeit organisieren will. Europas Rohstoff sind schließlich seine Menschen, ihre Kapazität und ihre Kompetenzen.

## II. Binnenmarktstrategien als Erfolgsrezept

Die europäische Wirtschaft und ihr Binnenmarkt leidet auch heute noch unter Barrieren. In vielen Bereichen ist der Binnenmarkt noch nicht vollendet. Dies betrifft den Binnenmarkt für Güter und Kapital, den Dienstleistungssektor, aber auch im Bereich der Finanzdienstleistungen. Die Entwicklung des Binnenmarktes für Waren und Kapital und die Binnenmarktstrategien waren ein Erfolgsmodell für die europäische Wirtschaftspolitik. Aus der Eurosklerose rettete sich die Europäische Union durch die Binnenmarktstrategie. Visionen von der Vertiefung der Integration wurden gebündelt mit konkreten Zielen zur Durchsetzung eines Marktes ohne Grenzen und einem Zeitplan. Dem Modell Binnenmarkt folgte auch die Wirtschafts- und Währungsunion – mit Zielen und Zeitplänen. Letztlich tut dies auch die Lissabon-Strategie, die mit ihren ehrgeizigen Zielen die Binnenmarktstrategien vor allem durch weitere Strukturreformen, beschäftigungs- und sozialpolitische Maßnahmen und Wachstums- und Investitionszielen ergänzt. Kann diese Strategie Europa die Impulse geben, die nach den ermüdenden Regelwerken der Binnenmarktstrategie häufig im Streit über die „Einmischung" von Brüssel endete?

Der EU-Binnenmarkt ist ein erfolgreiches Instrument für die Entwicklung des wirtschaftlichen Potenzials der Union gewesen, weil die Bilanz zum 10. Jahrestag zeigt, dass das Bruttoinlandsprodukt durch den Binnenmarkt um 1,8 % und die Erwerbsquote um 1,46 % gestiegen sind. Der Wohlstand hat im Durchschnitt je Haushalt um 5.700 Euro zu genommen ebenso wie die Wettbewerbsfähigkeit der EU auf den Weltmärkten. Diese Prognosen wagte bereits das Weißbuch zum Binnenmarkt. Viele Effekte sind unterschätzt worden, weil mit der Realisierung des Binnenmarktes nur kurzfristige konjunkturelle Aufwärtstrends, aber auch länger anhaltende wirtschaftliche Stagnation und rezessive Tendenzen in etlichen Mitgliedsländern verbunden waren. Der Binnenmarkt hat die engere Verbindung der nationalen Volkswirtschaften, der Unternehmen und der Bürger und Verbraucher zugunsten einer Verringerung der negativen Effekte nutzen können. Die Euro-Einführung und der Wegfall der Wechselkursrisiken haben die positiven Effekte verstärkt.

Mit dem Binnenmarkt verabschiedete sich die EU endgültig von den Vorstellungen einer Freihandelszone und verband die vier Freiheiten des Binnenmarktes mit dem Konzept eines Raumes des Rechts. Den Binnenmarkt bestimmen nämlich neben den Grundsätzen des Vertrages und der Rechtsprechung des Europäischen Gerichtshofes Richtlinien, die in nationales Recht umgesetzt werden müssen. Über 1.500 Richtlinien wurden verabschiedet, um den Binnenmarkt zu vollenden, die Freizügigkeit und den Wettbewerb zu fördern, aber auch den Verbraucher- und Umweltschutz. Inzwischen sind auch physische und technische Hindernisse sowie die Grenzkontrollen abgeschafft. Von daher ist festzustellen, dass 70 % der größten Unternehmen, 60 % der mittleren Unternehmen und 40 % der kleinen Unternehmen ihre Produkte in anderen EU-Mitgliedstaaten verkaufen. Das Konzept des Binnenmarktes konnte erfolgreich wirken, weil Ziele, Instrumente und Fristen mit seiner Gestaltung verbunden waren. Trotz aller Schwächen in der Entscheidungsfindung ist Europa stärker zusammengerückt und handelt nach gleichen bzw. vergleichbaren Regeln – von den Telekommunikations-, Energie-, Verkehrs- bis zu den Beschaffungsmärkten. Viele Regelungen sind vom Grundsatz der gegenseitigen Anerkennung geprägt.

Im Zeichen der Globalisierung werden für die Wirtschaft funktionierende vertiefte und größere Finanzmärkte von Bedeutung. Die Fragmentierung des EU-Finanzmarktes führte zu geringeren Umsätzen und zu schlechteren Bedingungen für Investitionen. Von daher lag es in der Logik der Entwicklung, die Erfolgsgeschichte des Binnenmarktes mit dem Finanzaktionsplan für den Finanzbinnenmarkt fortzuschreiben. Die Kapitalmärkte sind ein Schlüssel zu Wirtschaftswachstum und zur globalen Wettbewerbsfähigkeit der Europäischen Union, weil sie ein bedeutendes und zunehmend wichtiges Finanzierungsinstrument für Investitionen sind. Dennoch ist der Finanzbinnenmarkt noch keine Realität. Auf vielen Gebieten ist der grenzüberschreitenden Wettbewerb sehr begrenzt, internationale Wertpapiertransaktionen sind teurer und zeitraubender als nationale. Dies ist weder aus politischer noch aus wirtschaftlicher Sicht akzeptabel. Die Integration der Finanzmärkte in Europa wird zu einem effizienteren und stabileren Finanzsystem führen. Alle Marktteilnehmer werden von der vergrößerten Liquidität und einem breiteren Spektrum von Finanzprodukten profitieren. Die Integration zu einem europäischen Finanzbinnenmarkt wird allein an unmittelbarem materiellen Nutzen auf rund 130 Mrd. Euro über die nächste Dekade geschätzt, die privaten Investitionen sollen rund 6 % höher liegen. Dabei wurden die positiven Multiplikatoreffekte der gestiegenen Investitionen auf Beschäftigung und Binnennachfrage sehr konservativ und vorsichtig beurteilt. Ein integrierter Finanzmarkt wird somit ein Grundstein zum Erreichen der Ziele von Lissabon sein, die wettbewerbsfähigste Wirtschaftsregion der Welt zu werden. Dazu trägt der Finanzaktionsplan bei. Tatsächlich konnten 37 der anfangs 42 Maßnahmen bereits abgeschlossen werden. Zu den wichtigen Gesetzgebungsakten gehören beispielsweise die Richtlinien über Konglomerate, Finanzsicherheiten, UCITS, Prospekte, Pensionsfonds, Marktmissbrauch/Insiderhandel, die IAS-Verordnung, die Transparenz- und die Wertpapierdienstleistungsrichtlinie, die Übernahmerichtlinie.

Aussteht die Vollendung des Binnenmarktes für andere Dienstleistungen. Dabei darf nicht übersehen werden, dass Dienstleistungen in allen Bereichen moderner Volkswirtschaften anzutreffen sind, auch in solchen Wirtschaftszweigen, die als „traditionelle" Branchen des verarbeitenden Gewerbes gelten. Die Automobilbranche mit einem weiten ergänzenden Angebot an Finanzdienstleistungen, Miete und Leasing, Beratungsleistungen, Fortbildung, Fuhrparkmanagement oder Rückholdienste bzw. Pannenhilfe für Autofahrer ist hier nur ein Beispiel. Auch der eigene Rückgriff auf Dienstleistungen im Rahmen der Herstellungsprozesse darf nicht vergessen werden. Die Industrie ist auf Dienstleistungen und ihre Qualität angewiesen. Diese „Vermischung" von Waren und Dienstleistungen führt zu einer Steigerung der Produktivität, der Wettbewerbsfähigkeit, des Umsatzes und letztlich der Rentabilität der Unternehmen. In Deutschland durchgeführte Untersuchungen über den Ingenieursektor zeigen, dass die Gewinne im Hinblick auf die Erbringung von Dienstleistungen im Ansteigen begriffen sind. Etwa 10 % der Ingenieurunternehmen erzielen mehr als 50 % ihrer Gewinne durch Dienstleistungen. Ein weiterer Faktor für die wachsende Nachfrage nach unternehmensbezogenen Dienstleistungen ist die Auslagerung von Tätigkeiten. Aber auch der Bedarf an wissensbasierten und freizeitorientierten Dienstleistungen sowie einer Reihe weiterer Dienstleistungen, die sich aus der demographischen Entwicklung ergeben wie z.B. die Pflege- und Gesundheitsleistungen hat zugenommen. Dies führte zu einer immer größeren Zahl unterschiedlicher Dienstleistungen, die von den traditionellen Bereichen wie Transport, Einzelhandel, Telekommunikation, Tourismus, Gesundheitswesen und Finanzdienstleistungen bis zu neuen Tätigkeitsfeldern reichen wie z.B. unternehmensbezogenes Umwelt- und Abfallmanagement, Energieeinsparung, Managementberatung, Datenverarbeitung, technisches Analyse- und Versuchswesen.

Die Bedeutung der Dienstleistungen hat im Weltmaßstab, aber auch in der Union damit zugenommen. Dienstleistungen machen in der Mehrheit der Mitgliedstaaten 70 % des Bruttosozialprodukt (BSP) und der Arbeitsplätze aus. Das Gewicht der Dienstleistungen beim Handel der Union steht außer Verhältnis zu ihrem tatsächlichen Gewicht in der Wirtschaft: Der Anteil der Dienstleistungen der Union betrug 1999 nur 21,6 %, davon 11,9 % innerhalb der EU. Dieser Rückgang des Anteils der Dienstleistungen erklärt sich dadurch, dass der Binnenmarkt im Bereich der Dienstleistungen immer noch nicht realisiert ist wie im Bereich der Waren. Deswegen greifen die Akteure tendenziell eher auf Direktinvestitionen und auf Fusionen zurück als auf den direkten Handel. Mehr als 40 % der Direktinvestitionen entfallen auf den Dienstleistungssektor, davon 20,59 % innerhalb der EU, dagegen 44 % bzw. 27,6 % auf die Industrie. Das Potenzial des Wachstums beim Handel mit Dienstleistungen ist also erheblich. Mehr Konkurrenz zwischen den Marktteilnehmern der Mitgliedstaaten könnte zu einem Produktivitätsanstieg führen.

Von daher sind Wohlstandsgewinne zu erwarten, wenn das Wachstumspotenzial des Dienstleistungssektors ausgeschöpft werden kann. Den Dienstleistungssektor treffen die Hindernisse im Binnenmarkt besonders hart. Sie beziehen sich auf Probleme der Niederlassung, aber auch der Beschäftigten in diesem Sektor, der Werbungsverbote oder des Vertriebs. Dienstleistungen über EU-Binnengrenzen müssen genauso einfach werden wie Dienstleistungen innerhalb eines Mitgliedstaates. Die Hindernisse reichen von rechtlichen Schwierigkeiten, der Verhinderung von Niederlassungen über noch existierende Monopolregelungen bis zu quantitative Zugangsbeschränkungen oder Staatsangehörigkeits- und Wohnsitzerfordernissen oder der Vereinfachung von Genehmigungs- oder Eintragungsverfahren, bürokratischen Hemmnissen, Kapitalerfordernissen, Problemen in Bezug auf berufliche Qualifikationen. Die Freizügigkeit von Personen zählt zu den vier Freiheiten im Binnenmarkt, ist aber weniger erfolgreich umgesetzt als die anderen Freiheiten, so dass Dienstleistungserbringer daran gehindert werden, grenzüberschreitend tätig zu werden. Von daher gehört eine Strategie zur Beseitigung der Beschränkungen des freien Dienstleistungsverkehrs zur Lissabon-Strategie.

### III. Europa hemmt sich selbst, wenn es um den Wachstum geht

Trotz eines europäischen Heimatmarktes, auf dem 90 % aller Produkte umgesetzt und Dienstleistungen angeboten werden, mangelt es an ausreichenden Zuwachsraten der Produktivität. Auch dies ist hauptsächlich auf Investitionszurückhaltung zurückzuführen. Gesellschaftliche akzeptable Wege zur Produktivitätssteigerung, wie es Schweden, Dänemark und Finnland mit Forschungs- und Bildungsinvestitionen gezeigt haben, sind notwendig genauso wie Investitionsinitiative im privaten Sektor. Gerade im Bereich von Forschung und Entwicklung gibt es einen erheblichen Rückstand im Vergleich mit den

USA. Die Investitionen der USA mit 2,6 % des BIP im Verhältnis zu den EU-Ausgaben von knapp 2 % des BIP zeigen eine geringere Investitionsbereitschaft um ein Drittel, sowohl im öffentlichen als auch im privaten Bereich. Zusätzlich sind zwischen 1991 und 2002 die öffentlichen Forschungsausgaben von 0,91 % auf 0,73 % des BIP gesunken. In diesem Zusammenhang erscheint die Zielvorstellung von 3 % des BIPs für Forschungsausgaben, wobei zwei Drittel aus dem privaten Bereich kommen sollen, zwar sehr ehrgeizig, aber dennoch erforderlich.

Gleichzeitig zeigt sich in Bezug auf Innovationen ein entscheidender Unterschied hinsichtlich der unternehmerischen Strukturen. Während Forschung und Entwicklung und entsprechend auch Innovation in Europa traditionell eher von großen bestehenden Unternehmen betrieben werden, sind es in der USA zu einem weit größeren Anteil kleine oder auch Mikro-Unternehmen, die mit neuen Erfindungen die Innovationskraft fördern. Aber gerade diese Unternehmen haben in Europa erhebliche Schwierigkeiten, einerseits auf den Markt zu kommen und andererseits die notwendige Finanzierung zu organisieren. Von daher muss der Rechtsrahmen so gestaltet werden, dass innovative Unternehmensgründungen und ihr Marktzugang gefördert werden. Genehmigungsprozesse für industrielle Investitionen müssen beschleunigt und erleichtert werden. Gleichzeitig muss ein fairer Wettbewerb sichergestellt werden. Neben den administrativen Hürden gilt es auch, die Problematik des Zugangs zu den Kapitalmärkten zu lösen. Dies ist die Zielsetzung des EU-Risikokapitalaktionsplans. Wenngleich sich in diesem Bereich positive Entwicklungen gegen Ende der 90er Jahre ergeben haben, so bleibt Europas Schwäche insbesondere bei Investitionen in der ersten Phase von innovativen Unternehmensgründungen bestehen. Im EU-Durchschnitt sind nur 0,05 % des BIP im Jahre 1999-2001 gegenüber 0,17 % in den USA engagiert worden.

Es zeigt sich daher mehr und mehr, dass ein stärkeres Engagement des privaten Sektors zur Wiederankurbelung der Wirtschaft und zur Erreichung der Ziele von Lissabon eine Grundvoraussetzung für Wachstum ist. Dabei kennzeichnet Europas Gesellschaftsmodell, dass im Gegensatz zu den USA die Sozialpflichtigkeit des Eigentum selbstverständlich war. Der Großteil der Innovationen ergeben sich aus unternehmerischen Aktivitäten bei den risikobehafteten Investitionen, vor allem im Bereich der Forschung und Entwicklung. Anreize für innovative Investitionen sind über folgende Maßnahmen Priorität der Union:
- Verbesserung des Systems zum Schutz des geistigen Eigentums;
- mehr Qualität in Ausbildung und Forschungsförderung;
- niedrigere Zinsen für Forschungs- und Entwicklungsinvestitionen;
- mehr Wettbewerb in den Produktmärkten, ein leichterer Marktzugang für neue Unternehmen;
- erleichterter Zugang zu Risikokapital, vor allem für Unternehmensgründungen;

- Steuererleichterungen für Unternehmen, die Forschungs- und Entwicklungsprojekte durchführen.

## IV. Nachhaltige Innovationen und Investitionen gefordert

Die Ende 2003 ins Leben gerufene EU-Wachstumsinitiative versucht, den Aufschwung Europas durch eine Politik zu unterstützen, die das Wachstumspotenzial, die Wettbewerbsfähigkeit, die Produktivität und die Innovationsfähigkeit Europas steigern und das Vertrauen in die europäische Wirtschaft wiederherstellen. Es ist bereits von Bedeutung, dass die EU endlich einmal selbst initiativ wird und nicht abwartet. Die Wachstumsinitiative setzt auf Infrastrukturmaßnahmen und im Bereich der wissensbasierten Ökonomie auf Förderung, Entwicklung und Innovation, und versucht, durch ausgewählte Bereiche und Projekte Impulse für Investitionen, verbesserte Rechtsrahmen und öffentliche Unterstützung zu geben, damit der private Sektor investiert und Innovationen vorantreibt. Die Wachstumsinitiative versucht eine Partnerschaft zwischen dem öffentlichen und privaten Sektor aufzubauen, um Netzwerkstrukturen und Wissen, Forschung und Entwicklung zu fördern.

Eine zukunftsorientierte und wissensbasierte Wirtschaft braucht aber auch einen höheren Anteil einer qualifizierten Bevölkerung. Im Jahr 2000 hinkte die Europäische Union bei den 25- bis 64-jährigen Personen in der höheren Ausbildung um ca. 13 % hinter den USA zurück. Im Sekundär- und Postsekundär-Bereich betrug der Prozentsatz der Qualifizierungen in der EU 37,3 % der Erwerbspersonen gegenüber 50,3 % in den USA und in der Tertiärausbildung lag die EU bei 23,8 % der Erwerbspersonen gegenüber 37,3 % in den USA. Diese Zahlen sind ein deutlicher Indikator dafür, dass die Zahl der Absolventen für die angepeilte wissensbasierte Wirtschaft und Gesellschaft nicht ausreichend ist. Um das Bildungsniveau der Bevölkerung zu heben, müssen die Ausgaben für die Bildung und insbesondere im Bereich der höheren Ausbildung erheblich erhöht werden. Die USA verwenden nicht nur einen deutlich höheren Anteil des Haushaltes für die tertiäre Ausbildung – 1,4 % im Vergleich. zu 1,1 % des BIP in der EU – aber verfügen darüber hinaus über einen hohen Anteil von privaten Finanzierungsquellen, so dass die Gesamtausgaben der USA mit 3 % des BIP mehr als das Doppelte der europäischen Ausgaben in Höhe von 1,4 % des BIP betragen.

Investitionen in menschliche Ressourcen, Forschung und neue Technologien sind die wichtigsten Aspekte der Lissabon-Strategie. Ohne solche Investitionen wird die EU weder zu Vollbeschäftigung und zu der für die Bewältigung der demographischen Herausforderungen notwendigen höheren Produktivität noch zu weniger Umweltverschmutzung und mehr Energieeffizienz gelangen, die für die Bewältigung der umweltpolitischen Herausforderungen entscheidend ist. Die Dimension der Humanressourcen als unverzichtbare Voraussetzung für jede wissensbasierte Gesellschaft ist bisher im Rahmen des wirtschaftspolitischen Handelns genauso vernachlässigt worden wie das Potenzial pro-aktiver umweltfreundlicher Technologien, des Energiesparens und der erneuerbaren Energien.

## 1. Investieren in Humanressourcen und soziale Dienstleistungen

Jede Wachstumsinitiative muss vorrangig in den Faktor Mensch investieren. Eine moderne Wirtschaft ist nur dann wettbewerbsfähig, wenn sie über hochqualifizierte und anpassungsfähige Arbeitskräfte verfügt. Das menschliche Kapital ist der wertvollste „Rohstoff" der Europäischen Union, der bisher allerdings vernachlässigt worden ist. Die Abschwächung der Arbeitsproduktivität ist ein alarmierendes Signal dafür, dass die Europäische Union nicht in ausreichendem Maße Bildungs- und Weiterbildungsmaßnahmen für ihre Humanressourcen bereitstellt, ein Umstand, der in krassem Widerspruch steht zu den Zielsetzungen einer wissensbasierten Wirtschaft, den Zielen der Vollbeschäftigung und Arbeitsplatzqualität sowie der Wettbewerbsfähigkeit. Es besteht ein dringender Bedarf zur Verbesserung der Qualität der Arbeit, der Wege zu Vollbeschäftigung, zu höherem Produktivitätswachstum und zu einem verbesserten sozialen Zusammenhalt fördert. Dieser Weg steht im Einklang mit den Zielsetzungen der Beschäftigungsleitlinien für den Zeitraum 2003-2005, die sich insbesondere auf lebenslanges Lernen, Geschlechtergleichheit, Förderung der Anpassungsfähigkeit, pro-aktive Arbeitsmarktpolitiken, sozialer Zusammenhalt und Bekämpfung der Schwarzarbeit konzentrieren.

Die Europäische Union leidet unter hohen Durchfallquoten an den Schulen, unter einer Berufsbildung, der es an Qualität und Attraktivität fehlt und an der Tatsache, dass ein erheblich geringerer Anteil der Bevölkerung über eine höhere Schulbildung oder eine akademische Ausbildung verfügt als dies in den USA der Fall ist. Die Mitgliedstaaten sind gefordert, die Quote der Schulabbrecher auf 10 % zu senken, die Qualität und Attraktivität der Berufsbildung zu verbessern und bis 2010 den Anteil der Bevölkerung mit dem Abschluss einer höheren Schulbildung und weiterführender Bildung auf 50 % und der Anteil der Bevölkerung an akademischer Ausbildung auf 35 % zu erhöhen. Die KMU sind gefordert, mehr in das lebenslange Lernen ihrer Beschäftigten zu investieren und die Qualität der Arbeit zu verbessern. Informell erworbene Kompetenzen müssen anerkannt werden. Aber auch bestehende rechtliche und verwaltungstechnische Hindernisse für Mobilität sind zu beseitigen. Jede auf eine wissensbasierte Gesellschaft ausgerichtete Strategie muss Bildung und Weiterbildung verbessern. Lebenslanges Lernen muss zu einer Realität werden. Alle beteiligten Akteure müssen in die Ausarbeitung einer Strategie für lebenslanges Lernen eingebunden werden, damit die Menschen in die Lage versetzt werden, in Hinblick auf eine Verlängerung der Lebensarbeitszeit in den

Arbeitsprozess integriert zu bleiben, und weil zur Sicherung der Wettbewerbsfähigkeit Produktivität und Innovation gesteigert werden müssen. Die Berufsbildungs- und Beschäftigungsstrategien sollten Frauen, älteren Arbeitnehmern und Einwanderern besondere Bedeutung beimessen.

Zusammenarbeit und Leistungsvergleiche sind zu verstärken. Der Aufbau eines gemeinsamen europäischen Referenzrahmens (Europass) mit Grundsätzen, Kriterien und Schlüsselindikatoren zur Gewährleistung von Qualität und zur Validierung formeller und informeller Lernprozesse kann hier hilfreich sein. Qualität und Mobilität können dadurch verbessert werde. Gebraucht wird auch eine modern organisierte Arbeitsvermittlung in den Mitgliedstaaten, die den Bedürfnissen sowohl der Arbeitsuchenden als auch der Arbeitgeber gerecht wird. Beratung und Unterstützung bei der Arbeitsplatzsuche müssen frühzeitig einsetzen, um der Entstehung von Arbeitslosigkeit entgegenzuwirken. Die Angebote einer aktiven Arbeitsmarktpolitik müssen im Sinne von „Fördern und Fordern" stärker auf die individuellen Bedürfnisse von Arbeitslosen und nicht-aktiven Menschen im erwerbsfähigen Alter ausgerichtet werden.

Der Aufbau einer sozialen Dienstleistungsgesellschaft ist ein weiteres Instrument zur Förderung der Beschäftigungsbeteiligung als Teil einer Antwort auf die Herausforderungen einer alternden und wissensbasierten Gesellschaft und Wirtschaft und zur Verbesserung der Vereinbarkeit von Erwerbs- und Familienleben für Männer und Frauen. Diese Elemente sind in die Wachstumsinitiative einzuarbeiten und mit einem Zeitplan mit konkreten Zielsetzungen und Fristen auszustatten.


2. Investieren in Forschung und Entwicklung

Investitionen sind für Forschung und Entwicklung in Höhe von jährlich 8 % zu mobilisieren, verbunden mit einem Anstieg der öffentlichen Investitionen um 1 % des BIP und der Privatinvestitionen um 2 % des BIP, um das Ziel höherer Investitionen in Forschung und Entwicklung auf 3 % des BIP zu verwirklichen wie dies der EU-Beschlusslage entspricht. Insbesondere müssen auch die Zahl und die Attraktivität von Forschungspositionen ausgebaut werden und die Laufbahnentwicklung für Forscher ist zu verbessern, um die Abwanderung von geistigem Kapital in die USA zu verhindern. Im Rahmen der Qualifizierung im Forschungsbereich sollte auch eine besonderes Augenmerk auf die Förderung von Frauen gerichtet werden. Maßnahmen zur Stärkung der Attraktivität und Wirtschaftlichkeit von Forschung und Entwicklung im Privatsektor sowie Investitionen in Bildung und lebenslanges Lernen, wie etwa Steueranreize, Risikokapital-Förderung und Garantie-Instrumente mit besonderem Schwerpunkt auf Gründungs- und Betriebskapital sowie Risikokapital für Kleinstunternehmen und KMU. Neben einer stärkeren Einbindung des privaten Sektors in die Finanzierung dieser Maßnahmen sollte die EIB neue Finanzierungsvereinbarungen ausarbeiten, um die Entwicklung und die Markteinführung neuer Technologien zu fördern und dazu auch gruppierte Darlehen für besondere Forschungstätigkeiten, Technologie-Plattformen und vereinfachte Darlehensverfahren für Unternehmen mittlerer Größe vorsehen. Allerdings halten sich weder die Mitgliedstaaten noch die Privatwirtschaft an diese Vorgaben – von Schweden und Finnland einmal abgesehen – und erreichen nicht das Investitionsniveau anderer Weltregionen.

3. Investieren in umweltfreundliche Technologien und erneuerbare Energien

Europa zahlt einen hohen politischen Preis für seine Abhängigkeit von Erdölimporten, der Instabilität der Erdölpreise und ihrer negativen Auswirkungen auf die europäische Wirtschaft. Von daher ist es Zeit für Forschungen im Bereich der erneuerbaren Energiequellen und für eine Umsetzung dieser Forschungsergebnisse in wirtschaftlich realisierbare Innovationen, die zu einer breiteren Anwendung erneuerbarer Energien führt, z.B. über Biokraftstoffe, Solar- und Wasserstoffenergie. Damit könnte die Abhängigkeit Europas vom Erdöl reduziert werden, die Energieversorgung wäre sichergestellt wie auch der Umweltschutz. Möglicherweise könnte damit eine industrielle Revolution ausgelöst werden, die mit der IT-Industrierevolution in den Vereinigten Staaten vergleichbar wäre. Auf jeden Fall muss eine entsprechende Neuorientierung der Industriepolitik erfolgen. Europa hat seinen einstigen Vorsprung in Bezug auf umweltfreundliche Technologien und erneuerbare Energiequellen eingebüßt, obwohl der Europäische Rat von Göteborg sich das Ziel einer Strategie für nachhaltige Entwicklung gesetzt hatte. Insbesondere Maßnahmen zur Abschwächung des Treibhauseffektes und Eindämmung der Belastungen durch den zunehmenden Verkehrs sind notwendig. Eine stärkere Kohärenz zwischen den Zielsetzungen auf europäischer Ebene und deren Umsetzung auf allen Ebenen ist notwendig, verbunden mit der Forderung, die Strategie einer nachhaltigen Entwicklung in das Zentrum einer kohärenten Industriepolitik zu stellen und dazu die Einführung neuer und umweltfreundlicher Technologien wie Nano- und Bio-Technologien sowie weitere saubere Technologien insbesondere in den Bereichen Energie und Verkehr zu fördern.

V. Wege zur Finanzierung des Wachstums: eine Reform zur intelligenten Anwendung des Stabilitäts- und Wachstumspakts

Lediglich Mittel in Höhe von 0,2 % des EU-Haushalts sollen für Investitionen in die EU-Wachstumsinitiative gebunden werden. Dieser Betrag ist äußerst bescheiden und entspricht nicht der Größe der Herausforderungen. Mindestens 1 % des EU-BIP sollte engagiert werden. Dabei sind Mittel und Wege vorhanden.

Allein im Bereich der Mehrwertsteuer könnten 70 Mrd. Euro mobilisiert werden, die zur Finanzierung von Projekten der Wachstumsinitiative verwendet werden könnten, wenn die Mitgliedstaaten ihre Politik zur Bekämpfung von Steuerhinterziehung koordinieren würden. Im Bereich der Mehrwertsteuer wird der Einnahmeausfall durch die Steuerhinterziehung der Unternehmen sowie durch organisierte Kriminalität auf mindestens 10 % des Mehrwertsteueraufkommens in der EU geschätzt. Eine verbesserte Koordinierung der Steuerpolitiken muss den schädlichen Steuerwettbewerb vermeiden und mehr Transparenz bei Kapitaleinkünften und Kapitalbewegungen sicherstellen. Abgesehen von der Koordinierung in Fragen der Mehrwertsteuer, sollte die Koordinierung die Abgabenlast auf Arbeit senken, ein besser koordiniertes KMU-freundliches Steuersystem sowie Steueranreize einführen, um private Investitionen in Humanressourcen und öffentlich-private Partnerschaften zu fördern und gleichzeitig die nachhaltige Finanzierung der sozialen Sicherungssysteme zu gewährleisten.

Auch der EU-Haushalt kann als „Wachstums-Katalysator" dienen, wobei die in der Finanziellen Vorausschau vorhandenen finanziellen Obergrenze von 1,24% des BIPs durch eine vollständige Bindung der EU-Haushaltsmittel und durch eine Konzentration aller EU-Mittel auf die Förderung wachstumssteigernder Investitionen voll ausgenutzt werden sollte. Allerdings muss der Großteil aller Investitionen von den Mitgliedstaaten und dem privaten Sektor getätigt werden. Es ist deshalb notwendig, den EU-Haushalt so umzustrukturieren, dass er sich eindeutiger auf Wachstums- und Beschäftigungsfaktoren konzentriert und seine Umsetzung verbessert wird. Eine bessere Hebelwirkung von privaten Investitionen und die Fähigkeit, Staatshaushalte zu beeinflussen, sind Vorbedingungen für die höhere Produktivität. Die Euro-Milliarden der Europäischen Investitionsbank reichen nicht aus, um Europas Weg aus der Krise zu finanzieren. Trotz der strikten Ablehnung des Vorschlags von Jacques Delors, Investitionsmaßnahmen über sogenannte Eurobonds zu finanzieren, muss erneut über diese Finanzierungsquelle nachgedacht werden. Die Lissabon-Strategie kann auf diese Weise gestärkt werden.

Der Wachstums- und Stabilitätspakt versucht eine fiskalpolitische Regelbindung, die als erster Schritt zu einer Politikkoordinierung verstanden werden sollte. Diese Politikkoordinierung bedarf allerdings der Nachbesserung. In seiner ursprünglichen Ausgestaltung lässt der Pakt jedoch zu wenig Flexibilität zu, um situationsangemessen eine mittelfristige Konsolidierung anstreben zu können: Zu Unrecht wurde auf die nominalen Haushaltsdefizite, in denen auslastungsbedingte Mehrausgaben und Mindereinnahmen enthalten sind und nicht auf die strukturellen Defizite abgestellt. Von daher ist die neue Flexibilität in der Handhabung durch die Europäische Kommission zu begrüßen, stärker auf eine Reduzierung der strukturellen Defizite hinzuwirken und die 3 %-Grenze weniger dogmatisch zu interpretieren. Eine flexiblere Auslegung des Paktes in diesem Sinne sollte dazu beitragen, dass Länder nicht gezwungen werden, in einer konjunkturelle Schwächephase zusätzlich zu sparen. Vielmehr müssen die „automatischen Stabilisatoren" voll wirken können. Ansonsten kommt es, gegen die Absichten des Paktes, zu einer Ausweitung der Defizite.

Das Ziel eines ausgeglichenen Haushaltes sollte relativ zur zyklischen Entwicklung gesehen werden und folglich im Mittel eines Konjunkturzyklus angestrebt werden. Eine Punktlandung und einen Zeitplan sehen weder der Vertrag noch der Pakt vor. Das Ziel eines ausgeglichenen Haushaltes 2006 sollte daher zu den Akten gelegt werden, da die konjunkturelle Situation im Jahre 2006 heute nicht seriös einschätzbar ist. Die Prognosen der Europäischen Kommission decken sich nicht mit den eher nüchternen bzw. skeptischen Einschätzungen von IWF und OECD.

Es sollte außerdem zwischen Defiziten, die sich aus laufenden Ausgaben nähren und jenen unterschieden werden, die der Finanzierung von produktiven Investitionen dienen,. Weder bei öffentlichen noch bei privaten Investitionen liegt Europa auf dem Niveau anderer Weltregionen. In einer Schwächephase braucht Europa nicht weniger, sondern mehr öffentliche Investitionen, um das Wachstum und die Voraussetzungen für künftige Wertschöpfung zu fördern. Gerade aus einer Perspektive der nachhaltigen Tragfähigkeit darf die Umsetzung des Paktes einer Verstetigung der öffentlichen Investitionsausgaben nicht im Wege stehen. „One size does not fit all": eine zukünftige Interpretation sollte stärker die Gesamtverschuldung eines Landes und seine demographische Struktur einbeziehen.

Der Stabilitäts- und Wachstumspakt, der Sanktionsmechanismen für Mitgliedstaaten vorsieht, die ein Defizit von über 3 % des BIP aufweisen, ist kein Wachstumspakt, sondern verpflichtet Mitgliedstaaten auf eine finanzielle Solidität, die absurderweise konjunkturabhängig ist. Dabei muss jede Haushaltskonsolidierung in einer Raum- und Zeitachse gesehen werden. Auch wenn es richtig ist, dass bestimmte EU-Mitgliedstaaten in Zeiten konjunktureller Erholung Sparmaßnahmen hätten durchsetzen müssen, ist festzustellen, dass zu etwaigen Ermahnungen durch die Union bisher jegliche Rechtsgrundlage fehlt. Das ist zu ändern. Dem Defizit-Verfahren vergleichbare gleichwertige Mechanismen für den Fall, dass ein Mitgliedstaat nicht alle denkbaren Maßnahmen trifft, um das in den Stabilitätsprogrammen vorgesehene Wachstum zu erreichen, gibt es übrigens nicht. Ebenso wenig gibt es wirksame Sanktionen, wenn die Mitgliedstaaten die Zielsetzungen der Lissabonstrategie verfehlen. Es zeigen sich sehr deutliche Ungleichgewichte und schwerwiegende Mängel in der bestehenden Konstruktion der Koordinierung der Wirtschaftspolitiken zu ungunsten von Wachstum.

Schätzungen zufolge könnte ein wirkliche Investitions- und Wachstumspakt für die wirtschaftliche Erholung über private und öffentliche Investitionen zu einem zusätzlichen Wachstum von 1 % im Zeitraum 2005-2007 und um zusätzliche 0,5 % bis zum Jahr 2010 führen. Die Effekte können noch positiver sein, wenn das Vertrauen in der

Wirtschaft und in der Bevölkerung zunimmt. Investitionen werden beschäftigungswirksam sein und mehr als drei Millionen zusätzliche Arbeitsplätze schaffen können. Sogar 5 Millionen neue Arbeitsplätze scheinen bis 2010 erreichbar. Negative Effekte auf die Haushalte der Mitgliedstaaten werden dann kompensiert durch zusätzliche Einnahmen und Einsparungen bei den Sozialleistungen. Dabei müssen die volle Ausschöpfung der Haushaltsmittel der Union, die Senkung der Zinsen, die Stärkung der Europäischen Investitionsbank zur Forderung privater Investitionen und die Re-Orientierung der öffentlichen Ausgaben der EU-Mitgliedstaaten in Richtung der Lissabon-Ziele miteinander verbunden werden, wenn ein Investitions- und Wachstumspakt zur Zukunftsfähigkeit der Union Sinn machen soll. Es gibt einen verstärkten Bedarf zum Aufbau einer neuen Art vom Partnerschaft zwischen dem öffentlichen und dem privaten Sektor in den Bereichen Bildung und Weiterbildung, Forschung und Entwicklung, Verbesserung der Innovation und Investitionen in transeuropäische Netze.

Gebraucht wird für die Zukunft Europas und den Erfolg der Lissabon-Agenda ein Regelwerk für solide Finanzen. Gleichzeitig muss aber auch ein Investitions- und Wachstumspakt beschlossen werden, der seinen Namen verdient, damit Europa sich nicht selbst der Grundlagen seiner Weiterentwicklung und seiner Zukunftschancen beraubt.

Wolfgang Roth

# Die Europäische Investitionsbank zwischen Aktionen und Hoffnungen

## I. Die wirtschaftliche Lage Europas

Wir reden über Europa. Wir reden über Wirtschafts-, Wettbewerbspolitik und die Arbeitslosigkeit in Europa. Aber reden wir tatsächlich über Europa? Wenn wir Anfang des Jahres 2004 über die europäische Situation und die Erwartungen reden, sehen wir etwas Erstaunliches. Die Voraussagen des Wachstums des Bruttoinlandsprodukts variieren zwischen den Ländern erheblich: 3% in der Spitze und 0,7% am Ende. Dramatischer die Lage am Arbeitsmarkt, zwischen 4% und 11% bewegt sie sich nach Auffassung der Prognostiker. Kann es eine gemeinsame Strategie geben?

Die Antwort muss man differenziert geben. Europa hat sicherlich gemeinsam ein Wachstums-, Wettbewerbs- und Arbeitslosenproblem. Aber manche kleinere Länder – Österreich, Finnland, Portugal, Irland, Luxemburg und Dänemark – stehen gut da. Die größeren Länder – mit Ausnahme von Großbritannien – Deutschland, Frankreich, Italien, Spanien haben jedoch entweder in Wachstum oder in der Arbeitsmarktpolitik erhebliche Probleme. Deshalb sollten wir realistischerweise feststellen, dass eine europäische Politik notwendig ist, aber dass sie nicht ausreicht. Spezielle nationale Maßnahmen sind ebenso notwendig, wie eine europäische Koordinierung und Aktionen der Union. Besonders entscheidend ist, dass die großen Länder der Union ihre Wettbewerbsprobleme und Beschäftigungsprobleme lösen. Das gilt im besonderen Maße für Deutschland und Frankreich, die beide wegen ihrer Größe entscheidend für die Dynamik der Wirtschaft sind.

Es bestehen erhebliche Zweifel, ob in Europa hinreichend verstanden wird, dass ohne eine positive Investitionsentwicklung und Nachfrageentwicklung der beiden großen kontinentalen Länder Europas, Frankreich und Deutschland Europa nicht aus der Wachstumsschwäche herauskommen wird. Europa muss sich sicherlich fragen, ob es nicht Sinn macht, die Nachfrageschwäche der beiden wichtigsten Länder im Herzen Europas ernsthaft zu diskutieren. Masseneinkommen, privater Verbrauch, öffentlicher Verbrauch und öffentliche Investitionen im europäischen Binnenmarkt entwickeln sich in den beiden Ländern so schwach, dass eine neue Wachstumsphase in Europa weit entfernt scheint. Die Heftigkeit der Diskussion über die Einhaltung der Maastricht-Kriterien in beiden Ländern steht in völlig unverständlichem Widerspruch zur fehlenden Auseinandersetzung über die Nachfrageschwäche in beiden Ländern.

Das ist angesichts der Erfahrungen der Wirtschaftsgeschichte seltsam. Scheinbar sichere Erfahrungen und Erkenntnisse der Vergangenheit zum falschen Zeitpunkt verwendet, haben in der Wirtschaftsgeschichte immer wieder zu schweren Fehlern geführt, die soziale und wirtschaftliche Folgen gehabt haben. Man denke nur an die Katastrophe der Wirtschaftskrise im Jahre 1930 oder an die Unterschätzung der Inflationsgefahren in den siebziger Jahren, die Europa in eine Krise geführt hat. Mir scheint, dass Europa erneut Gefahr läuft, die aktuelle Situation falsch einzuschätzen und die Antworten aus der Vergangenheit zu geben. Europäische Initiativen sind offensichtlich genauso notwendig wie ein nüchternes Umdenken der Wirtschaftspolitik in den beiden großen Volkswirtschaften. Aber allen muss klar sein, dass Europäische Initiativen in das Leere laufen, wenn sie keine Abstützung in der makroökonomischen Strategie der großen Volkswirtschaften haben. Die Europäische Union hat schon Ende der neunziger Jahre erkannt, dass eine neue Anstrengung für Europa gebraucht wird. Der portugiesischen Präsidentschaft ist es zu verdanken, dass neue Dimensionen der Wirtschaftspolitik in Europa entschlossen angefasst werden.

## II. Der Lissabon-Prozess

Auf dem Europäischen Rat am 23. und 24. März 2000 in Lissabon wurde für die Union ein neues strategisches Ziel festgelegt, in dessen Rahmen Beschäftigung, Wirtschaftsreform und sozialer Zusammenhalt als Bestandteil der sich entwickelnden wissensbasierten Wirtschaft gestärkt werden sollten.

Auf allgemeiner EU-Ebene wird der Lissabon-Prozess durch die gemeinsamen Anstrengungen unterstützt, ein stabiles makroökonomisches Umfeld zu entwickeln, Strukturreformen zu fördern, das europäische Sozialmodell zu modernisieren und der Umweltdimension der wirtschaftlichen und sozialen Aktivitäten Rechnung zu tragen. Mit dem in diesem Zusammenhang verwendeten Konzept einer nachhaltigen Entwicklung, beschlossen auf dem Europäischen Gipfels von Göteborg im Juni 2001, wird versucht, ein Gleichgewicht zwischen den ihm zugrundeliegenden wirtschaftlichen, sozialen und umweltbezogenen Elementen zu finden und sie mit dem Gedanken des wirtschaftlichen und sozialen Zusammenhalts zu harmonisieren. Dieser letztere Begriff umfasst – zusätzlich zu der herkömmlichen Regionalentwicklungskomponente – zunehmend eine soziale Dimension, wozu auch die Beschäftigungslage gehört, sowie eine Berücksichtigung der Folgen einer Überalterung der europäischen Bevölkerung.

Viele der damit in Verbindung stehenden Anpassungen und politischen Maßnahmen, die das allgemeine Umfeld für Innovationen verbessern sollen, liegen außerhalb der spezifischen Aufgaben einer Finanzierungsinstitution wie der Europäischen Investitionsbank (EIB). Jedoch verfolgt die Bank diese politischen Entwicklungen genau und nimmt die für sie relevanten Elemente in ihren Operativen Gesamtplan auf. Dabei handelt es sich um ein regelmäßig aktualisiertes Planungswerkzeug für einen Drei-Jahres-Zeitraum, das die Darlehensstrategie der EIB als eine sich an politischen Vorgaben orientierende öffentliche Bank festlegt. Die Bank hat sich deswegen auf solche Bereiche der Strategie von Lissabon konzentriert, die sich für die Unterstützung durch Darlehensinstrumente am besten eignen.

## III. Die Rolle der EIB

Der ursprüngliche Beitrag der EIB zu dieser Strategie bestand in ihrer „Innovation-2000-Initiative" (i2i). Sie beruhte darauf, während eines Zeitraums von drei Jahren, d.h. von Mai 2000 bis April 2003, Darlehen im Umfang von 12-15 Mrd. Euro für Investitionsvorhaben mit erheblichem Innovationsgehalt zur Verfügung zu stellen und die Risikokapitalfinanzierungen – unter Zwischenschaltung des Europäischen Investitionsfonds – auszuweiten. In den jeweiligen Aktualisierungen des Operativen Gesamtplans wurde die i2i daraufhin den operativen Hauptprioritäten zugerechnet. Die Fähigkeit der Bank, ihren Beitrag zum Lissabon-Prozess durch die i2i rasch umzusetzen, wurde im Rahmen verschiedener Europäischer Räte, unter anderem in Feira im Juni 2000, in Nizza im Dezember 2000 und in Stockholm im März 2001, anerkannt.

Der politische Rahmen hat sich dabei über die Jahre verändert, dieses wurde bei der Umsetzung der i2i vollständig berücksichtigt. Der Europäische Rat in Stockholm im März 2001 begrüßte die Öffnung der i2i durch die Bank für die Beitrittsländer und der Europäische Rat in Barcelona im März 2002 wies auf die entscheidende Funktion von Forschung und Entwicklung sowie Innovation hin, um hinsichtlich der Wettbewerbsfähigkeit den Rückstand der EU gegenüber den USA und Japan aufzuholen. Er legte daher das Ziel fest, „die Gesamtausgaben für Forschung und Entwicklung und für Innovation in der Union" zu erhöhen, „so dass sie 2010 ein Niveau von nahezu 3% des BIP erreichen". Vor allem Investitionen in der Privatwirtschaft sollten gefördert werden. Er betonte daher die Rolle der EIB bei dem jüngsten Wachstum in diesen Bereichen. Außerdem bestärkte der Europäische Rat von Barcelona „die EIB weiter, die Investitionen in Sektoren zu fördern, die von besonderer Bedeutung für ein Mehr an wirtschaftlicher Integration, wirtschaftlichem und sozialen Zusammenhalt sowie Wachstum und Beschäftigung in der Union sind".

## IV. „i2i": Bilanz 2000-2002

Ende des Jahres 2002 hatte die EIB-Gruppe die Ziele, die der Europäische Rat ihr in Lissabon gesetzt hatte, praktisch schon erreicht: innerhalb von zweieinhalb Jahren hat sie ein Finanzierungsvolumen von fast 17 Mrd. Euro (EIB: 14,4 Mrd. + Europäischer Investitionsfonds (EIF): 2,5 Mrd.) für rund 300 Vorhaben in sämtlichen Mitgliedsländern und in den zehn beitretenden Staaten genehmigt.

Diese Ergebnisse zeigen, dass die EIB durch die Bereitstellung diversifizierter Finanzierungsprodukte in „i2i"-Bereichen eine reale Nachfrage der Wirtschaft decken konnte. Hierbei hat sie prioritär solche Investitionen unterstützt, mit denen ein Transfer von Know-how in die am wenigsten entwickelten Gebiete erreicht und somit der zusätzliche Nutzen der Tätigkeit verdeutlicht wird:
- Regionalentwicklung:
  66 % der Finanzierungen betrafen Projekte, die den Zugang der wirtschaftsschwächsten Regionen der Union und der beitretenden Länder zu modernsten Technologien fördern; dies gilt insbesondere in den Bereichen Bildung, Gesundheit und Technologienetze.
- Innovationsgehalt:
  Seit dem Jahr 2000 hat sich der Innovationsgehalt der finanzierten Projekte deutlich erhöht. Auf Projekte im Bereich Forschung und Entwicklung, insbesondere solche im Bereich Life Sciences, entfielen 59 % der 2002 genehmigten Darlehen; die Projekte im Bildungswesen enthalten eine stark innovative Komponente entweder durch den Einsatz von Informations- und Kommunikations-Technologien (IKT), z.B. e-Learning, oder durch die Umsetzung von Ergebnissen der Grundlagenforschung und -entwicklung (Universitäten und Universitätskliniken). Die Auswahl der Projekte zur Umsetzung von IKT-Netzen erfolgte entweder aufgrund ihrer beträchtlichen Auswirkungen auf die Regionalentwicklung oder aufgrund ihres Beitrags zur Verbreitung von Innovationen, d.h. auf die Produktion oder Verbreitung audiovisueller Werke angewandte digitale Technologien.
- Sektorale Verteilung:
  Die Verteilung der Finanzierungen auf die verschiedenen, im Rahmen der i2i abgedeckten Bereiche hat sich ebenfalls verändert: während im Jahr 2000 die Mehrzahl der im Prüfungsstadium befindlichen Projekte hauptsächlich die Telekommunikation (59 %) betrafen, ergeben sich aus der sektoralen Aufschlüsselung der Ende 2002 genehmigten Projekte folgende Prozentsätze: Bildungswesen/eLearning 43 %, Forschung und Entwicklung 39 %, Technologienetze 10 % und Verbreitung von Innovation /audiovisueller Bereich 8 %.

## V. Innovation-2010-Initiative

Da die Ziele von Lissabon und Barcelona langfristiger Natur sind, stellte sich selbstverständlich die Frage, auf welche Weise die EIB die Entwicklung einer auf Wissen und Innovationen basierenden europäischen Wirtschaft und Gesellschaft nach Ablauf des ursprünglichen Drei-Jahres-Zeitraums der Geltungsdauer der i2i-Initiative weiter unterstützt. Die EIB war bereit, ihre Unterstützung fortzuführen und auszuweiten, und insbesondere die i2i auf einer dauerhaften Grundlage als einen der vorrangigen Bereiche für die Darlehensvergabe der EIB mit dem Namen „Innovation-2010-Initiative" (i2i) einzurichten. Diese sollte auf den bisher gesammelten Erfahrungen aufbauen und die Ausrichtung der EIB auf innovative Investitionen und ihren Beitrag zu einer wissensbasierten Wirtschaft und Gesellschaft stärken. In ihren internen Verfahren sollte Innovation somit dauerhaft ein vorrangiger Bereich mit einem Status sein, der mit dem der Regionalentwicklung und des Umweltschutzes vergleichbar ist.

Während der Sitzung des Rates Wirtschaft/Finanzen vom 7. März 2004 fand – ebenso wie in informellen Beratungsgesprächen mit der griechischen Präsidentschaft und der Europäischen Kommission – ein erster Meinungsaustausch statt. Vorschläge, die der Bank unterbreitet wurden und die insbesondere die stärkere Herausarbeitung der Tätigkeit zugunsten von KMU im Rahmen der i2i und eine größere Komplementarität mit Finanzierungsinstrumenten des EIF betrafen, wurden berücksichtigt.

Der Europäische Rat von Brüssel vom 20. und 21. März 2003 nahm die laufenden Vorbereitungsarbeiten zur Kenntnis und begrüßte daher „die neue Innovation-2010-Initiative der EIB – mit einem vorläufigen Darlehensvolumen von 20 Mrd. Euro für die Jahre 2003-2006 –, durch die die Ziele von Lissabon und Barcelona unterstützt werden, indem die Darlehensvergabe für Innovation, Forschung und Entwicklung und Bildung sowie für den Aufbau und die Verbreitung von Informations- und Kommunikationstechnologien ausgeweitet wird".

Als Fortsetzung der ersten i2i-Initiative spiegelt die Innovation-2010-Initiative die langfristige Ausrichtung der Ziele von Lissabon und Barcelona wider. Die bildet den Rahmen für die diesbezüglichen Maßnahmen der EIB-Gruppe bis zum Ende des Jahrzehnts, wobei für den Zeitraum von Juni 2003 bis Ende 2006 ein neuer Betrag von 20 Mrd. Euro vorgesehen wurde.

## VI. i2i: Bindeglieder zwischen der Schaffung von Wissen, der Innovation und der Wettbewerbsfähigkeit

Letztlich ist es das Ziel der Bank im Rahmen der i2i, die Knüpfung von Bindegliedern zwischen der Schaffung von Wissen und dem Markt zu beschleunigen und zu verbessern. Darüber hinaus verankert die i2i den Innovationsaspekt dauerhaft als ein Hauptkriterium für die Vergabe von Finanzierungsbeiträgen der EIB bei einer vollständigen Internalisierung in ihre Verfahren, und zwar stützt sie sich auf die bisher gesammelten Erfahrungen und wird an sich verändernde politische Prioritäten und Markterfordernisse angepasst werden. Die i2i wird weiterhin ein starkes Element des Zusammenhalts und der Regionalentwicklung beinhalten, da die Bank besondere Anstrengungen unternimmt, um Finanzierungsbeiträge für innovative Vorhaben in strukturschwache Länder und Regionen in Europa zu vergeben.

Mit der Innovation-2010-Initiative werden alle Abschnitte eines fortlaufenden Prozesses abgedeckt, bei dem die Erweiterung des menschlichen Wissens in Innovationen umgesetzt wird und in weiterer Folge die Steigerung der Gesamtproduktivität und der Wettbewerbsfähigkeit bewirkt. Letzteres ist die Grundvoraussetzung für die dauerhafte Aufrechterhaltung und die Verbesserung des Wirtschaftswachstums, der Einkommen und der Beschäftigung.

Der zugrundeliegende Prozess der Wissenstransformation kann als ein Wissensnetz gesehen werden, das aus folgenden sich wechselseitig beeinflussenden Hauptkomponenten besteht:
- Bildung einerseits sowie Hardware der IKT andererseits als Ausgangsbedingungen;
- Schaffung von Wissen und seine Verbreitung/Anwendung im Rahmen von Forschung und Entwicklung und von beruflicher Bildung/lebenslangem Lernen (in Hochschulen und in der Industrie), Rechte am geistigen Eigentum, IKT-Software sowie audiovisuelle und Multimedia-Inhalte als „intermediäre Stadien";
- Innovation in Produktionsverfahren, neue Produkte in der Industrie und neue Verbraucherdienstleistungen als kommerzielle Resultate einer wettbewerbsfähigen wissensbasierten Wirtschaft.

Aufgrund der Natur der für einen solchen Prozess der Wissenstransformation relevanten Vorhaben werden im Rahmen der i2i neben den herkömmlichen Investitionen in Sachanlagen, z.B. Gebäude und Ausrüstung, mehr Finanzierungen der EIB zugunsten von immateriellen Vermögenswerten, z.B. Forschungsprogrammen und Patenten, mobilisiert werden. Außerdem sollen diesbezügliche Investitionsvorhaben sowohl vom öffentlichen als auch vom privaten Sektor getragen werden. Erst durch die wirksame Kombination beider wird es zu dem erforderlichen Modernisierungsprozess kommen.

## VII. Die vorrangigen Bereiche für Finanzierungsbeiträge der EIB

Die Innovation-2010-Initiative basiert auf einem integrierten Ansatz, bei dem der Schwerpunkt auf den Bindegliedern zwischen der Schaffung von Wissen und dem Markt liegt. Er umfasst alle Phasen diese Prozesses von der Ausbildung über Forschung und Entwicklung bis zur Umsetzung der Innovation in Investitionen, die zu Produktivitätszuwächsen und zur Steigerung der Wettbewerbsfähigkeit der europäischen Wirtschaft führt. Dieser integrierte Ansatz stellt ein grundlegendes Element der effizienten

Innovationsförderung dar, da er eine Hebelwirkung auf das Wirtschaftswachstum und die Schaffung von Arbeitsplätzen ausübt.

Auf der Grundlage der in den 30 Monaten seit Einführung der ersten i2i gemachten Erfahrungen, des grundsatzpolitischen Dialogs mit der Kommission und ihrer Kontakte mit öffentlichen und privaten Wirtschaftsakteuren konzentriert sich diese neue Initiative auf drei vorrangige Tätigkeitsbereiche:
- Aus- und Weiterbildung;
- Forschung und Entwicklung sowie innovative Investitionsvorhaben in nachgelagerten Bereichen (Produkte und Verfahren), insbesondere in der Privatwirtschaft;
- Schaffung und Verbreitung von IKT (Hardware sowie Inhalte und Anwendungen).

## VIII. Instrumente, Partner und Regionen

Die EIB bringt die ganze Palette ihrer Finanzierungsprodukte zum Erreichen der Ziele der i2i zum Einsatz. Die bisherigen Erfahrungen haben gezeigt, dass die Darlehensformeln der Bank im allgemeinen flexibel genug sind, um sich auch den Bedürfnissen von auf Innovation ausgerichteten Projekten anzupassen. Darüber hinaus wurden bestimmte Anpassungen vorgenommen und werden noch weiter entwickelt werden. Die Methode für strukturierte Finanzierungen der Bank, auf deren Grundlage sie auch Darlehen mit Risikoteilung vergeben kann, wird in geeigneten Fällen eingesetzt.

Die EIB hat beschlossen die Finanzierungen in den 15 EU-Mitgliedstaaten auf einen bestimmten Umfang zu begrenzen, um einen größeren Teil ihrer Mittel zugunsten der neuen Mitgliedsländer sowie zugunsten anderer vorrangiger Gebiete wie die Beitrittsländer und die Mittelmeerpartnerländer zu vergeben. Durch die i2i erhöht sich also nicht das Finanzierungsvolumen der Bank, vielmehr wird die bereits laufende Verlagerung hin zu innovativeren Vorhaben verstärkt. Dabei kann die EIB insbesondere eine Reihe von Projekten mitfinanzieren, die einen geringeren Umfang haben als die, die üblicherweise in Betracht kommen, beispielsweise wenn sie Forschung und Entwicklungs-Programme mittelgroßer Unternehmen, IKT-Vorhaben von Start-up-Unternehmen oder innovative Vorhaben in den neuen Mitgliedstaaten unterstützt.

Die Palette der Kooperationspartner im Rahmen der i2i hängt von der Art der Vorhaben und der Finanzierungsbeiträge, z.B. direkte Darlehen an einzelne öffentliche oder private Projektträger, Darlehensvergabe unter Zwischenschaltung inländischer Banken, Programmfinanzierung oder Globaldarlehen, sowie von den jeweiligen Ländern ab. Die EIB verbindet dabei ihre erwiesene Fähigkeit, auf den internationalen Kapitalmärkten Mittel zu beschaffen, und ihre umfassende Sektorkenntnis mit ihren Kontakten und ihrem Know-how des einheimischen Finanzsektors.

Dabei wird der Zusammenarbeit mit Mitgliedstaaten sowie bei Initiativen der Europäischen Kommission zur Förderung von Innovationen und zur Beschleunigung ihrer Verbreitungsprozesse besondere Bedeutung beigemessen. Beispiele hierfür sind die Zusammenarbeit bei einzelstaatlichen – oder regionalen – Programmen zur Unterstützung von Forschung und Entwicklung und Innovation, z.B. von kleinen und mittleren Unternehmen (KMU) oder in Regionen mit Entwicklungsrückstand, die Kofinanzierung von Forschung und Entwicklungsvorhaben mit der Kommission im Rahmen ihres 6. Rahmenprogramms oder von Maßnahmen zur Innovationsförderung, wie sie in den Gemeinschaftlichen Förderkonzepten für Fördergebiete enthalten sind, sowie die Zusammenarbeit mit der Kommission im audiovisuellen Sektor.

Der Europäische Investitionsfonds mobilisiert weiterhin Risikokapitalmittel und stellt Darlehensgarantien zugunsten von KMU, um die Ziele der i2i im Hinblick auf KMU zu verfolgen. Zwei neue strategische und operative Entwicklungen sind eingeleitet:
- Die Verlagerung eines Teil der Risikokapitalfinanzierungen auf Later-Stage-Finanzierungen, insbesondere auf dem Gebiet der Biotechnologien, wie es der Europäische Rat Wettbewerbsfähigkeit, der die entscheidende Rolle der EIB-Gruppe bei der Innovationsfinanzierung insbesondere bei Late-stage-Investitionen unterstrich, im November 2002 besonders hervorhob.
- Die Einführung eines Beratungsdienstes auf dem Gebiet der Finanzierungskonstruktionen, die möglichen Empfängern von EU-Mitteln, darunter einzelstaatlichen und regionalen Organen, sowie Hochschul- und Forschungseinrichtungen bei der Mittelbeschaffung helfen sollen.

Wie bei der ersten Initiative räumt auch die „Innovation 2010" den in Regionalentwicklungsgebieten liegenden Projekten absoluten Vorrang ein. Die Schaffung von Kompetenzzentren in den am wenigsten entwickelten Regionen der Union oder den Ländern, die 2004 der EU beitreten werden, ist zweifellos ein wichtiger Faktor dafür, den Bürgern Europas gleichen Zugang zu den Technologien einer im Wandel befindlichen Welt zu verschaffen. Die Initiative trägt darüber hinaus dazu bei, die Tendenz, Investitionen in den reicheren Regionen eines vereinigten Wirtschaftsraums zu konzentrieren, abzuschwächen.

Aufgrund dieser positiven Erfahrung hat die EIB den geografischen Einschaltungsbereich der „Innovation-2010-Initiative" ausgeweitet, indem diese – entsprechend dem im März 2002 in Barcelona von den Staats- und Regierungschefs erklärten Ziel – in den Zusammenhang der Schaffung eine Europäischen Forschungsraums gestellt wird. So kommen die folgenden Ländergruppen für eine Einschaltung der neuen „i2i" in Frage:
- die derzeitigen Mitgliedstaaten mit einem besonderen Schwerpunkt auf Vorhaben mit Standorten in Fördergebieten oder in den Kohäsionsländern;
- die zehn neuen Mitgliedstaaten, die der EU zum 1. Mai 2004 beitreten;

- die Beitrittsländer, d.h. Bulgarien, Rumänien und die Türkei;
- die westlichen Balkanländer, wo, da die Unterstützung der EIB zugunsten des Wiederaufbaus und der Entwicklung erste positive Ergebnisse bringt, ein erheblicher Bedarf in Form von Bildungseinrichtungen und Technologienetzen zu decken ist.

Der Lissabon-Prozess und die ihm zugrunde liegenden Ziele decken das gesamte Jahrzehnt ab. Die Fortschritte in einzelnen Jahren können dabei unterschiedlich sein, da sie unter anderem von den Entwicklungen des makroökonomischen Umfelds und der Wirtschaftsbereiche abhängen. Die Initiative der EIB muss deswegen flexibel bleiben und es muss die Bereitschaft bestehen, jederzeit neue Elemente zu übernehmen und Marktentwicklungen Rechnung zu tragen und entsprechend den gesammelten Erfahrungen Anpassungen vorzunehmen. Die Initiative der Bank wird deswegen in Phasen eingeteilt werden: Eine erste Phase wird bis Ende 2006 laufen; die Initiative wird dann erneut beurteilt werden, um gegebenenfalls für die nächsten Jahre Anpassungen vornehmen zu können.

Der von der Bank für den Zeitraum von Mitte 2003 bis Ende 2006 beschlossene indikative Darlehensrahmen von 20 Mrd. Euro wird zusammen mit dem von der EIB für das erste i2i genehmigte Betrag von rund 17 Mrd. Euro den durchschnittlichen Finanzierungsbeitrag der EIB-Gruppe zur Unterstützung der Ziele der „Lissabon-Strategie" etwa auf 6,5 Mrd Euro pro Jahr erhöhen. Unter Berücksichtigung des bereits gebundenen Darlehensvolumens und des von den Wirtschaftsakteuren angemeldeten Bedarfs kann realistischerweise davon ausgegangen werden, dass dieser jährliche Durchschnitt während dieses Jahrzehnts beibehalten werden wird. Somit dürfte die Unterstützung der EIB-Gruppe zugunsten der unter die i2i fallenden Sektoren bis Ende 2010 deutlich über 50 Mrd. Euro liegen.

## IX. Eine neue europäische Wachstumsinitiative

Die Innovationsinitiative des Jahres 2000 hat mit ihrer Konzentration auf die Dynamisierung der Wissensgesellschaft in Europa und der Förderung der Wettbewerbsfähigkeit in den zentralen Forschungsbereichen sicherlich einen Anstoß gegeben, um die Trägheit der europäischen wirtschaftlichen Entwicklung zu überwinden. Aber dieser Anstoß, so war es schon seit längerem klar, würde nicht ausgereicht haben, den weltweit gesehen niedrigen Wachstumsprozess in Europa adäquat zu beschleunigen. Die italienische Präsidentschaft schlug deshalb eine Wachstumsinitiative vor, die gerade auch der Europäischen Investitionsbank wichtige Aufgaben überträgt. Hier geht es vorrangig um die Beschleunigung der Investitionen für Transeuropäische Netze, bei denen bis zum Jahre 2020 Investitionen in Höhe von 220 Mio. Euro mobilisiert werden sollen, um die kurzfristige flächendeckende Bereitstellung der Breitbandnetze bis 2005 und die Mobilisierung von neuen Forschungen. So war es nur logisch, dass drei Jahre nach Lissabon nach neuen Ansatzpunkten gesucht wurde, das Wachstum in Europa zu beschleunigen. Da die Steuerpolitik, jedenfalls was die Wachstumsförderung anbetrifft, weiterhin praktisch nur nationalen Entscheidungen unterliegt, konzentrieren sich die Überlegungen nun auch auf die Nachfrage, obgleich Strukturmaßnahmen weiterhin bestimmend sind.

## X. Warum liegt der neue Schwerpunkt auf Netzen und Wissen

Die Europäische Wachstumsinitiative konzentriert sich auf zentrale Infrastruktur-Investitionsbereiche, die das in der Lissabon-Strategie enthaltene Bündel wirtschaftlicher, sozialer und ökologischer Reformen fördern und voranbringen sollen. Durch Mobilisierung von Investitionen innerhalb eines stabilen makroökonomischen Rahmens in zwei zentralen Lissabon-Bereichen, Netze und Wissen, kann die Union ein deutliches Zeichen zugunsten der laufenden Reformen setzen. Die wichtigste kurzfristige positive Auswirkung auf das Wachstum wird der Beitrag zur Steigerung des Vertrauens in das Potenzial der Europäischen Union sein. Mittelfristig werden sich neue Investitionen in Form von Zeitersparnissen bei Produktion und Transport auszahlen sowie in Form von qualitativen Verbesserungen, einer beschleunigten Innovationsrate, mehr Wettbewerb und Spielraum bei der Standortwahl. Schließlich wird sich der Zusammenhalt in der erweiterten Union dadurch verbessern, dass Länder und Regionen, denen angemessene Infrastruktureinrichtungen fehlen oder die nur einen beschränkten Zugang zu Wissen und Innovation haben, die Gelegenheit erhalten, an einem wirklich integrierten, wissensbasierten Wirtschaftsraum teilzuhaben.

Analysen zeigen, dass eine Erhöhung der öffentlichen Investitionen um 1 % des BIP in einem ersten Stadium zu einem Anstieg des BIP um 0,6 % und bei mittelfristiger Beibehaltung dieser Anstrengung sogar bis zu einem Anstieg von rund 1 % führen können. Das Erreichen des Ziels von 3 % des BIP in Forschung und Entwicklung könnte jährlich schätzungsweise 0,5 % des BIP und 400.000 Arbeitsplätze an Zuwachs bringen.
- Mehr integrierte Energie-, Telekom- und Verkehrsmärkte bedeuten größere Wettbewerbsfähigkeit sowie mehr und bessere Arbeitsplätze; zugleich dienen sie umweltpolitischen Zielsetzungen, indem es beispielsweise zu weniger Staus kommt: Der weitere Ausbau des TEN-V bringt einen erheblichen Nutzen für die Wirtschaft der EU und für die Gesellschaft mit sich, der langfristig zu einem Anstieg des BIP um schätzungsweise 0,23 % führen könnte. Die staubedingten Verluste entsprechen Schätzungen zufolge rund 0,5 % des BIP; die Verzögerungen bei den Investitionen in die transeuropäischen Verkehrsnetze kosten die Gesamtwirtschaft mindestens 8 Mrd. Euro jährlich (gemessen in verlorenerer Zeit) und „verursachen" 42 % der Treibhausgasemissionen.

- Beschäftigungspotenzial: Ein Beispiel hierfür ist GALILEO, der erste konkrete Baustein einer europäischen Raumfahrtpolitik. Ein Beitrag in der Größenordnung von 2 Mrd. Euro dürfte einen neuen Markt entstehen lassen, der Hunderte von Millionen Euro wert ist und die Entstehung hunderttausender neuer Arbeitsplätze nach sich ziehen wird.
- Breitbandnetze und die dadurch möglichen neuen Dienste werden zu zahlreichen zusätzlichen Arbeitsplätzen im Industrie- und Dienstleistungssektor führen, technologische Innovationen beschleunigen und eine Stütze der wissensbasierten Wirtschaft bilden. Die flächendeckende Verfügbarkeit von Breitbandinfrastruktur wird sich auch insofern auf das Wachstum auswirken, als sich die Leistungsfähigkeit von Diensten verbessert, die die Arbeitsweise von Unternehmen und Verwaltungen verändern.
- Die Förderung von Investitionen und Forschung, Entwicklung und Innovation durch eine günstige gesetzliche, politische und finanzielle Weichenstellung auf Unions- und auf nationaler Ebene ist eine wichtige Stütze für die Wettbewerbsfähigkeit der europäischen Industrie und wird im Einklang mit der Strategie von Lissabon zu anhaltend hohen Wachstums- und Beschäftigungsraten beitragen.

## IX. Die Rolle der EIB-Gruppe

Mit ihrer Unterstützung kann die EIB nach Einschätzung mehrerer Regierungen eine Schlüsselrolle dabei spielen, die Wirtschaftlichkeit langfristiger Investitionen zu sichern und vor allem die Masse bieten, mit der Privatkapital mobilisiert und öffentlich-private Partnerschaften (PPP) strukturiert werden können. Es gibt eindeutige Synergien zwischen einigen in der Initiative angekündigten Maßnahmen und der Arbeit der EIB. Beispielsweise könnte sie die praktische Zusammenarbeit zwischen verschiedenen Unternehmen und Organisationen über das 6. Forschungsrahmenprogramm, die Europäischen Technologieplattformen und die Breitbandausbringung in Gegenden mit unzureichender Infrastruktur unterstützen. Durch Verbesserungen des Rechtsrahmens für Großprojekte oder europäische Risikokapitalfonds ließen sich Kosten und Risiken verringern, wodurch sich neue Gelegenheiten für Investitionsbeiträge der EIB-Gruppe ergäben.

Die EIB muss also insbesondere dazu beitragen, die Transeuropäischen Netze voranzubringen und den Lissabon-Zielen der Union näher zu kommen. In den letzten Jahren hat sie 50 Mrd. Euro an Darlehen für Transeuropäische Netze in der Union gegeben und weitere 10 Mrd. Euro an Darlehen für die Beitrittsländer genehmigt. Durch Darlehen in Höhe von mehr als 10 Mrd. Euro, Garantien und andere Formen der Unterstützung hat sie in den letzten Jahren konsequent Infrastrukturprojekte öffentlich-privater Partnerschaften gefördert. In der ersten Phase ihrer Innovation-2000-Initiative hat sie außerdem weitere 10 Mrd. Euro für die Wissensziele von Lissabon bereit gestellt.

In ihren aktuellen Planung will die EIB bis Ende dieses Jahrzehnts etwa 50 Mrd. Euro zur Unterstützung von Investitionen in TEN durch eine neue Investitionsfazilität zur Verfügung zu stellen. Weitere 40 Mrd. Euro sollen im Rahmen der geplanten Innovation-2010-Initiative zur Förderung des Übergangs zur Wissenswirtschaft, d.h. auch Breitband und eTEN, für Forschung, Entwicklung und Innovation bereit gestellt werden. Diese beiden Fazilitäten sollen ergänzt werden durch bereits bestehende Garantien und die Fazilität für strukturierte Finanzierungen (FSF) sowie weiterhin über den Europäischen Investitionsfonds für Risikokapitalfonds, die in innovative High-Tech-Unternehmen in der Seed-, Startup- und Entwicklungsphase investieren.

Die EIB und die Europäische Wachstumsinitiative:
- Die EIB ist bereit, zur Unterstützung vorrangiger TEN-Projekte in einer TEN-Investitionsfazilität (TIF) 50 Mrd. Euro an Darlehen bereitzustellen.
- Investitionen der EIB in Forschung, Entwicklung und Innovation. Seit Beginn der Initiative i2i im Jahr 2000 hat die EIB bereits 15,3 Mrd. Euro bereitgestellt. Mit der Innovation-2010-Initiative, die auch Breitband- und eTEN-bezogene Anwendungen sowie Fortbildung umfasst, soll diese Unterstützung von Forschung, Entwicklung und Innovation (FEI) fortgesetzt und ausgebaut werden. Bis 2010 sollen damit für weitere 40 Mrd. Euro und ein breiteres Angebot an besser an die Bedürfnisse angepassten Instrumenten gesorgt werden.
- Die EIB ist bereit, ihre Finanzierungskapazität durch die Fazilität für strukturierte Finanzierungen (FSF), zu erhöhen.
- Unterstützung der Innovation durch Risikokapital. Der Europäische Investitionsfonds stellt zur Unterstützung von Risikokapitalfonds 2,5 Mrd. Euro bereit, die sich auf 185 Risikokapitalfonds verteilen, welche 1500 Hochtechnologieunternehmen mit etwa 10 Mrd. Euro unterstützen. Die EIB will für die entsprechende Reserve zusätzlich 500 Mio. Euro vorsehen und damit entsprechend dem Risikokapitalmandat ihr Investitionsvolumen um eine weitere Milliarde Euro erhöhen.

## XII. Sofortmaßnahmen

In der Vergangenheit haben wir manches Infrastruktur- oder Forschungsprogramm erlebt, bei denen der mittelfristige Charakter hervorgehoben wurde. Oft war es so, dass deswegen nicht sofort mit Planungen und Finanzierungen begonnen werden konnte. Mittelfristig hieß deshalb, mittelfristig auf Dauer. Der Europäische Rat von Brüssel hat auf Vorschlag der Finanzminister eine Entscheidung getroffen, die zu der Hoffnung Anlass gibt, dass es diesmal nicht bei Absichten bleibt. Es wurden Sofortmaßnahmen beschlossen (Quick-Start-Projects), die in den nächsten drei Jahren begonnen werden, zudem grenzüberschreitende Dimension und positive Auswirkungen auf Wachstum und Innovation haben sollen, beziehungsweise Umweltnutzen stiften sollen. Ein weiterer

Punkt des Programms muss unter dem Beschleunigungsaspekt hervorgehoben werden. Die Aufgabe der EIB ist es, soweit wie irgend möglich privates Kapital zu mobilisieren. Alle fordern mehr Infrastrukturinvestitionen, aber öffentliche Finanzen sind knapp und werden wegen der „Maastricht-Quote" immer mehr zugunsten der Finanzierung laufender Aufgaben nötig und deshalb die Investitionshaushalte gekürzt. Die Möglichkeiten, privates Kapital zu mobilisieren, sind aber begrenzt. Privates Kapital will Rendite und Risikoausgleich. Unabhängig welche Methoden man wählt: Privat-öffentliche Partnerschaften (PPP), Mobilisierung von Privatkapital ist einerseits kein Patentrezept und andererseits kompliziert. Aber trotzdem ist dieses Konzept zu begrüßen. Denn öffentliche Mittel allein lassen eine Großinitiative im Forschungs- und Verkehrsbereich nicht zu. Deshalb müssen in einer Situation, in der private Ersparnisse reichhaltig aber öffentliche Mittel nachhaltig nicht vorhanden sind, die Chancen der neuen Finanzierungsmethoden genutzt werden.

## XIII. Offene Fragen

Wird die Europäische Wachstumsinitiative erfolgreich sein? Was heißt Erfolg? Alle werden mit neuen intelligenten Methoden mehr Infrastruktur, Forschung und Risikoinvestitionen finanzieren. Aber alles dies ist nur ein Beitrag zur Verbesserung der Lage. Entgültig helfen wird nur, wenn es gelingt,
- die Europäische Wirtschafts- und Finanzpolitik tatsächlich zu koordinieren,
- die Angebots- und Nachfrageseite der Wirtschaftspolitik in Einklang zu bringen,
- die Projekte tatsächlich zu realisieren, einschließlich Planung, Umweltverträglichkeitsprüfung, politischer Wille zur transnationalen Kooperation,
- in der europäischen Geld- und Zinspolitik für die nächsten Jahre der Investitionsförderung den Rang einzuräumen, die ihr neben der Stabilitätspolitik gebührt,
- die Wechselkurse zu stabilisieren.

Programme sind eine Sache. Sie mögen zur künftigen Verbesserung der Lage beitragen. Positive Erwartungen sind aber die entscheidende Sache in Europa. Man darf Aktionismus nicht mit Strategie verwechseln. Was vorläufig fehlt ist die Einbettung der Wachstumsinitiative in eine koordinierte Politik. Wie kann man verstehen, dass die Konflikte über Maastricht zwischen Kommission und einigen Mitgliedsländern oder ein langjähriger Streit in der Zukunft über die Finanzierung der EU bis zum Jahre 2015 die öffentliche Debatte mehr bestimmen, als jede Perspektive für Wachstum, Verbesserung der Wettbewerbslage und der Infrastruktur. Europäische Wirtschaftspolitik besteht nicht in der Produktion von neuen Vorschlägen in jeder Präsidentschaft, sondern in der Zusammenführung aller Elemente in einer glaubwürdigen Politik. Deshalb erscheint die Stärkung der wirtschaftspolitischen Kompetenz der Union, beispielsweise durch einen Vizepräsidenten für Finanzen, Haushalt, Beschäftigung und Innovation eine Chance, die, wenn sie nicht 2004 ergriffen wird, für lange verloren geht.

# 4. WIRTSCHAFTSPOLITIK IN EUROPA DEMOKRATISCH LEGITIMIEREN

Stefan Collignon
# Europa am Ende? – Wirtschaftsverfassung und demokratisches Defizit

Geringes Wirtschaftswachstum, hohe Arbeitslosigkeit, übermäßige Defizite, Umbau des Sozialstaats, der Stabilitätspakt ruiniert, die europäische Verfassung gescheitert. Ist Europa am Ende? Die Zeiten sind zweifellos hart, aber Europa hat auch Fortschritte gemacht. Die Konzertation und Kooperation in der Wirtschaftspolitik der Europäischen Union und vor allem der Euro-Zone hat sich, seit dem Maastricht Vertrag 1992 und dem Beginn der Europäischen Währungsunion 1999, vertieft. Der Europäische Rat in Lissabon hat Perspektiven zur Modernisierung der Wirtschaftspolitik gewiesen und sich das Ziel gesetzt, Europa zur „wettbewerbsfähigsten Wirtschaft der Welt" zu machen. Die dort ebenfalls entwickelte „offene Methode der Koordinierung" soll helfen, diese Ziele zu verwirklichen. Diese Koordinierung ist mehr durch formlose Regeln und gemeinsame Ziele geprägt als durch formelle Institutionen. Diese Koordinierungsformen reichen im Hinblick auf die neuen Aufgaben der EU zwar für manche Politikbereiche aus, für wesentliche andere Aspekte der Europäischen Währungsunion jedoch nicht. Für deren Verwirklichung ist eine europäische Regierung notwendig.

Der Vertrag von Maastricht setzte den institutionellen Rahmen für Politikkoordinierung durch den Dreiklang der selbständigen Europäischen Zentralbank (EZB), dem übermäßigen Defizitverfahren und der multilateralen Überwachung durch die sogenannten Grundzüge der Wirtschaftspolitik fest. Später wurde eine Reihe von Ergänzungsprozessen, Methoden und Strategien eingeführt. Manche dieser Prozeduren, namentlich der Stabilitäts- und Wachstumspakt (SWP) und der Makroökonomische Dialog (Kölner Prozess) befassen sich vor allem mit der Stabilisierungspolitik, d.h. der optimalen Nachfragesteuerung, während andere wie z.B. der Luxemburg- und der Cardiff-Prozess „strukturelle Reformen" und die Angebotsseite hervorheben. Die Lissabon-Strategie 2000 mit der offenen Methode der Koordinierung wurde durch die Europäischen Räte in Stockholm (2001), Barcelona (2002) und Brüssel (2003 und 2004) ergänzt.

Die Realisierung der Lissabon-Agenda macht jedoch nur langsame Fortschritte, die Effizienz der komplexen Verfahren wird zunehmend in Frage gestellt[1]. Bedenken über die demokratische Legitimität der existierenden politischen Verfahren hat die Einberu-

---

1 D. Hodson und I. Maher, Economic Policy Coordination in the European Union, National Institute Economic Review, No. 183 January 2003; L. Calmfors und G. Corsetti, How to Reform Europe's Fiscal Policy Framework, in: World Economics, Vol 4, No. 1 Jan-March 2003; D. Gros und A. Hobza, Fiscal Policy Spillovers in the Euro Area: Where are they?, CEPS Working Document No. 176, November 2001; S. Collignon, Economic Policy Coordination in EMU: Institutional and Political Requirements, Centre for European Studies (CES), Harvard University, May 2001.

fung des europäischen Konvents motiviert, der zwar eine europäische Verfassung hervorgebracht hat, jedoch an nationalstaatlichen Interessen gescheitert ist. Die Regierungen wollten „Europa" nicht an die Bürger übertragen.

Mit Ausnahme der Europäischen Zentralbank und möglicherweise des Konvents haben alle institutionellen Innovationen die zwischenstaatliche Politikkoordinierung gestärkt. Seit Maastricht haben keine weiteren Kompetenzübertragungen auf die europäische Ebene stattgefunden. Neue Verfahren wie z.B. die offene Methode der Koordinierung sind als Revolution der EU-Politik gepriesen worden, doch in Wirklichkeit erlauben sie kaum mehr als die Rückkehr zur traditionellen zwischenstaatlichen Zusammenarbeit. Die Optimalität dieser Entwicklung ist fraglich und damit auch die Zukunft der europäischen Integration.

Wie geeignet sind diese neuen Methoden zwischenstaatlicher Koordinierung, um die erhofften Ziele zu erreichen? Während sicherlich nicht alle europäischen Aufgaben von einer zentralen Behörde entschieden oder implementiert werden müssen, ist es auch klar, dass nicht alle zwischenstaatlichen Formen der Politikkoordinierung die gleiche Effektivität vorweisen können. Kriterien werden gebraucht, um zu beurteilen, welches Politikregime die besten Resultate produzieren kann. Dies erlaubt uns dann auch ein besseres Verständnis, wie Europas Probleme zu lösen sind.

## I. Die Notwendigkeit von Politikkoordinierung

Die institutionellen Entwicklungen in der Wirtschaftspolitik spiegeln die Erkenntnis wider, dass eine „gut funktionierende Europäische Währungsunion (EWU) einen soliden Koordinierungsrahmen benötigt"[2]. Neben der Geldpolitik, die vollkommen unter der Autorität der EZB konzentriert ist, bleiben die Mitgliedstaaten für die meisten anderen Politikbereiche zuständig. Verschiedene Regierungen haben jedoch verschiedene Präferenzen und Ziele, die sich weitgehend aus ihrer spezifischen Wählerschaft ableiten. Aber gleichzeitig hat die wachsende gegenseitige Abhängigkeit zwischen den einzelnen Binnenwirtschaften innerhalb einer gemeinschaftlichen Geldwirtschaft dazu geführt, dass die Handlungen einer Regierung immer stärkere Auswirkungen auf alle anderen haben. Widersprüchliche Politikmaßnahmen würden zu gemeinwohlsenkenden Ergebnissen führen.

---

2   SPE, Momentum for Recovery in Europe – Promoting Public and Private Investments, Bericht präsentiert von Poul Nyrup Rasmussen im Namen des SPE-Netzwerks zur Lissabon-Strategie. December 2003, http://www.eurosocialists.org/upload/Publications/76ENFivepointplan.pdf.

Politikkoordinierung ist notwendig, wenn autonome Entscheidungsträger durch ihre Aktionen Auswirkungen in anderen Jurisdiktionen erzeugen. Politikkoordinierung versucht diese sogenannten Externalitäten einer gemeinsamen Verantwortung unterzuordnen. Sie ist deshalb eine notwendige Konsequenz der Zwischenstaatlichkeit. Allerdings gibt es verschiedene Grade der Verbindlichkeit von Kooperationsvereinbarungen. Wenn die unterschiedlichen Präferenzen von Akteuren leicht und schnell konvergieren, sind andere Verfahren nötig, als wenn die Politikziele divergieren.

Es gibt vier gute Argumente, die die Notwendigkeit der Politikkoordinierung begründen: (1) Nationale Entscheidungen können Auswirkungen auf Nachbarländer haben. (2) Indirekte Auswirkungen ergeben sich vor allem für europäische Gemeinschaftsgüter. Makroökonomische Größen wie Inflation, Zinsen und der Wechselkurs betreffen alle Wirtschaftssubjekte des Eurolands gleichermaßen. Wenn unkoordinierte und eigenständige nationale Maßnahmen z.B. in der Haushaltspolitik Auswirkungen auf die Geldpolitik der EZB haben, so kann sich kein einzelnes Mitglied der EWU dem entziehen. Diese Seiteneffekte werden durch Koordinierung internalisiert. (3) Koordinierung sucht nach Möglichkeiten, Trittbrettfahrern unter den Mitgliedstaaten vorzubeugen. (4) Manche wirtschaftspolitischen Theorien argumentieren, dass Politikkoordinierung es erlaubt, Kritik von der nationalen Ebene auf die europäische Ebene zu lenken.

Einwände gegen Politikkoordinierung konzentrieren sich auf drei Aspekte, vor allem mit Bezug auf makroökonomische Koordinierung und Nachfragesteuerung: (1) Die Auswirkungen und potentiellen Gewinne durch Kooperation könnten klein sein[3]. (2) Politikkoordinierung könnte potenziell die Unabhängigkeit der EZB gefährden[4]. (3) Wegen der kulturellen Heterogenität in der EU brauche man Subsidiarität, um die verschiedenen Politikpräferenzen zu bedienen[5]. Die ersten zwei Einwände befassen sich mit dem effizienten Policy-Mix im Euroland, die dritte mit ihrer Optimalität. Ein effizienter Policy-Mix ist eine notwendige Bedingung für die Erhaltung makroökonomischer Stabilität. Ein angemessener Policy-Mix schafft jedoch verschiedene Anreize für Wirtschaftswachstum und Verbesserungen auf der Angebotsseite der Wirtschaft. Daher gibt es mehrere mögliche „Spillovers" zwischen verschiedenen Politikdomänen. Koordinierung zwischen unabhängigen Akteuren ist ein Weg, Konsistenz ihrer Handlungen zu erreichen.

---

3　Gros und Hobza, s.o.; D. Currie, G. Holtham und A. Hughes-Hallett, The Theory and Practice of International Policy Coordination: Does Coordination Pay?, in: R. Bryant, et al.: Macroeconomic Policies in an Interdependent World, Brookings Institution: Centre for Economic Policy : International Monetary Fund, 1989.
4　A. Alesina und R. Wacziarg, Is Europe Going Too Far? National Bureau of Economic Research, C.A. Mass. Working Paper No. 6883, 1999; O. Issing, On Macroeconomic Policy Co-ordination in EMU, Journal of Common Market Studies, Vo. 40, No. 2, 2002, S. 345-59.
5　Alesina und Wacziarg, s.o.

Falls eine freiwillige Koordinierung der Politik von unabhängigen Regierungen keine kohärente Politik produziert, müssen die Entscheidungen an eine zentrale Behörde delegiert werden. Gegenwärtig erstreckt sich Politikkoordinierung in Europa auf zwei zentrale Felder.

Erstens ist eine effiziente makroökonomische Politik notwendige Bedingung für inflationsfreies, stabiles Wachstum und die Schaffung von Arbeitsplätzen. Die Politik muss dazu fähig sein, diese Gemeinschaftsgüter zu liefern. Die Gründung der EZB und die Zentralisierung der monetären Kompetenz war eine wichtige Voraussetzung für eine stabilitätsorientierte Geldpolitik. Die Budgetpolitik ist jedoch weiterhin in der Hand nationaler Regierungen, und diese Zersplitterung ist problematisch, wie das Scheitern des Stabilitätspakts zeigt.

Zweitens: auch wenn die Zentralbank unabhängig ist, kann mangelnde Kooperation zwischen den Geld- und Finanzbehörden zu destabilisierenden Resultaten führen, wenn einzelne Regierungen unvereinbare Ziele verfolgen[6]. Daher muss die Autonomie nationaler Finanzpolitik eingeschränkt werden. Der Stabilitäts- und Wachstumspakt hat versucht, dieses Problem zu lösen – und ist an den nationalen Interessen gescheitert. Das war vorherzusehen, hat doch die Theorie des „fiscal federalism" seit langem gelehrt, dass Stabilitätspolitik auf eine zentrale Entscheidungsebene delegiert werden muss.

Drittens: Auch wenn alle nationalen Haushalte im Gleichgewicht wären, ergäben sich noch immer Inflationsgefahren aus dem Arbeitsmarkt, wenn die Lohnabschlüsse die Arbeitsproduktivität überschreiten. Das institutionelle Instrument zur Internalisierung dieser Externalitäten war die Einrichtung des Makroökonomischen Dialogs beim Europäischen Rat von Köln. Diese politische Koordinierung hat nur eine gering ausgeprägte, weil unverbindliche Kraft. Dies liegt vor allem daran, dass Lohn-Verhandlungen in Europa unterschiedlich geführt werden, so dass harmonisierende Verfahren weder passen noch funktionsfähig sind. Der Makroökonomische Dialog funktioniert vor allem durch verbesserten Informationsfluss, der das makroökonomische Umfeld für die Tarif-Partner klärt.

Viertens muss ein effizienter Policy-Mix aggregierte Nachfrage und Angebot im Gleichgewicht halten. Aber er wird auch Auswirkungen auf das Wachstumspotenzial der EU-Wirtschaft haben. Die Grundzüge der Wirtschaftspolitik, ein jährlich zwischen Kommission und Finanzministern ausgehandeltes Dokument zur Formulierung gemeinsamer Ziele und Aufgaben, soll diese gegenseitigen Externalitäten zwischen makroökonomischem Management und strukturellen Reformen verinnerlichen. Die Verfahren für

---

6  T. J. Sargent und N. Wallace, Some Unpleasant Monetarist Arithmetic, Federal Reserve Bank of Minneapolis Quarterly Review, Fall 1981, S. 1-17.

die Koordinierung von angebotsseitigen Reformen wurden bereits in Luxemburg und Cardiff festgelegt, aber erst die Lissabon-Strategie legte das Gesamtdesign für die Erreichung dieser Stabilitäts- und Gemeinwohlverbesserungen durch die offene Methode der Koordinierung fest.

Diese vier Politikfelder sind durch sehr unterschiedliche Methoden der Kooperation und Verbindlichkeit geprägt. Die Erfahrung zeigt, dass Politikfehler und gescheiterte Kooperation häufig daraus resultieren, dass falsche Methoden für ein spezifisches Politikfeld eingesetzt werden.

## II. Politikregime als Koordinierungsformen

Erfolgreiche Politikkoordinierung hat zwei Dimensionen: einerseits die Gemeinsamkeit von Zielen von autonomen Partnern und andererseits die Dynamik des Zusammenspiels im Zeitablauf. Um sicher zu gehen, dass Vereinbarungen eingehalten werden, können spezifische Anreizstrukturen erforderlich sein wie z.B. positive Belohnungen, negative Sanktionen und Institutionen als Bindungsapparat. Es ist aber auch möglich, dass die Präferenzen unterschiedlicher Partner konvergieren, weil sie einen Vorschlag für „richtig" halten. Im ersten Fall sind Präferenzen a priori gegeben und mögliche Resultate werden durch strategisches Verhandeln erreicht. Im zweiten Fall ändern sich die Präferenzen durch Debatten, offene Beratung und Kommunikation. Die relative Bedeutung von externen Anreizstrukturen und internen Konsensusprozessen prägt den Unterschied zwischen harten und sanften Politikkoordinierungsregimen. Die Flexibilität, mit der sich die politischen Ziele ändern, bestimmt, ob Ermessens- oder regelorientierte Politiken bessere Resultate versprechen.

Traditionellerweise hat die EU vier Methoden entwickelt, wie sie mit Externalitäten umgeht:
(1) Freiwillige Koordinierung zwischen Mitgliedstaaten. Wenn die Regierungen sich von vornherein einig sind, was sie erreichen wollen, kann die Politik einvernehmlich koordiniert werden. Der Makroökonomische Dialog des Kölner Prozesses und die offene Methode der Koordinierung sind freiwillige Formen der Koordinierung, die die Annäherung von Politikpräferenzen durch Informationsaustausch und „Peer Pressure" zu erreichen suchen. Freiwillige Vereinbarungen werden Fall für Fall entschieden und jeder Partner behält die Freiheit, sich jederzeit zurückzuziehen. Der Verbindlichkeitsgrad der Koordinierung ist hier minimal.

(2) Bindende Regeln sind notwendig, wenn die kurzfristigen Präferenzen eines Akteurs mit seinen langfristigen Präferenzen nicht übereinstimmen. Indem ein Akteur sich verpflichtet, öffentlich bekannten Regeln zu folgen, kann dynamische Konsistenz

zwischen mehreren politischen Plänen im Zeitablauf erreicht werden. Aber welche Garantie gibt es, dass sich Akteure an ihre Verpflichtung auch in Zukunft halten werden? Um Wortbruch bei der zeitlichen Inkonsistenz von Präferenz zu verhindern, benötigt man ein hartes Sanktionsregime. Ein typisches Beispiel ist der Stabilitäts- und Wachstumspakt. Vertragliche Bestimmungen legen die Sanktionen bei Verstoß gegen rechtsverbindliche Verpflichtungen fest.

(3) Zwischen harten und weichen Formen der Koordinierung gibt es auch ein Regime der „sanften" Regeln. Falls sich aus der Kooperation unterschiedlicher Akteure automatisch Vorteile für jeden einzelnen Teilnehmer ergeben, ist die Wahrscheinlichkeit, dass die Politikpräferenzen konvergieren, hoch. Allerdings gibt es Fälle, in denen eine „sanfte Regel" notwendig ist, um den Kooperations-Prozess überhaupt erst in Gang zu setzen. Ein politisches Regelwerk von Prozeduren ist dann notwendig, um dynamische Folgewidrigkeiten zu verhindern, aber die Nichteinhaltung von einzelnen Teilnehmern ist weniger ein Problem und braucht daher nur ein weiches Sanktionsregime. Der Cardiff- und Luxemburg-Prozess, aber auch Koordinierung durch die Grundzüge, fallen in diese Kategorie.

(4) Die Gemeinschaftsmethode der Kompetenzübertragungen, die Verantwortung für spezifische Politikfelder einer einheitlichen Institution, wie z.B. auf die Europäische Kommission oder die EZB, zuordnet. Hier formuliert und implementiert eine EU-Institution Politik aus einem Guss mit Blick auf das europäische Gemeinschaftsinteresse. Sie internalisiert alle Externalitäten, indem sie andere Regierungen rechtsgültig bindet. Delegierung ist das angemessene Politikregime, wenn nationale Politikpräferenzen divergieren und Entscheidungen im Gesamtinteresse getroffen werden müssen, weil ansonsten Anarchie und Konflikt dominieren.

**Tabelle 1:  Politikkoordinierung**

| | | Zeitablaufs-Konsistenz ||
|---|---|---|---|
| | | **Ermessenspolitik** | **Regelbasierte Politik** |
| **Präferenz-Konsistenz** | unverbunden | I. *Delegation an einen vereinheitlichten Akteur*<br><br>Kommission, EZB | II. *Harte Koordinierung mit Sanktionen*<br><br>Stabilitäts- und Wachstumspakt, Übermäßiges Defizitverfahren |
| | Konvergenz | III. *Freiwillige Koordinierung*<br><br>Offene Methode der Koordinierung, Lissabon- Strategie, Köln-Prozess | IV. *Sanfte Koordinierung durch Regeln*<br><br>Grundzüge, Luxemburg- and Cardiff-Prozess |

Die Geschichte dieser unterschiedlichen Kooperationsformen scheint keiner klaren Systematik zu folgen. Mal dominiert das eine, mal das andere Regime die öffentliche Debatte. Gegenwärtig ist zwischenstaatliche Koordinierung (eher das Scheitern der Koordinierung) en vogue, in Maastricht war es die Methode der Delegation. Es lässt sich jedoch zeigen, dass Erfolg und Scheitern verschiedener Regime davon abhängen, welche Aufgaben gelöst werden müssen.

## III. Gemeinschaftsgüter: Externalitäten und Koordinierungsregime

Die Ergebnisse von politischen Entscheidungen könnten als Gemeinschaftsgüter interpretiert werden. Der Erfolg eines Kooperationsregimes lässt sich daran messen, wie effektiv das Regime die Gemeinschaftsgüter produziert. Diese hängt aber wiederum von der Art der Gemeinschaftsgüter selbst ab. Gemeinschaftsgüter, die durch verschiedene Externalitäten charakterisiert werden (siehe Tabelle 2), brauchen verschieden Kooperationsformen.

**Tabelle 2: Typologie der Gemeinschaftsgüter**

| | | Konsum (Nutzung) | |
|---|---|---|---|
| | | Ausschließbar/konkurrierend | Nicht-ausschließbar/nicht-konkurrierend |
| **Angebot ((Kosten)** | Nicht gemeinsame | I. _Reine Privatgüter_<br><br>(Exklusive Güter)<br>Äpfel, Birnen | II. _Allgemeine Ressourcen_<br><br>(Exklusive Gemeinschaftsgüter)<br>Öl, Fisch, Zentralbankliquidität |
| | Gemeinsame | III. _Klubgüter_<br><br>(Inklusive Güter)<br>Schwimmbad, EWU | IV. _Reine öffentliche Güter_<br><br>(Nicht-exklusive Güter)<br>Verteidigung, Leuchtturm |

Private Güter ermöglichen immer nur den Nutzen des Einen auf Kosten des Anderen. Dies gilt auch für die gemeinsame Nutzung von Ressourcen. Bei inklusiven Gemeinschaftsgütern oder Klubgütern dagegen ergeben sich Vorteile, die durch die Kooperation der Mitglieder selbst hergestellt werden. Ähnliches gilt für reine öffentliche Güter. Eine effiziente Methodologie der Politikkoordinierung muss zeigen, welche Art von

Gemeinschaftsgütern durch welches Koordinierungsregime optimal hervorgebracht wird.

## IV. Die Effizienz des heutigen Regimes

Wie effizient ist die Wirtschaftsregierung der EU? Man könnte erwarten, dass sanfte Koordinierungsregime ausreichen, um inklusive Gemeinschaftsgüter zu beschaffen. Aber auch harte Koordinierungsformen sind keine Garantie für die optimale Beschaffung von exklusiven Gemeinschaftsgütern. Von daher wird politische Integration durch Kompetenzübertragung an die EU gebraucht.

In den vergangenen Jahren haben sich politische Verfahren vor allem mit der Beschaffung von inklusiven Gemeinschaftsgütern durch zwischenstaatliche Koordinierungsarten befasst. Das ist vor allem bei den in der Lissabon-Strategie festgelegten Zielen klar, die zum größten Teil Netzwerkexternalitäten bei Klubgütern vorweisen. Ein Beispiel dafür ist die Informationsgesellschaft mit z.B. Cyber Space und digitalem Fernsehen, deren Nützlichkeit mit der Zahl der Nutzer steigt. Folglich ist die offene Methode der Koordinierung hinreichend, um die Gemeinschaftsgüter der Informationsgesellschaft zu produzieren. Daraus ergeben sich dann auch Nebeneffekte, die Europas Wettbewerbsfähigkeit stärken.

Diese Erfolge beziehen sich jedoch vor allem auf inklusive Gemeinschaftsgüter mit Netzwerk-Externalitäten. Diese Eigenschaft ist relativ selten. Sehr viel öfter divergieren die Interessen nationaler Regierungen, sei es weil sie der kulturellen Heterogenität ihrer Wählerschaft Rechnung tragen müssen, sei es, weil die Gemeinschaftsgüter Externalitäten von gemeinsamen Ressourcen aufweisen. Letzteres gilt z.B. für den Zugang von Schuldnern der öffentlichen Hand zum Kreditmarkt. Nationale Regierungen müssen die besonderen Interessen ihrer Wählerschaft sichern, und das verhindert nicht nur die Annäherung politischer Präferenzen, sondern oft auch die Implementierung bisheriger Vereinbarungen.[7]

Während sanfte Koordinierung für inklusive Güter im allgemeinen funktioniert, ergeben sich in harten Koordinierungsregimen schwerwiegende Probleme, nicht nur in Bezug auf Effizienz, sondern auch bei der Legitimität von Sanktionen. Diese Probleme haben durch die EWU und die damit geschaffenen inklusiven Gemeinschaftsgüter zugenommen. Koordinierungsversagen in diesen Bereichen wird wahrscheinlicher. Das Scheitern des Stabilitätspaktes ist dafür nur ein erstes Anzeichen. Der Grund dafür liegt in der fol-

---

7 Die Kommission hat mehr als 1.500 gerichtliche Verfahren gegen Mitgliedstaaten wegen der Verletzung der EU-Gesetzgebung rechtshängig (Financial Times, 23.04.03).

genden Logik: In einem mehrstufigen Regierungssystem verhandeln Staaten darüber, welche Maßnahmen auf europäischer Ebene durchgeführt werden sollen. Jede Regierung hat ihre eigenen a priori Vorstellungen davon, was ihre Wählerschaft für optimal hält. Dies bedeutet jedoch, dass Partialinteressen gegenüber Gemeinschaftsinteressen dominieren. Daher hat die EU heute keinen Mechanismus, um europaweite Präferenzänderungen durch die gemeinsame öffentliche Debatte in den Parlamenten, Bürgern und Wählern in der EU zu ermöglichen. Die Europapolitik leidet folglich unter einem „demokratischen Defizit", denn die Bürger fühlen sich von politischen Entscheidungen entrechtet.

Das Koordinierungsproblem wird durch demokratische Präferenzänderungen innerhalb der nationalen Wählerschaft verstärkt. So hat z.B. seit einigen Jahren eine erhebliche Verlagerung von Links- zu Rechtsregierungen stattgefunden. Politikpräferenzen der unterschiedlichen Wählergruppen sind offensichtlich weniger als früher festgelegt. Manche der neu gewählten Regierungen wie z.B. in Frankreich hatten jedoch finanzpolitische Präferenzen, die mit dem Stabilitäts- und Wachstumspakt nicht vereinbar waren. Für diese demokratisch gewählten Regierungen musste der Pakt als Hindernis angesehen werden.[8] Aber der Sinn des Paktes war es gerade, solche Änderungen der Finanzpolitik zu verhindern. Damit steht die vertragliche Verpflichtung aus dem Stabilitätspakt von gestern im Widerspruch zum Wählerwillen von heute. Für die Bürger stellt sich dann die Frage: warum sollen sie wählen, wenn sie ohnehin nichts ändern können? Wir stoßen hier auf ein Kernproblem der Demokratie in Europa.

Es gibt jedoch auch eine andere Kritik. Sollte Finanzpolitik wirklich regelbasiert und nicht einem situationsgebundenen Ermessensspielraum überlassen bleiben? Nach Keynes sollte Finanzpolitik „flexibel" sein, um die unzureichende Nachfrage im Konjunkturverlauf zu korrigieren. Aber es ist nicht wirklich klar, dass der Stabilitätspakt diese Flexibilität verhindert. Im Boomjahr 2000 hatten viele Mitgliedstaaten Budgetüberschüsse. Aber anstatt diese Überraschungsgewinne zur Tilgung alter Schulden zu nutzen, wurden in mehreren Ländern, darunter insbesondere Deutschland und Frankreich, die Steuern gesenkt – mit dem Ergebnis, dass sich die Haushaltslage in den wirtschaftlich schwierigen Jahren danach dramatisch verschlechterte. Die Länder, die die geringsten Anstrengungen zur Haushaltskonsolidierung machten, verlangen jetzt mehr Ermessensspielraum in der Finanzpolitik. Genau dies sollte der Pakt verhindern. Mehr Ermessensspielraum in den Budgetpolitik würde einen unkoordinierten Gesamthaushalt für Euroland bewirken. Die EZB müsste ihre Zinssätze häufiger verändern, was zu Instabilität in den Finanzmärkten und negativen Auswirkungen für Wirtschaftswachstum

---

8  Coeuré und Pisani-Ferry diskutieren Reformvorschläge in B. Coeuré und J. Pisani-Ferry, A Sustainability Pact for the Eurozone, 2003, download: http://www.pisani-ferry.net/base/re-03-keynes-sustainability.pdf.

führt. Gebraucht wird in dieser Lage eine angemessene Flexibilität in der koordinierten Gesamtposition der einzelnen Haushalte. Aber wie kann regelbasierte Koordinierung zwischen autonomen Finanzministerien größere Ermessensspielräume auf der europäischen Ebene schaffen? Um das Scheitern der Koordinierung zu vermeiden, sollte die Definition der für die Geldpolitik maßgeblichen Gesamtposition der Haushalte auf europäischer Ebene festgelegt werden. Das führt zu der zentralen Frage nach der Dominanz europapolitischer Regeln über nationale Haushaltspolitik und damit nach der demokratischen Legitimität der politischen Entscheidungen in der EU.

## V. Der fatale Fehler: Das demokratische Defizit.

Alle Demokratietheorien gehen davon aus, dass Menschen in einer Gesellschaft einen Prozess brauchen, um verbindliche Entscheidungen zu treffen, die die Interessen jedes Einzelnen mit einbeziehen. Eine gebräuchliche Rechtfertigung für Demokratie verbindet die Annahme, dass die Bürger in der Regel die besten Richter ihrer eigenen Interessen sind, mit dem Argument, dass gleichberechtigte Bürgerrechte notwendig sind, um diese Interessen zu verteidigen. Demokratie in Europa würde somit bedeuten, dass die europäischen Bürger – und nicht ihre Regierungen – in letzter Instanz darüber entscheiden, welche Politik zu verfolgen ist. Mit anderen Worten, der Wählerwille manifestiert sich im Europäischen Parlament und nicht im Rat, dem Herrenhaus der Regierungen.

Verschiedene öffentliche Güter haben Auswirkungen auf verschiedene Bürgergruppen. Dabei geht es vor allem um europäische Gemeinschaftsgüter, d.h. politische Entscheidungen, die Konsequenzen für alle Bürger der EU oder zumindest im Euroland haben. Ein demokratisches Defizit entsteht auf der europäischen Ebene, wenn die Bürger entweder nicht gleichberechtigt an den Beratungen über Europapolitik teilnehmen können, oder wenn ihrer Entscheidungsmacht ungleich verteilt ist. Beides ist in der EU der Fall. Kommunikation und Beratung über europäische Politik konzentriert sich vor allem auf die nationale Wählerschaft und die nationalen Wahlkämpfe, da dies der einzige institutionelle Weg ist, wie Bürger an der Politikgestaltung teilnehmen können. Zudem hat der Europäische Rat der Regierungen – trotz der gleichberechtigten Mitentscheidung des Europäischen Parlaments an der Gesetzgebung – und nicht die Bürger als Souverän die endgültige Macht.

Nationale Regierungen sind ihren eigenen Wählern gegenüber verantwortlich. In der Regel bedeutet dies, dass nationale Güter und Interessen Vorrang über europäische Güter haben. Dies ist eine institutionelle Folge der existierenden Wirtschaftsverfassung. Eine kohärente Politik für europäische Güter erfordert deshalb, dass europäische Politikoptionen auf gesamteuropäischer Ebene öffentlich diskutiert werden.

## VI. Eine Verfassungsfrage

Falls die EU ihre Legitimität als Politikgestalter verbessern und ihre Macht behalten will, muss sie wie eine demokratische Gesellschaft funktionieren. Es wird also ein Prozess gebraucht, um die Politikpräferenzen der EU-Bürger auf der EU-Ebene zu formulieren. Das ist weniger ein Problem für inklusive Gemeinschaftsgüter, wo strategische Überlegungen den Ansporn für Präferenzkonvergenz geben und wo die offene Methode der Koordinierung zwischen Staaten zu Ergebnissen führen kann. Aber wenn exklusive Gemeinschaftsgüter zumindest einen kleinen Ermessensspielraum in der Gestaltung der Politik erfordern, ist nicht nur eine Delegierung auf die EU-Ebene notwendig, sondern auch eine demokratische Rechenschaftslegung gegenüber den europäischen Wählern.

Wenn gemeinsame Beratung, Kommunikation und Beurteilung nur in nationalen „Wahlkreisen" stattfindet, ist die daraus entstehende Präferenzkonsistenz national und nicht europäisch. Eine europäische Regierung, die aus europäischen Parlamentswahlen hervorgeht, könnte dazu beitragen, dass gemeinsame Politikpräferenzen und letztlich der vielgesuchte Demos entsteht. Die bindende Kraft der demokratischen Prozesse für gemeinsame Beschlussfassung erstreckt sich aber nicht nur auf die Beschaffung der europäischen Gemeinschaftsgüter, d.h. den „Output" der Politik. Auch der „Input" kann integrative Kraft entfalten. Offensichtlich erlaubt jedoch die Kontrolle der politischen Agenda der EU durch nationale Regierungen keinen demokratischen Wettbewerb, denn es gibt keine allgemeinen Wahlen, in denen die Bürger ihre Präferenz ausdrücken und Regierungen auswechseln können. Die demokratische Legitimität des Rates ist aus der Sicht der Bürger nicht gegeben, auch wenn die einzelnen Regierungen demokratisch legitimiert sind. Das Funktionieren des Rates gleicht einem Parlament, das niemals aus allgemeinen Wahlen hervorgeht, sondern in dem lediglich Nachwahlen einzelne Abgeordnete ersetzen. Insofern wäre eine Politisierung der europäischen Politik wünschenswert. Politisierung bedeutet, Debatten über Präferenzen, alternative Orientierungen und Engagement der Bürger für das, was sie wollen. Die Errichtung demokratischer Strukturen durch gemeinsame Wahlen auf der europäischen Ebene würde so die europäische Integration unterstützen, indem sie grenzüberschreitende politische Bündnisse unterhalb der Regierungsebene fördern würde.

Die aktive Beteiligung der Bürger in der EU-weiten Politikberatung wird jedoch nur erfolgen, wenn sie eine europäische Regierung wählen dürfen, die ihren Bürgern rechenschaftspflichtig ist. Heute werden die gemeinsamen europäischen Interessen jedoch von nationalen Interessen dominiert. Das „gemeinsame Anliegen" wird durch das Anliegen der nationalen Regierungen, ersetzt, wiedergewählt zu werden. Die nationalen Bürokraten verteidigen ihre Kompetenzen so gut es geht. Daher braucht eine effiziente Wirtschaftsregierung in Europa: nicht nur ein „gouvernement économique", sondern eine europäische Regierung.

Es wird oft argumentiert, dass Finanzpolitik auf der nationalen Ebene verbleiben solle, weil nationale Politikpräferenzen heterogen sind und bei Zentralisierung die Präferenzen der Bürger frustriert würden[9]. Aber dieses Argument zugunsten von Subsidiarität ist falsch. Wenn eine europäische Regierung gegenüber allen europäischen Bürgern und Wählern verantwortlich ist, schafft der politische Prozess, durch den eine solche Regierung gewählt wird, die Strukturen von politischer Konkurrenz, aus der sich eine europäische Öffentlichkeit entwickelt. Europaweite Debatten über politische Optionen würden heterogene Präferenzen aus dem Bienenwabensystem nationaler Debatten befreien und letztendlich Politikdissens reduzieren.[10] Im Wettbewerb um Stimmen müssten die Parteien und ihre Kandidaten ihre Programme erklären und die Wählerschaft gewinnen. Aber bevor Wähler sich entscheiden, suchen sie nach Information. Neue Information wird die alten Präferenzen verändern. Aus nationalen Vorurteilen werden rationale europäische Urteile.

Die Implikationen für Stabilisationspolitik in der Europäischen Währungsunion sind wichtig. Das Problem mit der Lissabon-Strategie der offenen Methode der Koordinierung liegt in der Natur der öffentlichen Gemeinschaftsgüter. In der Währungsunion gibt es zu viele Aufgaben, die mit der Lissabon-Strategie nicht zu lösen sind. Aber auch harte Politikregeln sind unzureichend, wie der Stabilitätspakt (SWP) beweist. Die Schwäche des SWP ist nicht seine mangelnde kurzfristige Flexibilität, sondern das Fehlen von demokratischer Legitimität. Institutionelle Regeln, durch die Regierungen gebunden werden, sind nur zukunftsfähig, wenn sie durch demokratische Wahlen und die daraus resultierende kollektive Akzeptanz der europäischen Bürger unterstützt werden.

## VII. Die Moral der Geschichte

Europas Wirtschaftsregierung erscheint nicht nur als ein sehr komplexes System und von fraglicher Effizienz. Es ist eher unwahrscheinlich, dass dieses System auf Dauer tragfähig bleibt. Die offene Methode der Koordinierung der Lissabon-Strategie ist nicht die Lösung für die optimale Beschaffung politischer Gemeinschaftsgüter, die gebraucht werden, um Europa zu einer der „wettbewerbsfähigsten Wirtschaften der Welt" zu machen. Diese Methode kann nur Ergebnisse auf dem Gebiet der inklusiven Gemeinschaftsgüter mit allgemeinen Synergien erreichen. Aber durch die Gründung der europäischen Währungsunion gibt es eine neue, große Klasse von Gemeinschaftsgütern, die allein durch freiwillige, zwischenstaatliche Koordinierung nicht effizient beschafft wer-

---

9 Siehe z.B. A. Alesina, und R. Wacziarg, Is Europe Going Too Far? National Bureau of Economic Research, C.A. Mass, Working Paper No. 6883, 1999.
10 Für ein formales Modell siehe S. Collignon, The European Republic. Reflections on the Political Economy of a Future Constitution, The Federal Trust/Kogan Press, London 2003.

den können. Diese Güter erfordern nicht nur politische Koordinierung durch „harte Regeln", um abweichendes Verhalten zu sanktionieren, sondern auch demokratische Legitimität für ihre Umsetzung. Das heutige politische Regime, von einer steigenden Zahl zwischenstaatlicher Maßnahmen dominiert, ähnelt dem vordemokratischen Ancien Regime. Wenn das Problem des demokratischen Defizits nicht bewältigt wird, läuft die EU Gefahr, durch eine Revolution hinweggefegt zu werden, die sehr wenig mit den ehrenwerten Grundsätzen von Jean Monnet zu tun haben wird. Die EU muss mit einer demokratischen Verfassung ausgestattet werden, die nicht Bürokratien, sondern die europäischen Bürger in den Mittelpunkt stellt. Alle anderen Entwicklungen riskieren das Ende Europas. Der Konflikt um die Gemeinsame Außen- und Sicherheitspolitik, die unterschiedlichen Positionen der EU im Irak-Krieg, das Scheitern der Regierungskonferenz im Dezember 2003 zur Beratung einer europäischen Verfassung und die Probleme des Stabilitätspakts sind frühe Warnsignale.

Christa Randzio-Plath
# Auf dem Weg zu einer europäischen Wirtschaftsverfassung

Europa ist auf die Globalisierung der Märkte besser vorbereitet als alle anderen Weltregionen. Dennoch trägt Europa nicht zu einer Weltordnungspolitik bei, weil es wirtschaftlich ein Riese, politisch aber ein Zwerg ist. Die Einsicht, dass nationale Souveränität nur begrenzt noch dazu beiträgt, mehr zugunsten der eigenen Region und Bevölkerung zu organisieren, bleibt auf wenige Fragestellungen begrenzt, die im Prinzip bereits mit der Einheitlichen Europäischen Akte Bestandteil der europäischen Einigungsgeschichte geworden waren. Der EG-Binnenmarkt und die EU-Währungsunion waren mutige, aber nicht unbedingt innovative Faktoren zur Vertiefung der Gemeinschaft. Der Mangel an weiterer politischer Integration versagt Europa eine wichtigere Rolle in der Weltgemeinschaft.

Die EU-Integrationsgeschichte hat gezeigt, dass Friede, Freiheit, Wettbewerb, soziale Gerechtigkeit, Solidarität und Kohäsion gemeinsame Wege sein können. Aber es bleibt eine Herausforderung für die Union, wirtschaftlichen und sozialen Fortschritt nachhaltig zu organisieren und das europäische Modell zu bewahren und weiterzuentwickeln, das gleichzeitig auf Wettbewerb und Wohlstand, Innovation und Gerechtigkeit, Freiheit, Gleichheit und Solidarität für alle setzt. Dies kommt im bisher noch nicht Realität gewordenen Entwurf einer Europäischen Verfassung zum Ausdruck. Europa ist wahrlich nicht alles. Aber ohne Europa und seine richtige Verfasstheit ist nur wenig möglich – weder Frieden und Stabilität in Europa noch auf der Welt. Der Beitrag Europas ist heute mehr gefordert denn je.

Europa ist daher nicht in bester Verfassung, weil die politischen Entscheidungsprozesse und Gesetzgebungsverfahren in den verschiedenen Politikbereichen in äußerst komplexen Fragestellungen weder demokratisch noch transparent noch bürgernah sind. Auch vermischen sich ständig grundsätzliche Positionierungen, Empfehlungen und Leitlinien mit konkreter Gesetzgebung auf unterschiedlichen Ebenen. Die Europäische Union ist kein Staat wie die Nationalstaaten. Sie ist ein „aliud" mit Merkmalen der Staatlichkeit. Von daher muss für jeden deutlich werden, welche Aufgaben die Union hat und von welchen Leitlinien sie sich bewegen lässt. Zum bestehenden Modell der Montesquieuschen Gewaltenteilung hinzukommen muss eine Mehr-Ebenen-Demokratie, so dass sichtbar wird, was warum auf europäischer oder auf nationaler Ebene geregelt wird. Die Einladung zum Dialog über Ziele, Grundsätze und Normen einer europäischen Verfassung ist damit ausgesprochen.

Die EU-Wirtschafts- und Währungsunion ist ein Teil der politischen Union und hat neben dem Binnenmarkt dazu beigetragen, dass Europa in der Welt ökonomisch von Gewicht ist. Die Europäische Union verfügt mit 450 Mio. Verbrauchern nach der Erweiterung über den größten Binnenmarkt der Welt, mit einem den USA vergleichbaren Anteil von 19,2 % am Welthandel und 26,9 % am Weltbruttosozialprodukt (Eurozone 20,7 %). Dennoch kennzeichnen Europa weiterhin Schwächen: schwaches Wirtschaftswachstum, Abhängigkeit von der Weltkonjunktur, zu hohe Arbeitslosigkeit und Armut, mangelnder wirtschaftlicher und sozialer Zusammenhalt und – bei allem Fortschritt – immer noch Mängel in den Strukturreformen, vor allem im Finanzmarkt- und Dienstleistungsbereich. Das wird sich mit der Erweiterung auch nicht automatisch ändern. Der EG-Binnenmarkt und die EU-Währungsunion sind politisch erreichte Ziele, die jedoch effizienter, transparenter und demokratischer umgesetzt werden müssen.

Bereits der erste Vorschlag des Europäischen Parlaments zur Gründung der Europäischen Union vom 14. Februar 1984, der sogenannte Spinelli-Entwurf, setzte auf ein dem europäischen Wirtschafts- und Sozialmodell angemessenes Spannungsverhältnis zwischen sozialer Marktwirtschaft, Wachstum, Wettbewerb, Vollbeschäftigung, soziale Integration, wirtschaftlichen und sozialen Zusammenhalt sowie auf Freiheit und Solidarität. Die Bejahung der Marktwirtschaft war ein konstitutives Element, die Anerkennung der Grenzen der Marktwirtschaft und die Verneinung der Marktgesellschaft ebenfalls. Von daher stellt sich die Frage, ob und wie die konkreten Visionen des Prozesses von Lissabon – wie auf dem EU-Gipfel im Frühjahr 2000 beschlossen – konstitutionalisiert werden können und sollen.

## I. Anforderungen an eine europäische Wirtschaftsverfassung

Eine europäische Wirtschaftsverfassung muss im Zusammenhang mit den unterschiedlichen Wirtschaftsverfassungen der EU-Mitgliedstaaten gesehen werden. Schließlich zielt die europäische Integration im Bereich Wirtschaft darauf ab, dass ein europäischer Mehrwert erreichbar ist und der gemeinsame Markt zur Wohlstandssteigerung aller beiträgt. Von daher ist der EWG-Vertrag vom Europäischen Gerichtshof mit Gutachten vom 14. Dezember 1991 zu Recht als „die grundlegende Verfassungsurkunde einer Rechtsgemeinschaft" klassifiziert worden. Damit wurde die EG zu einem föderativen Hoheitsträger, der bis zu diesem Urteil funktional auf die Wirtschaft beschränkt war. Der Vertrag baut sowohl auf dem Wettbewerb als Integrationskonzept auf, als auch auf der Integration von unten, d.h. durch Handlungen der EU-Mitgliedstaaten und der Marktakteure. Daneben lässt er gleichzeitig Solidarität und staatliche Intervention zu, fordert sie gar ein wie z.B. in der Handelspolitik, der Agrarpolitik und im EGKS-Vertrag oder im Zusammenhang mit den Fragen des wirtschaftlichen und sozialen Zusammenhalts. Trotz Beibehaltung eines hohen Autonomiegrades der EU-Mitgliedstaaten in der Arbeitsmarkt- und Sozialpolitik, der Wirtschaftspolitik und Industriepolitik, in der Steuerpolitik und Haushaltspolitik, muss es zu einer weiteren Vergemeinschaftung der

Politikbereiche kommen, weil nur ein integriertes und gemeinschaftliches Vorgehen zu dem optimalen Policy-Mix führen kann, den Europa braucht. Hier liegt die neue Herausforderung, auf die Europas Mitgliedstaaten mit Leerformeln und Handlungsschwäche antworten.

Eine Reform der Verträge muss vor allem der Transparenz und Effizienz, der Bürgernähe und Legitimation der EU-Wirtschaftspolitik dienen, gleichzeitig aber auch der Systematisierung der Grundzüge einer europäischen Wirtschaftsverfassung. Eine Wirtschaftsverfassung als Teil der europäischen Verfassung muss Aussagen zur Wirtschaftsordnung treffen. In den Verträgen von Maastricht und Amsterdam heißt es, dass die Wirtschaftspolitik „dem Grundsatz einer offenen Marktwirtschaft mit freiem Wettbewerb" verpflichtet ist. Aber eine jegliche Zeit hat ihre Verfassung und den ihr eigenen Raum- und Zeithorizont. Allerdings geben die Artikel 2, 3 und 4 EG-Vertrag ordnungspolitische Leitbilder vor, die zwar vom Konzept einer offenen und auf Wettbewerb begründeten Marktwirtschaft ausgehen, aber die der Sozialstaatlichkeit verpflichtet ist. Insofern prägt das europäische Gesellschaftsmodell, das von der Spannung zwischen Freiheit und Solidarität gekennzeichnet ist, schon jetzt zu Recht auch das ordnungspolitische Leitbild der Verträge.

Dennoch ist, anders als die Währungspolitik, die Wirtschaftspolitik nicht vergemeinschaftet worden, sondern nur eine Angelegenheit von gemeinsamem Interesse. Im Falle der Währungsunion wurden Regelungen und Institutionen eingeführt, weil die Geldpolitik zentralisiert und einer föderalen Autorität, dem ESZB übertragen wurde. Gemeinschaftliche Kompetenzen und Instrumente in der Wirtschaftspolitik werden jedoch in der Verfassungsdebatte des Europäischen Konvents strikt abgelehnt. Dies ist erstaunlich, weil der EU-Gipfel 2000 in Lissabon die sogenannte „Lissabon-Strategie" mit qualitativen und quantitativen Zielen, Benchmarking und Indikatoren einstimmig beschlossen hat und innerhalb dessen die jährlichen Grundzüge der Wirtschaftspolitik und die Leitlinien der Beschäftigungspolitik als die zentrale Instrumente für ein wettbewerbsfähigeres Europa in Wirtschaft, Beschäftigung, Umwelt und Soziales bestätigt wurden. Die europäische Wirtschaftsordnung hat hierdurch eine Gestaltung erfahren, die in den bisherigen Verträgen nicht enthalten ist. Die wirtschaftspolitische Realität verlangt eine Antwort von Verfassungsqualität.

Die zunehmende Internationalisierung der Wirtschaft schränkt die nationale Steuerungsfähigkeit der Wirtschaftspolitik ein. Dies ist offensichtlich im Bereich der Finanz- und Fiskalpolitik und bei zunehmend offenen Arbeitsmärkten und steigender Mobilität auch im Bereich der Sozialpolitik sinken nationale Handlungsspielräume, will man nicht negative Anreize wie z.B. massenhafte Migrationsströme von Kapital und Arbeit auslösen. Das bedeutet nichts anderes, als dass eine Konvergenz der Wirtschaftspolitik erzwungen wird. Allerdings bleibt die Wahl: Entweder dieser Konvergenzprozess erfolgt nach politischen Vorstellungen in geregelter Form – in Form von Gesetzgebung und Koordinierung – oder aber er erfolgt markterzwungen und bedeutet damit Verzicht auf Ordnungspolitik und blindes Vertrauen in die Heilkräfte des Marktes über Deregulierung, Flexibilisierung und Privatisierung. Die Erfahrungen dieses Jahrhunderts belegen allerdings die Notwendigkeit von staatlichem Handeln, die wichtige Rolle des Staates in einer Volkswirtschaft und den Nutzen einer Steuerungs- und Stabilisierungsfähigkeit im Interesse des Gemeinwesens.

Die WWU verbindet die Mitgliedstaaten der EU in einer unkündbaren Solidargemeinschaft. Deshalb bedarf es einer kooperativen und koordinierten Steuerung von Wirtschafts- und Finanzpolitik unter Berücksichtigung der Tatsache, dass die EU kein Zentralstaat, sondern eine Union der Mitgliedstaaten ist. Kooperation und Koordinierung sind als machtpolitisches Gegengewicht zur EZB notwendig, damit die zukünftige Geldpolitik in ein angemessenes und ausgewogenes Policy-Mix eingebettet wird. Die Globalisierung verlangt mehr Gemeinsamkeit, wenn Wettbewerbsfähigkeit, Wachstum und ein hohes Beschäftigungsniveau in der EU durchgesetzt werden sollen. Deswegen wird ein Steuermechanismus für Wirtschafts-, Beschäftigungs- und Finanzpolitik gebraucht, der in Realisierung der Ziele in Artikel 2, 3 und 4 die Bestimmungen in den Art. 102a und 103 EG-Vertrag konkretisiert.

Dabei kann es nicht im Interesse des Europäischen Parlaments sein, dass die ohnehin dominierende Rolle des Rates gestärkt wird. Die vom Europäischen Parlament gewählte und kontrollierte Europäische Kommission sollte die Wirtschaftspolitik entwickeln. Nach dem Maastricht-Vertrag gibt es eine Reihe klarer wirtschaftspolitischer Kompetenzen der Kommission, wie z.B. Außenwirtschaftspolitik, Wettbewerbspolitik, Industriepolitik, Forschungs- und Energiepolitik, KMU-Politik, aber auch die Bestimmungen des Maastricht-Vertrages, die auf eine gemeinschaftliche Wirtschaftspolitik für ein dauerhaftes Wachstum und ein hohes Beschäftigungsniveau verpflichten. Diese Aufgaben- und Kompetenzzuteilung gilt es verstärkt zu nutzen. Dazu finden sich in der Zusammenarbeit der Kommissionsmitglieder, auch in den industriepolitischen „Task Forces", gute Ansätze. Sie müssen ausgebaut werden. Ein möglicher weiterer Ansatz wäre die Einrichtung eines Wirtschaftskabinetts der Europäischen Kommission. Dabei muss eine aktive Wirtschaftspolitik im Mittelpunkt der Aktionen stehen, die auch die Finanzpolitik der Mitgliedstaaten so integriert, dass öffentliche Investitionen gesteigert werden, die zu mehr privaten Investitionen, mehr Wachstum und Wettbewerbsfähigkeit und Beschäftigung beitragen können. Die Europäische Kommission ist als „Exekutive" der natürliche Gegenpart der Europäischen Zentralbank. Dies liegt im Interesse des Europäischen Parlaments, weil die Rechenschaftspflichtigkeit und durch zukünftige Wahlen mögliche demokratische Legitimation und Verantwortung gegenüber dem Europäischen Parlament die Kommission allein als im europäischen Interesse handelnde und ihm verpflichtete Institution ausweist. Der Europäische Rat in seinen unterschiedlichen Ausformungen verkörpert schließlich die Addition nationaler Interessen. Die Europäische Kommission vollzieht damit die gewünschte „Economic Governance", und nicht wie bisher der Europäische Rat oder gar der Präsident der „Euro-Gruppe". Zu Recht muss ein Verfassungsvertrag das vom Europäischen Gerichtshof entwickelte Prinzip des institutionellen Gleichgewichts auch insbesondere in der Wirtschaftspolitik vertraglich festlegen.

## II. Parlamentarisierung der Verträge

Eine Europäisierung wirtschaftspolitischer Bereiche bedeutet nicht den Verlust nationaler Souveränität, sondern organisiert Souveränitätsgewinne für alle wie sich das an der Einführung der Währungsunion gezeigt hat. Die Steuerungs- und Gestaltungsfähigkeit der staatlichen Ebene kann auf diese Art und Wiese sogar zurückgewonnen werden. Dafür ist aber materiellrechtlich und institutionell eine klare Kompetenzabgrenzung notwendig. Neben der Parlamentarisierung der Europäischen Union muss es zu einer demokratisch legitimierten europäischen Exekutive kommen. Diese Aufgabe muss der Europäischen Kommission zugesprochen werden.

Es ist in diesem Zusammenhang interessant festzustellen, wie wenige EU-Mitgliedstaaten eine Art Wirtschaftsverfassung haben, während eine Finanzverfassung überall Realität ist. So gibt es in den skandinavischen Verfassungen wie in Deutschland oder Italien die Sozialpflichtigkeit des Eigentums. Andere betonen wie z.B. die Verfassungen von Italien, Griechenland, Portugal, Luxemburg, Spanien das Recht auf Arbeit als Teil der Wirtschaftsverfassung. Die ordnungspolitische Orientierung beschränkt sich dort auf die Eigentumsgarantie. In jedem Fall sind aber die nationalen Parlamente an der Wirtschafts- und Finanzgesetzgebung beteiligt.

Der EG-Vertrag als ein System zur Gewährung der Freiheits- und Gleichheitsrechte kann als Projekt von Grundfreiheiten und Wettbewerbsregeln betrachtet werden, die konstitutiv für die Union wirken. Allerdings gibt es Grenzen, weil es keine echte Staatlichkeit der EU in der Wirtschaftsgestaltung gibt, so dass die Union von ihrer Ausstrahlung auf die Volkswirtschaften der Mitgliedsstaaten abhängig ist. Allerdings geben die Kartell-, Fusions- und Subventionsaufsicht, die Gleichstellung von privaten und öffentlichen Unternehmen im Gesellschaftsrecht, die Deregulierungszwänge der vier Grundfreiheiten im Binnenmarkt sowie das gemeinschaftliche Vergaberecht, der Gemeinschaft Gestaltungsfreiräume und Steuerungsmöglichkeiten in wirtschaftlichen Fragen. Die volle Beteiligung des Europäischen Parlaments an den Entscheidungen fehlt jedoch nach wie vor.

Wichtig wäre, die wirtschaftsrechtlichen Bestimmungen in einem Kapitel zusammengefasst werden. Die offene Methode der Koordinierung muss gemäss der vereinbarten Lissabon-Strategie unter Berücksichtigung der Wechselwirkungen (Policy-Mix) in den Bereichen Wettbewerbsrecht, staatliche Beihilfen, Industrieangelegenheiten, Finanzdienstleistungen, Verbraucherschutz, Steuern sowie Forschungs- und Umweltpolitik, Arbeitsmarktpolitik, Verkehrspolitik sowie Bildungs- und Sozialpolitik organisiert werden. Alle tragen ihren Teil zu einem integrierten Markt und einer sozial- und umweltverträglichen Wirtschaft bei. Sie können nicht isoliert betrachtet werden. Dabei muss diese Koordinierung auf die Grundzüge der Wirtschaftspolitik, die Beschäftigungsleitlinien, den Sozialschutz, den Stabilitäts- und Wachstumspakt und das Verfahren der multilateralen Überwachung angewandt werden. Die Rolle der Kommission muss dadurch gestärkt werden, dass sie Vorschläge und nicht Empfehlungen vorlegt wie in einem EG-Gesetzgebungsverfahren. Das Europäische Parlament und der Rat müssen zu einer Art „Gemeinsamem Standpunkt" finden. Sonst fehlt wirtschaftspolitischen Entscheidungen weiterhin die demokratische Legitimation.

Die Regelungen zum ESZB sollten in den Teil „Wirtschaftsverfassung" integriert werden, die Bestimmung des Inflationsziels sollte politischen Gremien übertragen werden. Ferner sollten die Mitglieder des Direktoriums durch das Europäische Parlament bestätigt werden, die summarischen Protokolle der ESZB-Rats sind zu veröffentlichen genauso wie die anonymisierten Abstimmungen.

Die Förderung von Investitionen ist neben der Preisstabilität und der haushalts- und fiskalpolitischen Disziplin unabdingbarer Faktor für Wirtschaftswachstum und Vollbeschäftigung. Dabei sollte nicht nur an öffentliche, sondern auch an private Investitionen gedacht werden. Schließlich verpflichtet Eigentum und hat auch nach europäischer Verfassungstradition eine gesellschaftspolitische Dimension. Sie sollten deswegen nicht nur in die Grundsätze der wirtschaftspolitischen Koordinierung in Europa aufgenommen, sondern ihnen sollte zudem durch die Verstärkung der bisherigen Koordinierung zu einer positiven wirtschaftlichen Koordinierung eine stärkere Rolle in der Umsetzbarkeit gegeben werden. Dazu sollte ein Investitions- und Wachstumspakt entwickelt bzw. der Stabilitäts- und Wachstumspakt um dessen ergänzt werden.

Grenzüberschreitende Fusionen nehmen weiter zu und haben erhebliche Auswirkungen auf Wirtschaft und Beschäftigung. Die Beschäftigungssituation sollten daher die Artikel 81 bis 87 EG-Vertrag um die Anforderung an Vollbeschäftigung und der Missbrauchstatbestand um den möglichen Schaden für Beschäftigte ergänzt werden. Bei der Wettbewerbspolitik sollten der spezifische Charakter der Leistungen der Daseinsvorsorge und die Auswirkungen auf die Beschäftigung berücksichtigt werden. Darüber hinaus sollte das Beschlussfassungsverfahren so geändert werden, dass für den Erlass allgemeiner Verordnungen das Mitentscheidungsverfahren eingeführt wird. Auch muss die öffentliche Daseinsvorsorge gleichwertig zur Wettbewerbspolitik gemeinschaftlich organisiert werden, damit sie ihre gesellschaftliche Funktion in der Balance zu Wettbewerb erfüllen kann.

Die bisherige Praxis der zwischenstaatlich vereinbarten Wirtschaftspolitik entzieht sich weitgehend der Mitentscheidung des Europäischen Parlaments, obwohl die Wirtschaftsgesetzgebung auf dem Binnenmarkt für Güter, Kapital und Dienstleistungen bereits der Mitentscheidung unterliegt. Das bedeutet, dass zwar fast 80% der Wirtschaftsgesetzgebung mit Mehrheit entschieden wird. Aber wenn es um Grundzüge von Wirtschafts-, Beschäftigungs- und Sozialpolitik geht, herrschen Europas Regierende. Sie sind weder der Kontrolle der nationalen Parlamente noch der demokratischen Rechenschaftspflicht gegenüber dem Europäischen Parlament – im Gegensatz zur EU-Währungspolitik – ausgesetzt. Das gilt insbesondere für die Steuerpolitik, die von dem Prinzip der Einstimmigkeit nicht ablässt und damit gegen Gemeinschaftsgeist und reibungsloses Funktionieren des Binnenmarktes über einen unfairen teilweise ruinösen Wettbewerb erfolgt.

Es ist folglich wichtig, die demokratische Legitimität der Vertragsvorschriften über die Wirtschaftspolitik einschließlich der Wettbewerbspolitik und Leistungen der Daseinsvorsorge zu erhöhen, um ein angemessenes Maß an demokratischer Kontrolle sicherzustellen und dabei das Europäischen Parlament in die Vorbereitung, die Verabschiedung, die Durchführung und die Kontrolle der wichtigsten Beschlüsse auf diesem Gebiet einzubeziehen.

Die Ergebnisse des EU-Konvent und der bisherigen Regierungskonferenz in diesem Zusammenhang sind damit enttäuschend. Zwar wurden allgemein die Verfahren vereinfacht, aber zu der geforderten Mitentscheidung des Europäischen Parlaments in allen Bereichen wie insbesondere beim Kapital- und Zahlungsverkehr (Artikel III-46.3), der Wettbewerbspolitik (Artikel III-52), den Steuern (Artikel III-62.1, III-62.2 und III-63), der Angleichung der Rechtsvorschriften (Artikel III-64), der Wirtschaftspolitik (Artikel III-71.2, III-72.1, III-74.2, III-75.2 und III-76) sowie der Währungspolitik (Artikel III-78.2 und III-95.2) kam es nicht. Zwar wurde in Artikel I-35 in Fällen der Übertragung von Sekundärgesetzgebung ein Rückrufrecht des Europäischen Parlaments verankert. Dies war eine zentrale Forderung des Europäischen Parlaments, weil es entgegen nationalen Parlamenten kein eigenes Initiativrecht besitzt und bisher nur dem Rat Einfluss bei sekundärer Gesetzgebung zustand. Jedoch ist immer noch die Abgrenzung zwischen den Artikeln I-35 und I-36, der die Übertragung von Kompetenzen zum Erlass von Durchführungsrechtsakten auf die Europäische Kommission vorsieht, nicht eindeutig. Eine entsprechende Interinstitutionelle Vereinbarung müsste abgeschlossen werden, um einen eindeutigen Rahmen für die Anwendung der beiden Artikel zu definieren. Außerdem gibt es noch immer zahlreiche Bereiche, in denen der Rat oder die Kommission europäische Verordnungen und Beschlüsse annehmen können, ohne dass eine Konsultation des Europäischen Parlaments vorgesehen ist, z.B. bei der Verwirklichung des Binnenmarktes (Artikel III-14.3), der Freizügigkeit von Arbeitnehmern (Artikel III-18.3.d), der Zollunion (Artikel III-41), dem Kapital- und Zahlungsverkehr (Artikel III-48) sowie der Wettbewerbspolitik (Artikel III-55.3 und III-56.3.e). Beschlüsse, die auf der Grundlage dieser Artikel gefasst werden, können jedoch erhebliche wirtschaftliche Auswirkungen haben. Deswegen sollte das Parlament mitwirken.

## III. Perspektiven

Eine Wirtschaftsverfassung für Europa enthält der Entwurf des Verfassungsvertrages nicht. Die vollständige Konstitutionalisierung des Lissabon-Prozesses konnte nicht durchgesetzt werden. Lediglich punktuell ist die offene Methode der Koordinierung in einzelnen Politikbereiche verankert worden. Die demokratische Legitimierung der Wirtschafts- und Währungsunion steht aus. Zu begrüßen ist aber, dass sich die Werte und Ziele der Union an nachhaltigem Wachstum und Vollbeschäftigung, an sozialer Marktwirtschaft, Wettbewerb, sozialer Gerechtigkeit und Solidarität orientieren. Europa lebte und lebt von dem Spannungsverhältnis zwischen Freiheit und Gleichheit, den Interessen des Individuums und der Gemeinschaft, so dass immer wieder zukunftsweisende und zukunftsfähige Kompromisse möglich werden.

Nach wie vor ist eine Ausweitung des Mitentscheidungsverfahrens im Bereich von Wirtschafts- und Wettbewerbspolitik gefordert. Die Einsetzung eines Wirtschaftsministers nach dem Vorbild des neu eingesetzten Außenministers der Union und insbesondere der Euro-Zone hätte den qualitativen Sprung vollziehen können, damit die Wirtschaftsunion Seite an Seite der Währungsunion funktioniert und Europa sich die Mittel verschafft, die Lissabon-Strategie umzusetzen. Die Diskussionen im Rahmen der Regierungskonferenz lassen jedoch alle Hoffnungen schwinden, dass eine in diesem Sinne positive Nachbesserung des Verfassungsentwurf zu erwarten ist.

Fazit: es geht um die Konstitutionalisierung der Zielvorgaben von Lissabon und der auf den jährlichen Frühjahrsgipfeln weiterentwickelten Lissabon-Strategie, die dringend eine Verfassungsgrundlage brauchen. Auch wenn wie Novalis es bereits sagt „alles Konkrete ökonomisch ist", so gibt es auch den „Terror der Ökonomie" wie ihn die französische Schriftstellerin Viviane Forrestier beschreibt. Die europäische Integration ist eine Chance, auf die Herausforderungen der Globalisierung konstitutionell und über Partizipation der BürgerInnen zu reagieren.

**ANHANG: AUSZUG AUS DEN SCHLUSSFOLGERUNGEN DES EUROPÄISCHEN RATES VON LISSABON**

# SCHLUSSFOLGERUNGEN DES VORSITZES
## EUROPÄISCHER RAT (LISSABON)
### 23. UND 24. MÄRZ 2000 (Auszug)

Der Europäische Rat ist am 23.-24. März 2000 in Lissabon zu einer Sondertagung zusammengetreten, um für die Union ein neues strategisches Ziel zu vereinbaren und damit Beschäftigung, Wirtschaftsreform und sozialen Zusammenhalt als Bestandteile einer wissensbestimmten Wirtschaft zu stärken. Zu Beginn der Beratungen fand mit der Präsidentin des Europäischen Parlaments, Frau Nicole Fontaine, ein Meinungsaustausch über die Hauptdiskussionsthemen statt.

## I. Beschäftigung, Wirtschaftsreform und sozialer Zusammenhalt

### Ein strategisches Ziel für das kommende Jahrzehnt

*Die neue Herausforderung*
1. Die Europäische Union ist mit einem Quantensprung konfrontiert, der aus der Globalisierung und den Herausforderungen einer neuen wissensbestimmten Wirtschaft resultiert. Diese Veränderungen wirken sich auf jeden Aspekt des Alltagslebens der Menschen aus und erfordern eine tiefgreifende Umgestaltung der europäischen Wirtschaft. Die Union muss diese Veränderungen so gestalten, dass sie ihren Wertvorstellungen und ihrem Gesellschaftsmodell entsprechen und auch der bevorstehenden Erweiterung Rechnung tragen.
2. Die raschen und immer schneller eintretenden Veränderungen bedeuten, dass die Union jetzt dringend handeln muss, wenn sie die sich bietenden Chancen in vollem Umfang nutzen möchte. Deshalb muss die Union ein klares strategisches Ziel festlegen und sich auf ein ambitioniertes Programm für den Aufbau von Wissensinfrastrukturen, die Förderung von Innovation und Wirtschaftsreform und die Modernisierung der Sozialschutz- und der Bildungssysteme einigen.

*Stärken und Schwächen der Union*
3. In der Union gibt es gegenwärtig die besten makroökonomischen Perspektiven seit einer ganzen Generation. Eine stabilitätsorientierte Geldpolitik, die durch solide Haushaltspolitiken bei gemäßigten Lohnentwicklungen unterstützt wird, hat zu einer niedrigen Inflationsrate und niedrigen Zinssätzen, zu einem erheblichen Abbau der Defizite der öffentlichen Haushalte und zu einer gesunden Zahlungsbilanz der EU geführt. Der Euro ist erfolgreich eingeführt worden und bringt den erwarteten Nutzen für die europäische Wirtschaft mit sich. Der Binnenmarkt ist weitgehend vollendet und bietet sowohl Verbrauchern als auch Unternehmen spürbare Vorteile. Die bevorstehende Erweiterung wird neue Wachstumschancen und Beschäftigungsmöglichkeiten schaffen. In der Union gibt es eine im allgemeinen hochqualifizierte Erwerbsbevölkerung sowie Systeme des sozialen Schutzes, die über ihren eigentlichen Zweck hinaus einen stabilen Rahmen für die Bewältigung des Strukturwandels hin zu einer Wissensgesellschaft abgeben. Das Wachstum ist wieder in Gang gekommen, und es werden wieder Stellen geschaffen.
4. Trotz dieser Stärken sollte jedoch eine Reihe von Schwächen nicht übersehen werden. Mehr als 15 Millionen Europäer sind nach wie vor arbeitslos. Die Beschäftigungsquote ist zu niedrig und durch eine ungenügende Beteiligung von Frauen und älteren Arbeitnehmern am Arbeitsmarkt gekennzeichnet. In Teilen der Union bestehen eine strukturelle Langzeitarbeitslosigkeit und ausgeprägte regionale Unterschiede bei der Arbeitslosigkeit fort. Der Dienstleistungssektor ist unterentwickelt, besonders im Telekommunikations- und im Internet-Bereich. Qualifikationsdefizite nehmen zu, vor allem im Bereich der Informationstechnologie, wo immer mehr Stellen unbesetzt bleiben. Angesichts der gegenwärtigen besseren

Wirtschaftslage ist nun der geeignete Zeitpunkt gekommen, als Bestandteil einer erfolgversprechenden Strategie, die Wettbewerbsfähigkeit und sozialen Zusammenhalt miteinander verbindet, sowohl wirtschaftliche als auch soziale Reformen einzuleiten.

## Der Weg in die Zukunft

5. Die Union hat sich heute ein neues strategisches Ziel für das kommende Jahrzehnt gesetzt: das Ziel, die Union zum wettbewerbsfähigsten und dynamischsten wissensbasierten Wirtschaftsraum der Welt zu machen – einem Wirtschaftsraum, der fähig ist, ein dauerhaftes Wirtschaftswachstum mit mehr und besseren Arbeitsplätzen und einem größeren sozialen Zusammenhalt zu erzielen. Zur Erreichung dieses Ziels bedarf es einer globalen Strategie, in deren Rahmen
   - der Übergang zu einer wissensbasierten Wirtschaft und Gesellschaft durch bessere Politiken für die Informationsgesellschaft und für die Bereiche Forschung und Entwicklung sowie durch die Forcierung des Prozesses der Strukturreform im Hinblick auf Wettbewerbsfähigkeit und Innovation und durch die Vollendung des Binnenmarktes vorzubereiten ist;
   - das europäische Gesellschaftsmodell zu modernisieren, in die Menschen zu investieren und die soziale Ausgrenzung zu bekämpfen ist;
   - für anhaltend gute wirtschaftliche Perspektiven und günstige Wachstumsaussichten Sorge zu tragen ist, indem ein geeigneter makroökonomischer Policy-Mix angewandt wird.
6. Diese Strategie soll die Union in die Lage versetzen, wieder die Voraussetzungen für Vollbeschäftigung zu schaffen und den regionalen Zusammenhalt in der Europäischen Union zu stärken. Der Europäische Rat muss in einer sich herausbildenden neuen Gesellschaft mit besseren individuellen Wahlmöglichkeiten für Frauen und Männer ein Ziel für Vollbeschäftigung in Europa setzen. Sofern die nachstehend aufgeführten Maßnahmen in einem tragfähigen makroökonomischen Kontext durchgeführt werden, dürfte eine durchschnittliche wirtschaftliche Wachstumsrate von etwa 3 % eine realistische Aussicht für die kommenden Jahre darstellen.
7. Die Umsetzung dieser Strategie wird mittels der Verbesserung der bestehenden Prozesse erreicht, wobei eine neue offene Methode der Koordinierung auf allen Ebenen, gekoppelt an eine stärkere Leitungs- und Koordinierungsfunktion des Europäischen Rates, eingeführt wird, die eine kohärentere strategische Leitung und eine effektive Überwachung der Fortschritte gewährleisten soll. Der Europäische Rat wird auf einer jährlich im Frühjahr anzuberaumenden Tagung die entsprechenden Mandate festlegen und Sorge dafür tragen, dass entsprechende Folgemaßnahmen ergriffen werden.

# Vorbereitung des Übergangs zu einer wettbewerbsfähigen, dynamischen und wissensbasierten Wirtschaft

## Eine Informationsgesellschaft für alle

8. Von dem Übergang zu einer digitalen, wissensbasierten Wirtschaft, der von neuen Gütern und Dienstleistungen ausgelöst wird, werden starke Impulse für Wachstum, Wettbewerbsfähigkeit und Beschäftigungsmöglichkeiten ausgehen. Darüber hinaus wird dieser Übergang es ermöglichen, die Lebensqualität der Bürger wie auch den Zustand der Umwelt zu verbessern. Um diese Chance bestmöglich zu nutzen, werden der Rat und die Kommission ersucht, einen umfassenden „eEurope"-Aktionsplan zu erstellen, der dem Europäischen Rat im Juni dieses Jahres vorzulegen ist; hierbei sollte eine offene Koordinierungsmethode herangezogen werden, die von einem Vergleich nationaler Initiativen im Rahmen eines Benchmarking-Prozesses in Verbindung mit der jüngsten eEurope-Initiative der Kommis-

sion sowie der Kommissionsmitteilung „Strategien für Beschäftigung in der Informationsgesellschaft" ausgeht.
9. Die Unternehmen und die Bürger müssen Zugang zu einer kostengünstigen Kommunikationsinfrastruktur von internationalem Rang und zu einer breiten Palette von Dienstleistungen haben. Jedem Bürger müssen die Fähigkeiten vermittelt werden, die für das Leben und die Arbeit in dieser neuen Informationsgesellschaft erforderlich sind. Mit unterschiedlichen Mitteln und Wegen des Zugangs muss dafür gesorgt werden, dass niemandem der Zugang zu Informationen versperrt wird. Die Maßnahmen zur Bekämpfung des Analphabetentums müssen verstärkt werden. Behinderte müssen besonders berücksichtigt werden. Die Informationstechnologien können dazu genutzt werden, die städtische und regionale Entwicklung zu erneuern und umweltverträgliche Technologien zu fördern. Die Informationsanbieter schaffen durch die Nutzung und Vernetzung der kulturellen Vielfalt in Europa einen Mehrwert. Die öffentlichen Verwaltungen aller Ebenen müssen echte Anstrengungen unternehmen, um die neuen Technologien für den größtmöglichen Zugang zu Informationen zu nutzen.
10. Die Ausschöpfung des ganzen e-Potentials in Europa hängt von der Schaffung günstiger Bedingungen für den elektronischen Geschäftsverkehr und das Internet ab, so dass die Union den Anschluss an ihre Konkurrenten finden kann, indem immer mehr Unternehmen und Privathaushalte über Schnellverbindungen an das Internet angeschlossen werden. Die Vorschriften für den elektronischen Geschäftsverkehr müssen vorhersehbar sein und das Vertrauen der Wirtschaft und der Verbraucher genießen. Es müssen Schritte unternommen werden, damit Europa seine führende Rolle in Bereichen der Schlüsseltechnologie wie der Mobilkommunikation beibehalten kann. Aufgrund des raschen technologischen Wandels werden in der Zukunft möglicherweise neue und flexiblere Regulierungskonzepte erforderlich.
11. Der Europäische Rat ersucht insbesondere
    - zum einen den Rat, gegebenenfalls zusammen mit dem Europäischen Parlament, noch ausstehende Rechtsvorschriften über den rechtlichen Rahmen für den elektronischen Geschäftsverkehr, über Urheberrechte und verwandte Schutzrechte, elektronisches Geld, den Fernabsatz von Finanzdienstleistungen, die gerichtliche Zuständigkeit und die Vollstreckung gerichtlicher Entscheidungen sowie die Ausfuhrkontrollregelung für Güter mit doppeltem Verwendungszweck (dual use) so rasch wie möglich im Jahr 2000 anzunehmen, und zum anderen die Kommission und den Rat, zu prüfen, wie das Vertrauen der Verbraucher in den elektronischen Geschäftsverkehr insbesondere durch alternative Streitbeilegungsregelungen gesteigert werden kann;
    - zum einen den Rat und das Europäische Parlament, die Beratungen über die Vorschläge für Rechtsvorschriften, welche die Kommission nach ihrer 1999 vorgenommenen Überprüfung des rechtlichen Rahmens für den Telekommunikationsbereich angekündigt hat, möglichst frühzeitig im Jahr 2001 abzuschließen, und zum anderen die Mitgliedstaaten und gegebenenfalls die Gemeinschaft, sicherzustellen, dass der Frequenzbedarf für künftige Mobilkommunikationssysteme rechtzeitig und effizient gedeckt wird. Ein vollständig integrierter und liberalisierter Telekommunikationsmarkt sollte bis Ende 2001 vollendet sein;
    - die Mitgliedstaaten, zusammen mit der Kommission darauf hinzuarbeiten, dass bei Ortsanschlussnetzen vor Ende 2000 ein größerer Wettbewerb eingeführt und auf der Ebene der Ortsanschlussleitungen für eine Entflechtung gesorgt wird, um zu einer wesentlichen Kostensenkung bei der Internet-Nutzung beizutragen;
    - die Mitgliedstaaten, dafür Sorge zu tragen, dass bis Ende 2001 alle Schulen in der Union Zugang zum Internet und zu Multimedia-Material haben und dass alle hierfür erforderlichen Lehrer bis Ende 2002 im Umgang mit dem Internet und mit Multimedia-Material geschult sind;

- die Mitgliedstaaten, einen allgemeinen elektronischen Zugang zu den wichtigsten grundlegenden öffentlichen Diensten bis 2003 sicherzustellen;
- die Gemeinschaft und die Mitgliedstaaten, mit Unterstützung der EIB für kostengünstige, untereinander verbundene Hochgeschwindigkeitsnetze für den Internet-Zugang in allen europäischen Ländern Sorge zu tragen und die Entwicklung modernster Informationstechnologie und anderer Telekommunikationsnetze sowie der Inhalte dieser Netze zu fördern. Spezifische Ziele sollten in dem „*e*Europe"-Aktionsplan festgelegt werden.

### *Schaffung eines europäischen Raums der Forschung und Innovation*

12. Angesichts der wichtigen Rolle, die Forschung und Entwicklung für das wirtschaftliche Wachstum, die Beschäftigung und den sozialen Zusammenhalt spielen, muss die Union auf die in der Mitteilung der Kommission „Hin zu einem europäischen Forschungsraum" genannten Ziele hinarbeiten. Die Forschungstätigkeiten auf der Ebene der Mitgliedstaaten und der Union müssen besser integriert und aufeinander abgestimmt werden, um sie möglichst effizient und innovativ zu gestalten und um zu gewährleisten, dass Europa attraktive Perspektiven für seine fähigsten Köpfe bieten kann. Die im Vertrag vorgesehenen Instrumente und alle anderen geeigneten Mittel, einschließlich freiwilliger Absprachen, müssen in vollem Umfange genutzt werden, um dieses Ziel auf flexible, dezentrale und unbürokratische Weise zu erreichen. Gleichzeitig müssen Innovation und Ideen in der wissensbasierten Wirtschaft, insbesondere durch Patentschutz, angemessen belohnt werden.

13. Der Europäische Rat ersucht den Rat und die Kommission, gegebenenfalls mit den Mitgliedstaaten die erforderlichen Schritte zu unternehmen, um bei der Schaffung eines europäischen Forschungsraums
    - geeignete Mechanismen für die Vernetzung von nationalen und gemeinsamen Forschungsprogrammen auf freiwilliger Grundlage im Rahmen frei gewählter Ziele zu entwickeln, damit die Ressourcen für konzertierte Forschung und Entwicklung (F&E) in den Mitgliedstaaten besser genutzt werden und eine regelmäßige Berichterstattung an den Rat über die erzielten Fortschritte sichergestellt wird, und Einrichtungen der Spitzenforschung und -entwicklung in allen Mitgliedstaaten bis 2001 zu kartieren, um die Verbreitung von Spitzenleistungen zu fördern;
    - das Umfeld für private Forschungsinvestitionen, F&E-Partnerschaften und spitzentechnologieorientierte Neugründungen durch steuerpolitische Instrumente, Risikokapital und EIB-Unterstützung zu verbessern;
    - die Entwicklung einer offenen Methode zur Koordinierung des Benchmarkings der nationalen Politiken im Bereich Forschung und Entwicklung zu fördern und bis Juni 2000 Indikatoren für die Bewertung der Leistungen in einzelnen Bereichen, insbesondere hinsichtlich der Entwicklung des Humankapitals, zu ermitteln; bis Juni 2001 einen europäischen „Innovationsanzeiger" zu schaffen;
    - bis Ende 2001 mit Unterstützung der EIB die Schaffung eines äußerst leistungsfähigen transeuropäischen Hochgeschwindigkeitsnetzes für elektronische wissenschaftliche Kommunikation zu erleichtern, das Forschungseinrichtungen und Universitäten sowie wissenschaftliche Bibliotheken, wissenschaftliche Zentren und, schrittweise, auch Schulen miteinander verbindet;
    - Schritte zu unternehmen, um Hindernisse für die Mobilität von Forschern in Europa bis zum Jahr 2002 zu beseitigen und hochqualifizierte Forscher für Europa zu gewinnen und zu halten;
    - sicherzustellen, dass bis Ende 2001 ein Gemeinschaftspatent, einschließlich des Gebrauchsmusters, verfügbar ist, damit ein gemeinschaftsweiter Patentschutz in der Union so einfach und kostengünstig zu erlangen und in seinem Schutzumfang so umfassend ist wie der durch Hauptkonkurrenten gewährte Schutz.

*Schaffung eines günstigen Umfelds für die Gründung und Entwicklung innovativer Unternehmen, insbesondere von KMU*

14. Die Wettbewerbsfähigkeit und die Dynamik von Unternehmen hängen unmittelbar von einem ordnungspolitischen Klima ab, das den Investitionen, der Innovation und der unternehmerischen Initiative förderlich ist. Es sind weitere Anstrengungen erforderlich, um die Kosten für unternehmerische Tätigkeit zu senken und unnötigen bürokratischen Aufwand zu beseitigen, da diese beiden Faktoren die KMU besonders belasten. Die europäischen Institutionen, die nationalen Regierungen und die regionalen und örtlichen Behörden müssen auch weiterhin den Kosten, die mit den Auswirkungen und der Einhaltung vorgeschlagener Regelungen verbunden sind, besondere Aufmerksamkeit widmen und sollten ihren Dialog mit der Wirtschaft und den Bürgern mit diesem Ziel vor Augen fortsetzen. Besondere Maßnahmen sind auch erforderlich, um die Schlüsselschnittstellen in Innovationsnetzen, d.h. Schnittstellen zwischen Unternehmen einerseits und Finanzmärkten, F&E und Ausbildungsstätten, Beratungsdiensten und Technologiemärkten andererseits, zu fördern.

15. Der Europäische Rat ist der Auffassung, dass eine offene Koordinierungsmethode in diesem Bereich angewandt werden sollte, und ersucht daher

    - den Rat und die Kommission, bis Juni 2000 einen Benchmarking-Prozess zu Fragen wie die Dauer und die Kosten einer Unternehmensgründung, die Höhe des investierten Risikokapitals, die Anzahl von Akademikern im Unternehmens- und Wissenschaftsbereich und die Ausbildungsmöglichkeiten einzuleiten. Die ersten Ergebnisse dieser Maßnahme sollten bis Dezember 2000 vorgelegt werden;
    - die Kommission, in Kürze zusammen mit dem Mehrjahresprogramm zugunsten der Unternehmen und der unternehmerischen Initiative für den Zeitraum 2001-2005, das eine wichtige Katalysatorrolle bei dieser Maßnahme spielen wird, eine Mitteilung über ein offenes, von Unternehmergeist und Innovation geprägtes Europa vorzulegen;
    - den Rat und die Kommission, eine im Juni 2000 anzunehmende europäische Charta für kleine Unternehmen auszuarbeiten, mit der die Mitgliedstaaten verpflichtet werden sollten, den Schwerpunkt im Rahmen des obengenannten Instrumentariums auf die kleinen Unternehmen, die hauptsächlich für die Schaffung von Arbeitsplätzen in Europa sorgen, zu legen und insbesondere auf deren Erfordernisse einzugehen;
    - den Rat und die Kommission um Berichterstattung bis Ende 2000 über die laufende Überprüfung der Finanzinstrumente der EIB und des EIF mit dem Ziel, die Finanzierung auf die Unterstützung für Unternehmensgründungen, Unternehmen im Spitzentechnologiebereich und Kleinstunternehmen sowie andere von der EIB vorgeschlagene Risikokapitalinitiativen neu auszurichten.

*Wirtschaftsreformen für einen vollendeten und einwandfrei funktionierenden Binnenmarkt*

16. Es bedarf rascher Arbeit, damit der Binnenmarkt in einigen Bereichen voll verwirklicht und die noch unbefriedigenden Ergebnisse in anderen Bereichen verbessert werden, um die Interessen der Unternehmen und der Verbraucher zu wahren. Ein effizienter Rahmen für fortlaufende Überprüfungen und Verbesserungen auf der Grundlage der vom Europäischen Rat in Helsinki verabschiedeten Binnenmarktstrategie ist gleichfalls wesentlich, wenn aus der Marktliberalisierung voller Nutzen gezogen werden soll. Unbedingt erforderlich sind darüber hinaus faire und einheitlich zur Anwendung gelangende Regeln für den Wettbewerb und die staatlichen Beihilfen, damit sichergestellt wird, dass die Unternehmen im Binnenmarkt unter gleichen Voraussetzungen effizient arbeiten und florieren können.

17. Der Europäische Rat ruft dementsprechend die Kommission, den Rat und die Mitgliedstaaten dazu auf, dass sie jeweils im Rahmen ihrer Befugnisse

    - bis Ende des Jahres 2000 eine Strategie für die Beseitigung der Hemmnisse im Dienstleistungsbereich festlegen;
    - die Liberalisierung in Bereichen wie Gas, Strom, Postdienste und Beförderung beschleunigen. Ebenso ersucht der Rat die Kommission, hinsichtlich der Nutzung und

des Managements des Luftraums so rasch wie möglich ihre Vorschläge zu unterbreiten. Angestrebt wird, in diesen Bereichen einen voll funktionsfähigen Binnenmarkt zu verwirklichen; der Europäische Rat wird die erzielten Fortschritte auf seiner Tagung im nächsten Frühjahr anhand eines Kommissionsberichts und entsprechender Vorschläge bewerten;
- die Arbeiten betreffend die demnächst vorzulegenden Vorschläge zur Aktualisierung der Regeln für das öffentliche Beschaffungswesen rechtzeitig abschließen und diese insbesondere den KMU zugänglich machen, so dass die neuen Regeln bis 2002 in Kraft treten können;
- die erforderlichen Schritte unternehmen, damit sichergestellt wird, dass öffentliche Aufträge der Gemeinschaft und der Regierungen bis 2003 elektronisch abgewickelt werden können;
- bis 2001 eine Strategie für weitere koordinierte Maßnahmen zur Vereinfachung des ordnungspolitischen Regelwerks, einschließlich der Aufgaben der öffentlichen Verwaltung, auf nationaler und auf Gemeinschaftsebene festlegen. Dies sollte auch die Bestimmung von Bereichen umfassen, in denen weitere Maßnahmen der Mitgliedstaaten zur Rationalisierung der Umsetzung von Gemeinschaftsrecht in einzelstaatliches Recht erforderlich sind;
- ihre Anstrengungen zur Förderung des Wettbewerbs und zur Verringerung der allgemeinen Höhe staatlicher Beihilfen fortsetzen, indem der Nachdruck von der Förderung einzelner Unternehmen oder Sektoren auf Querschnittsaufgaben von gemeinschaftlichem Interesse, wie z.B. Beschäftigung, Regionalentwicklung, Umwelt und Ausbildung oder Forschung, verlagert wird.
18. Umfassende Strukturverbesserungen sind von wesentlicher Bedeutung dafür, dass ehrgeizige Ziele in den Bereichen Wachstum, Beschäftigung und soziale Integration erreicht werden können. Der Rat hat bereits Schlüsselbereiche ermittelt, auf die im Rahmen des Cardiff-Prozesses verstärkt Nachdruck gelegt werden soll. Dementsprechend fordert der Europäische Rat den Rat dazu auf, die Arbeit an den Indikatoren für die Strukturleistung zu intensivieren und bis Ende 2000 Bericht zu erstatten.
19. Der Europäische Rat hält es für wesentlich, dass im Rahmen des Binnenmarktes und einer wissensbasierten Wirtschaft den Vertragsbestimmungen über Dienstleistungen von allgemeinem wirtschaftlichem Interesse und über Unternehmen, die mit solchen Dienstleistungen betraut sind, in vollem Umfang Rechnung getragen wird. Er ersucht die Kommission, ihre Mitteilung von 1996 im Einklang mit dem Vertrag zu überarbeiten.

*Effiziente und integrierte Finanzmärkte*
20. Effiziente und transparente Finanzmärkte tragen durch eine bessere Bereitstellung von Kapital und durch eine Verringerung der Kapitalkosten zu Wachstum und Beschäftigung bei. Sie spielen daher eine wesentliche Rolle für die Entwicklung neuer Ideen und die Unterstützung einer Unternehmenskultur und fördern den Zugang zu neuen Technologien und deren Nutzung. Es kommt wesentlich darauf an, dass das Potential des Euro ausgeschöpft wird, um die Integration der Finanzmärkte der EU voranzutreiben. Darüber hinaus spielen effiziente Risikokapitalmärkte eine wichtige Rolle für innovative, wachstumsintensive KMU und die Schaffung neuer und dauerhafter Arbeitsplätze.
21. Zur schnelleren Vollendung des Binnenmarktes für Finanzdienstleistungen sollten Schritte unternommen werden,
- um einen straffen Zeitplan für eine Umsetzung des Aktionsrahmens für Finanzdienstleistungen bis 2005 festzulegen, wobei folgende Bereiche vorrangig berücksichtigt werden sollten: Erleichterung eines möglichst umfassenden Zugangs zu Investitionskapital auf unionsweiter Grundlage – auch für KMU – vermittels eines einheitlichen „Passes" für Emittenten, Erleichterung einer erfolgreichen Teilnahme aller Investoren an einem integrierten Markt, wobei Hindernisse für Anlagen in Pensionsfonds zu beseitigen sind;

Förderung der weiteren Integration und des besseren Funktionierens der Staatsanleihenmärkte durch verstärkte Konsultation und Transparenz hinsichtlich der Zeitpläne, Techniken und Instrumente für die Emission von Schuldverschreibungen und besseres Funktionieren der grenzüberschreitenden Verkaufs- und Rückkaufsmärkte, Verbesserung der Vergleichbarkeit der Jahresabschlüsse von Unternehmen und Intensivierung der Zusammenarbeit zwischen Regulierungs- und Aufsichtsbehörden für die Finanzmärkte in der EU;
- um die vollständige Umsetzung des Risikokapital-Aktionsplans bis 2003 sicherzustellen;
- um bei den schon lange vorliegenden Vorschlägen betreffend Übernahmeangebote sowie die Sanierung und die Liquidation von Kreditinstituten und Versicherungsunternehmen rasche Fortschritte zu erzielen, so dass das Funktionieren und die Stabilität des europäischen Finanzmarkts verbessert werden;
- um im Einklang mit den Schlussfolgerungen des Europäischen Rates von Helsinki die noch offenen Fragen im Zusammenhang mit dem Steuerpaket abschließend zu regeln.

*Koordinierung der makroökonomischen Politik: Haushaltskonsolidierung, Qualität und Nachhaltigkeit der öffentlichen Finanzen*

22. Die makroökonomische Politik sollte zugleich mit der Wahrung gesamtwirtschaftlicher Stabilität und der Förderung von Wachstum und Beschäftigung auch den Übergang zu einer wissensbasierten Wirtschaft fördern, wobei den Strukturpolitiken eine stärkere Rolle zukommen muss. Der makroökonomische Dialog im Rahmen des Köln-Prozesses muss ein Vertrauensverhältnis zwischen allen Beteiligten schaffen, damit es zu einem richtigen gegenseitigen Verständnis der Standpunkte und Zwänge kommt. Die durch das Wachstum gebotene Chance muss dafür genutzt werden, das Ziel der Haushaltskonsolidierung aktiver zu verfolgen und die Qualität und Nachhaltigkeit der öffentlichen Finanzen zu verbessern.

23. Der Europäische Rat fordert den Rat und die Kommission auf, nach dem üblichen Verfahren bis zum Frühjahr 2001 einen Bericht vorzulegen, in dem der Beitrag der öffentlichen Finanzen zu Wachstum und Beschäftigung bewertet und anhand vergleichbarer Daten und Indikatoren beurteilt wird, ob angemessene konkrete Schritte unternommen werden, um
- den Steuerdruck auf die Arbeit, insbesondere auf die geringqualifizierte und schlecht bezahlte Arbeit zu verringern, die beschäftigungs- und ausbildungsfördernde Wirkung der Steuer- und Sozialleistungssysteme zu verbessern;
- die öffentlichen Ausgaben im Sinne einer erhöhten relativen Bedeutung der Kapitalbildung – sowohl bei Sachkapital als auch bei Humankapital – umzuorientieren und Forschung und Entwicklung, Innovation und Informationstechnologien zu unterstützen;
- die langfristige Nachhaltigkeit der öffentlichen Finanzen sicherzustellen, indem im Lichte des von der hochrangigen Gruppe „Sozialschutz" zu erstellenden Berichts alle diesbezüglichen Aspekte, einschließlich der Auswirkungen der Alterung der Bevölkerung, geprüft werden.

## Modernisierung des Europäischen Gesellschaftsmodells durch Investitionen in die Menschen und Aufbau eines aktiven Wohlfahrtstaates

24. Die Menschen sind Europas wichtigstes Gut und müssen im Zentrum der Politik der Union stehen. Investitionen in die Menschen und die Entwicklung eines aktiven und dynamischen Wohlfahrtsstaates werden von entscheidender Bedeutung sowohl für die Stellung Europas in der wissensbasierten Wirtschaft als auch dafür sein, sicherzustellen, dass die Herausbildung dieser neuen Wirtschaftsform die schon bestehenden sozialen Probleme Arbeitslosigkeit, soziale Ausgrenzung und Armut nicht noch verschärft.

*Bildung und Ausbildung für das Leben und Arbeiten in der Wissensgesellschaft*
25. Europas Bildungs- und Ausbildungssysteme müssen sich auf den Bedarf der Wissensgesellschaft und die Notwendigkeit von mehr und besserer Beschäftigung einstellen. Sie werden Lern- und Ausbildungsmöglichkeiten anbieten müssen, die auf bestimmte Zielgruppen in verschiedenen Lebensphasen zugeschnitten sind: junge Menschen, arbeitslose Erwachsene sowie Beschäftigte, bei denen die Gefahr besteht, dass ihre Qualifikation mit dem raschen Wandel nicht Schritt halten kann. Dieses neue Konzept sollte drei Hauptkomponenten aufweisen: Entwicklung lokaler Lernzentren, Förderung neuer Grundfertigkeiten, insbesondere im Bereich der Informationstechnologien, und größere Transparenz der Befähigungsnachweise.
26. Der Europäische Rat fordert daher die Mitgliedstaaten, den Rat und die Kommission auf, in ihren Zuständigkeitsbereichen – die Mitgliedstaaten im Rahmen ihrer verfassungsrechtlichen Vorschriften – das Notwendige zu tun, damit folgende Ziele erreicht werden:
- Die Humankapitalinvestitionen pro Kopf sollten von Jahr zu Jahr substantiell gesteigert werden.
- Die Zahl der 18- bis 24jährigen, die lediglich über einen Abschluss der Sekundarstufe I verfügen und keine weiterführende Schul- oder Berufsausbildung durchlaufen, sollte bis 2010 halbiert werden.
- Schulen und Ausbildungszentren, die alle Internetanschluss haben sollten, sollten zu lokalen Mehrzweck-Lernzentren weiterentwickelt werden, die allen offenstehen, wobei die Methoden einzusetzen sind, die sich am besten eignen, um ein möglichst breites Spektrum von Zielgruppen zu erreichen. Zwischen Schulen, Ausbildungszentren, Unternehmen und Forschungseinrichtungen sollten zum gegenseitigen Nutzen Lernpartnerschaften gegründet werden.
- Durch einen europäischen Rahmen sollte festgelegt werden, welche neuen Grundfertigkeiten durch lebenslanges Lernen zu vermitteln sind: IT-Fertigkeiten, Fremdsprachen, technologische Kultur, Unternehmergeist und soziale Fähigkeiten. Es sollte ein europäisches Diplom für grundlegende IT-Fertigkeiten mit dezentralen Bescheinigungsverfahren eingeführt werden, um die Digitalkompetenz unionsweit zu fördern.
- Bis Ende 2000 sollten die Mittel zur Förderung der Mobilität von Schülern und Studenten, Lehrern sowie Ausbildungs- und Forschungspersonal sowohl durch eine optimale Nutzung der bestehenden Gemeinschaftsprogramme (Sokrates, Leonardo, Jugend) – durch die Beseitigung von Hindernissen – als auch durch mehr Transparenz bei der Anerkennung von Abschlüssen sowie Studien und Ausbildungszeiten bestimmt werden. Es sollten Maßnahmen zur Beseitigung von Hindernissen für die Mobilität der Lehrer bis 2002 getroffen und attraktive Bedingungen für hochqualifizierte Lehrer geschaffen werden.
- Es sollte ein gemeinsames europäisches Muster für Lebensläufe entwickelt werden, dessen Verwendung freiwillig wäre, um Bildungs- und Ausbildungseinrichtungen und Arbeitgebern die Beurteilung erworbener Kenntnisse zu erleichtern und so die Mobilität zu fördern.
27. Der Europäische Rat ersucht den Rat (Bildung), als Beitrag zum Luxemburg-Prozess und zum Cardiff-Prozess und im Hinblick auf die Vorlage eines umfassenderen Berichts auf der Tagung des Europäischen Rates im Frühjahr 2001, allgemeine Überlegungen über die konkreten künftigen Ziele der Bildungssysteme anzustellen und sich dabei auf gemeinsame Anliegen und Prioritäten zu konzentrieren, zugleich aber die nationale Vielfalt zu respektieren.

*Mehr und bessere Arbeitsplätze für Europa: Entwicklung einer aktiven Beschäftigungspolitik*
28. Der Luxemburg-Prozess, der auf der Erstellung von Beschäftigungsleitlinien auf Gemeinschaftsebene und deren Umsetzung in nationale beschäftigungspolitische Aktionspläne beruht, hat Europa in die Lage versetzt, die Arbeitslosigkeit deutlich zu verringern. Die Zwi-

schenbewertung sollte diesem Prozess dadurch einen neuen Impuls geben, dass die Leitlinien weiter ausgestaltet und ihnen konkretere Ziele gegeben werden, indem engere Verknüpfungen mit anderen einschlägigen Politikbereichen geschaffen und effizientere Verfahren für die Einbeziehung der verschiedenen Akteure festgelegt werden. Die Sozialpartner müssen in die Erarbeitung, Umsetzung und Weiterverfolgung der entsprechenden Leitlinien stärker einbezogen werden.
29. In diesem Zusammenhang werden der Rat und die Kommission aufgefordert, die folgenden vier Kernbereiche in Angriff zu nehmen:
- Verbesserung der Beschäftigungsfähigkeit und Reduzierung der Qualifikationsdefizite insbesondere dadurch, dass für die Arbeitsvermittlungsstellen eine europaweite Datenbank über offene Stellen und Lernangebote eingerichtet wird; Förderung spezieller Programme, die Arbeitslosen die Möglichkeit geben, Qualifikationsdefizite abzubauen;
- Aufwertung des lebenslangen Lernens als Grundbestandteil des europäischen Gesellschaftsmodells, indem unter anderem Vereinbarungen zwischen den Sozialpartnern über Innovation und lebenslanges Lernen gefördert werden, indem die positive Wechselwirkung von lebenslangem Lernen und Anpassungsfähigkeit durch flexible Gestaltung der Arbeitszeiten und den Wechsel zwischen Ausbildung und Beschäftigung nutzbar gemacht wird und indem eine europäische Auszeichnung für besonders progressive Unternehmen eingeführt wird; für die Fortschritte im Hinblick auf diese Ziele sollten Benchmarks geschaffen werden;
- Ausbau der Beschäftigung im Dienstleistungsbereich, einschließlich personenbezogener Dienstleistungen, wo ein erheblicher Mangel herrscht; private und öffentliche Initiativen oder Initiativen des dritten Sektors können mit geeigneten Lösungen für die am stärksten benachteiligten Kategorien einbezogen werden.
- Förderung der Chancengleichheit in allen ihren Aspekten, darunter auch Reduzierung von geschlechtsspezifischen Ungleichgewichten im Beschäftigungsbereich, und Erleichterung der Vereinbarkeit von Arbeits- und Familienleben, insbesondere durch die Festlegung einer neuen Benchmark für bessere Maßnahmen zur Kinderbetreuung.
30. Der Europäische Rat ist der Auffassung, dass das übergeordnete Ziel dieser Maßnahmen darin bestehen sollte, ausgehend von den verfügbaren Statistiken die Beschäftigungsquote von heute durchschnittlich 61 % bis 2010 möglichst nahe an 70 % heranzuführen und die Beschäftigungsquote der Frauen von heute durchschnittlich 51 % bis 2010 auf über 60 % anzuheben. Die Mitgliedstaaten sollten, jeweils unter Berücksichtigung ihrer Ausgangslage, die Festlegung nationaler Ziele für die Steigerung der Beschäftigungsquote prüfen. Dies wird zu einer Zunahme der Erwerbsbevölkerung führen und dadurch die langfristige Tragfähigkeit der Sozialschutzsysteme stärken.

*Modernisierung des sozialen Schutzes*
31. Das europäische Gesellschaftsmodell mit seinen entwickelten Sozialschutzsystemen muss die Umstellung auf die wissensbasierte Wirtschaft unterstützen. Diese Systeme müssen jedoch als Teile eines aktiven Wohlfahrtsstaates angepasst werden, um sicherzustellen, dass Arbeit sich lohnt und dass die Systeme angesichts einer alternden Bevölkerung auch langfristig aufrechterhalten werden können, um die soziale Integration und die Gleichstellung der Geschlechter zu fördern und eine gute Gesundheitsfürsorge zu gewährleisten. In dem Bewusstsein, dass diese Aufgabe im Rahmen einer kooperativen Anstrengung besser angegangen werden kann, fordert der Europäische Rat den Rat auf,
- die Zusammenarbeit zwischen den Mitgliedstaaten durch den Austausch von Erfahrungen und bewährten Verfahren mittels verbesserter Informationsnetze, der grundlegenden Instrumente auf diesem Gebiet, zu intensivieren;
- der hochrangigen Gruppe „Sozialschutz" den Auftrag zu erteilen, diese Zusammenarbeit unter Berücksichtigung der Arbeit des Ausschusses für Wirtschaftspolitik zu un-

terstützen und, als ihre erste Priorität, auf der Grundlage einer Mitteilung der Kommission eine Studie über die Entwicklung des Sozialschutzes in Langzeitperspektive unter besonderer Berücksichtigung der Tragfähigkeit der Altersversorgungssysteme in verschiedenen zeitlichen Abschnitten bis 2020 und, sofern erforderlich, darüber hinaus zu erstellen. Bis Dezember 2000 sollte ein Zwischenbericht vorliegen.

*Förderung der sozialen Integration*
32. Die Zahl der Menschen, die in der Union unterhalb der Armutsgrenze und in sozialer Ausgrenzung leben, kann nicht hingenommen werden. Es muss etwas unternommen werden, um die Beseitigung der Armut entscheidend voranzubringen, indem vom Rat bis Ende des Jahres zu vereinbarende geeignete Ziele gesetzt werden. Die hochrangige Gruppe „Sozialschutz" wird in diese Arbeit einbezogen. Die neue Wissensgesellschaft bietet ein enormes Potential für die Reduzierung der sozialen Ausgrenzung, indem sie die wirtschaftlichen Voraussetzungen für größeren Wohlstand durch mehr Wachstum und Beschäftigung schafft und neue Möglichkeiten der Teilhabe an der Gesellschaft eröffnet. Zugleich birgt sie aber auch die Gefahr, dass der Graben zwischen denen, die Zugang zum neuen Wissen haben, und denen, die davon ausgeschlossen sind, immer breiter wird. Um dies zu vermeiden und das neue Potential zu maximieren, müssen Anstrengungen unternommen werden, um Fertigkeiten zu verbessern, einen breiteren Zugang zum Wissen und zu Lebenschancen zu fördern und die Arbeitslosigkeit zu bekämpfen: Der beste Schutz gegen soziale Ausgrenzung ist ein Arbeitsplatz. Die Maßnahmen zur Bekämpfung der sozialen Ausgrenzung sollten auf einer Methode der offenen Koordinierung beruhen, bei der nationale Aktionspläne und eine bis Juni 2000 vorzulegende Initiative der Kommission für die Zusammenarbeit auf diesem Gebiet kombiniert werden.
33. Der Europäische Rat fordert den Rat und die Kommission insbesondere auf,
    - ein besseres Verständnis der sozialen Ausgrenzung durch einen ständigen Dialog und den Austausch von Informationen und bewährten Verfahren auf der Grundlage gemeinsam vereinbarter Indikatoren zu fördern; die hochrangige Gruppe „Sozialschutz" wird bei der Festlegung dieser Indikatoren einbezogen;
    - dafür zu sorgen, dass die Förderung der sozialen Integration in der Beschäftigungs-, Bildungs- und Ausbildungs- sowie der Gesundheits- und der Wohnungspolitik der Mitgliedstaaten durchgängig Berücksichtigung findet, und dies auf Gemeinschaftsebene innerhalb des jetzigen Haushaltsrahmens durch Maßnahmen im Rahmen der Strukturfonds zu ergänzen;
    - prioritäre Maßnahmen für bestimmte Zielgruppen (zum Beispiel Minderheiten, Kinder, alte Menschen und Behinderte) zu entwickeln, wobei die Mitgliedstaaten je nach ihrer besonderen Situation unter diesen Maßnahmen wählen können und anschließend über deren Umsetzung Bericht erstatten.
34. Der Rat wird unter Berücksichtigung dieser Schlussfolgerungen seine Überlegungen über die künftige Ausrichtung der Sozialpolitik auf der Grundlage einer Mitteilung der Kommission fortsetzen, damit auf der Tagung des Europäischen Rates, die im Dezember in Nizza abgehalten wird, Einigung über eine europäische Sozialagenda, einschließlich der Initiativen der verschiedenen beteiligten Partner, erzielt werden kann.

## Praktische Umsetzung der Beschlüsse: Eine kohärente und systematische Vorgehensweise

*Verbesserung der bestehenden Prozesse*
35. Ein neuer Prozess ist nicht erforderlich. Die bestehenden Grundzüge der Wirtschaftspolitik und der Luxemburg-, der Cardiff- und der Köln-Prozess bieten die erforderlichen Instrumente, sofern diese vereinfacht und besser koordiniert werden, insbesondere indem der Rat

in seinen anderen Formationen zur Ausarbeitung der Grundzüge der Wirtschaftspolitik durch den Rat „Wirtschaft und Finanzen" beiträgt. Ferner sollten sich die Grundzüge der Wirtschaftspolitik zunehmend auf die mittel- und langfristigen Auswirkungen der Strukturpolitiken und auf die Reformen zur Förderung des wirtschaftlichen Wachstumspotentials, der Beschäftigung und des sozialen Zusammenhalts sowie auf den Übergang zu einer wissensbasierten Wirtschaft konzentrieren. Die Themen können im einzelnen im Rahmen des Cardiff- und des Luxemburg-Prozesses behandelt werden.
36. Der Europäische Rat wird diese Verbesserungen unterstützen, indem er eine herausragende leitende und koordinierende Rolle im Hinblick auf die Sicherstellung der Gesamtkohärenz und der wirksamen Überwachung der Fortschritte auf dem Weg zu dem neuen strategischen Ziel spielen wird. Der Europäische Rat wird zu diesem Zweck jedes Frühjahr eine Tagung über Wirtschafts- und Sozialfragen abhalten. Die Arbeit im Rahmen dieser Tagung sollte daher sowohl vor- als auch nachbereitet werden. Der Europäische Rat ersucht die Kommission, anhand zu vereinbarender struktureller Indikatoren in bezug auf Beschäftigung, Innovation, Wirtschaftsreformen und sozialen Zusammenhalt einen jährlichen Synthesebericht über die Fortschritte zu erstellen.

*Anwendung eines neuen offenen Koordinierungsverfahrens*
37. Dieses strategische Ziel wird sich durch die Anwendung eines neuen offenen Koordinierungsverfahrens als eines Mittels für die Verbreitung der bewährten Praktiken und die Herstellung einer größeren Konvergenz in bezug auf die wichtigsten Ziele der EU leichter verwirklichen lassen. Diese Verfahrensweise, die den Mitgliedstaaten eine Hilfe bei der schrittweisen Entwicklung ihrer eigenen Politiken sein soll, umfasst Folgendes:
- Festlegung von Leitlinien für die Union mit einem jeweils genauen Zeitplan für die Verwirklichung der von ihnen gesetzten kurz-, mittel- und langfristigen Ziele;
- gegebenenfalls Festlegung quantitativer und qualitativer Indikatoren und Benchmarks im Vergleich zu den Besten der Welt, die auf die in den einzelnen Mitgliedstaaten und Bereichen bestehenden Bedürfnisse zugeschnitten sind, als Mittel für den Vergleich der bewährten Praktiken;
- Umsetzung dieser europäischen Leitlinien in die nationale und regionale Politik durch Entwicklung konkreter Ziele und Erlass entsprechender Maßnahmen unter Berücksichtigung der nationalen und regionalen Unterschiede;
- regelmäßige Überwachung, Bewertung und gegenseitige Prüfung im Rahmen eines Prozesses, bei dem alle Seiten voneinander lernen.
38. Im Einklang mit dem Subsidiaritätsprinzip wird nach einem völlig dezentralen Ansatz vorgegangen werden, so dass die Union, die Mitgliedstaaten, die regionalen und lokalen Ebenen sowie die Sozialpartner und die Bürgergesellschaft im Rahmen unterschiedlicher Formen von Partnerschaften aktiv mitwirken. Die Europäische Kommission wird in Zusammenarbeit mit den verschiedenen Anbietern und Nutzern, wie den Sozialpartnern, den Unternehmen und den nichtstaatlichen Organisationen, ein Benchmarking der bewährten Praktiken zur Gestaltung des Wandels erstellen.
39. Der Europäische Rat appelliert, was die bewährten Praktiken für das lebenslange Lernen, die Arbeitsorganisation, die Chancengleichheit, die soziale Integration und die nachhaltige Entwicklung betrifft, ganz besonders an das soziale Verantwortungsgefühl der Unternehmerschaft.
40. Ein Forum auf hoher Ebene, in dem sowohl die Organe und Einrichtungen der Union als auch die Sozialpartner vertreten sind, wird im Juni zusammentreten, um den Stand des Luxemburg-, des Cardiff- und des Köln-Prozesses zu bilanzieren und sich einen Überblick über die Beiträge der verschiedenen Akteure zur Verbesserung der Inhalte des Europäischen Beschäftigungspakts zu verschaffen.

*Bereitstellung der erforderlichen Mittel*
41. Ausschlaggebend für die Verwirklichung des neuen strategischen Ziels sind der private Sektor sowie Partnerschaften zwischen dem öffentlichen und dem privaten Sektor. Sie hängt von der Mobilisierung der auf den Märkten verfügbaren Mittel sowie von den Anstrengungen der Mitgliedstaaten ab. Die Union soll in diesem Prozess als Katalysator fungieren, indem sie einen effizienten Rahmen für die Mobilisierung der verfügbaren Ressourcen im Hinblick auf den Übergang zur wissensbasierten Wirtschaft schafft und unter Berücksichtigung der Agenda 2000 ihren eigenen Beitrag zu diesen Anstrengungen im Rahmen der bestehenden Gemeinschaftspolitiken leistet. Ferner begrüßt der Europäische Rat den Beitrag, den die EIB in den Bereichen Humankapitalbildung, KMU und Unternehmertätigkeit, F&E, Informationstechnologie- und Telekommunikationsnetze sowie Innovation zu leisten bereit ist. Mit der „Innovation-2000-Initiative" sollte die EIB an der Verwirklichung ihrer Pläne betreffend die Bereitstellung einer weiteren Milliarde Euro für Risikokapital-Maßnahmen zugunsten der KMU sowie ihres besonderen Darlehensprogramms für die nächsten drei Jahre im Umfang von 12 bis 15 Milliarden Euro für Schwerpunktbereiche festhalten.

[II. ........]

# Autorenverzeichnis

*Dr. Peter Bofinger*
Professor an der Universität Würzburg

*Dr. Udo Bullmann*
Mitglied des Europäischen Parlaments

*Dr. Stefan Collignon*
Professor an der London School of Economics and Political Science

*Anna Diamantopoulou*
Mitglied der Europäischen Kommission, zuständig für Beschäftigung und Soziales

*Hans Eichel*
Bundesminister für Finanzen

*Robert Goebbels*
Mitglied des Europäischen Parlaments

*António Guterres*
Vorsitzender der Sozialistischen Internationale, ehemaliger Ministerpräsident Portugals

*Dr. Gustav-Adolf Horn*
Leiter der Konjunkturabteilung, Deutsches Institut für Wirtschaftsforschung

*Patrick Lepercq*
Leiter der Öffentlichkeitsarbeit, Michelin-Gruppe

*Dr. h.c. Christa Randzio-Plath*
Vorsitzende des Ausschusses für Wirtschaft und Währung im Europäischen Parlament

*Dr. Maria João Rodrigues*
Professorin an der Universität Lissabon

*Wolfgang Roth*
Vize-Präsident der Europäischen Investitionsbank

*Dr., Dr. h.c. Hermann Scheer*
Mitglied des Deutschen Bundestages

*Dr. Pedro Solbes Mira*
Mitglied der Europäischen Kommission, zuständig für Wirtschaft und Finanzen

*Michael Sommer*
Vorsitzender des Deutschen Gewerkschaftsbundes

*Jean-Claude Trichet*
Präsident der Europäischen Zentralbank

*Günter Verheugen*
Mitglied der Europäischen Kommission, zuständig für Erweiterung

*Lynette Warren*
Koordinatorin für Entwicklungsprojekte, Luton & Dunstable Innovationszentrum